ADMIS PARAMÉDICAL

6e édition

Concours Infirmier

Tout-en-un

Jérôme Jean
Infirmier diplômé d'État

Muriel Moutarlier
Formatrice en tests d'aptitude et mathématiques

Virginie Serrière
Formatrice en culture générale, expression écrite et orale à l'IRFSS Croix-Rouge de Brest

Vuibert

Photographie de couverture : © Corbis
ISBN : 978-2-311-20166-6

Conception de la couverture : Les PAOistes
Conception de l'intérieur : Bleu T
Composition : Les PAOistes

Site Internet : http://www.vuibert.fr

Sommaire

Votre concours, votre métier 5

Partie 1 Épreuves d'admissibilité

■ Culture générale sanitaire et sociale

Planning de révision **28**

Méthodologie et conseils **30**

Le cours et les entraînements **65**

1. Bioéthique 65
2. Dons d'organes, de tissus humains et de sang 70
3. Contraception, interruptions de grossesse 73
4. Environnement 78
5. Famille 87
6. Enfant 89
7. Adolescence 93
8. Femme et homme 96
9. Personnes en situation de handicap 99
10. Personnes âgées 102
11. Soins palliatifs 106
12. Maladies cardiovasculaires 110
13. Cancers 113
14. Infections sexuellement transmissibles 117
15. VIH-sida 121
16. Chômage, exclusion et discrimination 125
17. Violence et maltraitance 130
18. Addictions 133
19. Alcool 138
20. Anorexie mentale et boulimie 143
21. Troubles mentaux 145
22. Santé mentale 149
23. Santé au travail 153
24. Santé publique : déterminants et indicateurs 156
25. Systèmes de santé et de protection sociale 161
26. Prévention 166
27. Humanitaire 170

Annales corrigées 173
Sujet n° 1, 2015 173
Sujet n° 2, 2015 177
Sujet n° 3, 2014 181
Sujet n° 4, 2014 185
Sujet n° 5, 2013 189

Tests d'aptitude

Planning de révision 194
Méthodologie et conseils 195
Le cours et les entraînements 196
1. Les tests de raisonnement logique 196
2. Les tests d'aptitude numérique 217
3. Les tests d'organisation 248
4. Les tests d'attention et d'observation 256

Sujets inédits corrigés 258
Sujet n° 1 258
Sujet n° 2 269

Partie 2 Épreuve d'admission

Entretien avec le jury

Planning de révision 282
Méthodologie et conseils 284
1. Préparer son projet professionnel 286
2. Travailler son expression 302
3. Exposer son sujet 311
4. Passer l'entretien 319
5. La grille d'évaluation de l'entretien 335
6. Des sujets d'entraînement à l'entretien 336
7. Vers la première année 339

Sujets inédits corrigés 342
Sujet n° 1 342
Sujet n° 2 344
Sujet n° 3 346
Sujet n° 4 348
Annexes 350

Votre concours, votre métier

1. Le concours

Le socle législatif de référence de l'exercice de la profession d'infirmier se base sur le Code de la santé publique[1] et l'arrêté du 31 juillet 2009, paru au *Journal officiel* le 7 août 2009. Cet arrêté est complété par six annexes, véritable « mode d'emploi » pour la nouvelle formation : le référentiel d'activités, le référentiel de compétences, le référentiel de formation, la maquette du contenu de la formation, les unités d'enseignement, le portfolio.

Pour lire ces textes in extenso, consultez le site Légifrance : http://www.legifrance.fr

A. L'inscription

a. L'âge

Pour s'inscrire au concours, il faut être âgé d'au moins 17 ans au 31 décembre de l'année des épreuves de sélection.

b. Les modalités d'accès

Pour intégrer un institut de formation, il faut répondre à plusieurs conditions qui peuvent être résumées ainsi : avoir le bac ou un diplôme plus élevé, ou une expérience professionnelle.

La phase administrative de l'inscription comprend un dossier à remplir et des papiers à fournir spécifiquement à sa situation. Prévoyez de les scanner ou de les photocopier et rangez-les avec soin.

Certaines formations sont gratuites et d'autres payantes, pensez à vous renseigner sur les frais de scolarité.

Il convient de se renseigner sur les dates des concours car, dans certaines régions, la date est unique et obligera à faire un choix de lieu.

1. Rappel : le binôme Code de la santé publique (livre III – auxiliaires médicaux) et décret du 31 juillet 2009 (et ses deux premières annexes notamment) représente la clé de voûte de la formation infirmière.
Le Code de la santé publique et les principaux articles relatifs à la profession infirmière :
Partie législative-Profession de santé-Livre III : auxiliaires médicaux-Titre 1er : profession d'infirmier ou d'infirmière : articles L4311-1 à L4311-29 ; articles L4312-1 à L4312-9 ; articles L4314-1 à L4314-6.
Partie réglementaire : articles R4311-1 à R4311-15 ; articles D4311-16 à R4311-33 à R4311-34 à R4311-41 ; articles R4311-52 et articles R4312-1 à R4312-50.

Les modalités générales

Il faut être titulaire :

– du baccalauréat français ;

– de l'un des titres énoncés par l'arrêté du 25 août 1969 modifié susvisé, ou d'un titre admis en dispense du baccalauréat français en application du décret n° 81-1221 du 31 décembre 1981 susvisé ;

– d'un titre homologué au minimum au niveau IV ;

– du diplôme d'accès aux études universitaires ou avoir satisfait à un examen spécial d'entrée à l'université ;

– du diplôme d'État d'aide médico-psychologique et justifier, à la date du début des épreuves, de trois ans d'exercice professionnel.

Les modalités particulières

L'**admission des futurs bacheliers** est subordonnée à l'obtention du baccalauréat français. Ils doivent adresser une attestation de succès au baccalauréat à la direction de l'institut de formation en soins infirmiers où ils se présentent dans les délais requis par l'institut.

Les candidats **justifiant** à la date du début des épreuves, d'une **activité professionnelle**, ayant donné lieu à une cotisation à un régime de protection sociale (d'une durée de trois ans pour les personnes issues du secteur sanitaire et médico-social, autres que les titulaires du diplôme d'État d'aide-soignant, d'auxiliaire de puériculture et d'aide médico-psychologique ; d'une durée de cinq ans pour les autres candidats) doivent au préalable avoir été retenus par un jury régional de présélection dans les conditions définies aux articles 5 à 10 de l'arrêté du 31 juillet 2009.

Pour ces candidats, le préfet de région réunit annuellement un jury de présélection chargé d'établir la liste des candidats autorisés à se présenter aux épreuves de sélection dans les instituts de formation en soins infirmiers.

Les candidats déposent auprès du directeur régional des affaires sanitaires et sociales de leur lieu de résidence, en vue de l'examen de leur candidature par le jury précité, une demande d'autorisation à se présenter aux épreuves de sélection. Le préfet de région fixe la date limite de dépôt des dossiers de candidature.

La **procédure de présélection** comprend :

– une épreuve sur dossier [une lettre de candidature exposant les motivations du candidat, un document attestant du niveau d'enseignement général atteint, les copies des titres et diplômes obtenus, la liste des emplois successifs exercés avec indication de l'adresse du (ou des) employeur(s), la durée pendant laquelle ces emplois ont été occupés, l'appréciation, la notation ou un certificat de travail du (ou des) employeur(s), les attestations relatives aux cycles de formation professionnelle continue suivis]. Le jury attribue à ce dossier une note sur 20 points ;

– une épreuve écrite de français, d'une durée de deux heures, qui consiste en un résumé d'un texte portant sur un sujet d'ordre général ; elle a pour objet d'évaluer les capacités de compréhension et d'expression écrite du candidat. La correction est assurée par des membres du jury de présélection selon une grille établie avant l'épreuve. Le jury attribue à cette épreuve une note sur 20 points.

Les candidats ayant obtenu un nombre de points supérieur ou égal à 20 sur 40 sont inscrits par le jury de présélection sur un procès-verbal. Une note inférieure à 7 sur 20 à l'une des épreuves visées à l'article 7 est éliminatoire.

Compte tenu des résultats de la procédure de présélection, ces candidats peuvent se présenter aux **épreuves de sélection**, c'est-à-dire au concours infirmier. Cette autorisation est valable deux ans à compter de sa notification.

c. Le nombre de concours à passer et le budget

Il n'y a pas vraiment de règles. Toutefois, la plupart des concours sont regroupés sur un jour. Par exemple, dans le Finistère, le concours 2010 s'est déroulé le 17 mars pour les Ifsi publics et le 3 avril pour la Croix-Rouge française.

N'oubliez pas de prévoir un budget pour les concours. Par exemple, l'inscription coûte entre 80 € et 120 € pour l'admission.

Certains Ifsi font payer la participation à l'oral. Renseignez-vous.

ATTENTION Si vous devez vous déplacer, prévoyez un budget supplémentaire. Car le train, l'hôtel, les repas... coûtent.

Cette idée de budget vaut aussi pour toutes vos études. Combien cela va-t-il vous coûter, à vous-même ou à vos parents ? Sachez qu'il s'agit d'une question classique qui pourra vous être posée à l'oral.

B. Les épreuves de sélection

Les épreuves de sélection sont au nombre de trois :

– deux épreuves d'admissibilité : une épreuve de culture générale et une épreuve de tests d'aptitude ;

– une épreuve orale d'admission.

a. Les épreuves d'admissibilité

Elles comprennent :

– une épreuve écrite d'une durée de deux heures notée sur 20 points. Elle comporte l'étude d'un texte relatif à l'actualité dans le domaine sanitaire et social. Le texte est suivi de trois questions qui permettent au candidat de montrer sa capacité à présenter le sujet et, notamment, les principales idées et questions soulevées. Le candidat doit être capable de situer ces idées dans leur contexte, de les commenter et de les argumenter. Il peut aussi s'agir de données chiffrées, tel un tableau statistique par exemple.

Quatre capacités principales sont évaluées au travers de cet exercice : la compréhension, l'analyse, la synthèse, l'argumentation. À ces quatre points essentiels à la réussite de l'épreuve écrite s'ajoute celui de l'écriture. Ne vous inquiétez pas, ici il ne s'agit pas de faire du Victor Hugo. Il vous est demandé de vous exprimer, avec vos propres mots, le plus clairement et simplement possible en respectant les consignes et, bien sûr, les règles de l'expression écrite ;

– une épreuve de tests d'aptitude de deux heures notée sur 20 points. L'épreuve évalue principalement vos capacités logiques et de raisonnement. Elle permet aussi d'évaluer votre capacité d'abstraction, de résolution de problèmes et vos aptitudes numériques. Les étudiants posent souvent cette question : « Mais, à quoi ça sert de faire ça pour devenir infirmier ? » D'abord, le concours est inscrit dans la loi sous cette forme-là. Donc, n'ayez pas d'état d'âme ; vous devrez y passer. Cependant, ces aptitudes numériques sont loin d'être inutiles. Quand vous serez en service, vous aurez bien souvent à mettre en œuvre toutes les capacités demandées ici. Alors, chaque jour, entraînez-vous et dites-vous que cette fastidieuse étape du concours participe déjà à faire de vous un professionnel de santé.

Les deux épreuves d'admissibilité sont écrites et anonymes.

Pour être admissible, le candidat doit obtenir un total de points au moins égal à 20 sur 40 aux deux épreuves. Une note inférieure à 8 sur 20 à l'une de ces épreuves est éliminatoire.

La correction est organisée par le directeur de l'institut de formation. Il peut faire appel à des personnes qualifiées (formateur en Ifsi, professeur de français...) sur la base d'un cahier des charges qui comprend notamment des grilles de correction.

Vous savez probablement déjà si vous êtes plutôt à l'aise en culture générale ou en tests d'aptitude. Réussir un concours, c'est aussi savoir gérer ses points forts et ses points faibles. Le concours est l'ensemble des trois points de passage : culture générale, tests et oral.

b. L'épreuve d'admission

Les candidats déclarés admissibles par le jury sont autorisés à se présenter à une épreuve d'admission, qui consiste en un **entretien** avec trois personnes, membres du jury :

- un infirmier cadre de santé exerçant dans un institut de formation en soins infirmiers ;
- un infirmier cadre de santé exerçant en secteur de soins ;
- une personne extérieure à l'établissement formateur, qualifiée en pédagogie et/ou en psychologie.

Cet entretien, relatif à un thème sanitaire et social, est destiné à apprécier l'aptitude du candidat à suivre la formation, ses motivations et son projet professionnel.

L'épreuve, d'une durée de 30 minutes au maximum et notée sur 20 points, consiste en un exposé suivi d'une discussion.

Pour pouvoir être admis dans un institut de formation en soins infirmiers, les candidats doivent obtenir une note au moins égale à 10 sur 20 à l'entretien.

Le jury, tel est son nom, n'a rien à voir avec celui qui officie dans un tribunal. Donc vous n'êtes pas « jugé » mais évalué à un moment donné de votre vie. Ce que l'on vous demande principalement : « Pourquoi voulez-vous devenir infirmier ? » Bien sûr, il s'agit de l'ultime étape de sélection, avec tout ce que cela suppose de stress, voire d'enjeu. Vous vous conformerez au format du concours (se présenter, etc.) mais, en aucun cas, il ne s'agira d'un formatage de votre personnalité : venez comme vous êtes.

c. Les étudiants issus de la Paces

Les étudiants en Première année commune aux études de santé (Paces) se préparent à devenir médecin, dentiste... Ceux qui veulent devenir infirmiers sont désormais dispensés de l'épreuve écrite. Ils auront uniquement l'épreuve orale d'admission à passer. Et, une fois dans l'Ifsi, ils seront dispensés de quatre unités d'enseignements (UE). Un quota de 10 %, par Ifsi, est prévu (Arrêté du 21 décembre 2012, parution au *Journal officiel* : 29 décembre 2012).

d. Les candidats des Dom-Com

Les candidats domiciliés dans les départements ou collectivités d'outre-mer, ou à l'étranger, ont la possibilité de passer sur place les épreuves de sélection pour l'institut de formation en soins infirmiers de leur choix. La demande est à faire auprès de l'institut choisi... qui peut, ou non, organiser un concours.

L'épreuve d'admissibilité se déroule au même moment que sur le territoire métropolitain, avec le même sujet.

e. Les candidats en situation de handicap

Les candidats présentant un handicap peuvent déposer une demande d'aménagement des épreuves. Ils adressent leur demande à l'un des médecins désignés par la commission des droits et de l'autonomie des personnes handicapées.

Il revient à l'étudiant d'informer l'institut de formation de la demande. Le directeur de l'institut organisera les aménagements préconisés. Le candidat en situation de handicap pourra, par exemple, bénéficier d'une secrétaire, désignée par l'institut, pour écrire son texte de culture générale, ou obtenir du temps supplémentaire.

f. Les résultats

Après les épreuves écrites et orale, il est établi un classement des candidats qui sont répartis en deux listes : une liste principale et une liste complémentaire. Les étudiants de la liste principale, affichée à l'Ifsi, ont dix jours pour confirmer, par écrit, leur inscription.

Selon les Ifsi, certains étudiants admis sur liste complémentaire « remontent » en liste principale bien qu'ils soient au-delà de la centième place. La raison : de très nombreux désistements d'étudiants admis.

CONSEIL Informez-vous sur les techniques de gestion du stress bien avant d'en être à l'étape des résultats du concours. Et, mieux, essayez.

C. Des petits détails qui comptent

a. L'âge du candidat

En cas d'égalité de points entre deux ou plusieurs candidats, le rang de classement est déterminé par la note obtenue à l'épreuve écrite puis par celle obtenue à l'entretien. Si les candidats ne sont toujours pas départagés, le plus âgé est classé avant les autres.

b. Quand l'Ifsi n'est pas complet...

Lorsque l'Ifsi ou un groupe d'Ifsi n'est pas complet avec les candidats inscrits sur la liste complémentaire, le directeur de l'institut peut faire appel à des étudiants d'autres listes complémentaires.

c. Des priorités... Et, toujours dans le cas où l'Ifsi n'est pas complet...

Les candidats sont admis dans les instituts de formation dans l'ordre d'arrivée de leur demande d'inscription et dans la limite des places disponibles. La priorité des candidatures revient à ceux qui ont satisfait les épreuves dans la région où ils se sont inscrits.

CONSEIL Si vous êtes sur liste complémentaire, rien ne vous empêche d'envoyer un courrier de demande d'admission dans un autre Ifsi. Par cette lettre, vous signalez votre présence, votre disponibilité et votre motivation. Ensuite, le directeur vous contactera ou non selon ses possibilités d'accueil.

d. Liste principale et liste complémentaire

Quand votre nom est sur la liste principale de votre premier choix d'Ifsi, vous avez dix jours pour confirmer, par écrit, votre inscription. Vous y serez admis en priorité.

Si vous êtes sur la liste complémentaire de votre premier choix mais sur la liste principale d'un autre de vos choix, vous devez confirmer, toujours par écrit, si vous acceptez d'entrer dans l'Ifsi dans lequel vous êtes directement accepté.

Vous pouvez prendre le risque de rester sur la liste complémentaire de votre premier choix... et, au final, ne pas être pris. Dans ce cas, vous ne pourrez plus faire valoir le fait d'avoir été sur une autre liste principale.

Lorsque vous avez confirmé votre inscription, vous avez quatre jours ouvrés pour vous inscrire définitivement et vous acquitter des frais d'inscription. Si vous ne respectez pas ces délais, vous renoncez au bénéfice de la réussite du concours.

e. Les dérogations

Les résultats sont valables uniquement pour la rentrée qui suit le concours.

Toutefois, vous pourrez obtenir un report exceptionnel décidé par le directeur de l'institut de formation, dans certains cas : congé maternité, rejet d'une demande de congé formation, rejet d'une demande de mise en disponibilité, garde d'un enfant de moins de quatre ans, maladie ou accident, tout autre événement grave interdisant d'entreprendre des études au titre de l'année en cours.

Le directeur de l'institut de formation fixe la durée des dérogations lorsqu'elles sont supérieures à un an ou en cas de demande de renouvellement, dans la limite de trois ans.

f. Le report

Si vous avez obtenu, par dérogation, un report, respectez les règles suivantes : six mois avant la date de rentrée, envoyez un courrier (plutôt une lettre recommandée) indiquant votre intention de reprendre la scolarité à la rentrée suivante.

Ce report est uniquement valable pour l'institut dans lequel vous avez été précédemment admis.

D. Les dispenses de scolarité

a. Aides-soignants et auxiliaires de puériculture

Vous êtes aide-soignant et/ou auxiliaire de puériculture et votre projet professionnel est maintenant de devenir infirmier, plusieurs portes d'entrée existent.

Si vous justifiez de 3 ans d'exercice, en équivalent temps plein, vous bénéficiez d'une dispense de scolarité, sous réserve d'avoir réussi un examen d'admission décrit ci-après. Vous déposez dans chacun des instituts de formation où vous vous présentez un dossier d'inscription. Puis vous passerez une épreuve spécifique.

L'épreuve de 2 heures se compose d'une analyse écrite de trois situations professionnelles. Chaque situation fait l'objet d'une question. Vous serez évalué sur vos capacités d'écriture, d'analyse, de synthèse et sur vos connaissances numériques. Concrètement, vous n'aurez pas d'oraux à passer.

Ne soyez pas intimidé par le fait de vous retrouver avec « des plus jeunes que vous ». Grâce à ce concours adapté au profil des professionnels, vous pourrez faire valoir votre expérience de terrain. Peut-être aurez-vous besoin de vous entraîner davantage à la rédaction, de vous remettre à l'écrit, de refaire « des choses » que vous n'aviez pas faites depuis longtemps comme rester assis à une table, lire un texte en vue de l'analyser, mettre en mots vos pratiques de terrain. Mais rassurez-vous, grâce à votre préparation, une fois devant votre feuille le jour du concours, les questions posées sur des situations de terrain ne vous surprendront pas plus que ce qu'il peut vous arriver chaque jour en service.

FOCUS Les dispenses d'unités d'enseignements

Le nombre total d'aides-soignants ou d'auxiliaires de puériculture admis par cette voie est inclus dans le quota de l'institut de formation et ne peut excéder 20 % de celui-ci. Les aides-soignants et les auxiliaires de puériculture ayant réussi l'examen d'admission sont dispensés de 3 unités d'enseignement et du stage de 5 semaines du premier semestre. Ce qui ne veut pas dire que vous ne ferez rien ! Ce temps peut être consacré, après avis du conseil pédagogique, à vous accompagner dans la poursuite de votre parcours non seulement professionnel mais aussi, tout simplement, de vie.

REMARQUE Si une aide-soignante s'inscrit au concours avec comme justification de diplôme le baccalauréat, elle ne bénéficiera pas de la dispense de scolarité. Elle doit s'inscrire avec son diplôme « aide-soignant ».

CONSEIL Choisissez une expérience professionnelle vécue et analysez-la. Cela vous préparera à votre concours

b. Infirmier hors Union européenne

Les titulaires d'un diplôme d'infirmier hors Union européenne peuvent bénéficier, sous réserve de réussite à des épreuves de sélection, d'une dispense de scolarité pour l'obtention du diplôme d'État d'infirmier. Le candidat contacte l'institut de formation de son choix.

Trois épreuves de sélection sont organisées. Une épreuve d'admissibilité : étude de cas clinique en rapport avec l'exercice professionnel infirmier suivie de cinq questions. Et deux épreuves d'admission : une épreuve orale et une mise en situation pratique, organisées au cours d'une même séance.

c. Autres dispenses pour obtenir le diplôme d'État

Sont autorisés à se présenter au jury du diplôme d'État d'infirmier, suivant certaines conditions : les sages-femmes, les médecins, certains étudiants en médecine.

- **Les dispenses de la première année**

Sont dispensés de la première année de formation : les masseurs-kinésithérapeutes, les ergothérapeutes, les pédicures-podologues, les manipulateurs d'électroradiologie médicale, les titulaires du diplôme d'assistant hospitalier des hospices civils de Lyon, certains étudiants en médecine.

2. La formation

Connaître le métier dans lequel vous allez travailler est fondamental.
Connaître la formation qui vous y mènera est tout aussi indispensable.
Vous et vos façons de penser, de travailler et ce que vous voulez apporter au métier, s'inscrivent dans ce cadre.

A. Le contenu et les modalités de formation

a. La durée de la formation

L'enseignement est organisé de la façon suivante :

– une partie de formation théorique, d'une durée de 2 100 heures, comprenant des cours magistraux, des travaux dirigés et un travail personnel guidé ;
– une partie de formation clinique, d'une durée de 2 100 heures ;
– un travail personnel complémentaire.

À noter : aux 4 200 heures de formations théorique et clinique s'ajoutent les 900 heures de travail personnel réparties sur les 3 ans que dure la formation. Ce travail en autonomie est une des caractéristiques principales du métier.

b. Le contenu de la formation

Le contenu de la formation est aussi défini dans les six annexes qui complètent le décret du 31 juillet 2009 :

– le **référentiel d'activités :** il présente les activités que peut accomplir un infirmier ;
– le **référentiel de compétences :** 5 compétences dites « cœur de métier » et 5 compétences « tranverses » ;
– le **référentiel de formation** : il est constitué de 36 matières de formation réparties dans 59 unités d'enseignement pour permettre une progression pédagogique cohérente ;
– la **maquette du contenu de la formation** : elle présente une répartition par semestre et par heure des unités d'enseignement ;
– les **unités d'enseignement** : « programme » détaillé des compétences à acquérir ;
– le **portfolio** : guide d'acquisition de ses compétences de soignant sur le terrain.

c. L'obtention du diplôme

Le diplôme d'État d'infirmier s'acquiert par l'obtention des 180 crédits européens correspondant à l'acquisition des dix compétences du référentiel (se reporter au schéma p. 15) :

– 120 crédits européens pour les unités d'enseignement dont les unités d'intégration ;
– 60 crédits européens pour la formation clinique en stage.

Chaque compétence s'obtient en validant les unités d'enseignement qui lui sont liées. Les compétences « s'accumulent », c'est-à-dire que chaque compétence représente en fait un bout du diplôme.

En pratique, dans les instituts de formation, les connaissances et compétences sont évaluées en contrôle continu : un peu comme à l'université, les examens se déroulent en janvier et en juin. Toutefois, dans l'article 44 de l'arrêté du 31 juillet 2009, il est indiqué que l'évaluation des connaissances et des compétences est « réalisée soit par un contrôle continu et régulier, soit par un examen terminal, soit par ces deux modes de contrôle combinés ».

Les actes, activités et techniques de soin sont validés en stage ou à l'Ifsi.

Chaque semestre est validé par 30 crédits européens.

FOCUS Que signifie l'acronyme ECTS ?

ECTS signifie « European Credits Transfert System », c'est-à-dire crédits de transfert européens. Des crédits (et non plus des notes) sont attribués aux étudiants en formation. Pour 6 mois de formation sont attribués 30 crédits, ce qui signifie que l'étudiant aura développé ses compétences et que ses compétences (*via* les unités d'enseignement) sont « traduites » en crédits.

Les étudiants ayant validé les cinq premiers semestres de formation et ayant effectué la totalité des épreuves et des stages prévus pour la validation du dernier semestre sont autorisés à se présenter devant le jury régional d'attribution du diplôme d'État d'infirmier.

Le jury régional se prononce au vu de l'ensemble du dossier de l'étudiant.

- Le dossier comporte :
  – la validation de l'ensemble des unités d'enseignement, dont les unités d'intégration ;
  – la validation de l'acquisition de l'ensemble des compétences en situation ;
  – la validation des actes, activités ou techniques réalisés en situation réelle ou simulée.

Le jury délibère souverainement à partir de l'ensemble des résultats obtenus par les candidats et la délivrance du diplôme est prononcée après la délibération du jury.

d. Les petits détails

- **Des obligations**

La présence lors des travaux dirigés et des stages est obligatoire. Certains enseignements en cours magistral peuvent l'être également, en fonction du projet pédagogique de l'institut. Toute absence doit être justifiée par un certificat médical ou toute autre preuve attestant de l'impossibilité d'être présent à ces enseignements ou évaluations.

- **La réorientation**

Lorsque l'étudiant fait le choix de se réorienter, un dispositif spécial de compensation lui permet d'obtenir, à divers moments de son parcours, un bilan global de ses résultats et la validation correspondant en crédits européens. Le cas échéant, un dispositif de soutien est mis en place.

B. Le référentiel d'activités

Ce référentiel décrit les activités du métier d'infirmier. Si le cadre réglementaire dédié aux infirmiers dans le Code de la santé publique (articles R. 4311-1 à R. 4311-15 et R. 4312-1 à R. 4312-49) demeure la « source » à laquelle le professionnel se réfère, le référentiel d'activités représente, au quotidien, les différents chemins que peut emprunter, dans sa pratique et dans sa réflexion, l'infirmier quant à son métier de soignant.

Voici les titres des neuf activités :

1. Observation et recueil de données cliniques
2. Soins de confort et de bien-être
3. Information et éducation de la personne, de son entourage et d'un groupe de personnes
4. Surveillance de l'évolution de l'état de santé des personnes
5. Soins et activités à visée diagnostique ou thérapeutique
6. Coordination et organisation des activités et de soins
7. Contrôle et gestion de matériels, dispositifs médicaux et produits
8. Formation et information de nouveaux personnels et de stagiaires
9. Veille professionnelle et recherche

CONSEIL Parmi les neuf activités, choisissez-en une que vous pourrez illustrer par un exemple tiré de votre vie quotidienne. Le but : faire le lien entre vous, la formation et le métier.

C. Le référentiel de compétences

Ce référentiel décrit les compétences nécessaires à l'exercice du métier d'infirmier. Il représente le balisage du chemin qui mène au diplôme : les points de passage fondamentaux pour une conduite du métier en toute intelligence.

Le référentiel de compétences

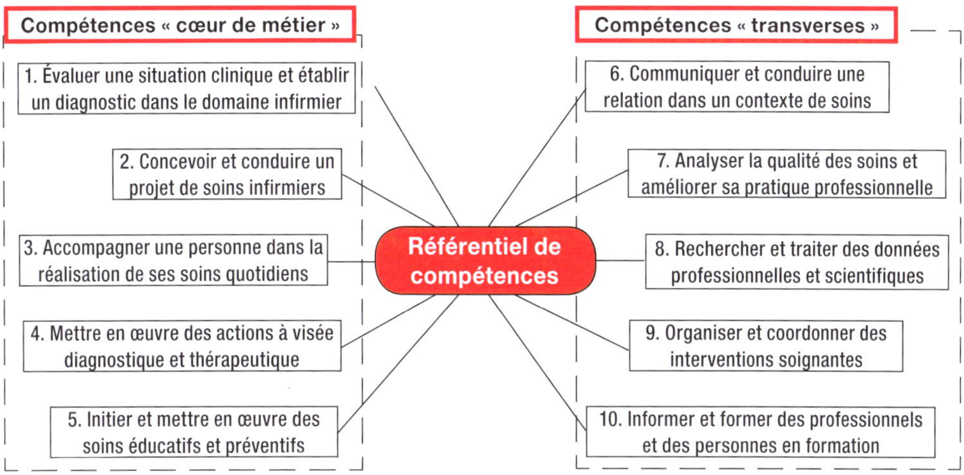

Pour obtenir le diplôme dans sa totalité, vous devez être évalué et certifié sur ces 10 compétences.

D. Le référentiel de formation

Ce référentiel décrit la formation nécessaire à l'exercice du métier d'infirmier. Il représente la carte d'orientation qui vous permettra d'arriver aux points fondamentaux qui balisent la formation (référentiel de compétences) et d'emprunter les différents chemins (référentiel d'activités) qui s'offrent à vous d'abord tout au long de la formation, puis en tant que diplômé d'État.

a. Finalités de la formation

Entrer en formation pour devenir infirmier impose de savoir dans quoi vous vous engagez. Le référentiel de formation explicite en sept points la finalité de la formation.

D'abord, reconnaître vos émotions vous permettra de trouver la juste distance professionnelle, d'acquérir une capacité critique et de questionnement, et puis de la confiance et de l'assurance.

Il s'agit aussi d'appréhender l'éthique professionnelle ; comment prendre des décisions éclairées, agir en autonomie et avec le sens des responsabilités.

Ensuite, pendant vos études, vous intégrerez de nouveaux savoirs, vous vous adapterez à des situations variées. Vous allez devenir des professionnels grâce au parcours que vous ferez. Vos attitudes et votre comportement (votre savoir-être), vos savoirs et vos savoir-faire construiront votre identité professionnelle pour, selon l'arrêté du 31 juillet 2009, « devenir un praticien autonome, responsable et réflexif ». Qu'est-ce que cela signifie ? Vous serez capable d'analyser des situations de santé, de prendre des décisions dans les limites de votre rôle, de mener des interventions seul ou en équipe.

Enfin, vous allez aussi développer des ressources comme votre méthode de travail, votre habileté gestuelle. Vous allez aussi développer vos capacités relationnelles et votre projet professionnel se construira.

b. Principes pédagogiques

Il s'agit d'acquérir des compétences dans un but précis : l'exercice des différentes activités du métier d'infirmier.

- Ces principes sont fondés sur :
  - l'alternance entre le terrain et la théorie ;
  - l'étude de situation et ses trois paliers : comprendre, agir et transférer ;
  - la mise en relation des connaissances à acquérir et le développement des compétences requises ;
  - la progression de chaque étudiant par l'autonomie, la responsabilité et le devenir professionnel ;
  - une posture réflexive, c'est-à-dire, par exemple, savoir revenir sur ses acquis ;
  - une posture pédagogique : des situations variées qui construisent des savoirs et des valeurs humanistes, d'où l'importance du rôle de formateur ;
  - des contenus de formation actualisés : il s'agit d'un devoir, inscrit dans la loi.

c. La formation clinique en stage

L'infirmier est formé par ses pairs, ses futurs collègues : la moitié de la formation s'effectue sur le terrain.

S'il s'agit principalement de collègues infirmiers, la formation en stage se fait aussi avec l'ensemble des soignants, et plus largement avec l'ensemble des gens qui composent une équipe, soignants ou non.

Par exemple, que serait la première année des études si les aides-soignants ne guidaient l'étudiant ? En fait, l'ensemble des équipes de soin forme l'étudiant… à condition que celui-ci « veuille » se former. Il en est de même pour la préparation à un concours, que vous soyez en « prépa » ou que vous vous formiez seul : les attitudes qui peuvent être aidantes sont votre autonomie, votre curiosité, votre capacité de travail et votre observation du milieu (personnel, professionnel ou de stage) dans lequel vous évoluez.

- **Pourquoi une formation de terrain par les stages ? (voir schéma p. 17)**

L'étudiant écrit ses besoins de formation dans le portfolio (voir p. 18) en relation avec le référentiel de compétences et le référentiel de formation.

Les objectifs des stages

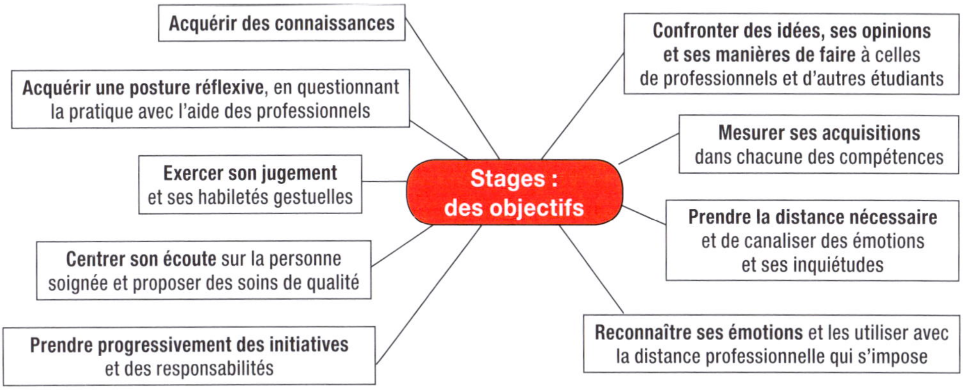

■ Les responsables de l'encadrement

L'étudiant est toujours placé sous la responsabilité de plusieurs professionnels selon les différents temps de l'apprentissage.

Le **maître de stage** a une **fonction à la fois organisationnelle et institutionnelle** du stage. Cadre de santé, il accueille l'étudiant, l'informe, est garant de la qualité de l'encadrement et règle les éventuelles difficultés.

Le **tuteur de stage** assure la **fonction pédagogique** du stage. Il réalise des entretiens avec l'étudiant, est responsable de l'encadrement pédagogique et assure un accompagnement pédagogique. Il reçoit les étudiants et évalue leur progression, réalise des entretiens réguliers et des moments de réflexion avec chaque étudiant, répond aux questions, fait la liaison entre l'étudiant et des personnes ressources. Il assure également l'évaluation des compétences acquises, en identifiant les points forts et les lacunes et en aidant l'étudiant à s'auto-évaluer. Il évalue ou fait évaluer les acquis au fur et à mesure et suit la progression de l'étudiant, notamment à l'aide des outils et du portfolio, et donne des objectifs de progression.

Les **professionnels de proximité** assurent une **fonction d'encadrement pédagogique** au quotidien. Ils organisent les activités d'apprentissage de l'étudiant, en lien avec les éléments du référentiel de compétences. Ils questionnent, expliquent, montrent, mènent des activités en duo et laissent progressivement l'étudiant mener des activités en autonomie. Leur rôle est également celui de guide, qui indique ce qui est conforme aux bonnes pratiques et ce qui doit être amélioré. Ils expliquent les risques : réglementation, sécurité…

Le **formateur de l'Ifsi référent de stage** tient un **rôle de coordination avec l'établissement d'accueil**. Il accompagne les équipes (utilisation du référentiel de compétences…), contribue à la formation clinique de l'étudiant et à l'analyse de ses pratiques. Il communique avec le tuteur et le maître de stage et régule les difficultés éventuelles.

■ L'étudiant en soins infirmiers

Il développe des savoirs professionnels, construit progressivement sa compétence, s'entraîne à la réflexion et à l'analyse de sa pratique, s'implique dans la résolution des situations et mesure sa progression.

d. Parcours de l'étudiant en stage

Quatre types de stages sont prévus, ils sont représentatifs de « familles de situations[1] », c'est-à-dire des lieux où l'étudiant rencontre des spécificités dans la prise en soins :

– **soins de courte durée** : l'étudiant s'adresse à des personnes atteintes de pathologies et hospitalisées dans des établissements publics ou privés ;

– **soins en santé mentale et en psychiatrie** : l'étudiant s'adresse à des personnes hospitalisées ou non, suivies pour des problèmes de santé mentale ou de psychiatrie ;

– **soins de longue durée et soins de suite et de réadaptation** : l'étudiant s'adresse à des personnes qui requièrent des soins continus dans le cadre d'un traitement ou d'une surveillance médicale, en établissement dans un but de réinsertion, ou une surveillance constante et des soins en hébergement ;

– **soins individuels ou collectifs sur des lieux de vie** : l'étudiant s'adresse à des personnes ou des groupes qui se trouvent dans des lieux de vie (domicile, travail, école...).

Le parcours de stage des étudiants comporte un stage minimum dans chacun des types de stage décrits ci-dessus.

Les stages s'effectuent selon le schéma suivant :

– semestre 1 : un stage de 5 semaines ;

– semestres 2, 3, 4, 5 : un stage de 10 semaines chacun ;

– semestre 6 : deux stages de 15 semaines au total.

Les stages s'effectuent sur la base de 35 heures par semaine.

Pendant la durée des stages, le formateur de l'Ifsi référent du stage organise, en lien avec l'équipe pédagogique, le tuteur et le maître de stage, soit sur les lieux de stage, soit en Ifsi, des regroupements des étudiants d'un jour ou de quelques jours. Ces regroupements entre les étudiants, les formateurs et les professionnels permettent de réaliser des analyses de la pratique professionnelle.

e. Le portfolio de l'étudiant

C'est un outil qui sert, à la fois, à mesurer la progression de l'étudiant en stage et à lier le temps de formation en Ifsi et le temps de formation sur le terrain. C'est un document indispensable à l'obtention du diplôme.

Grâce au portfolio, l'étudiant analyse sa pratique. Les personnes ressources qui gravitent autour de lui ont ainsi un suivi précis du futur professionnel. Ce suivi passe par des bilans semestriels et est nécessaire pour effectuer un bilan de fin de formation avant le passage devant le jury final.

L'étudiant et les différents formateurs fixent des objectifs d'amélioration et d'apprentissage complémentaire.

1. Voir les travaux du CRESI à ce sujet, projet Leonardo, « référentiel européen de compétences en soins infirmiers », 2008.

E. Les unités d'enseignement

L'entrée dans le système LMD (licence-master-doctorat) est bien visible ici. Les unités d'enseignement détaillent le contenu des savoirs à intégrer en vue de l'acquisition de compétences.
Elles se répartissent autour de six champs :
- sciences humaines, sociales et droit ;
- sciences biologiques et médicales ;
- sciences et techniques infirmières : fondements et méthodes ;
- sciences et techniques infirmières : interventions ;
- intégration des savoirs et posture professionnelle infirmière ;
- méthode de travail.

À noter que des unités dites d'intégration, qui sont des unités d'enseignement, sont dédiées à l'étude des situations de soins ou situations « cliniques ».

3. Le métier

Témoignage de professionnel

Avant de vous lancer dans la superbe aventure des études infirmières, qui êtes-vous, avant tout ?

Infirmier diplômé d'État, je sais que je resterai un éternel étudiant en soins infirmiers. Que me présente ce métier ? Tant de situations incroyables de banalités. Tel se rappelle sa grand-mère marchant voûtée, le visage tiré, silencieuse et bancale. Tel se souvient de la joie d'une naissance. Et ainsi de suite.

Mon métier se situe au cœur de la banalité de la vie. Le lieu intime du « c'est comme ça ». Les moments qui reviennent toujours. Ces instants de basculement : un avant, un après... un accident, une addiction, une rémission, une guérison.

Toutes ces vies se croisent en milieu hospitalier, d'abord et principalement, puis dans tous les milieux où les besoins des gens trouvent écho dans l'oreille de personnels soignants.

Toutes les vies se revivent dans la profession d'infirmier.

En quelques mois d'études, j'ai appris à devenir l'homme transparent qui soutient, invisiblement, une demande, des besoins, pas seulement de santé.

J'ai appris à changer de peau sans état d'âme et sans perdre mon âme. J'ai appris à oublier, quand je le pouvais, ce que j'avais vu et à ne pas en parler. J'ai appris à me faire confiance tout en me fiant à l'équipe avec laquelle je travaillais. J'ai appris à marcher vite sans me presser, à prendre mon temps dans l'urgence, à voir ce qui allait venir tout en faisant ce que j'avais à faire.

J'ai appris à lire une prescription médicale dans tous les sens et à reconnaître, instantanément, tel chiffre ou tel mot. J'ai appris à me méfier de ce que je voyais, à regarder au-delà de la surface de la peau, à voir sans regarder. J'ai appris à toucher, à palper, à compresser, à pincer. J'ai appris à parler sans rien dire, à dire sans parler, à ne pas parler, à en parler, à me dire de ne pas en parler, à n'en parler que s'il faut le dire, à ne dire que le nécessaire, ce nécessaire qui pose question tant il dépend des situations.

Pourquoi devenir infirmier ? Pourquoi ? Pour quoi faire ? Est-ce que la naïveté est indispensable pour devenir infirmier ? Pourquoi, parfois, les infirmières diplômées se demandent pourquoi les nouveaux étudiants ont choisi ce métier ? Pourquoi une équipe ? Pourquoi le rire ? Pourquoi observer ? Pourquoi, quelquefois, les mots ne suffisent pas ?

Je vous propose ça : la vie infirmière, ce métier universel, ce métier aux mille métiers, et d'y trouver l'âme. ”

Jérôme Jean, Infirmier diplômé d'État

A. Définitions du métier

« Évaluer l'état de santé d'une personne et analyser les situations de soins ; concevoir et définir des projets de soins personnalisés ; planifier des soins, les prodiguer et les évaluer ; mettre en œuvre des traitements. Les infirmiers dispensent des soins de nature préventive, curative ou palliative, visant à promouvoir, maintenir et restaurer la santé, ils contribuent à l'éducation à la santé et à l'accompagnement des personnes ou des groupes dans leur parcours de soins en lien avec leur projet de vie. Les infirmiers interviennent dans le cadre d'une équipe pluriprofessionnelle, dans des structures et à domicile, de manière autonome et en collaboration. »

Code de la santé publique.

Tirés du Code de la santé publique, les trois premiers articles relatifs à l'exercice de la profession, les actes professionnels (R4311-1, R4311-2, R4311-3), synthétisent formellement ce qu'est le métier d'infirmier. Bien sûr, le métier ne se réduit pas à des définitions législatives.

■ Rôle propre/rôle prescrit

Ces deux idées sont les deux faces d'une même pièce. Le rôle propre ou la part d'autonomie de l'infirmier et le rôle prescrit ou la part d'exécution d'une prescription médicale ne se réduisent ni à l'un ni à l'autre. Il est question, sur le rôle propre de continuité de la vie, de compensation partielle ou totale de l'autonomie d'une personne ou d'un groupe de personnes.

La loi dit : l'infirmier ou l'infirmière « donne habituellement des soins infirmiers sur prescription ou conseil médical, ou en application du rôle propre qui lui est dévolu… ».

■ Prévention, éducation à la santé, formation, encadrement

Le métier d'infirmier ne se limite pas à l'image d'Épinal de la prise de sang. Ce métier peut aussi s'exercer sans aucune blouse et ailleurs que dans un hôpital, par exemple.

La loi dit : « […] L'infirmier ou l'infirmière participe à différentes actions, notamment en matière de prévention, d'éducation à la santé et de formation ou d'encadrement. »

De l'analyse à l'évaluation du soin

On ne peut pas cantonner l'infirmier dans un simple rôle d'exécutant. Son travail intègre une démarche de soins qui se construit non pas en enchaînant des actes mais en réfléchissant autour des besoins de la personne.

La loi dit : « L'exercice de la profession d'infirmier ou d'infirmière comporte l'analyse, l'organisation, la réalisation de soins infirmiers et leur évaluation, la contribution au recueil de données cliniques et épidémiologiques et la participation à des actions de prévention, de dépistage, de formation et d'éducation à la santé… »

Des règles professionnelles et le secret professionnel

Le secret professionnel est une condition *sine qua non* de l'alliance thérapeutique avec la personne en soins.

La loi dit : « […] Dans l'ensemble de ces activités, les infirmiers et les infirmières sont soumis au respect des règles professionnelles et notamment du secret professionnel… »

Une pratique pluriprofessionnelle

L'infirmier s'intègre au sein d'une équipe. L'être humain et sa complexité ont besoin de l'ensemble des compétences de tous les corps de métier du soin principalement.

La loi dit : « […] Ils exercent leur activité en relation avec les autres professionnels du secteur de la santé, du secteur social et médico-social et du secteur éducatif. »

Les dimensions du soin mises en œuvre pour le patient

Soins préventifs, soins curatifs, soins palliatifs… D'autres mots-clés parlent aussi des dimensions du soin comme le respect des droits de la personne, l'éducation à la santé, la prise en compte des composantes physiologique, psychologique, économique, sociale et culturelle de la personne…

Il est possible d'ajouter des expressions telles que l'évaluation du degré de dépendance, la mise en œuvre des traitements et la surveillance clinique…

Enfin, l'infirmier a pour mission de « participer à la prévention, à l'évaluation et au soulagement de la douleur et de la détresse physique et psychique des personnes, particulièrement en fin de vie, au moyen des soins palliatifs, et d'accompagner, en tant que de besoin, leur entourage » (article R. 4311-2).

B. Les spécialités

Trois spécialités sont inscrites dans la loi : infirmier anesthésiste diplômé d'État (IADE), infirmier de bloc opératoire diplômé d'État (IBODE), puéricultrice.

L'IADE travaille au bloc opératoire. Il s'occupe, en relation avec le médecin anesthésiste, de l'endormissement et du réveil du patient ainsi que de sa surveillance. Il peut travailler dans un service d'aide médicale urgente (SAMU) ou un service mobile d'urgence et de réanimation (SMUR).

L'IBODE travaille exclusivement au bloc opératoire. Il assiste le chirurgien dans ses opérations.

La puéricultrice travaille en secteur pédiatrique à l'hôpital notamment. Sa spécialité : le domaine des soins infirmiers concernant l'enfant, principalement.

S'il s'agit des spécialités diplômantes, l'infirmier peut se spécialiser dans un grand nombre de domaines, *via* la voie universitaire par exemple. Une voie désormais « facilitée » par l'entrée de la formation infirmière dans le LMD.

C. Les modes d'exercice de la profession

Un des sites de référence de la profession infirmière, à savoir **infirmier.com**, a répertorié et documenté différents modes d'exercice de la profession. Sachant que, dans cette liste, chaque mode d'exercice pourrait encore se détailler en d'autres modes d'exercice.

D. La recherche infirmière

Au Québec, il est possible d'obtenir un doctorat en sciences infirmières. La recherche infirmière est naissante en France mais dynamique. Pour preuve, l'École des hautes études en santé publique (EHESP) propose, depuis la rentrée 2009-2010, une formation de type Master en soins infirmiers.

E. L'ordre infirmier

L'ordre infirmier a tenu ses premières élections en 2008 et s'impose aux 500 000 infirmiers en exercice. Outre que l'ordre infirmier « veille à maintenir les principes éthiques et à développer la compétence », il « assure la défense de l'honneur et de l'indépendance de la profession d'infirmier. Il en assure la promotion » (article L4312-1 et 2). Le 10 avril 2015, l'Assemblée nationale a voté la suppression de l'ordre infirmier, par 19 voix contre 10 sur 577 députés. L'application de cette loi est suspendue à la décision du Sénat.

F. Questions/réponses

- **Faire une prépa concours, est-ce utile ?**

Oui et non. Oui, car elle peut vous permettre d'acquérir de la méthode, un peu de connaissances, de faire des stages et surtout de savoir si vous êtes prêt à exercer le métier d'infirmier. Non, si vous allez en prépa avec un état d'esprit : « Si je fais une prépa, j'aurai un concours. Si je n'ai pas le concours, c'est la faute à la prépa qui ne m'a pas bien préparé. » Il s'agit d'un accompagnement : rien ne remplacera votre travail et votre autonomie… Bref, vous êtes déjà un tout petit peu dans le métier.

- **J'ai plus de 30 ans, puis-je m'inscrire au concours ?**

Oui. Il faut être âgé d'au moins 17 ans au 31 décembre de l'année des épreuves de sélection, mais il n'y a pas d'âge limite. Par exemple, en 2009, une infirmière a obtenu son diplôme à 51 ans. De nombreux étudiants ayant déjà eu une expérience professionnelle se lancent dans les études infirmières. Il s'agit plutôt d'un atout car si la valeur et la maturité n'attendent pas le nombre des années, avoir « roulé sa bosse » permet, par exemple, de mieux se connaître et, donc, de se positionner plus facilement dans une équipe, lors d'un soin.

■ **J'ai à peine 18 ans, je suis trop jeune, c'est sûr ?**

Non. Le projet que vous présenterez à l'oral sera déterminant. Pour compléter ce projet, vous pourrez montrer qui vous êtes.

■ **Est-ce que je peux rater mes études ?**

Oui et non. Oui si vous les faites pour une raison trop éloignée du patient dont vous êtes censé vous occuper. Non, si votre assiduité au travail, votre dynamisme et votre capacité à prendre soin se développent au cours de la formation.

■ **Je ne suis pas bricoleur, est-ce que je peux devenir infirmier ?**

Oui. Si le métier est manuel, il exige aussi une bonne dose de réflexion. Et utiliser ses mains pour travailler avec douceur et précision, cela s'apprend.

■ **Je ne supporte pas la vue du sang, est-ce grave ?**

Oui et non. Oui, si vraiment la moindre goutte vous fait tomber par terre. Toutefois, avec de l'aide, vous pourrez sûrement surmonter cette peur. Non, ce n'est pas grave car on peut exercer la profession d'infirmier sans quasiment faire une prise de sang de sa vie, par exemple.

■ **Est-ce que je pourrai travailler dans l'humanitaire ?**

Oui, sans problèmes. Mais avant de vouloir aller si loin, peut-être devrez-vous faire vos études d'infirmier. En tout cas, avec ce diplôme, beaucoup de portes peuvent s'ouvrir à vous.

■ **Est-ce que je peux travailler en parallèle de mes études ?**

Plutôt non. Les études sont un temps privilégié de développement de compétences professionnelles, personnelles et humaines. De plus, le rythme de ces études est soutenu, très soutenu. Mais il existe aussi un principe de réalité : financer ses études.

■ **J'ai peur d'être confronté à la mort et de ne pas pouvoir y faire face, est-ce la peine alors de faire des études d'infirmier ?**

Oui. La mort est un moment particulier. En tant que futur professionnel, vos collègues et leurs manières de faire vous aideront sûrement.

G. Le financement des études

Il existe plusieurs solutions pour financer ses études :

- les bourses d'études du ministère de la Santé ;
- les aides du conseil régional ;
- les aides pour les agents de la fonction publique hospitalière ;
- les aides pour les salariés des établissements privés ;
- le contrat d'apprentissage ;
- les allocations d'études ;
- les allocations logement ;
- le fonds de solidarité universitaire ;

– les prêts étudiants ;

– les financements du Pôle Emploi.

S'il est possible de travailler pendant ces études, il s'agit d'une situation bien sûr intéressante, mais qui peut mettre en difficulté compte tenu du rythme de travail soutenu demandé à l'étudiant.

H. Conclusion

Tout au long de ce livre, nous poursuivons un seul et unique but : vous accompagner non pas seulement vers un concours mais vers votre futur métier. Nous vous avons interpellé sur votre **motivation**, votre connaissance du **métier** tout en vous faisant travailler la **méthodologie** de l'écrit et de l'oral, votre mémoire et votre **manière de réfléchir** quant à la culture générale. Souvenez-vous des **5 M** ; **m**otivation, **m**étier, **m**éthode, **m**émoire et **m**anière de réfléchir.

Nous avons aussi beaucoup cherché à vous aider, en toute modestie, à savoir qui vous êtes. Il est indispensable de savoir qui on est pour exercer ce métier, comme dans d'autres métiers d'ailleurs.

Ce livre se veut simple et pratique.

Si vous voulez faire un métier comme celui d'infirmier, allez-y avec toute votre âme, car c'est un métier qui en a une. Vous avez votre place, prenez-la et ayez confiance en vous.

À bientôt, futur collègue.

PARTIE 1

Épreuves d'admissibilité

- Culture générale sanitaire et sociale 27
- Tests d'aptitude 193

Culture générale sanitaire et sociale

COEFFICIENT
1

DURÉE
2
heures

- Planning de révision 28
- Méthodologie et conseils 30
- Le cours et les entraînements 65
- Annales corrigées 173

Planning de révision

PÉRIODE	DURÉE	CONTENU DES RÉVISIONS
PÉRIODE 1	1 semaine	**Cours :** La bioéthique ; les dons d'organe, de tissus humains et de sang ; la contraception, les interruptions de grossesse. **Méthodologie :** Concours blanc n°1 : sujet n°2 (deux heures, dans le calme, pas de téléphone, feuilles de brouillon et crayon). **Soin de soi :** Faites-vous du sport, une activité de détente. C'est le moment de commencer !
PÉRIODE 2	1 semaine	**Cours :** Les soins palliatifs ; l'environnement ; la famille. **Méthodologie :** Le résumé de texte et la synthèse, travaillez des petits textes d'abord. **Soin de soi :** Cherchez les dates d'inscription aux concours et retirez les dossiers.
PÉRIODE 3	1 semaine	**Cours :** L'enfant ; l'adolescence ; la femme et l'homme. **Méthodologie :** L'analyse de documents ; la revue de presse **Soin de soi :** Prenez soin de votre alimentation et de votre sommeil, c'est important pour un futur soignant.
PÉRIODE 4	1 semaine	**Cours :** Les personnes âgées ; les personnes en situation de handicap ; les maladies cardiovasculaires. **Méthodologie :** Le commentaire de texte ; actualités (lisez revues et journaux, écoutez la radio, regardez la télévision, consultez Internet...) **Soin de soi :** Prenez un bain avec des huiles essentielles (lavande pour la détente !).
PÉRIODE 5	1 semaine	**Cours :** Les cancers ; les infections sexuellement transmissibles ; le VIH-sida. **Méthodologie :** L'argumentation ; la revue de presse ; les actualités. **Soin de soi :** Invitez vos amis, votre famille, échangez, détendez-vous.
PÉRIODE 6	1 semaine	**Cours :** La santé au travail ; le chômage, l'exclusion et la discrimination ; la violence et la maltraitance ; les addictions ; l'alcoolisme. **Méthodologie :** Concours blanc n°2 : sujet n°3 (deux heures, dans le calme, pas de téléphone, feuilles de brouillon et crayon). **Soin de soi :** Ressortez des tiroirs dictionnaires, grammaire...

PÉRIODE 7	1 semaine	**Cours :** Les troubles mentaux ; la santé mentale ; l'anorexie **Méthodologie :** Exercices de reformulation, de concision, de résumé (à partir d'articles, d'extraits de textes, de documents audios). **Soin de soi :** Et votre inscription au concours, où en êtes-vous ? Faites-vous plaisir : massages, musique, cinéma, théâtre...
PÉRIODE 8	1 semaine	**Cours :** La boulimie ; la santé publique : déterminants et indicateurs ; les systèmes de santé et de protection sociale. **Méthodologie :** Travaillez l'analyse et le commentaire, faites un point sur vos fragilités en grammaire et orthographe (faites des QCM, mots croisés, jeux de mots...). **Soin de soi :** Achetez-vous un roman, une revue, un journal...
PÉRIODE 9	1 semaine	**Cours :** La prévention ; l'humanitaire ; les actualités, la revue de presse **Méthodologie :** À partir de votre revue de presse, donnez votre point de vue sur certains sujets, argumentez, faites des plans. **Soin de soi :** Ne lâchez pas le sport ou une activité de détente, vous en avez besoin, prenez soin de vous.
PÉRIODE 10	1 semaine	**Cours :** Revoyez les cours, faites le point sur vos connaissances et réalisez toujours une revue de presse. **Méthodologie :** Écrivez, rédigez un peu tous les jours, une idée développée, une idée résumée, une idée analysée... **Soin de soi :** Relaxation, respiration. Allez à une conférence, suivez un débat, une émission, participez à une conversation.
PÉRIODE 11	1 semaine	**Cours :** Piochez des questions au hasard dans les cours et répondez-y. Suivez l'actualité, posez-vous des questions, essayez d'y répondre ou demandez à d'autres leur point de vue. **Méthodologie :** Faites une pause dans la rédaction. Lisez revues, journaux, livres. **Soin de soi :** Voyez vos amis, partagez de bons moments, le concours approche, gonflez-vous d'énergie positive.
PÉRIODE 12	1 semaine	**Cours :** Relisez certains chapitres, visualisez certains schémas si besoin. Répondez à la question : « Quel fait d'actualité vous a marqué et pourquoi ? ». **Méthodologie :** Concours blanc n°3 : sujet n°1 (deux heures, dans le calme, pas de téléphone, feuilles de brouillon et crayon). **Soin de soi :** Allez marcher, nager, courir, respirer, manger, chanter... Le concours est proche et vous êtes prêt.

Méthodologie et conseils

1. Le résumé

A. Définitions

- **Résumer**, c'est réduire un texte.
- Les **idées essentielles** sont les idées les plus importantes d'un texte.
- **Reformuler** signifie exprimer une même idée avec d'autres mots et constructions de phrases.
- Les **liens logiques** (ou **connecteurs logiques**) sont les mots de liaison.
- **Résumer un texte,** cela signifie le réécrire avec d'autres mots, d'autres constructions de phrases tout en étant fidèle à la pensée de l'auteur. Un résumé est une image réduite d'un texte initial. Il faut donc éviter les impropriétés de vocabulaire, les pertes de nuances et les interprétations. Il s'agit, au travers de cet exercice, d'entrer dans un monde de mots et de pensées qui n'est pas le vôtre et, par conséquent, de respecter la pensée d'un autre.

B. Les étapes de la technique de résumé

Texte à résumer → Repérage → Lecture active → Reformulation → Rédaction → Lecture

a. Repérage

Une fois le texte sous les yeux, votre première démarche doit consister à situer le texte dans son contexte puis à observer son organisation, sa structure. Ainsi, vous relevez le titre du texte, sa source et son auteur. Ensuite, à vous de noter le nombre de paragraphes (ou de colonnes si c'est un article de journal) et les intertitres s'il y en a. Ce travail vous permet d'éviter tout contresens et d'entrer dans l'identité du document.

Le titre synthétise souvent l'essentiel du texte. De la même façon, la source, c'est-à-dire l'origine du document et sa date, permet de situer le document dans un contexte (une actualité récente par exemple).

L'accroche du texte incite à la lecture et donne souvent les idées essentielles à relever.

Enfin, le nombre de paragraphes peut fournir des informations quant au nombre d'idées essentielles exposées dans le document (une idée par paragraphe) et l'intertitre, quand il y en a un, peut résumer l'idée développée dans le paragraphe qu'il précède.

b. Lecture active

Le travail de repérage terminé, il vous faut lire le texte. La lecture doit vous inciter à entrer dans le monde de mots et de pensées de l'auteur, à appréhender son raisonnement, à accéder aux informations et à comprendre le sens du message.

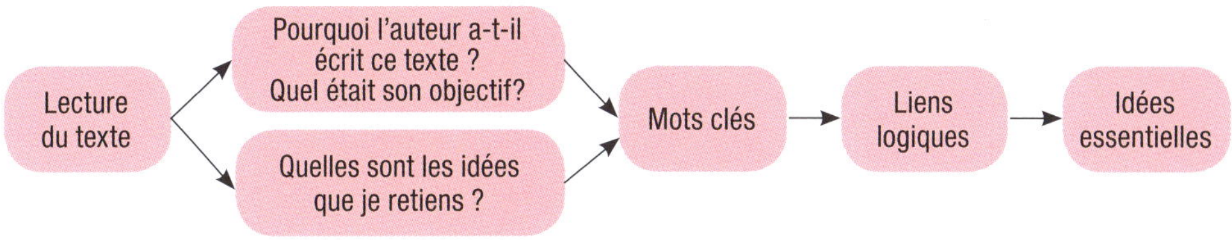

Tableau 1 : Les liens (mots de liaison...) les plus usités et leur fonction

	Prépositions	Conjonctions de coordination et adverbes	Conjonctions de subordination	Verbes et locutions verbales
Cause	à cause de, à la suite de, en raison de, grâce à, du fait de	car, en effet	parce que, puisque, comme, étant donné que	venir de, découler de, résulter de, provenir
Conséquence ou but	au point de, de peur de, assez... pour, pour, afin de, en vue de	de là, d'où, donc, aussi, par conséquent, en conséquence, c'est pourquoi, ainsi, dès lors	pour que, afin que, si bien que, de façon que, de sorte que, dès lors que, tellement que, tant que, au point que	causer, impliquer, entraîner, provoquer, susciter...
Addition	outre, en plus de, en sus de	et, en plus, de plus, en outre, par ailleurs, ensuite, d'une part... d'autre part, aussi, également	outre que, sans compter que, et	s'ajouter, marier...
Concession ou opposition	malgré, en dépit de, loin de, contre, au contraire de, au lieu de	mais, or, néanmoins, cependant, pourtant, toutefois, au contraire, inversement, en revanche	bien que, quoique, même si, alors que, tandis que, tout... que, quelque... que...	s'opposer à, contredire, avoir beau (+ verbe), réfuter...
Hypothèse	en cas de		si, au cas où, pour le cas où, selon que, suivant que	à supposer que

Les mots clés sont les mots qui permettent la compréhension d'un texte. Sans eux, le texte n'a plus de sens ou perd son identité et sa clarté.

Les liens logiques, ou encore connecteurs logiques (vous pourrez également lire mots de liaison), sont les articulations d'un texte. Ils permettent sa structure, l'enchaînement des idées, ils donnent au texte sa clarté et favorisent sa compréhension. Le tableau 1 récapitule les liens les plus usités et leur fonction.

c. Reformuler les idées essentielles

La lecture active du texte (mots clés, connecteurs, structure) vous permet de dégager l'essentiel de la pensée de l'auteur afin de passer ensuite à la reformulation qui précède la phase finale de rédaction du résumé.

La reformulation suppose un bagage lexical le plus riche possible. Plus vous aurez de vocabulaire, plus vous serez à même de répondre à l'exigence de cet exercice. Alors, lisez, écoutez, variez vos sources d'informations, cela vous permettra d'enrichir vos connaissances dans ce domaine.

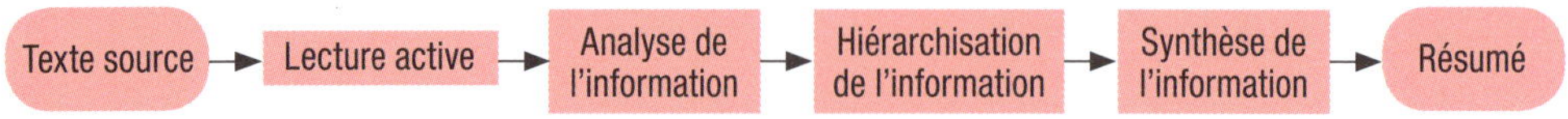

d. Rédiger le résumé ou les idées essentielles

La rédaction doit impérativement tenir compte de certains critères :

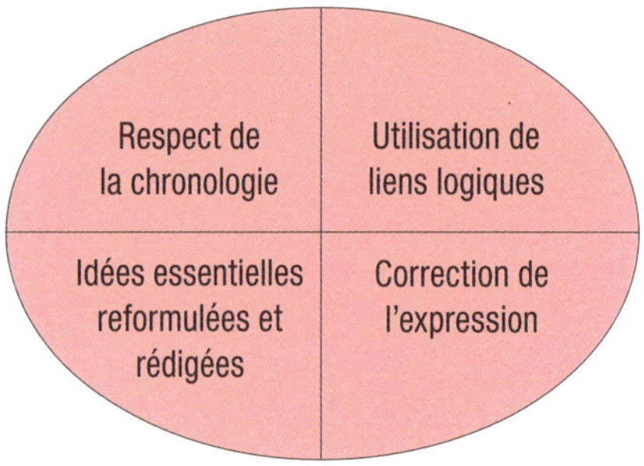

C. La gestion du temps

L'exercice de reformulation d'idées ou /et de résumé est souvent proposé comme première question. Il correspond à la première exigence des instructions officielles (*cf.* la présentation du concours). La durée de l'épreuve étant de deux heures, il est important de répartir le temps de façon équilibrée. Nous tenons compte cependant du rythme et des compétences de chacun (certains plus à l'aise pour cette technique de reformulation pourront aller plus vite, d'autres auront besoin de plus de temps...). Le temps indiqué est donc une moyenne. Pour cette première question, nous vous conseillons de ne pas excéder 30-35 minutes.

D. L'évaluation

Pour ce type d'exercice, l'évaluation porte essentiellement sur les capacités de compréhension, de réécriture et de gestion du temps. Tenez compte du fait qu'une partie de votre future activité professionnelle passe par les mots : consignes orales ou écrites, comptes rendus, fiches de transmission, présentation de votre activité, interventions pour faire de la prévention, et bien entendu tous les mots que vous utiliserez pour informer, rassurer, réconforter, guider...
Voici les critères d'évaluation du résumé, ainsi que certaines erreurs à éviter.

- **La compréhension**

Évitez de faire du « copier-coller » et d'omettre des informations essentielles.

- **Le respect de la pensée de l'auteur**

Évitez d'interpréter le texte, faites attention aux faux-sens ou encore aux contresens.

CENTRE HOSPITALIER TROYES

IFSI INSTITUT DE FORMATION EN SOINS INFIRMIERS TROYES

RÉGION CHAMPAGNE ARDENNE

Institut de Formation en Soins Infirmiers

FORMATION

Infirmière

2 Avenue des Lombards
10000 TROYES

ntervenir dans le texte, ni pour

ésordonnée, sans les mettre en

a tonalité : raccourcir n'est pas

te des indications du nombre de
n'avez aucune marge.

ez de négliger l'orthographe, la
le niveau de langue, le style du

est important de se méfier
rouver la visée. Quel
ulaire, sur la grammaire
anisation du discours de

présents dans un texte, il
e texte. Lorsqu'ils sont très
synthétique. Lorsqu'ils ont
nt aux citations, la logique
à vous de les réutiliser sous

mé de texte, ré-
n l'essentiel. Ou
assez détaillée,
minutes !

ıt, voici deux petits exercices à

ssion radio ou télévisée, enre-
une feuille et résumez-en l'es-
uter ou la regarder à nouveau.

b. Le titre

De temps à autre, lisez des articles sans titre, ou un extrait de dossier ou de roman. Choisissez un document de deux pages maximum. Après la lecture, essayez de donner un titre au texte.

2. La synthèse

A. Définitions

La **synthèse** est une activité mentale qui consiste à regrouper divers éléments concernant un domaine et à les structurer en un tout cohérent.
La **problématique** est un ensemble de questions posées sur un sujet précis.
Analyser, c'est étudier méthodiquement.
La **concision** exprime la qualité de ce qui est exprimé en peu de mots.
L'**iconographie** peut être une image, une photographie.
Restituer la problématique d'un ou de plusieurs documents : faire un travail de synthèse signifie saisir l'objet principal d'un ou de plusieurs documents, avoir la capacité à en extraire la problématique et à la restituer sous la forme d'un écrit qui respecte un plan concis et rigoureux. Il s'agit pour vous de concentrer des informations, de les présenter d'une manière synthétique. Cette technique est très complémentaire de celle du résumé, ce dernier étant souvent utilisé pour entraîner à la synthèse.

REMARQUE La synthèse est un exercice délicat qui demande de l'entraînement. Les personnes qui ont l'esprit plus « synthétique » auront moins de difficultés et sauront davantage aller à l'essentiel. En revanche, les personnes « analytiques » (qui développent beaucoup) rencontreront quelques écueils dans cet exercice de concision. Différents tests de personnalité vous permettront de mieux vous situer afin de remédier à vos fragilités. Nous vous en proposons un dans cet ouvrage qui est souvent utilisé, notamment dans les tests de recrutement.

B. Les étapes de la technique de synthèse

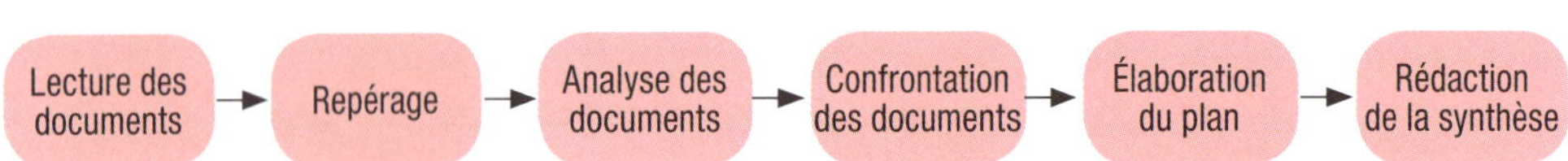

a. La lecture du document

Bien sûr, vous lirez le document. Il ne faut pas le lire de manière « flottante », mais avec de la concentration.

b. Le repérage

Ce travail vous permet de déterminer la nature des documents. Ainsi, deux types de documents ressortent :

– le document à résumer : texte didactique ou polémique ;
– le document à interpréter : données chiffrées, tableaux de statistiques, iconographies (images), textes littéraires...

Le repérage vous incite également à vous intéresser au paratexte, c'est-à-dire à la source, l'auteur et la date de création. C'est important car cela vous évite certains anachronismes.

Enfin, cette première étape vous conduit à déterminer la problématique de la synthèse en vous appuyant sur l'énoncé de la question.

c. L'analyse des documents

C'est l'étape déterminante pour cet exercice. La méthodologie est identique à celle que nous vous conseillons dans cet ouvrage (*cf.* p. 39). Plusieurs méthodes sont possibles. Toutefois, on utilise souvent un tableau qui permettra ensuite de faire une étude comparative. Si vous choisissez de travailler sur les documents, évitez de les surcharger en les surlignant, ils deviennent très vite illisibles.

L'analyse s'effectue en plusieurs étapes. Vous devez :
– repérer les idées essentielles ;
– reformuler ces idées ;
– souligner les expressions essentielles du texte ;
– interpréter les documents iconographiques ;
– retenir ce qui se rattache à la problématique.

Doc. 1	Doc. 2	Doc. 3	Confrontation des documents : idées/convergences, divergences...

ATTENTION La plupart du temps vous aurez entre deux et trois documents, quelquefois plus. Cependant, lisez bien l'ensemble avant de commencer de façon à analyser en premier lieu les documents explicatifs ou argumentatifs qui présentent le sujet. Attachez-vous ensuite à l'analyse des documents iconographiques. du texte pour éviter les contresens et dégager l'organisation du discours de l'auteur.

d. La confrontation des documents

Confronter des documents signifie envisager les relations qui s'établissent entre les idées contenues dans les différents supports. Ces relations se résument en trois points essentiels.

Les idées peuvent :
– se renforcer : on retrouve la même idée dans deux documents (ou plus) ;
– se compléter : l'idée développée dans un document peut se poursuivre dans un autre document ; – s'opposer : l'opposition peut être totale ou partielle.

e. L'élaboration du plan

Élaborer un plan, c'est construire la réflexion qui rendra compte de tous les aspects de la problématique. Le mener à bien, c'est tenir compte de plusieurs facteurs parmi lesquels :
– bâtir un développement équilibré ;
– établir un lien avec la problématique ;
– rendre compte du problème sous tous ses aspects ;

– traiter l'ensemble des documents ;
– ne pas oublier les transitions et les liens logiques ;
– enchaîner les idées de manière cohérente.

Comme pour le travail d'argumentation, le plan constitue la charpente du développement, il est constitué de plusieurs parties qui sont autant d'axes de lecture. De la même façon, il existe différents types de plans adaptés à la problématique spécifique du corpus de documents. En général, le plan se choisit après l'étude des documents.

Au brouillon, il vous faut parvenir à un plan détaillé, de manière à pouvoir rédiger ensuite directement. En effet, vous n'avez pas le temps de tout rédiger au brouillon pour le recopier ensuite.

Plan par catégories (plan-inventaire) →	Met en valeur les composantes d'un phénomène en les justifiant
Plan par opposition →	Aspects positifs / aspects négatifs – Avantages / inconvénients
Plan constat / explication / solutions Plan problème / causes / conséquences →	Aborde une problématique dans son ensemble

f. La rédaction de la synthèse

La rédaction, comme tous vos écrits en règle générale, est plus convaincante si elle est claire, simple et concise. La synthèse demande également beaucoup de rigueur. Elle ne fait pas particulièrement appel à votre culture personnelle sur le sujet traité mais plutôt à votre sens de l'organisation, de la concision et à vos compétences rédactionnelles. Le devoir rédigé comporte obligatoirement les étapes suivantes :

Introduction →	Accroche, sujet, problématique, présentation des documents et annonce du plan
Première partie →	Un (ou plusieurs) paragraphe(s), achevé(s) par une transition
Deuxième partie →	Un (ou plusieurs) paragraphe(s), achevé(s) par une transition
Conclusion →	Conclusion objective puis personnelle

Au cours du développement, il est conseillé d'établir des transitions entre les parties et de ne pas négliger les connecteurs logiques (*cf.* tableau p. 31).

La synthèse s'appuie explicitement sur les documents auxquels on fait référence. Seules quelques expressions fortes peuvent être reprises, voire signalées, entre guillemets.

Votre travail doit être parfaitement compréhensible pour quelqu'un qui n'a pas lu les documents dont vous faites la synthèse. Bien entendu, la correction de votre expression est fondamentale ainsi que le choix des mots et des verbes qui vont se référer aux auteurs et à la tonalité de leurs écrits.

Nous vous proposons un tableau récapitulatif (tableau 2) qui peut vous accompagner dans votre démarche rédactionnelle.

ATTENTION L'expression, lorsqu'on rédige, est fondamentale. C'est le seul outil dont vous disposez pour valoriser et traduire votre pensée. Respecter ses règles, soigner le style, varier le vocabulaire, apporter du rythme et du souffle avec l'usage de la ponctuation, choisir les mots… sont autant de qualités que l'on vous reconnaîtra. Un infirmier travaille avec les mots. Ceux qu'ils prononcent en direction du patient, de la famille ou de l'équipe mais aussi ceux qu'il écrit. Utilisez-les, dans la mesure du possible, avec justesse, sans jamais perdre de vue qu'ils ont un pouvoir énorme. Enfin, n'oubliez pas qu'écrire est une forme de communication qui peut aussi apporter beaucoup de plaisir… même s'il vous arrive d'en douter !

REMARQUE La conclusion comporte traditionnellement deux parties : l'une objective au travers de laquelle vous présentez un rapide bilan. L'autre, personnelle, qui vous permet de prendre position sur la problématique que vous avez traitée dans la synthèse. Vous pouvez faire référence aux auteurs du corpus de documents, évaluer la validité de leur point de vue.

Tableau 2 : Termes et expressions pour introduire une affirmation

Pour introduire…	Termes et expressions
Une affirmation	selon, d'après, pense, croit, s'exclame, si l'on en croit, constate, fait part, évoque, affirme, soutient, assure, prétend, souligne, ajoute, met en évidence, certifie, fait apparaître, met l'accent sur, mote, revendique, démontre, proclame
Une contestation	refuse, s'indigne, revendique, conteste, s'insurge contre, déplore, craint, doute que
Une confirmation	insiste sur, souligne que, rappelle que, confirme que, est d'accord avec, prouve aussi, partage cette idée
Une réflexion	explique, analyse, fait apparaître, montre, démontre, découvre que, met en évidence
Une question	se demande si, s'interroge sur, questionne, se demande
Un souhait, un conseil	souhaite, préconise, propose, conseille
Un complément	prolonge, complète, ajoute, précise
Une notion implicite	laisse entendre que, suggère, sous-entend que
Une polémique	déplore, conteste, nie, critique, objecte, réfute, regrette, stigmatise, s'inquiète, réplique, rétorque, s'émeut, s'indigne, s'alarme, s'insurge
Une notion laudative	se félicite, salue, propose, conseille, souhaite, espère, loue, préconise, recommande
Un doute, une incertitude	suggère, hasarde, doute, envisage, se demande si, s'interroge, hésite, sous-entend, souhaite, laisse entendre que
Une concession	accepte, accorde, admet, approuve, rejoint, avoue, concède, consent, convient, confirme, reconnaît, adhère à une thèse, partage les vues de, renchérit, fait écho, se rallie à l'opinion de

C. La gestion du temps

Le travail de synthèse se rencontre la plupart du temps dans la première question de l'épreuve de concours. Dans la typologie de cette question, il s'agit d'effectuer un travail de résumé, de reformulation ou de synthèse. Le temps imparti est donc le même et se situe entre 30 et 35 minutes environ, sans excéder 40 minutes si vous voulez terminer l'épreuve dans les deux heures qui vous sont accordées.

D. L'évaluation

L'objectif essentiel de ce travail est la compréhension du (ou des) document(s) et de votre capacité à le(s) mettre en lien de manière à faire émerger une problématique. L'intérêt de cet exercice se rapproche de celui du résumé. Votre activité d'infirmier vous conduira quotidiennement à considérer plusieurs éléments, différents facteurs concernant un patient ou une situation pour mettre en place un protocole, prendre une décision... Même si vous évoluerez en équipe et que vous êtes tributaire d'une hiérarchie, ces qualités vous seront toutefois demandées. C'est pourquoi elles sont évaluées lors du concours.

Voici les critères d'évaluation du résumé, ainsi que certaines erreurs à éviter :

- **La compréhension**

Évitez les contresens, l'absence de problématique, une problématique partielle ou le « copier-coller ».

- **L'organisation**

Évitez les confusions, les plans stéréotypés ou pas adaptés et l'absence de progression au niveau des idées.

- **La mise en relation des documents**

Évitez les exposés linéaires, les catalogues d'idées.

- **La reformulation**

Évitez la paraphrase, l'abondance de citations et le vocabulaire inadéquat.

- **La concision**

Évitez d'écrire une synthèse longue et « bavarde », tout comme les répétitions.

- **La correction de l'expression**

Évitez les phrases trop longues, les constructions maladroites, les phrases inachevées, le style télégraphique, l'absence de liens logiques, l'absence de relecture...

ATTENTION Le travail de synthèse demande neutralité et impartialité. Méfiez-vous des connotations et des sous-entendus et soyez vigilant : lorsque le sujet nous tient à cœur, on a tendance à s'impliquer sans le vouloir ! Seule la conclusion personnelle vous permet de vous prononcer de façon brève.

E. Les exercices

L'esprit de synthèse se travaille et s'acquiert par différents moyens. Voici quelques petits exercices qui pourront vous y aider.

a. Le récit variable

Le récit variable peut se faire à deux ou plus. Un participant raconte oralement en deux minutes, puis en cinq minutes et enfin en dix minutes un livre ou un film en expliquant pourquoi il a apprécié ou non ce livre ou ce film. Il est possible de faire l'inverse (de 10 à 2 minutes). Ce petit jeu, vous le verrez, vous contraint à la synthèse mais aussi à une certaine fluidité dans l'expression et le vocabulaire.

b. La revue de presse

Régulièrement, choisissez un sujet d'actualité et découpez plusieurs articles sur ce même sujet, issus de différents journaux. Lisez-les, prenez des notes et essayez ensuite de faire une revue de presse orale ou écrite qui mettra en exergue les ressemblances et les divergences concernant le sujet d'actualité choisi.

3. L'analyse

A. Définitions

Analyser revient à étudier ce qui constitue un texte ou un document.
Un **texte argumentatif** est un texte qui expose un point de vue à l'aide d'arguments et d'exemples.
Un **texte narratif** est un récit, qui raconte une histoire.
Un **texte informatif** apporte des informations sans donner de point de vue ; il s'agit d'un texte objectif.
Faire l'analyse d'un texte ou d'un document signifie comprendre et souligner les procédés mis en œuvre pour donner au texte ou au document sa signification. Il s'agit d'un exercice qui demande de l'observation, de la précision et bien entendu des connaissances. En concours, on peut vous demander d'analyser un document écrit, des données chiffrées ou une iconographie.

REMARQUE Le travail d'analyse est très important. D'abord, pour votre concours, car c'est la typologie de la question 2 des sujets de concours. Ensuite parce que la nouvelle formation des élèves infirmiers insiste sur cette démarche intellectuelle en lien très étroit avec le « terrain ». Enfin, parce que cette gymnastique de l'esprit vous permet de prendre du recul face aux événements, de les évaluer avec objectivité avant de vous faire une opinion personnelle. Cela permet d'éviter bien des idées reçues et d'être dans une démarche non seulement de soignant mais aussi et surtout de citoyen responsable.

B. Les étapes du travail d'analyse

Identifier les procédés → Nommer les procédés → Expliquer leur fonctionnement

Comme pour le travail de synthèse, l'identification des procédés n'est autre que le travail de repérage. Ainsi, cette démarche s'adapte au document.

a. Le repérage pour un texte

Paratexte → Nature de texte → Thématique → Structure → Analyse lexicale

Le paratexte concerne tout ce qu'il y a autour du texte, c'est-à-dire la date, la source, le nom de l'auteur, le titre. Il permet de situer l'auteur, l'œuvre, le journal, la revue... dans un contexte.

Définir la nature du texte revient à observer le genre du texte (article, extrait d'une œuvre...), la forme ou les formes de discours (narratif, argumentatif, polémique, explicatif...) ainsi que les registres en présence (comique, ironique, injonctif...).

Préciser la thématique du texte, c'est répondre à la question : « De quoi s'agit-il ? », donc envisager les idées et les thèmes développés par le document.

La structure d'un texte fait référence à sa construction, ce qui signifie s'intéresser à sa mise en page, au nombre de paragraphes mais aussi au plan du texte (idée directrice, idées secondaires, liens logiques...).

Enfin, l'analyse lexicale vise à relever les champs lexicaux dominants, le choix du vocabulaire (valorisant/dévalorisant, abstrait/concret, technique...), le niveau de langue (soutenu, correct, familier), les figures de style s'il y en a (comparaisons, énumérations, métaphores...), les structures de phrases (interrogatives, exclamatives, négatives...).

Exemple : Pour illustrer cette démarche d'analyse de texte, nous vous proposons le texte qui suit, un article extrait du *Monde*.

> **Une recherche générale d'économie**
>
> Contrôler les **dépenses** d'une **protection sociale** devenue **coûteuse**, notamment en matière de **santé,** est une **préoccupation** commune à tous les **pays d'Europe** occidentale et à tous les pays **développés.** En effet, les coûts ont **augmenté** par suite de la montée en charge progressive des systèmes. **(paragraphe 1)**
>
> Jusqu'aux années 1960, ceux-ci étaient encore incomplets ou ne concernaient pas tout le monde : on a donc **amélioré les prestations** (notamment les retraites). Demande de populations souhaitant être toujours mieux soignées, extension des services (nombre de lits d'hôpitaux et de médecins) et sophistication des techniques médicales ont notamment fait **grimper les dépenses de santé. (paragraphe 2)**
>
> D'autre part, la **rupture économique** qui a suivi le premier choc pétrolier a entraîné des **crises de financement** périodiques. À chaque phase de ralentissement de l'activité, les rentrées fiscales ou le nombre de cotisants baissent. La montée du **chômage** réduit ainsi les recettes issues des cotisations et elle accroît les besoins de protection sociale. Un phénomène qui s'est reproduit depuis 1990. Le poids des dépenses publiques varie sensiblement d'un pays à l'autre – des Britanniques « économes » aux Scandinaves « généreux », il représente de 15 % à 30 % de la richesse nationale. Mais par leur volume même, les **dépenses sociales** sont les **victimes** désignées de la **rigueur**, on le voit aujourd'hui aux États-Unis, avec les projets de réduction du programme Medicare, qui prend en charge les dépenses de santé des plus de 65 ans. Même en l'absence de déficit visible, on estime communément aujourd'hui que le **montant des contributions** pèse sur la **croissance** ou les **créations d'emplois.** Le traité de Maastricht, obligeant les quinze États membres de l'Union européenne à réduire leurs déficits budgétaires, n'a fait qu'aiguiser le **souci d'économies**. Et la perspective d'un **vieillissement** accéléré de la **population** à partir de 2005 dans la plupart des pays d'Europe occidentale le renforce encore. **(paragraphe 3)**

> Les **méthodes** utilisées pour **freiner les dépenses** se ressemblent beaucoup. Pour les **retraites**, l'Italie, en **retardant** progressivement **l'âge** de départ, en modifiant le mode de calcul des pensions, vient de suivre l'exemple des États-Unis au début des années 1980, de l'Allemagne en 1989, de la France et l'Autriche en 1993, du Portugal en 1994. Pour la **santé**, on a presque partout donné des « coups de gomme » à la prise en charge, en introduisant des « **tickets modérateurs** », en **supprimant** des **remboursements.** L' Allemagne le fait avec plus de constance que la France ou l'Italie, la Suède s'y est mise. Surtout, dans de nombreux pays, on a cherché des **systèmes de freinage :** responsabilisation des hôpitaux, en Italie comme en Grande-Bretagne, remboursements de leurs dépenses selon des coûts par pathologie, contrôle de la rémunération des médecins, selon des formules les incitant à la modération. Parallèlement, on a essayé de **consolider le financement,** notamment par des impôts ou des taxes spécifiques. Mais c'est **l'action sur les dépenses** qui a été la plus efficace, puisqu'elle a considérablement ralenti leur progression dans la richesse nationale au cours des années 1980. La France fait aujourd'hui ce que d'autres pays ont souvent fait plus tôt et plus progressivement. **(paragraphe 4).**
>
> *Le Monde, Dossiers et Documents*, décembre 1995.

Auteur : non précisé, un journaliste.
Source : *Le Monde, dossiers et documents,* supplément du quotidien national qui présente des dossiers sur des sujets d'actualité.
Date : décembre 1995, texte qui a 15 ans mais qui est toujours d'actualité ; année de l'Europe des quinze.
Titre : le titre donne le domaine abordé qui concerne l'économie.
Genre : texte informatif.
Forme : écriture journalistique.
Thème : la réduction des dépenses pour les États de l'Union européenne.
Structure : quatre paragraphes (en général, une idée par paragraphe).
Paragraphe 1 : introduction.
Paragraphes 2 et 3 : les causes de la recherche d'économie générale.
Paragraphe 4 : les solutions envisagées.
Liens logiques : ils sont surlignés dans le texte.
Plan : circuit informatif.
Structure des phrases : simples à complexes, la plupart affirmatives.
Lexique : correct. Certains mots demandent peut-être des précisions.
Champs lexicaux : les mots clés en gras annoncent les idées essentielles.
Idée essentielle : le coût de la protection sociale est une préoccupation en raison de son importance et de son augmentation rapide.
Causes :
– La montée des coûts : meilleurs soins, augmentation des demandes, extension des services et amélioration notoire des techniques.
– La crise économique : baisse des rentrées fiscales du fait de la baisse des cotisants, la montée du chômage (diminution des cotisations, augmentation des besoins de protection sociale), le poids des dépenses publiques, la montée des contributions, Maastricht et le traité imposent la nécessité de réduire le déficit budgétaire.

Solutions :
– Actions sur les dépenses, les freiner : retarder l'âge de la retraite, supprimer ou réduire certains remboursements, responsabiliser les hôpitaux, contrôler la rémunération des médecins.
– Actions sur les recettes, consolider le financement : impôts et taxes.

ATTENTION L'analyse est un travail d'observation et de fin limier ! À vous de découvrir et de comprendre les moyens utilisés par l'auteur pour aborder un thème, défendre un point de vue, apporter une information... Les outils utilisés sont également des outils à votre disposition lorsque vous rédigez. N'hésitez pas à vous en inspirer !

b. Le repérage pour un tableau de données chiffrées ou un diagramme

Observer et lire → Faire parler les chiffres → Décrire

Observer et lire est un travail préalable indispensable à ne pas négliger.

Faire parler les chiffres signifie calculer des moyennes, mesurer les phénomènes ou les évolutions en valeur relative, simplifier si possible les résultats, mettre en évidence les corrélations éventuelles, c'est-à-dire les relations entre deux variables (par exemple entre la taille et le poids).

Décrire, enfin, avant de commenter : la description est le résultat de votre observation et précède le plan de votre commentaire.

Exemple d'analyse de données chiffrées :

Vacances : ceux qui ne partent pas (1994 et 1999)

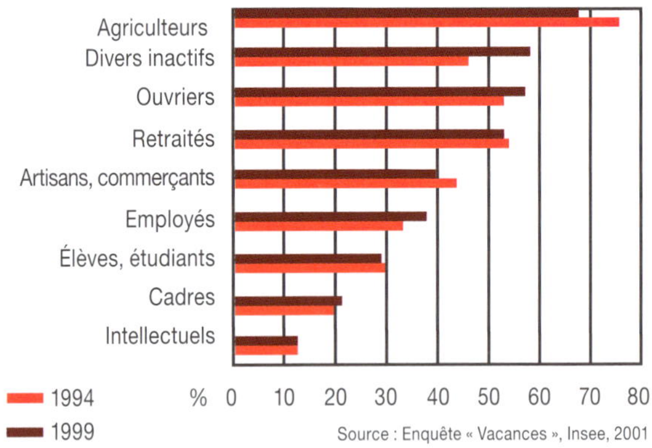

Source : Enquête « Vacances », Insee, 2001

Observations : ce diagramme est le résultat d'une enquête INSEE de 2001 sur les Français qui ne partent pas en vacances. L'enquête a été réalisée en 1994 et 1999. Elle concerne toutes les catégories socio-professionnelles.

Analyse des chiffres et description : hormis les agriculteurs et les divers inactifs, l'écart de pourcentage entre 1994 et 1999 n'est pas très important. Plus des trois quarts des agriculteurs ne partent pas en vacances malgré une légère amélioration en 1999. Les divers inactifs partent davantage même s'ils sont la moitié à rester chez eux. Les intellectuels et les cadres sont ceux qui partent le plus et ce tant en 1994 qu'en 1999. Les étudiants partent majoritairement en vacances. Quant aux employés et aux artisans, ils sont pratiquement autant à partir qu'à rester.

c. Le repérage pour une iconographie (image)

Signalement de l'image → Aspects géométriques → Aspects sémiologiques → Aspects communicationnels

Le signalement de l'image correspond au travail de repérage d'un texte, c'est-à-dire à préciser de quel genre est l'image (photo, dessin, gravure...), qui en est l'auteur, s'il y a un titre, une légende, une date qui informe de l'objectif du message, et enfin une approche globale qui vous permet d'exprimer vos premières réactions.

Les aspects géométriques concernent le cadrage de l'image (plans, angles de vue), les couleurs (tonalités, ombres...), la composition (symétrie, motif principal, éléments mineurs...), le rendu du mouvement (statique, dynamique...), la perspective (où se situe l'horizon ?).

Les aspects sémiologiques font référence au sens à donner à l'image, c'est-à-dire la polysémie du message (plusieurs sens), les codes, la connotation (description), la dénotation (symbolique de l'image), les figures (constrastes, amplification...).

Les aspects communicationnels vous conduisent à décrire les relations entre l'image et le texte, les effets d'identification et l'effet de récit (que raconte l'image ?).

C. La gestion du temps

Ce travail d'analyse fait généralement partie intégrante de la typologie de la question 2 du concours. L'analyse précède le commentaire ou l'explication de document. La totalité de la deuxième question se doit d'être traitée dans un laps de temps n'excédant pas 40 minutes environ. L'analyse, qui est le travail préliminaire du commentaire, doit être rapide et concise : 15 minutes restent raisonnables. Au-delà, c'est la qualité de votre rédaction qui peut être fragilisée.

D. L'évaluation

Le travail d'analyse précède la technique du commentaire. L'évaluation est donc globale. Ainsi, référez-vous à la méthodologie du commentaire pour les critères d'évaluation.

Cependant, ce qui fait la qualité d'un travail d'analyse, c'est la rapidité, le sens aigu de l'observation, l'esprit critique ainsi que la culture générale.

E. Les exercices

a. Du thème à l'analyse

Choisissez un thème (culture générale sanitaire ou sociale) et, à partir de ce thème, appliquez le plan qui suit (à l'écrit, sous forme de plan) :

– **Situer** : situez le thème, dans un contexte, dans le temps, l'espace, envisagez-en les différents aspects.

– **Observer** : apportez des informations, les expliciter, les comparer.
– **Ressentir** : exprimez ce que vous en pensez, faites part de vos sentiments, de votre ressenti.
– **Réfléchir** : comprenez et expliquez pourquoi vous pensez cela, pourquoi vous ressentez cela.
– **Agir** : concluez et faites part des actions, décisions, solutions envisagées.
– **Rédiger** : prenez une feuille, gardez votre plan sous les yeux et rédigez.

Relisez-vous et, idéalement, faites lire votre écrit, le lecteur doit retrouver les cinq phases de l'exercice.

L'objectif de cet exercice est d'entraîner à l'analyse et à un mode de raisonnement à partir d'un thème, d'entraîner à l'observation et à la concision.

b. Enrichir une analyse

Vous prenez un extrait d'une situation, un fait divers, une étude de cas...

Exemple : « C'est samedi, en plein centre-ville, les rues grouillent de passants qui marchent à vive allure. Sur le trottoir, un sans-abri assis par terre mendie. La plupart des passants l'ignorent, le regardent puis détournent les yeux ; je m'approche, lui souris et lui glisse une pièce dans la main. »

Centrez-vous sur ceux dont on parle (représentations).

Centrez-vous sur les problèmes soulevés (informations).

Centrez-vous sur la personne qui parle (problématique).

L'objectif de cet exercice est de s'entraîner à plusieurs niveaux d'analyse (ou angles de vue), de considérer une problématique sous ses différents aspects. Cet exercice favorise l'ouverture d'esprit.

> **ATTENTION** **Nouvelle épreuve et documents**
> La nouvelle épreuve de culture générale peut donc présenter tableaux, courbes et graphiques. Il s'agit ici d'évaluer votre capacité de compréhension mais surtout votre faculté d'analyse. Cette démarche est fondamentale pour la formation qui suivra et le métier d'infirmier qui demande, bien entendu, cette compétence.

4. Le commentaire

A. Définitions

Commenter, c'est faire des remarques, des observations, donner une interprétation d'un document.

Expliquer, c'est faire comprendre en développant.

La **progression linéaire** définit le déroulement du texte dans sa chronologie.

Une **citation** est un court passage d'un texte destiné à illustrer un propos.

Un **commentaire de document** (qu'il s'agisse d'un texte, d'un diagramme ou d'une image) est avant tout un écrit similaire à un travail d'argumentation. Il se présente sous la forme d'une dissertation à cette différence qu'il vous faut vous appuyer sur la pensée d'un auteur.

Comme pour un argumentaire, il s'agit de poser un problème et de le traiter, mais on le fera ici en analysant le texte. Cela signifie qu'il s'agit de comprendre un document, de saisir sa structure ainsi que ses enjeux.

Il s'agit donc d'une intervention subjective réalisée à partir d'une analyse objective.

Disons que l'analyse tend à être universelle, exacte, vérifiable par tout un chacun ; le commentaire est relatif à la personne qui le propose, c'est un point de vue qui ne demande pas nécessairement à être partagé pour être validé. Il se fonde cependant sur une lecture fidèle du document et en est explicitement séparé.

B. Les étapes du commentaire de document

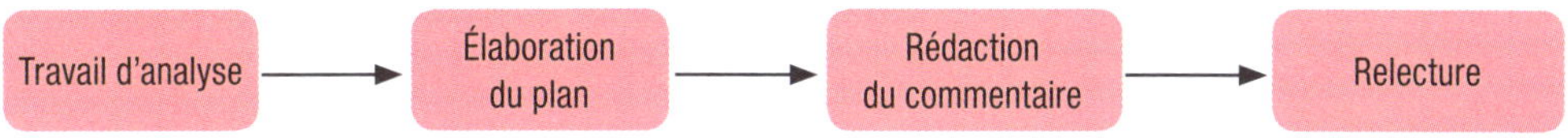

a. Le travail d'analyse

Cette démarche méthodologique a été vue précédemment (*cf.* p. 39). L'entraînement doit vous permettre, au fur et à mesure de votre préparation, de faire un travail d'analyse rapide, précis et concis. Ne le négligez pas, une analyse bien menée facilite l'organisation et la rédaction du commentaire.

b. L'élaboration du plan

Le plan est proche de celui du travail d'argumentation. Il doit toutefois répondre à plusieurs exigences.

Le commentaire vise à :
- expliquer ;
- mettre en relation ;
- évaluer ;
- proposer une interprétation personnelle.

■ **Expliquer**

Rendre explicite ce qui est implicite, faire apparaître de manière claire les informations du document. Si c'est nécessaire, les développer en approfondissant certains points.

■ **Mettre en relation**

Relations avec d'autres textes, relations avec d'autres œuvres, avec d'autres sujets, événements... Toutes les formes peuvent être sollicitées, sans se limiter à envisager des discours sur le même thème. On peut partir d'un détail, d'une image, d'un mot, et le rapprocher d'un élément choisi dans une autre œuvre, ou un fait d'actualité.

■ **Évaluer**

« C'est bien ! », « Ce n'est pas terrible ! » sont déjà des évaluations. Pour dépasser ce niveau quelque peu simpliste qui de surcroît apporte un jugement de valeur, donnez une fonction au texte (forme et contenu). La critique du texte en montre les limites et présente d'autres informations susceptibles de conduire à une conclusion différente.

Cette évaluation sera d'autant plus nuancée, plus riche que votre cadre de référence est plus riche, c'est ce qu'on appelle la culture (ici sanitaire et sociale) ! C'est aussi ce qui lui apportera sa touche personnelle.

La base de l'évaluation peut être le sujet, la langue, le style, les exemples, l'argumentation, l'agencement... et les critères sont l'originalité, la pertinence, la cohérence, la lisibilité, le fondement.

- **Proposer une interprétation personnelle**

Le destin d'un texte ou d'un document quel qu'il soit, c'est d'être lu et compris par un lecteur particulier. Il est donc légitime que le lecteur, à son tour, exprime les réactions que le texte a produites en lui. À condition, bien sûr, de signaler qu'il s'agit d'une réécriture et donc d'un regard personnel. Toutefois, c'est aussi un exercice au travers duquel on évalue votre culture sanitaire et sociale, comme l'indiquent les termes de l'épreuve.

c. La rédaction du commentaire

La rédaction du commentaire respecte les mêmes règles que les autres formes de rédaction, ainsi :

Introduction → Développement → Conclusion

- **L'introduction**

Elle comporte la présentation du thème du texte (on peut citer l'auteur), la problématique, le plan du devoir.

- **Le développement**

Il répond aux remarques que vous avez choisi de faire sur un texte ou un document. Celles-ci peuvent être précédées d'explications, accompagnées de citations (courtes) reformulées ou intégrales, entre guillemets. N'oubliez pas les liens logiques pour marquer l'enchaînement de vos idées et une petite transition entre vos deux parties.

- **La conclusion**

Elle présente un bilan objectif de votre devoir ainsi qu'un bilan plus personnel. Dans tous les cas, elle doit permettre une ouverture.

d. La relecture

Étape essentielle, elle vous permet de ne pas laisser passer des fautes d'orthographe, des contresens, des jugements de valeur, par exemple. Prévoir un temps de relecture est capital.

C. La gestion du temps

Ce travail de commentaire répond généralement à la typologie de la question 2 de concours. La totalité de la deuxième question se doit d'être traitée dans un laps de temps n'excédant pas 40 minutes. L'analyse, qui est le travail préliminaire du commentaire, doit être rapide et concise (environ 15 minutes) afin de vous laisser le temps de bâtir votre plan et de rédiger.

D. L'évaluation

Le commentaire de document évalue vos connaissances, votre capacité à vous impliquer dans une problématique ou une thématique, votre ouverture d'esprit et bien entendu vos compétences rédactionnelles.
Voici les critères d'évaluation du commentaire, ainsi que certaines erreurs à éviter :

- **La compréhension**

Évitez les contresens, l'absence de problématique, une problématique partielle, l'oubli des idées essentielles.

- **L'analyse**

Se référer aux critères d'évaluation de l'analyse.

- **La mise en relation**

Évitez l'absence de références sanitaires et sociales, la paraphrase du texte.

- **L'interprétation**

Évitez les idées reçues et les clichés.

- **La rédaction**

Respectez la méthodologie, évitez une écriture et une présentation négligées et l'absence de liens logiques.

- **La correction de l'expression**

Évitez les phrases trop longues, les constructions maladroites, les phrases inachevées, le style télégraphique, l'absence de liens logiques, l'absence de relecture...

ATTENTION Comme toutes les techniques d'écriture qui vous sont ici présentées et qui répondent aux exigences du concours infirmier, nous vous recommandons de ne rédiger au brouillon que la phase préparatoire (idées clés, plan). La rédaction doit se faire directement, vous n'avez pas le temps de rédiger au brouillon et de recopier ensuite. Seules l'introduction et la conclusion peuvent faire l'objet d'une ébauche, si vraiment vous le souhaitez. N'oubliez pas qu'en tant que futur professionnel de la santé il vous faudra apprendre le geste rapide et sûr, cela vaut pour la réflexion et l'écriture.

E. Les exercices

a. Des chiffres aux mots

Munissez-vous de tableaux chiffrés, de diagrammes. Choisissez-en un et faites-en deux commentaires :

– le premier sera oral, plutôt vivant et agréable, compréhensible et court (si possible enregistrez-vous) ;

– le second sera écrit, concis et structuré.

Comparez les commentaires.
L'objectif de cet exercice consiste à traduire des chiffres par des mots et à trouver des commentaires qui permettent de comprendre le sens mais aussi l'impact des données chiffrées.

b. Le sens des images

Utilisez des documents publiés pour des campagnes de prévention, n'hésitez pas à varier les types de documents et leur diversité thématique. Ensuite étudiez : la disposition typographique, le lien entre mots et images ; demandez-vous quel public on a voulu toucher ; dégagez les points forts de l'efficacité du document en termes d'information et de prévention mais aussi les freins (idées reçues, aspect moralisateur, vision éloignée de la réalité du quotidien...) que la campagne cherche à détruire.

Rédigez les conclusions de vos observations et déductions.

Les objectifs de cet exercice sont de développer les techniques de persuasion verbale, picturale pour influer sur un comportement et de favoriser la prise de recul indispensable pour un travail de commentaire.

5. L'argumentation

A. Définitions

Argumenter consiste à justifier une opinion, chercher à convaincre et à persuader du bien-fondé de sa pensée, de façon à mobiliser, à susciter une action.

Une **thèse** est l'expression d'un point de vue et d'une opinion défendus.

Une **antithèse** est l'expression d'un point de vue et d'une opinion réfutés, rejetés.

Les **arguments** sont des preuves, des justifications de la thèse ou de l'antithèse.

Un **exemple** est une illustration concrète pour confirmer ou appuyer une remarque.

Un **fait** est un élément concret appartenant à la réalité qui peut prendre différents aspects (chiffres, événement, récit...).

Une **idée** est une notion abstraite qui a une portée générale.

L'**opinion** est une notion subjective qui se réfère à l'appréciation de chacun.

La **croyance** est voisine de l'opinion, elle appartient au domaine du non-démontrable et se rapproche de la conviction, la foi...

Outil de communication

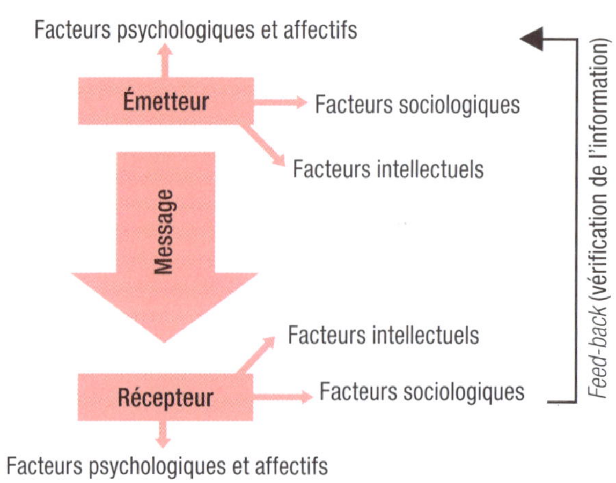

L'argumentation est un dialogue au travers duquel le candidat (c'est-à-dire vous !) est ÉMETTEUR. Le correcteur est RÉCEPTEUR, le contenu de votre copie est le MESSAGE. N'oubliez pas que l'émetteur et le récepteur évoluent tous deux dans un environnement socioculturel, qu'ils sont également déterminés par des facteurs affectifs et sociologiques. Le message doit donc en tenir compte. Plus simplement, les mots, les idées exprimées sont le reflet d'une éducation, d'une appartenance sociale, d'une culture et d'une donnée affective.

N'oubliez pas non plus que vous écrivez pour être lu ! Il ne sert à rien de dire « je me comprends, c'est l'essentiel ! ». C'est le correcteur qui doit comprendre la teneur de vos propos, puisque c'est lui que vous devez convaincre de la qualité de votre copie...

La notion d'argumentation est une notion délicate car elle suppose une démarche parfois complexe où de nombreux éléments interviennent. En simplifiant, elle est la réponse « parce que » à la question « pourquoi ». Argumenter c'est d'abord convaincre autrui, c'est-à-dire influencer son jugement, voire le faire changer d'avis. En cela, on évalue l'efficacité de cette démarche.

Toute argumentation implique une idée de dialogue. Cela engendre deux remarques importantes :

– la première est que cette relation s'inscrit forcément dans le domaine de la liberté et de la subjectivité ;

– la seconde est que cette liberté de penser, d'exprimer sa pensée peut vous sembler naturellement évidente, il semble toutefois important de rappeler que l'argumentation s'est développée et se développe dans les pays et les civilisations qui garantissent et valorisent l'autonomie de l'individu.

B. Les étapes de l'argumentation

a. Face au sujet

Lisez le sujet et la consigne, relevez les mots-clés, les connecteurs et reformulez (objectivement !) le sujet pour en vérifier la compréhension.

Exemple : Comment expliquez-vous le suicide des personnes âgées ?
Argumentez votre réponse et illustrez-la d'exemples sans excéder 30 lignes.

Reformulation du sujet : Quelles sont les raisons qui expliquent le suicide des personnes âgées ?

Reformulation de la consigne : Réponse à justifier, utiliser des exemples, ne pas dépasser 30 lignes.

b. Trouver des idées

L'épreuve de culture générale vous demande des connaissances sur de nombreux sujets. Toutefois, certaines thématiques peuvent vous laisser perplexe et à court d'idées. Ces quelques techniques vous faciliteront la tâche, entraînez-vous, usez-en sans modération !

- **Le référent personnel**

Méthode : fait allusion à tout ce que notre mémoire conserve, notre culture personnelle composée de souvenirs, de connaissances, d'idées, de valeurs...

Objectif : introspection qui produit des idées.
Exemple : Suicide et personnes âgées
Idée « tabou », à l'encontre de certaines croyances religieuses, expériences personnelles...
Référence : *Durkheim et le suicide.*

■ Le brainstorming

Méthode : à partir d'un thème, évoquez toutes les idées, tous les mots qui viennent à l'esprit.
Objectif : « remue-méninge » qui permet un « déblocage », une façon de libérer des idées.
Exemple : Suicide = mort, se donner la mort, plus d'envie de vivre, violence, médicaments, armes, tabou...
Personnes âgées = pathologies, Alzheimer, solitude, vieillesse, dépendance, chutes, maison de retraite, fin d'activité...

■ La règle des cinq questions

Méthode : une idée est avant tout une réponse à une question, donc on se pose les questions essentielles : Quoi ? Qui ? Quand ? Où ? Pourquoi ?
Objectif : employée par les journalistes, cette méthode permet de donner les informations essentielles sur un thème ou un événement.
Exemple : De quoi s'agit-il ? = de se donner la mort
De qui s'agit-il ? = de personnes âgées…

■ Les points de vue

Méthode : un même sujet peut être envisagé sous différents angles, il s'agit de proposer des points de vue.
Objectif : initier à la souplesse d'esprit et favoriser l'esprit critique (donc éviter les préjugés !).
Exemple : Le suicide des personnes âgées :
– La société : comment réagit-elle ? Quel regard sur les personnes âgées ?...
– L'aspect matériel : comment vivent les personnes âgées ? Leur revenu est-il suffisant ?...
– Les institutions : que fait-on pour prévenir ce phénomène ? Est-ce nouveau ? Comment cela se passe-t-il au sein des maisons de retraite ?...
– L'aspect psychologique : quelles fragilités quand on vieillit ? Le sentiment de solitude, d'insécurité…
– L'aspect sanitaire : quelles pathologies liées à la vieillesse ? Comment peuvent-elles conduire au suicide ?...

■ Le concassage

Méthode : cette technique vise à faire éclater une notion abstraite ou une mesure concrète pour mieux l'analyser.
Objectif : faire émerger des notions, chercher des idées neuves.
Exemple : Le suicide

Agrandir : augmenter l'idée de suicide, la généraliser, c'est arriver à l'idée de destruction totale, d'anéantissement de l'humanité.

Diminuer : réduire, le suicide devient l'expression de sa liberté et en ce sens peut présenter des aspects positifs.

Inverser : qu'est-ce que le contraire du suicide ? L'acharnement thérapeutique ? La joie de vivre ? L'envers d'une problématique peut favoriser la compréhension de l'endroit !

Améliorer : peut-on envisager de canaliser ce désir de mort pour ne garder que l'aspect positif ? N'est-ce pas le cas de ceux qui sont prêts à donner leur vie pour une cause en laquelle ils croient ?

Associer : à quelle autre notion rattacher le suicide ? À la liberté ? Au courage ? À la dignité ?

Remplacer : si le suicide n'existait pas, qu'est-ce qui pourrait en tenir lieu ? D'autres actions ? D'autres volontés ?

Le diagramme d'Ishikawa

Méthode : diagramme qui distingue causes primaires, secondaires et tertiaires.
Objectif : sorte « d'arbre des causes » qui permet d'étudier les principales raisons d'un problème et incite ainsi à mieux le comprendre et à pouvoir agir.
Exemple : Le suicide des personnes âgées

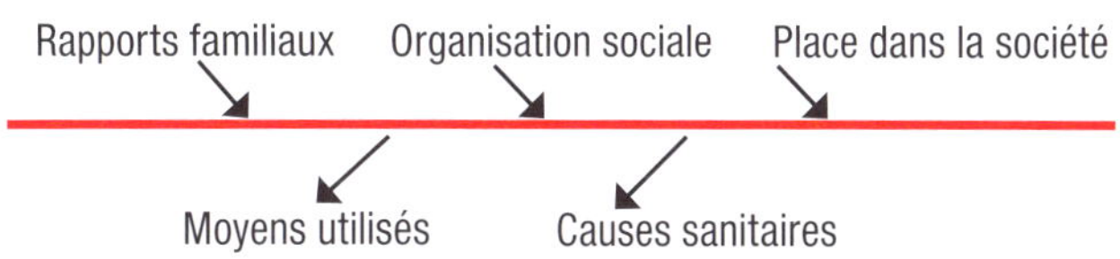

c. Élaborer une thèse

Énoncer une thèse consiste à exprimer une opinion personnelle sur une problématique formulée par un sujet. C'est un exercice très délicat, peu apprécié des candidats la plupart du temps !

Profitez de cet espace de liberté qui vous est offert et osez exprimer votre pensée sur les sujets qui vous sont donnés. Ce qui importe pour le correcteur, c'est la démonstration que vous allez mettre en place pour justifier votre opinion. (*cf.* évaluation)

Énoncer une thèse suppose la maîtrise de certains procédés :

L'emploi de certaines personnes

Exemple : je, moi, me, nous, on
Je, moi, me impliquent sa personne.
Nous généralise un point de vue.
On peut généraliser ou permettre de prendre une distance (« on dit que... mais... »).

L'emploi de certains modes

L'indicatif indiquera la pensée de l'auteur.
Le conditionnel présente des réserves sur une notion (il semblerait que...).

Le recours à des adverbes ou pronoms

Exemple : « celui-ci, celui-là, maintenant... »
La référence à l'auteur permet d'en comprendre le sens.

L'utilisation d'adjectifs, d'adverbes, de noms ou de verbes connotés

Exemple : effectivement, forcément, évidemment, essentiel, beau, doux, grand... sont des adverbes et adjectifs connotés positivement.

Inutilement, vainement, nuisible, effrayant... sont des adverbes et adjectifs connotés négativement.

- **L'utilisation d'une tierce personne pour appuyer sa thèse**

Exemple : « Comme le déclarait le président de l'association des sans-abri. »

- **L'utilisation de la concession d'une idée adverse mais la réfutation d'une autre**

Exemple : « Il est vrai que l'alcool est à l'origine de nombreux accidents de la route, toutefois la répression ne semble pas être le moyen le plus adapté de prévenir ce phénomène. »

- **L'usage de verbes de présentation**

Exemple : prétendre, affirmer, estimer, penser...

- **La mise à distance**

Exemple : Sans verbe introducteur, sans sujet, une thèse peut être présentée avec distance (« peut-être, soi-disant... »).

- **L'attribution**

Exemple : « Selon X..., les propos de... »

- **La certitude**

Exemple : positive : « Il est certain, indubitablement, il est évident... »
négative : « Il est hors de question, on ne saurait accepter, admettre que... »

- **Le doute**

Exemple : « Il semble que..., il est probable, il est possible, on ne peut exclure »

d. Bâtir un plan

Le plan est la structure, la charpente de votre message (contenu de la copie !). Ainsi, à la lecture de votre devoir, le correcteur comprendra plus aisément l'essentiel du raisonnement, cela apporte clarté et cohérence.

De plus, cela permet à ce même correcteur de mémoriser plus facilement les idées principales de votre écrit. Enfin, le plan vous contraindra à ordonner vos idées, à éviter le bavardage, à attester de votre rigueur de réflexion.

Toutes ces qualités sont indéniablement demandées à un futur infirmier. Les gestes techniques que vous aurez à effectuer, une fois dans le métier, ne sauront supporter une absence de précision et de rigueur, car ce ne sera plus un correcteur que vous aurez en face de vous mais un patient...
Les principaux types de plans sont les suivants :

- **Le plan chronologique**

Il s'agit de faire l'historique d'une situation ou d'une problématique.
Exemple : La maltraitance
Constat actuel / Rappels historiques / À l'avenir
Les faits / Les causes / Les conséquences ou solutions

- **Le plan binaire (ou critique)**

Il s'agit de montrer la dualité d'un phénomène.
Exemple : La dépénalisation du cannabis

Dépénalisation dangereuse car incitation à la consommation / Dépénalisation qui peut permettre d'endiguer les marchés parallèles

- **Le plan analytique**

Il s'agit, à partir du constat d'une problématique, d'en étudier les différents aspects et de déboucher sur une solution ou sur une autre idée.
Exemple : « La France est le pays des droits de l'homme mais pas du droit des femmes. » Qu'en pensez-vous ?
France : pays des droits de l'homme / Toutefois persistances d'inégalités entre hommes et femmes / Mesures et moyens pour améliorer la situation

e. Rédiger son argumentaire

Le développement d'un argumentaire suppose des paragraphes qui correspondent aux différentes parties de votre plan. Structurer ces paragraphes vous permettra d'avoir une écriture claire, simple et convaincante. Pour ce faire, à vous de vous familiariser et d'utiliser les différentes techniques mises à votre disposition :

- **La déduction**

Déduire, c'est extraire une idée seconde d'une première idée souvent plus générale.
Exemple : **La fumée de cigarette est source de tabagisme passif, voilà pourquoi des mesures ont été prises pour interdire de fumer dans les lieux publics.**

- **L'induction**

Induire est le contraire de déduire. Cela consiste à construire une règle à partir d'idées.
Exemple : Une loi sur l'interdiction de fumer dans les lieux publics a été promulguée parce qu'il a été démontré que le tabagisme passif était à l'origine de nombreuses pathologies.

- **La recherche des causes**

Faire un diagnostic des raisons qui expliquent un phénomène (*cf.* trouver des idées).

- **Le but**

Permettre au lecteur de comprendre où le candidat veut en venir (*cf.* trouver des idées).

- **L'opposition, la contradiction**

Il n'existe pas de pensée sans contre-pensée, en effet tout concept peut être contesté ; au candidat d'envisager les critiques qu'on pourrait lui adresser.
Exemple : Certains expliqueront qu'une interdiction de fumer dans les lieux publics est une atteinte à la liberté individuelle. Toutefois, il est possible de préciser que la notion de tabagisme passif est une réalité qui porte atteinte également non seulement à la liberté de l'individu mais surtout à sa santé.

- **L'hypothèse**

Une réflexion peut reposer sur des affirmations, des réalités, mais aussi sur des concepts virtuels.
Exemple : Si l'on ne prend pas de mesures qui peuvent sembler radicales, il n'est pas impossible d'envisager le pire en matière de santé publique dans une société où l'espérance de vie est en augmentation.

■ **L'alternative**

Forme de raisonnement qui propose un choix entre deux solutions. Elle contraint le lecteur à choisir.

Exemple : Ou les individus décident de prendre soin de leur santé ou ils prennent le risque d'un cancer des poumons. L'État a choisi en édictant cette loi d'interdiction de fumer dans les lieux publics.

■ **L'élimination**

Raisonner par élimination est une stratégie qui conduit à trouver le juste choix.

Exemple : Malgré les campagnes d'information, la prévention, les différentes mesures prônées par les associations, cela ne semble pas avoir suffi à sensibiliser les individus. C'est pourquoi l'État a décidé de promulguer une loi interdisant de fumer dans les lieux publics.

f. Être convaincant

La phase d'écriture, une fois le plan élaboré, est parfois délicate. Un style fluide et clair est attendu. Il n'est pas question ici d'une quelconque « inspiration ». Hormis le plaisir et le talent, l'écriture peut être facilitée par quelques techniques. La construction des phrases et leur enchaînement favorisent sans conteste la compréhension du lecteur. S'exprimer mieux pour être compris et être convaincant.

Voici quelques techniques d'écriture qui vous y aideront :

■ **Relier deux idées**

Exemple : Le tabac est facteur de pathologies / Il y a de nombreux fumeurs.

1. Avec un adverbe

Exemple : Le tabac est facteur de pathologies, **cependant** il y a de nombreux fumeurs.

2. Avec une conjonction de subordination

Exemple : **Bien que** le tabac soit facteur de pathologies, il y a de nombreux fumeurs.

3. Avec une préposition

Exemple : **Malgré** le facteur de risque lié au tabac, il y a de nombreux fumeurs.

4. Avec un verbe

Exemple : Le tabac comme facteur de pathologies **n'empêche** pas les nombreux fumeurs.

■ **La nominalisation**

1. Le nom oriente

Exemple : Cette année encore, l'alcool a été à l'origine de nombreux accidents ; ce constat… (objectif) / ce fléau… (négatif)

2. Le nom résume

Exemple : Le fort développement du taux d'obésité = la croissance du taux d'obésité.

3. Le nom généralise

Exemple : Cette théorie reposant sur la génétique et visant à améliorer l'espèce humaine = l'eugénisme.

4. Le nom relie

Exemple : *cf.* tableau des liens logiques.

La rhétorique

1. L'injonction

Exemple : « Nous savons tous que..., les Français savent bien que...,vous n'êtes pas sans savoir que... »

2. La « bonne foi »

Exemple : « Je suis réellement persuadé..., j'ai l'intime conviction... »

3. L'autorité par la définition

Exemple : « Qu'est-ce qu'un bon professionnel de santé ? Un professionnel de santé compétent, c'est quelqu'un qui... »

4. Les valeurs

Exemple : « C'est au nom de la dignité humaine que..., c'est au regard de la liberté que... »

5. L'autorité

Exemple : Utilisation de références, de citations...

6. Proverbes et formules

Exemple : Mieux vaut prévenir que guérir.

7. Le rythme, la musicalité

Exemple : Liberté, égalité, fraternité, savoir-faire et savoir être.

8. La gradation

Exemple : Rythme, répétitions, parallélismes *(plus..., plus..., plus)*

9. L'opposition

Exemple : Pour attirer l'attention, valoriser.

10. L'ironie

Exemple : Pour dévaluer une thèse, prendre du recul (« la violence apparaissait comme un formidable moyen de pouvoir de l'adulte sur l'enfant »).

11. L'analogie

Exemple : Utiliser une métaphore pour mieux faire comprendre le raisonnement.

g. Construire une introduction

L'introduction revêt plusieurs fonctions :

Susciter l'intérêt du lecteur

Il s'agit du rôle de l'accroche : elle doit faire preuve de vie, de dynamisme.

Préciser le thème et le sujet

En deuxième lieu, vous devez préciser l'annonce du sujet, avec clarté et précision.

Indiquer le plan

L'annonce de plan doit être formulée avec rigueur et organisation.

ATTENTION L'introduction est votre carte de visite, il est conseillé de la rendre « vivante », dynamique et rigoureuse. Évitez les introductions formelles, le « copié/collé », c'est lassant pour le correcteur (il n'a pas que votre copie à corriger) et cela ne traduit pas votre personnalité. Autant de candidats, autant de styles rédactionnels. À vous d'utiliser ces outils, de vous familiariser avec et surtout de vous les approprier.

h. Rédiger une accroche

Démarrer une introduction pose souvent un problème, pourtant ces quelques astuces vous faciliteront la tâche :

- **Le (ou les) fait(s) réel(s)**

Exemple : Accidents de la route, cancers, comas éthyliques, autant de conséquences de la consommation excessive d'alcool qui interpellent sur l'importance de lutter contre ce fléau.

- **L'affirmation choc**

Exemple : L'alcool tue. Depuis un certain nombre d'années, les campagnes de prévention ne cessent de rappeler ce constat et l'importance de lutter contre ce fléau.

- **Les avis opposés**

Exemple : Les uns sont alarmistes, les autres sous-estiment son impact : toutefois force est de reconnaître les conséquences néfastes de l'alcool sur les individus.

- **L'historique**

Exemple : En 1873, l'État sanctionne l'ivresse sur la voie publique, dès 1965 l'alcool au volant est réprimé puis réglementé par la suite sur le lieu de travail. Plus tard, la loi Evin suivra, ainsi que l'interdiction aux mineurs. Ces différentes mesures ont été décidées dans un but : lutter contre un fléau pour la santé de l'individu et de la société.

- **La citation**

Exemple : « Un alcoolique c'est quelqu'un que vous n'aimez pas et qui boit autant que vous », disait Coluche. Le rapport de l'individu à l'alcool n'est pas sans interroger.

FOCUS La notion d'ironie

Petit retour sur la notion d'ironie. La définition explique qu'il s'agit d'une figure de rhétorique par laquelle on dit le contraire de ce qu'on veut faire comprendre. Ce moyen d'expression est très utilisé dans l'argumentation, c'est une façon différente d'aborder un point de vue. L'ironie n'est pas toujours simple à pratiquer, mais elle s'avère efficace et parfois même redoutable. De plus, cela donne à votre écrit une diversité de tonalités et donc une richesse supplémentaire à votre copie puisqu'on ne s'ennuie pas en la lisant !

i. Construire une conclusion

La conclusion c'est comme la fin d'un film ! Il est important de choisir ses mots afin de laisser une agréable impression au correcteur. Elle doit être concise, fluide et favoriser la réflexion. La difficulté réside souvent dans ce que l'on appelle « l'ouverture du débat ». Il s'agit pour vous d'amorcer le début d'une réflexion plus vaste. La conclusion doit répondre à deux objectifs précis.

- **Répondre à la problématique**

La conclusion présente un bilan avec concision et rigueur.

- **Esquisse de réflexion**

La conclusion propose une ouverture en faisant preuve d'ouverture d'esprit et de tolérance.

j. Rédiger une conclusion

De la même manière qu'il est complexe de démarrer une introduction, il est délicat de terminer une conclusion sans être dans la banalité.
Ces quelques astuces vous aideront dans votre réflexion :

- **Les réserves**

Exemple : Face à l'alcool, réprimer ou prévenir ? Les deux attitudes, nous l'avons vu, se complètent. Toutefois, il semble important de sensibiliser l'individu, de le responsabiliser bien plus que de l'effrayer ou de lui faire la morale.

- **L'avenir immédiat**

Exemple : Face aux conséquences néfastes de l'alcool, prévention et répression s'imposent. Cependant, les résultats immédiats sont fragiles. Les réponses à cette problématique suffiront-elles à modifier le comportement des individus ?

- **L'extension**

Exemple : Face aux conséquences néfastes de l'alcool, prévention et répression s'imposent. Toutefois, quelle qu'elle soit, la loi ne pourra forcer les individus à adopter un comportement donné. L'information doit donc tenir une place de premier plan.

ATTENTION La conclusion ne doit pas revenir sur les propos tenus dans le développement. Il s'agit de faire un bilan et non d'argumenter à nouveau ou d'illustrer par des exemples. Si vous avez oublié une idée, il n'est pas judicieux de la rajouter dans la conclusion, car elle devrait se trouver dans votre développement. C'est aussi pour cela qu'un plan est très utile, il est un remède contre les oublis dans les écrits ! Soyez vigilant face à cela : en effet ne pas respecter la méthodologie peut avoir des conséquences sur votre note, comme cela aurait des conséquences dans votre emploi...

C. La gestion du temps

La question d'argumentation se rencontre généralement en question 3 d'un sujet de concours. C'est donc le dernier exercice auquel vous êtes soumis selon les instructions officielles. L'épreuve se déroule en deux heures et vous devez répondre aux questions de compréhension et d'analyse qui précèdent. Cela suppose de disposer d'environ 40 à 45 minutes pour traiter le sujet. Sans oublier quelques minutes pour vous relire et corriger d'éventuelles erreurs d'orthographe...

D. L'évaluation

Dans le domaine de l'argumentation, l'évaluation porte essentiellement sur le respect de la méthodologie et sur la pertinence du cheminement de votre pensée. Il ne suffit pas de donner un point de vue, encore faut-il le prouver, le démontrer. Ainsi, souvent, les candidats « reprochent » au correcteur une évaluation subjective. « Je suis sûre que le correcteur n'était pas du même avis que moi, voilà pourquoi j'ai eu cette note ! » peut-on entendre... ou encore « Peut-on vraiment dire ce que l'on pense quand on nous le demande ? Ne prend-on pas le risque de ne pas être du même avis que le correcteur ? »

Même si ces questions ou remarques peuvent être compréhensibles, elles ne sont toutefois pas de mise. En effet, les grilles d'évaluation de concours sont élaborées avec rigueur et revues chaque année pour la plupart. En ce qui concerne l'argumentation, il est bien spécifié que celle-ci ne porte en aucun cas sur l'opinion exprimée par le candidat mais bien sur les raisons qui l'ont conduit à cette opinion, ou plus simplement dit, sur la cohérence et la qualité de sa démonstration.

Ce qui fait la qualité d'un travail d'argumentation, c'est bien le caractère personnel du devoir.

Voici les critères d'évaluation, ainsi que certaines erreurs à éviter :

- **Le respect de la méthodologie**

Évitez une rédaction peu structurée, confuse et inégale. Le devoir doit comporter une introduction, un développement et une conclusion.

- **La pertinence de l'argumentation**

Évitez d'énoncer seulement un ou deux arguments, le développement doit en comporter plusieurs. Il s'agit d'une épreuve de culture générale. Évitez aussi de négliger les exemples : ils doivent illustrer chaque argument.

- **L'ouverture d'esprit**

Évitez d'apporter des jugements de valeur ou autres idées reçues, c'est fort maladroit et sanctionné lourdement.

- **La correction de l'expression**

Évitez les incorrections, les lourdeurs d'expression ou les maladresses qui portent préjudice à la démonstration.

ATTENTION Maintenant que vous avez bien compris ce qui était attendu en argumentation, n'oubliez pas de garder votre bon sens. En effet, lors d'un concours, il peut vous être demandé une argumentation sous la forme d'une discussion ou d'un paragraphe argumentatif. Le sujet peut être un texte, un thème, une citation... Veillez à bien lire la consigne, à en comprendre les exigences et à vous adapter (*cf.* comprendre une consigne). À la question « peut-on utiliser le "je" dans une copie de concours ? », la réponse est oui, bien entendu. Vous ne serez pas sanctionné pour cela.

E. Exercices

a. Pour ou contre

Suivez l'actualité et, de temps en temps, choisissez un sujet parmi ceux qui sont développés et posez-vous la question de savoir si vous êtes « pour ou contre », demandez-vous pourquoi. Vous pouvez également le faire avec les personnes qui vous entourent, soyez attentif à leur réponse !

b. Exercices pour trouver des idées !

Appliquez ces quatre méthodes pour réfléchir autour des mots *aider* et *aide*, de manière à y trouver un sens et à laisser venir les idées :

- **Le *brainstorming***

Sur une feuille, notez toutes les idées, les mots, même les plus surprenants autour de ce mot (le nom ou le verbe, peu importe). Vous pouvez demander à ceux qui

vous entourent, au début, si cela est plus simple. Mais prenez vite l'habitude de le faire seul.
L'objectif est de favoriser le déblocage, le lâcher prise qui stimule la naissance d'idées.

- **Les cinq questions**

Souvenez-vous... **quoi ? qui ? quand ? où ? pourquoi ?**
Parce qu' une idée est une réponse à une question, cet exercice vous aidera à faire le point sur vos idées.

- **Les points de vue**

Examiner une idée sous plusieurs points de vue permet d'initier et de favoriser la souplesse d'esprit et de comprendre qu'une même thématique peut être examinée sous plusieurs angles (soi-même, angle social, psychologique, historique, économique, juridique...).

- **Le concassage**

Cette technique doit vous aider à « casser » une notion abstraite (« aider » par exemple, ou une mesure concrète (l'acte d'aider) pour mieux l'analyser.
Exemple : L'aide / aider
Agrandir cette idée : si l'on pousse la notion d'aide au maximum, cela donne quoi ?
Diminuer : au contraire si on la réduit le plus possible, quel est le résultat ?
Améliorer : quels sont les seuls aspects positifs que l'on peut garder de cette notion ?
Associer : à quelles autres notions peut-on rapporter l'idée d'aide ?
Inverser : quel est le contraire de l'aide ?
Remplacer : si l'aide n'existait pas, qu'est-ce qui pourrait en tenir lieu ?

6. Un peu d'orthographe et de grammaire

« Vous voyez, les mots, c'est comme les notes. Il ne suffit pas de les accumuler. Sans règles, pas d'harmonie. Pas de musique. Rien que des bruits. La musique a besoin de solfège, comme la parole a besoin de grammaire... » (*La grammaire est une chanson douce*, Erik Orsenna, Stock, 2002.)

A. La phrase

La **phrase verbale** est la phrase construite autour d'un verbe.
Exemple : L'étudiant ouvre son livre.

Si une phrase ne contient pas de verbe, elle s'appelle **phrase nominale**.
Exemple : Épreuve de concours, le 24 mars.

On dénombre quatre types de phrase :

– La **phrase déclarative** : Une alimentation équilibrée favorise une bonne santé.
– La **phrase interrogative** : Une alimentation équilibrée favorise-t-elle une bonne santé ?
– La **phrase exclamative** : Quelle bonne nouvelle !
– La **phrase impérative** : Mangez des fruits et des légumes !

Les phrases peuvent apparaître sous deux formes :

– La **forme affirmative** : Les fruits et les légumes sont bons pour la santé.

– La **forme négative** : Les aliments trop gras ne sont pas bons pour la santé.

Enfin, la phrase peut être à **la voix active** (Les fruits apportent des vitamines), à la **voix passive** (Les vitamines sont apportées par les fruits) ou à la **voix pronominale** (Cela se faisait tous les jours).

Une phrase s'organise en une ou plusieurs **propositions**.
Une proposition est un groupe de mots (sujet, compléments) construit autour d'un verbe.
Ainsi, dans une phrase, on trouve autant de propositions que de verbes : si, par exemple, la phrase contient deux verbes, c'est qu'il y a deux propositions si elle contient trois verbes, c'est qu'il y a trois propositions et ainsi de suite.
Si la phrase contient une seule proposition, on l'appelle **phrase simple**.

Exemple : Les maladies cardiovasculaires sont la première cause de mortalité en France.
(1 seul verbe = 1 seule proposition = phrase simple)

Si la phrase contient plusieurs propositions, c'est une **phrase complexe**. Elle peut être composée :

– de propositions juxtaposées (par des signes de ponctuation) ou coordonnées (à l'aide d'adverbes de liaison ou de conjonctions de coordination).

Exemple : Les maladies cardiovasculaires sont la première cause de mortalité en France : l'hygiène de vie est à remettre en cause. (deux propositions juxtaposées par un signe de ponctuation)

– d'une proposition principale et d'une ou de plusieurs propositions subordonnées.

Exemple : L'hygiène de vie des individus est à remettre en cause parce que les maladies cardiovasculaires sont la première cause de mortalité en France. (propositions principale et subordonnée)

Parmi les propositions subordonnées, on distingue :

– Les **propositions relatives** : elles sont introduites par un pronom relatif et jouent le même rôle qu'un adjectif qualificatif.

Exemple : Le métier infirmier est une voie **qui demande qualités humaines et compétences techniques**.

– Les **propositions conjonctives compléments d'objet de verbes de parole, de sentiment ou de pensée** : elles sont introduites par la conjonction de subordination *que* et remplacent des paroles mises entre guillemets.

Exemple : Écouter et regarder : je crois **qu'une grande qualité du professionnel de santé tient à elle seule dans ces deux mots**.

– Les **propositions conjonctives compléments circonstanciels** : elles sont introduites par une conjonction de subordination exprimant une circonstance (temps, cause, but...).

Exemple : **Lorsqu'on est infirmier**, on a des missions très variées.

B. Le mot

Un mot est un ensemble de lettres qui a un sens. La nature du mot désigne sa classe grammaticale et sa fonction désigne son rôle dans la phrase.

Il existe trois moyens de créer des mots nouveaux en français :

– on peut ajouter un préfixe au début d'un mot (par exemple *recoudre* est formé du mot *coudre* et du préfixe « re- ») ;

– on peut ajouter un suffixe à la fin d'un mot (par exemple *grandeur* est formé du mot *grand* et du suffixe « -eur » ;

– on peut juxtaposer deux mots (par exemple un *aide-soignant)*.

On peut regrouper les mots dans des familles.
Une famille de mots est un ensemble de mots formés sur le même radical.
Parfois le radical peut changer au sein d'une famille.
Exemple : les mots *somnifère, somnambule, insomniaque* ont le même radical *somn.* Tandis que le radical des mots *main, manipuler, manuel, manucure* change (*main/man*).
Les mots se rangent dans sept classes qui sont :
– le nom : *Élisa, perfusion, nuage, oreille...*
– le pronom : *je, tu, il...*
– le déterminant : *mon, ce, le...*
– l'adjectif : *doux, grand, autre...*
– le verbe : *manger, être, soigner, lever...*
– l'adverbe : *tant, tellement, délicatement...*
– les mots de liaison : *si, quand, comme…*

Parmi ces sept classes, cinq contiennent des mots variables (verbe, nom, pronom, adjectif, déterminant) tandis que les mots des deux autres classes sont invariables (adverbe, mot de liaison).

ATTENTION De temps en temps, certains mots quittent leur classe.
Exemple : Le service a des couloirs verts (*verts* est adjectif).
Le vert est une couleur apaisante (*vert* est nom).

C. Le nom

Le nom ou substantif est un mot qui sert à désigner une personne, un animal, une chose ou une notion abstraite (exemple : la joie).
On distingue deux sortes de noms :
– le **nom commun** : *lit, table, pansement…*
– le **nom propre** : *Jean, Paris, Croix-Rouge...*

Parmi les noms communs, on trouve les noms abstraits (*peur, inquiétude*) et les noms concrets (*table, banc*), les noms animés (désignant des êtres vivants, humains ou animaux) et inanimés (qui font référence à des choses), enfin les noms comptables (choses qu'il est possible de dénombrer) et ceux non comptables (*lait, sable…*).

Certains substantifs sont cependant employés dans un contexte particulier comme des noms non comptables (*de l'eau..*) et dans d'autres comme des noms comptables (*une eau pétillante*). Certains noms abstraits et non comptables (*la liberté, le courage*) peuvent selon le contexte être employés comme des noms concrets et comptables (*les libertés énoncées par la Constitution*).

a. Le genre

Les noms peuvent être du genre **masculin** ou **féminin**.

La variation en genre du déterminant de certains noms animés en *-e* indique s'ils sont du masculin ou du féminin.

Le féminin des noms peut être formé par l'ajout d'un *-e* à la forme du masculin. On peut observer de plus :

– le passage d'un *-e* sans accent à un *-e* accentué (*boulanger – boulangère*) ;

– le redoublement de la consonne finale (*chat – chatte*) ;

– un changement de la consonne finale (*veuf – veuve*).

On peut également former le féminin par addition d'un suffixe à la forme du masculin (*tigre – tigresse*) ou par variation en genre d'un suffixe déjà identifiable dans la forme masculine (*directeur – directrice / supérieur – supérieure*).

Enfin, le masculin et le féminin de certains noms peuvent être formés sur la même base avec des terminaisons très différentes (*neveu – nièce / dieu – déesse*) ou correspondre à des noms différents (*homme – femme*).

b. Le nombre

Les noms varient **en nombre**.

Le pluriel des noms se forme par l'addition d'un *-s*, sauf dans le cas des mots qui se terminent déjà par *-s*, *-x*, ou *-z* au singulier (*croix – nez*).

Les noms en *-au*, *-eau* et *-eu* ont un pluriel en *-x* (*seaux / neveux*). Les noms en *-ou* ont un pluriel régulier en *-s (coup / coups)* à l'exception d'une série de sept noms pour lesquels la marque du pluriel est *-x (bijoux, cailloux, choux, genoux, hiboux, joujoux et poux).*

Les mots en *-al* et en *-ail* forment leur pluriel en *-aux* (*travail – travaux*), à l'exception de *bal*, *carnaval*, *festival*, *régal*, *chacal*, *cérémonial*... qui forment leur pluriel selon la règle générale en *-als*, et de *détail*, *éventail*... dont le pluriel en *-ails* est également régulier.

Enfin, il existe un certain nombre de formes très irrégulières : *œil – yeux / ciel – cieux / aïeul – aïeux*. Pour *œuf – œufs* et *bœuf – bœufs*, le pluriel n'est régulier qu'à l'écrit car à l'oral la distinction entre singulier et pluriel est claire.

La formation du pluriel des noms composés obéit à des règles particulières. En principe, seuls les composants d'origine nominale ou adjectivale sont variables (*chou-fleur / choux-fleurs, oiseau-mouche / oiseaux-mouches*). Néanmoins, si le second nom est introduit par une préposition ou a la valeur d'un complément prépositionnel, il reste invariable (*timbres-poste*).

Les composants d'origine adverbiale et verbale restent invariables (*une arrière-pensée – des arrière-pensées / un porte-savon – des porte-savons...*).

D. Le verbe

Le verbe exprime l'action ou l'état du sujet. Il varie selon la personne, le nombre, le temps et le mode. On parle alors de sa conjugaison.
Les verbes sont classés en trois groupes.
Le **premier groupe** est constitué par les verbes ayant un infinitif en *-er* (soigner).
Le **deuxième groupe** est constitué des verbes ayant un infinitif en *-ir* et un participe présent en *-issant* (*finir* [*finissant*]).
Le **troisième groupe** est constitué des verbes en *-oir* et en *-re* ainsi que des verbes en *-ir* dont le participe présent est en *-ant*. (*devoir, vendre, croire, naître, courir* [*courant*]).

Le verbe se conjugue à **différents modes**.
Les modes indiquent la façon de présenter l'action ou l'état. L'indicatif, le conditionnel et le subjonctif sont des **modes personnels** parce qu'ils se conjuguent à différentes personnes. L'infinitif et le participe n'ont pas de personnes : ce sont des **modes impersonnels**.

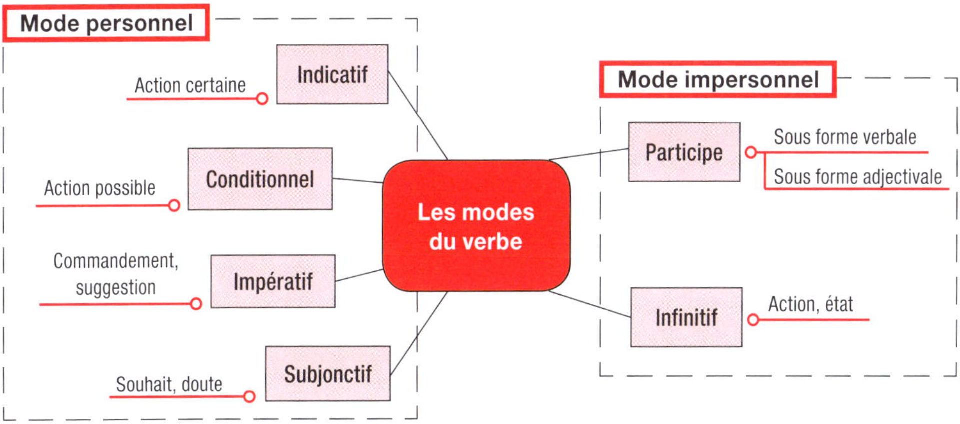

E. *Être* et *avoir*

Être et *avoir* sont des auxiliaires, c'est-à-dire des verbes qui permettent la conjugaison d'autres verbes en formant les temps composés (Il a mangé. Nous avons écrit).
Se conjuguent avec *être* :
– les temps composés de tous les verbes pronominaux ;
– les temps composés de certains verbes intransitifs (*aller, devenir, éclore, entrer, mourir, naître, rester, sortir...*) ;
– les verbes à la voix passive.

Se conjuguent avec *avoir* les temps composés :
– des verbes *avoir* et *être* ;
– des verbes transitifs ;
– de la plupart des verbes intransitifs ;
– de tous les verbes impersonnels.

F. Le participe passé des verbes

a. Le participe passé employé seul

Le participe passé employé seul (sans auxiliaire) s'accorde en genre et en nombre avec le nom auquel il se rapporte.
Exemple : Le patient, soulagé par des médicaments, ne souffre plus.

b. Le participe passé employé avec l'auxiliaire *être*

Le participe passé employé avec l'auxiliaire *être* s'accorde en genre et en nombre avec le sujet auquel il se rapporte.
Exemple : La personne était partie avec sa famille.

c. Le participe passé employé avec l'auxiliaire *avoir*

Le participe passé employé avec l'auxiliaire *avoir* s'accorde en genre et en nombre avec le complément d'objet direct si celui-ci précède le verbe. Dans les autres cas (pas de COD ou COD placé après le verbe), il reste invariable.
Exemples : Les enfants ont dessiné des arbres.
Des arbres sont devant la fenêtre. Les enfants les ont dessinés.
La femme que tu as vue est celle de Pierre.

d. Accord du participe passé des verbes pronominaux

Le participe passé des verbes pronominaux s'accorde en genre et en nombre avec le sujet.
Exemple : Elle s'est absentée.

Cependant, quand les verbes pronominaux sont dits réfléchis (le sujet fait l'action sur lui-même : *elle se lave*) ou réciproques (les sujets exercent l'action les uns sur les autres : *elles se parlent*), il faut vérifier qu'ils n'admettent pas de COD.

S'ils n'en admettent pas, le participe passé ne s'accorde pas.
Exemple : Elles se sont téléphoné (pas de COD, donc pas d'accord du participe passé).

Dans le cas contraire, le participe passé s'accorde avec le sujet si le COD est placé avant le verbe. Si le COD est placé après le verbe, le participe passé ne s'accorde pas.
Exemples : Elle s'est coiffée.
– Recherche du COD : « elle a coiffé qui ? » Réponse : elle-même représentée par *s'*. Le *s'* est donc un COD placé avant le verbe. Il faut accorder le participe passé.
Elle s'est coupé les cheveux.
– Recherche du COD : « Elle a coupé quoi ? » Réponse : ses cheveux. *Les cheveux* est donc un COD placé après le verbe, le participe passé ne s'accorde pas.

ATTENTION Pour rechercher le COD, on conjugue le verbe pronominal avec l'auxiliaire *avoir*.

Le cours et les entraînements

1 | Bioéthique

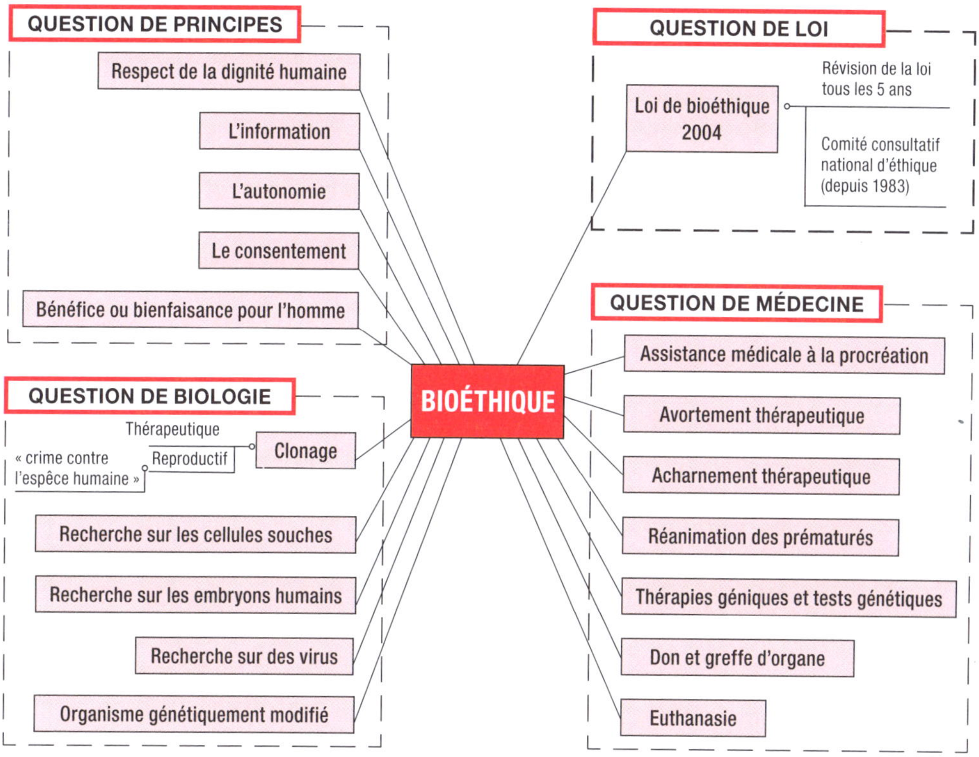

1. Questions morales et développement de la science et des techniques ?

Comment répondre aux questions morales liées au développement de la science et des techniques médicales notamment (la génétique par exemple) ? Comment établir des limites au comportement humain quant à son intervention sur « lui-même » ? Le mot *bioéthique* se compose de *bio* qui se rapporte à la vie et d'*éthique* qui prend le sens de morale. À chaque question qui se pose, des principes éthiques peuvent être mis en avant. À chaque principe, une question concrète se pose.

2. Questions de principes

Dans le domaine de l'éthique et de la bioéthique certains principes sont fondamentaux et universellement reconnus comme : le respect de la dignité humaine, l'information de la personne, l'autonomie, le consentement, la bienfaisance.

3. Questions de médecine

Au regard des fulgurantes découvertes dans le domaine de la médecine, d'innombrables questions, qui touchent l'être humain dans ce qu'il a de plus intime, se posent.

Certaines questions concernent notamment les domaines suivants :

– L'assistance médicale à la procréation : l'enfant est-il un dû ou un don ?

– L'avortement thérapeutique

– L'acharnement thérapeutique : « La diminution, voulue ou non, de la durée de vie du patient pourra-t-elle se concevoir comme un moyen de soulager ses douleurs et/ou souffrances ? » (question du CCNE)

– Les dons et greffes d'organe : « Une telle intervention sera spectaculaire et focalisera de façon excessive les médias malgré toutes les précautions qui seront prises. Et la prime au sensationnel l'emportera sur l'aspect chirurgical. » (Avis n° 82 du 6 février 2004 du CCNE)

– L'euthanasie : celle-ci consiste en l'acte d'un tiers qui met délibérément fin à la vie d'une personne dans l'intention de mettre un terme à une situation jugée insupportable. « Le CCNE unanime condamne un tel acte, envisagé et effectué hors de toute forme de demande ou de consentement de la personne elle-même ou de ses représentants. » (Avis n° 63 du 27 janvier 2000 du CCNE)

FOCUS Le Comité consultatif national d'éthique (CCNE)

Le Comité consultatif national d'éthique (CCNE) pour les sciences de la vie et de la santé donne son avis et publie des recommandations publiques dans le domaine de la santé, de la biologie, de la médecine.

Il a été créé le 23 février 1983 par décret présidentiel. Depuis le 29 juillet 1994, il est intégré dans la loi. Il est désormais inscrit dans la loi du 6 août 2004.

Autorité indépendante, le CCNE se compose, outre le président, de 39 membres : 5 personnalités représentant les principales familles philosophiques et/ou spirituelles, 19 personnalités qualifiées selon leur compétence en relation avec les problèmes d'éthique, 15 personnalités du secteur de la recherche.

4. Questions de biologie

La recherche en biologie engage le chercheur à la source de la vie : la cellule. Des questions se posent autour du clonage, de la recherche sur les cellules souches, de la recherche sur les embryons humains, de la recherche sur les virus, des organismes génétiquement modifiés.

FOCUS Fallait-il autoriser la recherche sur l'embryon ?

À l'espoir suscité par la recherche sur les cellules souches (nouveaux médicaments, par exemple) s'oppose la protection de l'embryon. Les députés, en mai 2011, ont décidé un statu quo par rapport à la loi de 2004. La position de l'église catholique, notamment, était celle-ci : « Une certaine conception de l'être humain serait très gravement compromise. » À noter que les sénateurs avaient autorisé cette recherche tout comme elle est possible dans de nombreux pays.

5. Assistanat sexuel et autotests de dépistage : deux avis

Le Comité consultatif national d'éthique, lors du premier semestre 2013, a rendu public deux avis (n° 118 et n° 119) sur des sujets de société qui interpellent le soignant :

– « La vie affective et sexuelle des personnes handicapées - Questions de l'assistance sexuelle. »

– « Les problèmes étiques posés par la commercialisation d'autotests de dépistage de l'infection VIH. »

Concernant l'assistanat sexuel, le CCNE est clair : « Le CCNE considère qu'il n'est pas possible de faire de l'aide sexuelle une situation professionnelle comme les autres en raison du principe de non-utilisation marchande du corps humain. »

Concernant le VIH, deux principales questions ressortent de cet avis : qu'en est-il de l'accompagnement de la personne face à un résultat médical et de la commercialisation d'un dispositif médical ?

Entraînement n° 1

Difficulté XXX | Durée 15 min

2009, année bioéthique

Faut-il légaliser les mères porteuses, lever l'anonymat des donneurs de spermatozoïdes et d'ovocytes, autoriser la recherche sur les cellules souches embryonnaires ? Autant de sujets à débattre avant la révision de la loi. Et de polémiques en vue. Doit-on permettre aux couples homosexuels de faire des bébés-éprouvette ? Autoriser des femmes à prêter leur utérus à d'autres ? Révéler aux enfants nés des gamètes d'un inconnu le nom du donneur ? Rémunérer les dons d'ovocytes ?

Ces questions et bien d'autres, toujours complexes, parfois douloureuses, seront au cœur de la révision de la loi de bioéthique adoptée en août 2004, dont le chantier s'ouvre en ce début d'année 2009. De quoi s'agit-il ? La France s'est dotée de ses premières lois de bioéthique en 1994. Objectif : donner un encadrement législatif aux innovations médicales qui impliquent une manipulation du vivant, des expérimentations sur l'homme à la procréation assistée, avec le souci de trouver un « point d'équilibre entre la protection des droits fondamentaux de la personne et la non-entrave aux progrès de la recherche ».

Anne Vidalie, *L'Express*, 4 février 2009.

Question

Vous résumerez ce texte en trois lignes.

Entraînement n° 2

Difficulté XXX | Durée 15 min

Question

À partir du schéma p. 65, vous définirez les termes *dignité, clonage, consentement, acharnement thérapeutique, thérapies géniques* et *euthanasie*.

Corrigé n° 1

Ce texte d'actualité est compréhensible et ne présente pas de grandes difficultés. Toutefois, il est à noter l'abondance de questions qu'il va falloir reformuler sous la forme d'un résumé. Vous devez en tenir compte dans votre préparation.

Point méthode

Travail préparatoire : relevé des idées essentielles et des liens logiques.
À noter que chaque question est précédée d'une idée. De plus, le texte propose une progression dans l'énumération des réflexions autour du sujet de la bioéthique.

Idées essentielles

- Bioéthique : multiplicité des sujets à débattre (mères porteuses, recherches sur l'embryon...).
- Problématiques à controverses (enfant et homosexualité, argent et procréation...). Questions difficiles et sources de souffrances

Révision de la loi de bioéthique face aux progrès et découvertes récents
Liens logiques : *et*, *dont*, ainsi que la ponctuation (deux points et points d'interrogation).

Proposition de résumé

La loi de bioéthique va être reconsidérée en 2009 de façon à légiférer sur les derniers progrès de la science. Les sujets sont nombreux, délicats à aborder, sources de controverses. Procréation et homosexualité, recherche et embryons... autant de questions à aborder dans le respect des droits de l'individu et des avancées scientifiques.

RAPPEL Un résumé se doit d'être concis. Les idées sont reformulées de façon à éviter la paraphrase. Ici les interrogatives portent sur les exemples. Il n'est pas obligatoire de les reprendre dans votre résumé, toutefois il est important d'y faire référence.

Corrigé n° 2

La dignité renvoie au respect que tout individu est en droit d'attendre.
Le clonage est en quelque sorte la réalisation de copies conformes du point de vue du patrimoine génétique.
Le consentement, c'est l'accord précédant un acte qui est donné.
L'acharnement thérapeuthique consiste à imposer des soins parfois contre la volonté du patient alors que les espoirs de guérison sont exclus.

Les thérapies géniques font référence aux moyens mis en œuvre pour isoler des gènes, les transférer ou les modifier dans un but thérapeutique.

L'euthanasie est l'action d'abréger, sans souffrance, la vie de patients atteints de maladies incurables.

L'essentiel à retenir

Bioéthique, éthique. Se poser des questions. Réfléchir. Prendre position. La bioéthique bouscule notre rapport au monde par les problèmes moraux qu'elle soumet à notre avis. Faire, ne pas faire. Agir, ne pas agir. La réflexion individuelle et collective demeure fondamentale. Par des bases communes (de quoi parle-t-on ? Quel est le problème ?), la situation est balisée par des repères qui permettent de poser le problème et de faire des choix éthiques. À noter que le Comité consultatif national d'éthique (CCNE), bien que composé de personnes reconnues dans leur domaine, ne propose « que » des avis.

Pour aller plus loin

- www.ccne-ethique.fr
- www.science.gouv.fr
- POISSON Jean-Frédéric, *Bioéthique. L'homme contre l'Homme ?*, Presses de la Renaissance, 2007.

2 | Dons d'organes, de tissus humains et de sang

1. La greffe d'organe

La greffe d'organe consiste à remplacer un organe « abîmé » par un greffon, c'est-à-dire un organe sain. Les organes sont prélevés sur des personnes en état de mort cérébrale (cerveau non irrigué, non oxygéné par le sang). Le corps du défunt est restitué à la famille, qui peut savoir quel organe a été prélevé et si la greffe a réussi ou non. Toutefois, en aucun cas, le nom du donneur n'est communiqué au receveur. Les organes que l'on peut prélever sont le cœur, les poumons, le foie, le pancréas, les reins, l'intestin. La prise de position du donneur de son vivant est primordiale : son accord et, surtout, son non-refus au don d'organe. La nouvelle loi de santé, votée le 14 avril 2015, indique que « ce prélèvement peut être pratiqué sur une personne majeure dès lors qu'elle n'a pas fait connaitre, de son vivant, son refus d'un tel prélèvement » (article 46 ter).

Le don d'organe de son vivant se fait selon des règles bien différentes et précises : il concerne les personnes majeures et doit être destiné à un proche parent.

La greffe : une course contre la montre

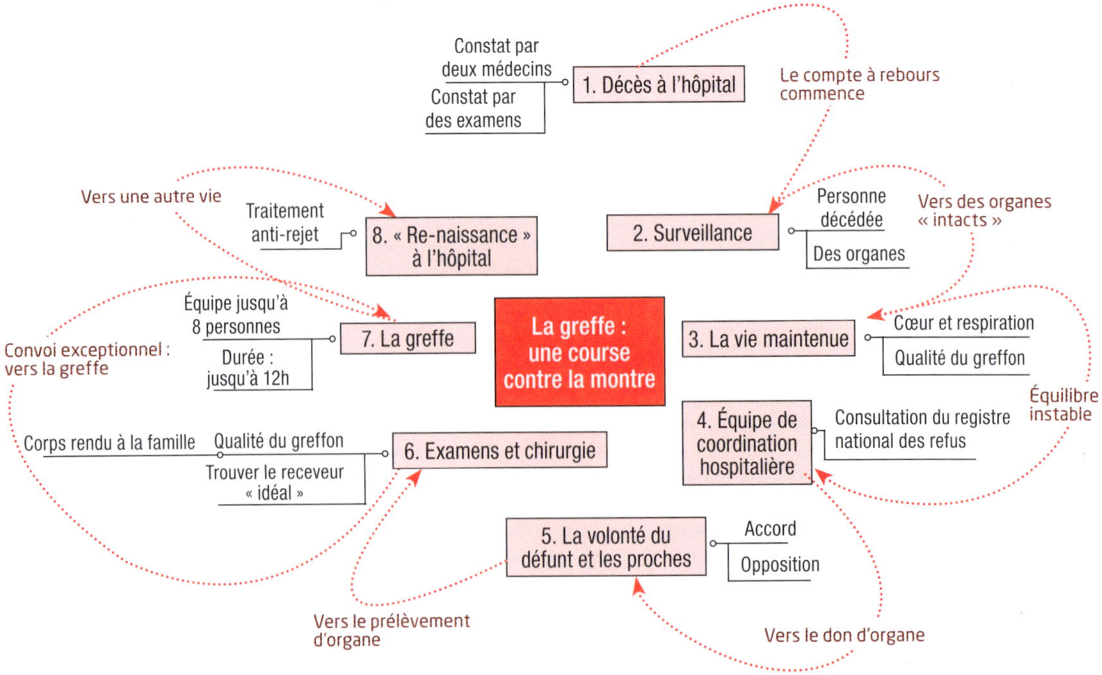

2. La greffe de tissus humains

La cornée, c'est-à-dire le « devant » de l'œil, peut être prélevé sur un donneur en état de mort cérébral ou décédé. La peau, les os longs, les vaisseaux et les valves cardiaques peuvent uniquement être prélevés sur un donneur en état de mort cérébral.

De son vivant, si le donneur a exprimé explicitement son consentement auprès du tribunal de grande instance, il est possible de prélever la tête du fémur, les veines saphènes ou les cellules sanguines jeunes. Des « banques » de tissus sont ainsi constituées. Elles sont contrôlées par l'Agence de biomédecine.

3. Le don de sang

L'Établissement français du sang est le garant de la sécurité du don de sang. Les contrôles pré-transfusionnels (entretien avec un médecin, détermination des groupes sanguins, questionnaires…), pendant la transfusion (protocole, kit à usage unique, surveillance infirmière…), et post-transfusionnels (analyse, stockage, contrôle, délivrance…) rendent quasi impossibles les erreurs (humaines principalement) de transfusion.

Toujours à flux tendus, le don de sang permet bien sûr de sauver des vies dans bon nombre de domaines : accident de la route, chirurgie, médecine, don d'organe… Des campagnes d'information sont régulièrement organisées comme celle lors de la grippe A-H1N1 de 2009 : « Même vacciné, vous pouvez donner. »

Entraînement | Difficulté ✗✗✗ | Durée 40 min

Les dons d'organes manquent

Les dons d'organes manquent : en 2004, sur 11 500 patients en attente d'une greffe, 4 000 seulement ont pu être transplantés et 260 sont morts faute de greffons.

Pourtant, selon la dernière enquête de l'Agence de la biomédecine (qui gère les transplantations en France), 74 % des Français se déclarent prêts à donner leurs organes. Mais dans la réalité, le taux d'opposition reste stable : aux alentours de 30 à 32 %. « On n'a pas à expliquer son refus, souligne le Pr. Daniel Marcelli, spécialiste du sujet au centre hospitalier universitaire de Poitiers. Mais, donneur ou pas, il faut en parler avec ses proches. »

Dans 50 % des cas, la famille refuse le prélèvement car la question n'a jamais été évoquée auparavant avec le défunt. C'est justement parce qu'elle en avait déjà discuté en famille que, après le décès brutal de son petit garçon, Monique a pu dire « oui » à l'équipe médicale : « Grâce au don de ses organes, je sais qu'on continue à parler de lui. Ça donne un sens à la mort. »

Viva, novembre 2005.

Question

Vous donnerez l'idée directrice du texte et la commenterez.

Corrigé

Point méthode

La technique de l'idée directrice
Trouver l'idée directrice revient à donner la thèse, le fil conducteur ou encore l'idée essentielle d'un texte.
Dans ce texte, les chiffres viennent illustrer l'idée clé. Ils font référence, d'une part aux patients en attente de greffons, d'autre part au nombre de refus de prélèvement d'organes.
En règle générale, l'idée directrice introduit le texte ou le conclut. Donner l'idée directrice, c'est relever l'idée que soutient, développe ou défend le texte.
Pour trouver l'idée directrice d'un texte, après la lecture, demandez-vous pour quelle raison cet article a été rédigé. Cela devrait vous permettre de dégager l'idée conductrice.

Ce texte souligne l'insuffisance de greffons face au nombre important de demandes, carence liée en partie à l'absence de dialogue en famille, cause de nombreux refus de dons d'organes.

Commentaire possible

Le don d'organe semble être un sujet encore difficile à aborder dans notre société. Si en règle générale la plupart des personnes y sont favorables en théorie, dans la pratique c'est plus compliqué. Hormis les facteurs affectifs et culturels qui peuvent générer chez la famille du donneur potentiel des hésitations voire des refus, ce qui soulève des difficultés, c'est la mort elle-même et tout ce qu'elle suppose : la séparation, la douleur, le chagrin, la peur ou encore la perte de l'être aimé.

L'essentiel à retenir

Consentement, anonymat, gratuité, interdiction de la publicité, sécurité sanitaire et biovigilance, la loi de bioéthique de 2004 définit les grands principes du don et de l'utilisation des organes. Pour mémoire, la loi Caillavet du 22 décembre 1976 a été la première grande loi relative au don d'organes.
Les questions que pose le don d'organes, notamment lors du décès d'un proche, touchent à l'émotion du moment, aux croyances religieuses, aux idées sur le devenir du corps dont un ou plusieurs organes ont été prélevés. Réfléchir sur sa position quant au don d'organes, de tissus humains ou de sang permet d'en savoir plus sur le sujet.
Le don d'organes a été déclaré grande cause nationale en 2009.

Pour aller plus loin

- www.donsdorganes.fr
- www.agence-biomedecine.fr
- www.france-adot.org (Fédération des associations pour le don d'organes et de tissus humains)
- www.dondusang.net (EFS, Établissement français du sang)
- CONNELLY Michael, *Créance de sang*, Seuil, 2003.
- IÑÁRRITU Alejandro González, *21 grammes*, 2002.

3 | Contraception, interruptions de grossesse

1. Interruption médicale de grossesse (IMG)

S'il existe un danger pour la mère, l'IMG est possible au cours de la grossesse. Elle est possible dans le cas où le bébé a une affection grave, incurable et s'il n'est pas viable. La décision est prise par une équipe pluridisciplinaire.

2. Interruption volontaire de grossesse (IVG)

Pour des raisons qui lui appartiennent, une femme peut demander une interruption volontaire de grossesse.

L'avortement a toujours été pratiqué. En France, devant le cas mères commettant des infanticides ou les conséquences mortelles d'un avortement pratiqué dans des conditions sanitaires réduites, un mouvement de réglementation de l'avortement s'est mis en place dans les années 1960. À noter l'importance des mouvements féministes en faveur de la légalisation de l'avortement. En France, pendant la guerre de 1939-1945, l'avortement devient un crime contre l'État.

À la fin de l'année 1974, Simone Veil propose une loi légalisant « temporairement » l'avortement. Des débats passionnés, tant sur le plan politique qu'éthique, ont alors lieu à l'Assemblée nationale. Cette loi sera confirmée le 31 décembre 1979.

3. Les lois concernant l'IVG

- La loi Veil du 17 janvier 1975 et la loi du 31 décembre 1979 sont les pivots du cadre légal concernant l'IVG.
- La loi Roudy du 31 décembre 1982 révise la loi Veil : l'interruption volontaire de grossesse est désormais remboursée par la Sécurité sociale.
- La loi Neiertz du 27 janvier 1993 a été votée en réaction aux mouvements qui militent contre le droit à l'avortement. Les pratiques de type « commandos » (empêcher le médecin, s'attacher aux grilles des hôpitaux…) des groupes anti-avortement constituent depuis cette loi un délit d'entrave que les tribunaux sanctionnent pénalement.
- La loi du 4 juillet 2001 modifie le délai légal pour avorter : il passe de 10 semaines de grossesse, c'est-à-dire 12 semaines après l'arrêt des dernières règles

[= aménorrhée], à 12 semaines de grossesse, soit 14 semaines d'aménorrhée. Elle autorise les médecins à pratiquer l'IVG sur des mineures sans autorisation parentale. L'IVG médicamenteuse (pilule abortive RU 486) peut être administrée sans hospitalisation si elle intervient avant 5 semaines d'aménorrhée.

- La loi de santé de 2015 supprime le délai minimal de réflexion de sept jours.

4. La contraception

S'il ne s'agit pas d'interruption de grossesse, la contraception est un moyen de contrôle de la grossesse. Il s'agit aussi d'une liberté fondamentale concernant son corps. La contraception concerne aussi bien l'homme que la femme.

La loi Neuwirth du 29 décembre 1967 a autorisé la contraception en France. Les moyens de contraception tels la pilule, le stérilet, le diaphragme sont ainsi autorisés. Il faudra attendre la loi du 4 décembre 1974 pour qu'ils soient remboursés par la Sécurité sociale.

La loi du 4 juillet 2001 permet aux infirmières scolaires et aux pharmaciens de délivrer, gratuitement, sans prescription médicale, un contraceptif d'urgence (la pilule dite du lendemain, NORLEVO), y compris aux mineures, c'est-à-dire sans accord parental préalable. Dans ce cas notamment, l'accompagnement et l'information de la jeune fille sur son choix sont considérés comme un acte de soin.

Le 1er octobre 2009 a été mise sur le marché la pilule baptisée ELLAOne (marque déposée), appelée « du surlendemain ». Elle offrirait une efficacité jusqu'à 5 jours et est délivrée sur ordonnance.

Depuis les mois d'avril 2011, en Île-de-France, la région propose un « pass santé contraception », anonyme et gratuit, destiné aux jeunes en lycée ou en apprentissage et en formation sanitaire et sociale. Un coupon permet de se rendre chez un professionnel de santé (consultation, examens biologiques...).

L'association française pour la contraception, suite à l'agitation médiatique autour de la mise en garde des pilules de 3e et 4e génération et leur déremboursement, conseille aux femmes d'en discuter avec les professionnels de santé et de ne pas arrêter leur contraception. Propos complétés par la Haute Autorité de Santé (HAS) et l'Institut national de prévention et d'éducation pour la santé (INPES) qui militent pour le libre choix d'une contraception et pour une meilleure information destinée tant aux professionnels de santé qu'au grand public. Ces deux organismes publient des fiches « mémo » dont l'état d'esprit est de mettre fin aux idées reçues sur la contraception et la vie sexuelle.

En 2013, les pilules de 3e et 4e génération ont connu une crise certaine suite à la plainte d'une femme. Les autorités sanitaires ont déremboursé ces pilules. Conséquence, les dispositifs intra-utérins, appelés aussi stérilets, ont vu leurs ventes augmenter tout comme les pilules de 1re et 2e génération. Ce qui montre un changement des habitudes en termes de contraception, notamment chez les jeunes.

Il n'y a plus de restrictions à la délivrance de la pilule du lendemain par les infirmières scolaires, indique la loi de santé 2015.

La contraception

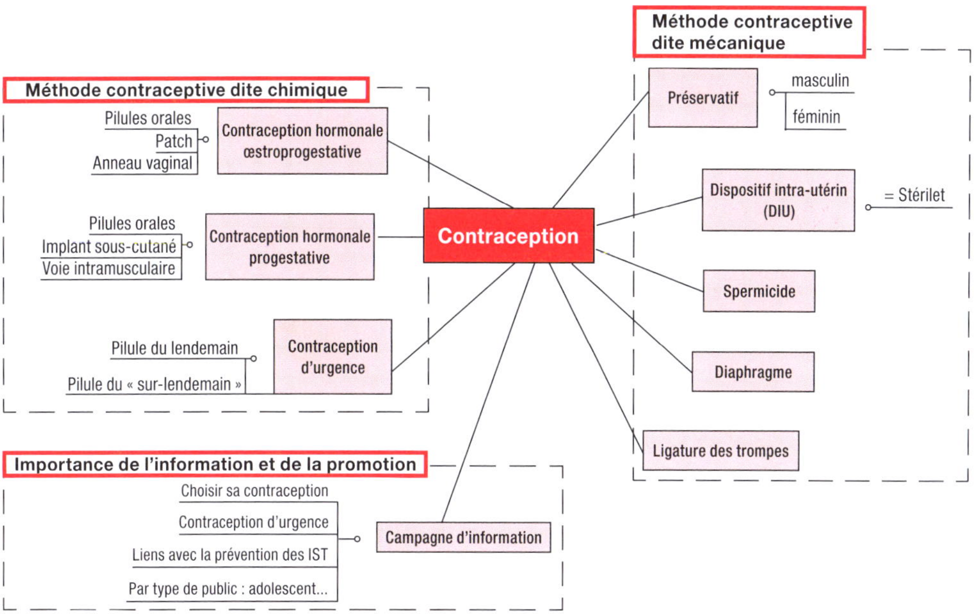

Entraînement n° 1

Difficulté ✗✗✗ | Durée 30 min

Question

Entre 2002 et 2006, le taux d'IVG pour les femmes de 15 à 49 ans est passé de 206 562 à 208 781, en sachant que la tranche d'âge la plus touchée concerne les femmes de 20 à 29 ans.
Vous ferez l'analyse de ces chiffres en évoquant les raisons qui peuvent les expliquer.

Entraînement n° 2

Difficulté ✗✗✗ | Durée 15 min

Question

À partir du schéma de la page 75, décrivez, sous la forme d'un paragraphe, une campagne de prévention récente concernant la contraception et dites ce que vous en pensez.

Corrigé n° 1

■ Point méthode

Vous êtes en face de données chiffrées, ce qui vous demande d'adopter une attitude de travail un peu différente. Observation, analyse et déduction sont requises.

■ Analyse (idées)

Les années concernées sont récentes et accompagnées de campagnes de prévention et d'information pour la contraception, années également des nouveaux traitements pour le VIH et d'un certain « relâchement » dans l'information et la prévention à l'égard du sida.

Ce nombre stable pose des questions : moyens de contraception plus nombreux, mieux adaptés, remboursés pour la plupart.
Population touchée : pose la question de l'impact et de l'efficacité des campagnes d'information et de prévention, soulève la question de l'approche de la sexualité, sujet tabou ou messages qui ne passent pas ?
Sujet qui pose des problèmes d'éthique, qui soulève des considérations morales et relance le débat mené à l'époque par Simone Veil.

Proposition de réponse rédigée

Les chiffres qui nous sont présentés font un constat : celui du taux d'IVG selon une tranche d'âge allant de 15 à 49 ans. Cette étude repose sur quatre années allant de 2002 à 2006. Force est de constater que le nombre d'IVG n'a pas diminué, il est plutôt stable, voire en augmentation pour certaines tranches d'âge. Plusieurs facteurs peuvent permettre d'expliquer ce constat.
Tout d'abord, cette étude porte sur les années 2002 à 2006, années qui ont vu s'échelonner plusieurs campagnes d'information et de prévention à l'égard de la contraception. Ces années ont également mis sur le marché de nouvelles thérapies pour les porteurs du VIH, favorisant ainsi non pas la guérison car cette maladie est encore incurable, mais une espérance de vie bien plus élevée. Ces progrès ont généré, malgré eux, une forme de relâchement dans les moyens de prévention, notamment du préservatif, et donc une forme de contraception.
De même, les chiffres soulignent un nombre d'IVG plutôt stable, voire en augmentation, notamment chez les jeunes femmes. Pourtant, les campagnes d'information et de prévention se succèdent, les moyens de contraception sont plus nombreux, pour la plupart mieux adaptés, avec moins d'effets secondaires, et en partie remboursés par la Sécurité sociale. Donc, comment expliquer ces chiffres ?
Hormis l'impact réel et l'efficacité de la prévention mise en place que l'on peut remettre en cause, il est possible que, dans une société où il est souvent question de sexe, la sexualité reste pourtant un domaine tabou. Au vu du pourcentage de jeunes femmes qui ont subi une IVG, on peut penser qu'il est encore aujourd'hui difficile d'aborder la sexualité au sein de sa famille ou avec ses amis, que l'écoute des jeunes peut faire défaut, ou encore que l'implication des hommes au regard de la contraception demeure insuffisante.
Face à ce constat, il semble important de comprendre de tels chiffres. Professionnels de la santé, institutions, familles, professionnels de l'éducation se doivent d'apporter une attention, une information, voire des réponses pour permettre de faire baisser la courbe d'un acte qui n'est pas anodin, ni physiquement, ni psychologiquement. Les nouvelles campagnes de prévention, qui jouent sur l'humour et l'image des hommes, ouvrent peut-être une nouvelle ère en matière de contraception.

Corrigé n° 2

Une des dernières campagnes de contraception représente un jeune homme qui fait un test de grossesse dans les toilettes d'un établissement scolaire. Le test est visiblement positif, le jeune homme sort des toilettes, se place devant le miroir, semble ému et adopte la position quelque peu cambrée d'une femme enceinte. Cette campagne de prévention est assez novatrice dans la mesure où elle crée la surprise et où elle implique les hommes autant que les femmes en ce qui concerne le domaine de la contraception.

L'essentiel à retenir

La législation française encadre l'interruption de grossesse, qu'elle soit médicale ou volontaire. Quatre grandes : loi Veil, loi Roudy, loi Neiertz et loi du 4 juillet 2001 posent l'IVG comme une liberté pour la femme.
Un médecin peut revendiquer la clause de conscience pour ne pas pratiquer une IVG. Il doit malgré tout orienter la patiente vers un de ses collègues.
Même si le cadre légal est clair sur l'avortement, dans les esprits et sur le terrain, l'IVG demeure un sujet qui fait débat.
Quant à la contraception, si les modes sont multiples, l'information et la promotion demeurent essentielles. Parler de contraception c'est non seulement parler de son rapport à l'autre, des IST… mais aussi de grossesse (du désir jusqu'à l'interruption).

Pour aller plus loin

- FRYDMAN René (sous la dir.), FLIS-TREVES Muriel (sous la dir.), *Mourir avant de n'être*, Odile Jacob, 1997 .
- MUNGIU Cristian, *4 mois, 3 semaines, 2 jours (4 luni, 3 saptamini si 2 zile)*, 2007.
- MUCCINO Gabriele, *Sept vies (Seven Pounds)*, 2008.
- ivg.gouv.fr

4 | Environnement

1. Pollution de l'eau

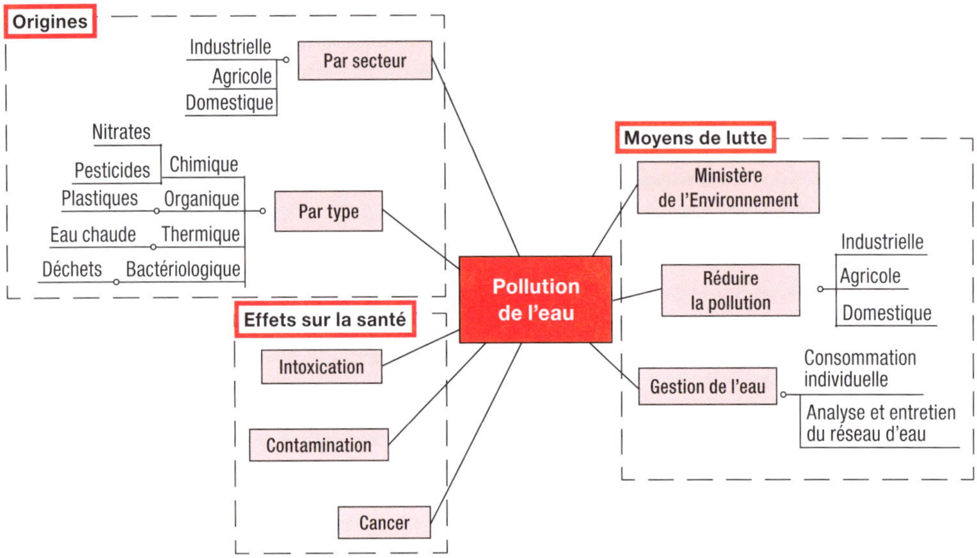

2. Pollution par les déchets

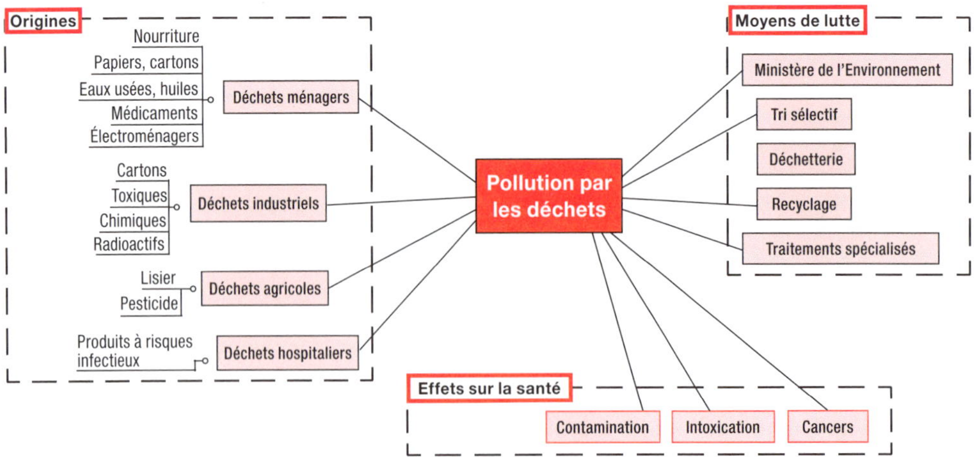

3. Pollution atmosphérique

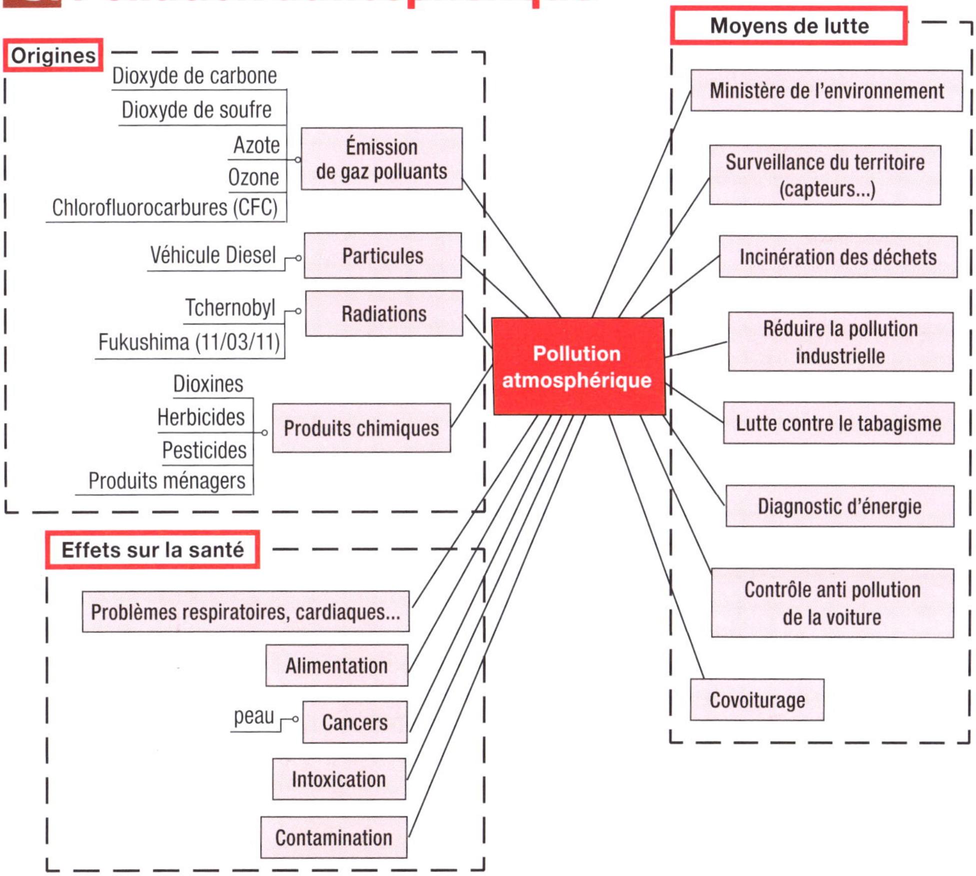

4. Pollution par le bruit

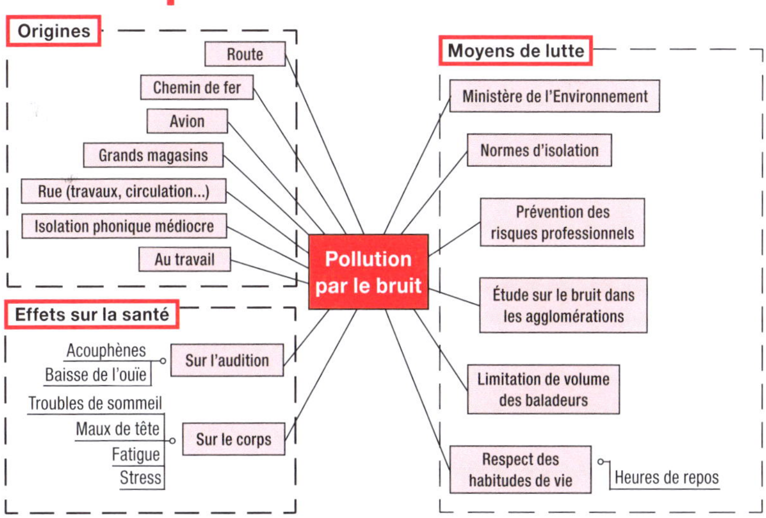

5. Vers un changement global

Au niveau international, le changement se veut global. Mais l'échec de la conférence de Copenhague, en 2009, montre la difficulté de s'entendre, sur le plan mondial, à propos de l'environnement. Les intérêts des pays ont prévalu sur l'intérêt de la Terre tout entière.

Le 11 mars 2011, la centrale nucléaire de Fukushima a subi d'importants dégâts, suite à un séisme, lui-même suivi d'un tsunami. Les conséquences pour la santé sont inimaginables. Un seul repère pour le moment, l'accident nucléaire de Tchernobyl.

FOCUS Les agences régionales de santé et l'environnement

En matière d'environnement et de santé, les agences régionales de santé (ARS) se sont fixé des objectifs : avoir une meilleure connaissance des inégalités tant au niveau de la population que des lieux de vie ; envisager de diminuer les zones et situations à risques (lieux et professions particulièrement exposés) ; mettre en place un système de protection pour les personnes fragilisées (enfants, populations en situation de précarité ou de pauvreté). Les ARS font figure d'autorité dans le domaine de la santé.

6. Le développement durable

Le développement durable devient un objectif clairement établi pour les hôpitaux. Cette notion regroupe la gestion de l'eau, de l'air, de l'énergie, des déchets. Elle parle aussi de la qualité de vie au travail. L'achat éco-responsable et les approvisionnements en font aussi partie. Par exemple, le recyclage des chariots de soin a permis à certains hôpitaux de financer, en partie, des emplois.

7. Exposome

Introduit dans la loi de modernisation du système de santé de 2015 (article 1er), ce terme signifie « l'intégration de l'ensemble des expositions pour la vie entière » ; y compris « l'ensemble des facteurs non génétiques qui peuvent influencer la santé humaine », comme l'air, par exemple.

Entraînement n° 1	Difficulté ✗✗✗	Durée 20 min

Questions

Observez le diagramme et répondez à la question suivante.

Répartition du bilan énergétique du transport en milieu urbain

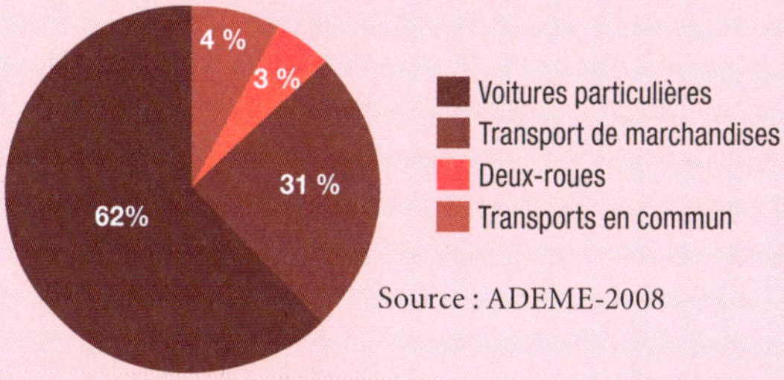

Source : ADEME-2008

Quelles conséquences sanitaires et sociales découlent de ce constat ?

Entraînement n° 2

Difficulté ✗✗✗ | Durée 10 min

Et si la téléphonie mobile devenait un scandale sanitaire ?

Le cri d'alarme du porte-parole de l'association Robin des Toits.

Au moment où vingt experts, dont plusieurs cancérologues, font part de leurs inquiétudes quant aux risques du téléphone portable sur la santé, dans un appel publié à l'initiative du docteur David Servan-Schreiber, le livre d'Étienne Cendrier vient à point nommé. **En effet**, il apporte toutes les preuves scientifiques de ces dangers et de ceux des antennes-relais et de la Wifi (système qui permet de se connecter sans fil à Internet). Maux de tête, fatigue, insomnies, troubles immunitaires, vasculaires et cardiaques, problèmes cognitifs, cancers, maladies dégénératives : il y a de quoi s'inquiéter et notamment pour les enfants, plus menacés que les adultes. **Pourtant**, le fondateur de l'association Robin des Toits ne cherche pas à noircir le tableau, ni même à récuser les progrès de la téléphonie mobile. **Mais** il veut mettre en garde contre un développement effréné, qui sert uniquement les intérêts économiques puissants en occultant ses effets sur la santé. Son combat est celui de tous les lanceurs d'alerte, souligne-t-il, en expliquant le rôle de ces derniers.

« Et si le téléphone mobile devenait un scandale sanitaire », *Alternative santé*.

Légende : Mots clés **Liens logiques**

Question

Vous reformulerez les idées essentielles de ce texte en trois lignes maximum.

Entraînement n° 3

Difficulté ✗✗✗ | Durée 40 min

Les risques naturels

« La mer était rouge de sang. En trente ans je n'avais jamais vu une chose pareille. » Avec son allure de Viking, John Russel n'a pas vraiment l'air d'un émotif. Pourtant, il n'est pas près d'oublier ce qui s'est passé le 13 novembre. En pleine nuit, un gigantesque banc de méduses a attaqué son élevage de saumons au large des côtes irlandaises. « Avec douze employés, j'ai tenté de sauver mes saumons, mais nos bateaux ont été pris dans la masse gélatineuse. Il n'y avait rien à faire. Strictement rien. » Lorsque John Russel et ses hommes atteignent enfin les cages, il ne reste plus rien des 100 000 saumons. Le lendemain, les méduses sont revenues. Un essaim de 25 kilomètres carrés sur 13 mètres de profondeur. Les « piqueurs mauves » s'en sont pris cette fois aux jeunes saumons d'une ferme voisine. Des 140 000 poissons aucun n'a survécu.

De l'avis des scientifiques, les méduses sont les gagnantes du réchauffement climatique. Plus la température des océans grimpe – au rythme de 2°C par décennie, plus les méduses, qui raffolent de l'eau chaude, se reproduisent vite et étendent leur territoire. On en trouve désormais jusqu'en Antarctique !

Christophe Labbé et Olivier Recasens, « La revanche des méduses », *Le Point*, n° 1 846.

Question

Vous ferez un commentaire des propos tenus dans cet extrait d'article.

Entraînement n° 4

Difficulté XXX | Durée 35 min

Copenhague : l'Organisation des médias Unis décrète l'état d'urgence

Confrontés à l'état d'urgence d'une planète proche de l'asphyxie, 56 journaux du monde entier ont choisi de réagir en publiant un éditorial unique, commun et planétaire. Une bonne idée pour réagir contre l'urgence climatique ? Ou un simulacre d'ONU médiatique que ne justifia pas une réunion entre États, fût-elle de première importance. Ce matin, la presse est unanime. C'est à Copenhague que se situe le centre du monde, là que l'histoire de l'humanité se joue dans les 15 jours. Les éditorialistes ont donc sorti leurs plus belles plumes avec des mots dont ils n'usent que dans les grandes occasions : histoire, humanité, urgence, enjeux, génération, planète, futur. Mais aussi des ours et la banquise. Ou encore la banquise et des ours. *Qué Pasa* ? En fait, d'après tous les éditorialistes si on ne fait rien dans les 15 jours. Pas 16 jours... La banquise va disparaître, les ours n'auront plus de banquise et les générations futures nous en voudront. [...] La recette de la prise de conscience collective : l'éditorial commun unique et planétaire. Les mauvais esprits diront que les journaux « de référence » ont toujours à peu de choses près le même avis sur tout et qu'accorder leurs violons climatiques ne relève pas franchement de la performance. Curieux réflexe quand même que celui de ces journaux qui se regroupent pour parler d'une seule voix. Une sorte d'ONU médiatique qui se réunirait en sessions extraordinaires pour décider des unes et des éditos planétaires.

R. Soubrouillard, *Marianne*, décembre 2009.

Question

« La recette de la prise de conscience collective : l'éditorial commun unique et planétaire. » Que pensez-vous de ce point de vue ? Vous argumenterez votre réponse et l'illustrerez d'exemples.

Entraînement n° 5

Difficulté XXX | Durée 10 min

Question

À partir du schéma p. 83, vous rédigerez sous la forme d'un paragraphe explicatif les moyens mis en place pour lutter contre la pollution atmosphérique.

Corrigé n° 1

Point méthode

À nouveau, il s'agit bien d'utiliser vos connaissances au service de l'analyse, elles vous permettent de montrer à votre correcteur que vous connaissez, mais aussi comprenez, la problématique soulevée. La rédaction vous semblera peut-être trop concise, mais elle vous impose d'aller à l'essentiel, sans bavardages, surtout lorsque votre réponse est soumise à une consigne de lignes (par exemple, 15 lignes).

Le document se présente sous la forme d'un diagramme. Il impose donc une démarche d'analyse et de déduction. Il ne suffit pas de citer les chiffres, il est fondamental de leur donner un sens.

Ce diagramme présente un bilan énergétique du transport en milieu urbain, il met en valeur :

- l'importance du trafic automobile ;
- la part encore minime des transports en commun et des deux-roues ;
- la problématique de la pollution atmosphérique et sonore.

Les conséquences sanitaires sont : la pollution photochimique, les retombées acides, l'augmentation des problèmes respiratoires (asthme et autres pathologies respiratoires), l'agressivité.

Les conséquences sociales sont : le dépérissement végétal (pluies acides) et la dégradation des bâtiments (encrassement des façades et oxydation des parties métalliques).

Proposition de réponse rédigée

Si, depuis vingt ans, la pollution industrielle a baissé de 45 à 65 %, la pollution due aux transports a augmenté de plus de 30 %, la cause principale étant l'accroissement du trafic automobile.

Et c'est en ville que la situation est la plus sensible, car si la pollution dépend de la topographie et des conditions météorologiques, une voiture consomme en ville quatre fois plus que sur autoroute. Les conséquences sanitaires et sociales de ce constat sont importantes et relèvent essentiellement de la pollution atmosphérique et sonore.[1]

Force est de constater que de plus en plus de personnes, notamment citadines, se montrent sensibles à la qualité de l'air. Nombreux sont ceux également qui ont le sentiment d'une détérioration de cette qualité et sont même prêts à investir dans une voiture moins polluante. D'une manière générale, les polluants contribuent à l'augmentation des problèmes respiratoires (asthme et autres pathologies respiratoires), favorisent le dépérissement végétal (pluies acides) et dégradent les bâtiments (encrassement des façades et oxydation des parties métalliques).[2] De même, la population urbaine des pays industrialisés est exposée à des bruits dont le nombre de décibels est supérieur à la norme. Nombreux sont ceux qui vivent dans des zones de bruit élevé dû à des infrastructures routières, ferroviaires ou aéroportuaires. Cela peut bien entendu conduire à des problèmes de surdité ou d'acouphènes, en tenant compte également de la nervosité engendrée, source d'agressivité ou de dépression.

Pour remédier à cela, la réglementation européenne a fixé des valeurs limites pour les principaux polluants. Au niveau français, la loi sur l'air a obligé les collectivités à mettre en place des dispositifs de surveillance de la qualité de l'air, obligation étendue sur l'ensemble du territoire depuis près d'une dizaine d'années. Ces dispositifs permettent de surveiller en temps réel les niveaux de pollution et de déclencher les mesures nécessaires afin d'y remédier.[3]

Au-delà de ce bilan énergétique, il s'agit bien d'expliquer l'un des facteurs d'augmentation de la pollution atmosphérique et sonore. Des mesures locales, nationales, européennes, voire mondiales sont prises ou envisagées, mais c'est aussi la manière de vivre des sociétés industrialisées qui est peut-être à reconsidérer.[4]

---

1. Introduction qui présente la thématique et annonce l'essentiel de ce qui ressort du document.
2. Première partie : les conséquences sanitaires.
3. Deuxième partie : les conséquences et décisions sociales envisagées.
4. Conclusion avec élargissement du débat.

Corrigé n° 2

Point méthode

Ce texte revient sur une problématique sanitaire évoquée dans l'actualité récente. Peu difficile dans sa compréhension, elle peut toutefois sembler complexe à reformuler au vu des énumérations.

Relevé d'idées

- Téléphone portable : craintes des conséquences sur la santé.
- Démonstration scientifique.
- Risque plus élevé chez les enfants.
- Prévention sanitaire face aux enjeux économiques.

Reformulation

Dans son livre, Étienne Cendrier alerte sur les conséquences sanitaires de l'utilisation du téléphone portable. Démontrés par la science, les risques toucheraient surtout les enfants. Toutefois, sa démarche est essentiellement préventive face aux enjeux économiques.

Commentaire explicatif

La difficulté de la reformulation, c'est la concision. Il s'agit donc pour vous de faire court sans perdre le sens. Ici l'énumération « Maux de tête, fatigue, insomnies, troubles immunitaires, vasculaires et cardiaques, problèmes cognitifs, cancers, maladies dégénératives » est résumée par l'expression « conséquences sanitaires ». Hormis la capacité à reformuler, n'oubliez pas non plus l'importance d'utiliser un vocabulaire « professionnel » en lien avec votre futur métier : *sanitaire* en fait partie. Afin de vous y aider, pourquoi ne pas constituer un lexique au fur et à mesure de votre préparation, de manière à l'exploiter ensuite au moment du concours ?

Corrigé n° 3

Point méthode

Ce texte se présente comme un fait divers qui témoigne d'un phénomène naturel qui vient illustrer l'une des conséquences liées au réchauffement climatique. Il présente les faits mais apporte également un témoignage, ce qui lui confère une dimension « affective » et réaliste dont il faut tenir compte.

Relevé des propos à commenter

- Témoignage du propriétaire de l'élevage de saumons : sa stupéfaction et son impuissance devant le spectacle auquel il assiste.
- La situation : un gigantesque banc de méduses à l'attaque d'un élevage de saumons.
- Phénomène lié au réchauffement climatique selon les scientifiques.

Commentaires

Les mots « rouge de sang », « chose pareille », « rien à faire », « strictement » soulignent la stupeur et l'impossibilité pour J. Russel d'intervenir face au banc de méduses. Ils traduisent aussi son étonnement, voire son inquiétude, ce qui souligne le caractère nouveau de ce type de phénomène.

La situation est impressionnante : « gigantesque banc », « masse gélatineuse », « piqueurs mauves », « 140 000 poissons », « essaim de 25 km^2 », « aucun n'a survécu » ; toutes ces précisions évoquent l'ampleur de la situation, son caractère important, imprévu et effrayant.

Les explications qui suivent font référence au réchauffement climatique et donc aux conséquences sanitaires et environnementales qui en découlent. Cette explication repose sur l'avis de « scientifiques », ce qui apporte une crédibilité à une problématique qui est illustrée par un fait divers. Cela incite également à se poser la question des causes (et non seulement des conséquences) de ce réchauffement climatique.

Commentaire rédigé

Ce texte relate un fait divers qui s'est déroulé en novembre. Un « gigantesque » banc de méduses a attaqué un élevage de saumons sous les yeux stupéfaits de son propriétaire qui n'a rien pu faire. Ce phénomène naturel vient illustrer une problématique environnementale : le réchauffement climatique et ses conséquences sur la planète.[1]

Les paroles de J. Russel attestent de sa stupeur devant un tel spectacle. En effet, les adjectifs, les mots qu'il emploie pour décrire ce qu'il a vu caractérisent l'ampleur de la situation, son aspect nouveau et l'impuissance à y faire face. Ce fait divers, comme d'autres catastrophes naturelles évoquées ces dernières années, vient rappeler une réalité dont nous alerte le monde scientifique : le réchauffement climatique. Reportages, images, débats, conclusions, recherches se succèdent et informent sur les conséquences de cette observation des scientifiques : la Terre se réchauffe et les conséquences peuvent être importantes, voire inquiétantes. Disparition de certaines espèces, catastrophes naturelles, disparition de certaines îles avec la montée des eaux, fonte des glaciers ; on parle également d' « écoréfugiés » et des dangers sanitaires liés également à la hausse des températures. Toutefois, force est de reconnaître que l'homme n'est pas étranger aux causes qui génèrent ce réchauffement climatique. C'est également la raison pour laquelle la communauté scientifique informe pour sensibiliser opinion publique et décisions politiques.[2]

À l'heure où le sommet de Copenhague fait la une des médias, les questions portent sur les moyens de remédier à cette situation, ou tout du moins d'en limiter les effets. Entre taxe carbone et réduction des émissions de CO_2, politiques et citoyens du monde sont concernés. Pollution de l'air liée aux émissions de CO_2 (industries, voitures...), pollution de l'eau liée à une agriculture intensive, à l'usage de pesticides et autres insecticides, pollution de la terre avec l'industrie chimique entre autres, il est temps de réagir selon les scientifiques. La responsabilité tient dans des décisions politiques mais aussi dans la volonté de chaque citoyen de modifier sa façon de vivre dans un plus grand respect de la nature qui l'entoure. Tri des déchets, usage des transports en commun, énergies renouvelables, agriculture raisonnée... sont autant d'initiatives pour favoriser un plus grand respect de l'environnement, une protection de la couche d'ozone et bien entendu limiter les effets liés au réchauffement climatique.[3]

L'environnement est désormais au cœur des préoccupations de société car c'est bien l'homme qui est au bout de la « chaîne » et il a la responsabilité de prendre soin de la terre qu'il « emprunte à ses ancêtres », comme le soulignait Saint-Exupéry, afin de la préserver pour ses enfants. La prise de conscience saura-t-elle prendre le pas sur les enjeux économiques ?[4]

---

1. Introduction qui présente brièvement le texte et les points qui demandent un commentaire.
2. Première partie du commentaire qui aborde le constat environnemental souligné par le texte.
3. Deuxième partie du commentaire qui expose des remarques sur les causes liées à ces changements.
4. Conclusion (bilan et ouverture).

ATTENTION Dans un commentaire, on attend vos remarques sur une (ou plusieurs) problématique(s) évoquée(s) par un document quel qu'il soit. C'est un moyen pour le jury d'évaluer non seulement votre capacité de réflexion et d'analyse mais aussi vos connaissances.

Corrigé n° 4

Point méthode :

Ce texte extrait d'un article de *Marianne* aborde l'actualité (ici le sommet de Copenhague) avec une tonalité parfois ironique et sous un angle quelque peu différent.

Cela peut permettre de prendre du recul et d'envisager cette thématique avec un autre regard. C'est aussi une manière d'encourager l'esprit critique.
La prise de conscience collective signifie le fait que tout un ensemble d'individus, ici l'ensemble des populations, comprenne la réalité d'une situation. De plus, selon la citation (« l'éditorial commun et unique »), cette prise de conscience se ferait grâce à un article de fond émanant généralement du directeur de publication d'un journal. Bien entendu vous devez tenir compte de la tonalité ironique pour élaborer votre thèse.

Recherche d'une thèse et élaboration d'un plan

- Thèse possible : prendre conscience demande non seulement la connaissance mais aussi l'esprit critique.
- Plan possible (ici il n'est pas détaillé car ce n'est pas l'objet de l'exercice, toutefois pour une introduction il est déterminant de connaître ses axes de réflexion) :

I. L'éditorialiste : écrire pour informer.
II. L'éditorialiste : écrire pour faire réfléchir.

Introduction rédigée

Aucun média n'y échappe : désormais l'environnement occupe une place importante dans la presse.[1] Lors d'événements planétaires, comme la conférence de Copenhague, ce constat est encore plus évident, d'autant que l'enjeu concerne chacun d'entre nous.[2] Toutefois, une information seule et unique ne semble pas refléter la fonction des médias. Elle peut même être dangereuse.[3] Certes il est de leur responsabilité d'informer mais aussi de favoriser l'esprit critique et la réflexion chez le lecteur-citoyen.[4]

1. Phrase d'appel ou accroche.
2. Annonce du sujet.
3. Annonce de la thèse.
4. Annonce du plan (en deux parties).

Corrigé n° 5

Pour lutter contre la pollution atmosphérique différents moyens ont été mis en place. Ainsi, le ministère de l'Écologie et du Développement durable a en charge la protection de l'environnement. Le protocole de Kyoto, entré en vigueur en 2005, a engagé les pays signataires à réduire leurs émissions de gaz à effet de serre. De même, des aides techniques ou différents investissements ont été mis en place pour favoriser le développement de ce que l'on appelle des « technologies propres ». Dans les zones fortement urbanisées, on incite au développement des transports en commun, des niveaux d'alerte viennent réguler la circulation, ou encore la volonté de développer le ferroutage sont, entre autres mesures, des moyens de lutte contre la pollution atmosphérique.

L'essentiel à retenir

Depuis les toutes dernières années, la conscience écologique a éclos de manière spectaculaire. Tous les partis politiques revendiquent leur côté « écolo ». Bref, le souci de la Terre sur laquelle nous vivons semble prendre racine dans la vie de tous les jours.
Tri sélectif, covoiturage, diagnostic énergétique, économies d'énergie… Le mode de vie des sociétés est remis en question au regard de l'impact, non seulement sur la nature, mais aussi sur l'individu lui-même, du comportement humain. Si la nature souffre, l'homme aussi.

5 | Famille

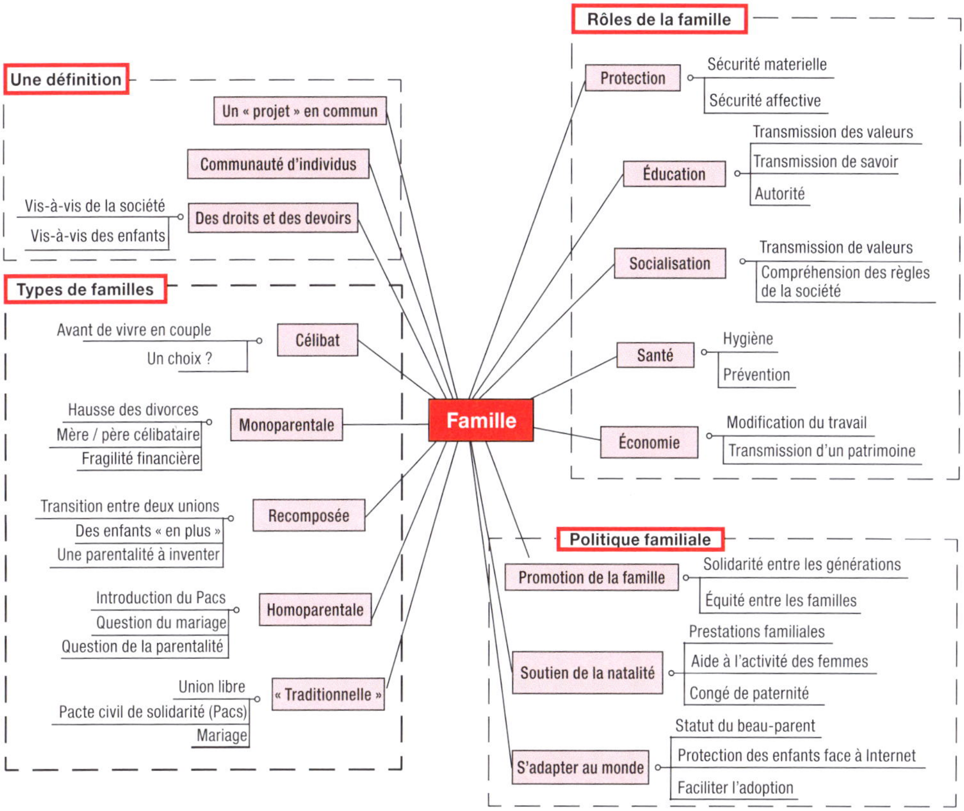

Le mariage pour tous : la loi du 17 mai

Le *Journal officiel* a publié, le 18 mai 2013, la loi n° 2013-404 ouvrant le mariage aux couples de personnes de même sexe. Après des mois d'argumentations et de manifestations entre les « pour » et les « contre », cette loi permet aux couples homosexuels d'adopter un enfant. En outre, ce texte touche aussi les couples hétérosexuels par la reconnaissance du parent « social » (article 371-4) : « Si tel est l'intérêt de l'enfant, le juge aux affaires familiales fixe les modalités des relations entre l'enfant et un tiers, parent ou non, en particulier lorsque ce tiers a résidé de manière stable avec lui et l'un de ses parents, a pourvu à son éducation, à son entretien ou à son installation, et a noué avec lui des liens affectifs durables. »

Entraînement

Difficulté ✗✗✗ | Durée 5 min

Question

Quelle définition donneriez-vous des termes suivants : *éducation, socialisation, protection* ?

Corrigé

L'éducation se réfère étymologiquement à l'idée de conduire vers l'extérieur. L'éducation concerne donc tous les moyens mis en place pour la formation de l'individu afin de favoriser son autonomie et son développement.

La socialisation est un terme qui renvoie aux moyens qui permettent à l'individu d'être en capacité de vivre en collectivité, en société.

La protection est une notion qui fait référence au fait de défendre contre toute atteinte, qu'elle soit physique ou morale.

6 | Enfant

1. Le développement et les besoins de l'enfant

L'enfant a des besoins biologiques, psychologiques et sociaux.
Les **besoins biologiques** recouvrent l'hygiène, l'alimentation, le sommeil…
Les **besoins psychologiques** recouvrent la sécurité affective, l'estime de soi…
Les **besoins sociaux** recouvrent l'éducation, l'accès au langage, la découverte du monde, la compréhension des limites…

Ces besoins permettent à l'enfant de se construire et, ainsi, de développer sa personnalité et ses capacités à vivre dans le monde (famille, amis, école…).

2. Les droits de l'enfant

L'Assemblée générale des Nations unies adopte, le 20 septembre 1959, la Déclaration des droits de l'enfant. La Convention internationale des droits de l'enfant du 20 novembre 1989 s'applique, depuis 1990, obligatoirement dans les États qui l'ont ratifiée.

Les droits de l'homme concernent eux aussi bien sûr l'enfant. Les droits fondamentaux de liberté, d'égalité, de respect sont complétés par les droits économiques, sociaux et culturels (voir schéma ci-dessous).

Les droits de l'enfant

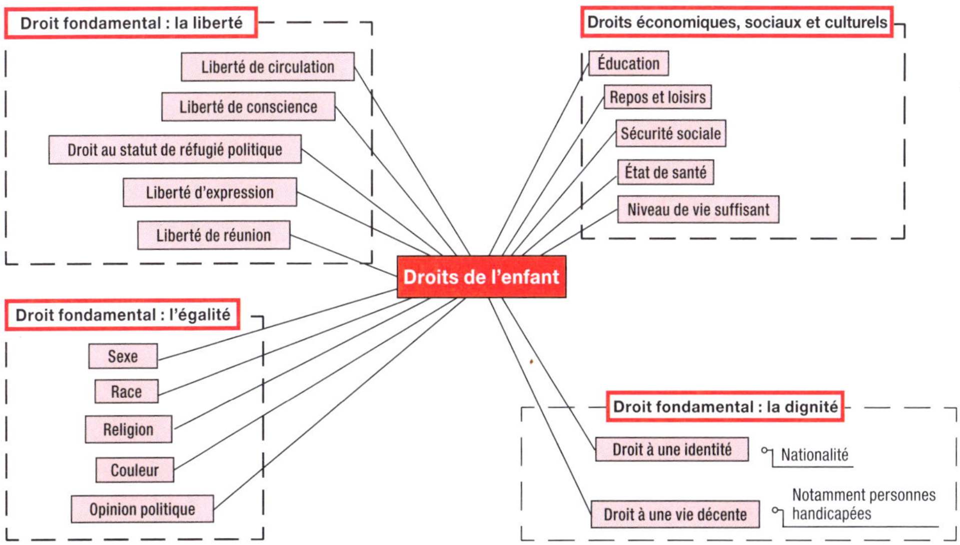

3. La protection de l'enfant

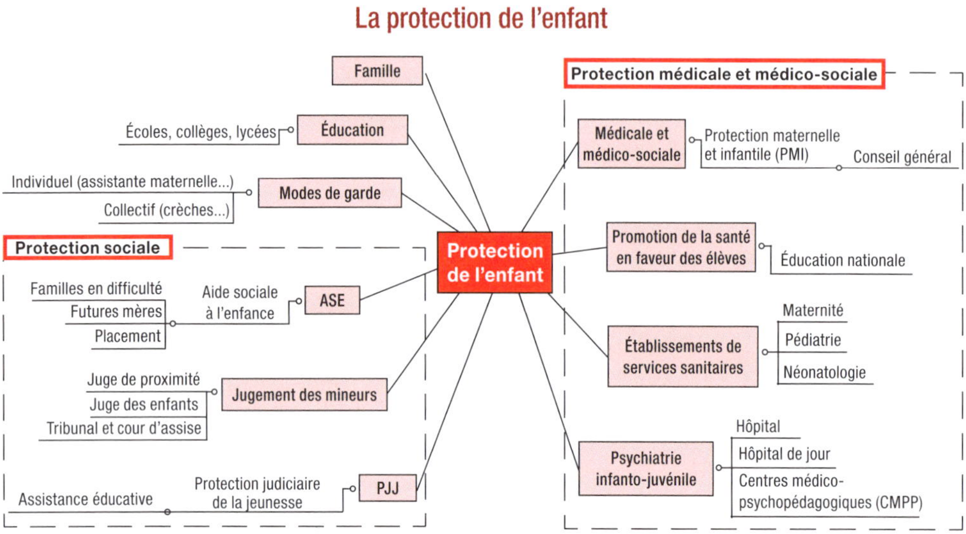

FOCUS L'enfance et la violence

L'enfant peut être victime de violence. La maltraitance prend tous les visages et se produit dans tous les milieux sociaux. La maltraitance concerne les violences non seulement physiques (coups, viols…) mais aussi mentales (cruauté, humiliation…). Les conséquences sont physiques (séquelles), psychologiques (troubles, repli sur soi, suicide…), sociales (délinquance…), éducationnelles (difficultés, voire abandon scolaire). Un dispositif de protection administratif et juridique existe (voir ci-avant).

L'enfant peut aussi être à l'origine de violences. Le juge des enfants tend à privilégier les mesures éducatives (AEMO : aide éducative en milieu ouvert) aux mesures répressives. Il existe une cour d'assise des mineurs jugeant les crimes commis par les jeunes âgés de 16 à 18 ans.

4. L'éducation de l'enfant

L'école est obligatoire jusqu'à 16 ans. Les savoirs fondamentaux (la lecture, l'écriture, le calcul) permettent aux enfants de s'intégrer dans la société. L'école permet de se socialiser, c'est-à-dire de comprendre et d'intégrer les règles de la société. L'éducation scolaire passe aussi par le développement de capacités individuelles et collectives par l'intermédiaire des pratiques artistiques, sportives, culturelles… La santé fait aussi partie du système éducatif *via* la médecine scolaire, dont l'infirmière au sein des établissements est un pivot. L'école doit accueillir en son sein toutes les personnes handicapées depuis la loi du 4 mars 2002.

5. La reconnaissance du parent « social »

La loi du 17 mai 2013 ouvre le mariage aux couples de personnes de même sexe. Ce texte parle de la reconnaissance du parent « social » et concerne donc aussi les couples hétérosexuels. En outre, l'adoption est aussi autorisée (voir texte p. 91).

6. L'enfant intellectuellement précoce

Définir l'enfant « surdoué » uniquement par le quotient intellectuel est réducteur. Car si un QI supérieur à 130, en France, marque le surdouement, d'autres capacités sont nécessaires à l'épanouissement de l'enfant : capacités relationnelles, artistiques, aptitudes linguistiques, etc. Car, un enfant dit « surdoué » peut se révéler un cancre à l'école.

Des formes différentes d'intelligence existent selon Howard Gardner : l'intelligence logico-mathématiques, l'intelligence de l'imagination, l'intelligence linguistique et verbale, l'intelligence musicale, l'intelligence du geste (sportif, danseur), l'intelligence intuitive (pratique et sociale).

Entraînement n° 1

Difficulté XXX | Durée 40 min

Le langage du toucher

Il faut redécouvrir ce sens essentiel un peu oublié en thérapeutique. Si le toucher est peut-être le plus important de nos cinq sens, il n'est pas celui que l'on privilégie : entendre, voir, sentir, goûter sont pour beaucoup l'expression première de la sensibilité. Le toucher n'est guère valorisé : ne dit-on pas jeux de mains, jeux de vilains ? Le toucher est un langage : le premier, que l'on utilise pour communiquer avec l'enfant, lui exprimer nos sentiments et lui montrer qu'il est apprécié. Un nourrisson malade, même très bien assisté médicalement, peut mourir faute d'avoir été cajolé, pris dans les bras, caressé. En effet, naissance est synonyme de séparation, de solitude : le corps n'est plus soutenu en permanence. Les mains de la mère sont essentielles pour accueillir et sécuriser le nourrisson en état de vulnérabilité et de dépendance extrême face à l'environnement. Le bébé dépend entièrement de son sens du toucher : des lèvres et du contact corporel en général, des extrémités de ses doigts et de toute la main ensuite.

C'est par le toucher que tout commence, très simplement, pour l'enfant. Il lui permet de découvrir le monde à pleines mains, de plain-pied, de tout le corps.

J. Newman Giger, *Soins infirmiers interculturels*, Lamarre Poinat, 1998

Question

Pourquoi l'auteur parle-t-il du toucher comme un langage ?

Entraînement n° 2

Difficulté XXX | Durée 50 min

Question

À partir du schéma de la p. 93, faites un travail de recherches sur le fonctionnement d'une PMI et le rôle des professionnels au sein de cette structure.

Corrigé n° 1

Point méthode

Cette épreuve d'admissibilité est une épreuve de culture générale sanitaire et sociale. Les sujets qui vous sont donnés permettent d'évaluer, outre vos capacités d'expression et de raisonnement, également votre savoir. À vous donc d'exploiter les cours de cet ouvrage mais aussi vos recherches et lectures personnelles pour traiter les sujets avec des éléments de fond. Un QCM est une manière un peu plus ludique de faire le point sur un sujet.

Ce texte aborde le toucher sous l'angle professionnel. Il est extrait de *Soins infirmiers interculturels*, ce qui vous donne une indication sur la façon dont est évoqué ce sujet. Sa construction est intéressante car elle explique de façon très structurée en quoi le toucher est langage. Vous pouvez vous en inspirer pour élaborer vos paragraphes argumentatifs, on y retrouve les éléments essentiels (arguments, exemples, liens logiques).
La question posée suppose d'avoir compris l'essentiel de ce texte.

Corrigé n° 2

Une PMI (protection maternelle infantile) regroupe l'ensemble des mesures de prévention médicale, psychologique et sociale pour la santé de la future mère, de la mère et de l'enfant de moins de 6 ans. Ses services organisent des consultations prénatales, la prescription de contraceptifs, l'information et la prévention des IST, comme de l'IVG. Elle organise également les examens prénatals obligatoires.

L'essentiel à retenir

L'enfant, un petit d'homme en devenir, est, bien évidemment, un être de droit dont les besoins (biologiques, psychologiques et sociaux) sont assurés par la famille et les proches ainsi que par un ensemble d'institutions, que ce soit pour son éducation (école…) et/ou sa protection (aide sociale à l'enfance…).

Pour aller plus loin

- www.droitsenfant.com
- Les ouvrages de Françoise Dolto

7 | Adolescence

1. Qu'est-ce que l'adolescence ?

L'adolescence peut se définir sur le plan chronologique, physiologique, psychosocial et légal. Au plan chronologique, selon l'Organisation mondiale de la santé, cet âge se situe entre 10 et 19 ans. Au plan physiologique, la puberté (le mot vient du latin *pubes* signifiant « poil ») se traduit par plusieurs changements : l'apparition des poils, la poussée de croissance, les premières règles pour les filles et les premières éjaculations pour les garçons, par exemple. Au plan psychosocial, il s'agit de remplir les critères sociaux de la maturité qui passent par le positionnement de l'adolescent par rapport à ses parents, par exemple. Il s'agit aussi d'une période de quête d'identité aussi bien sociale que sexuelle. À noter l'importance du groupe de pairs, c'est-à-dire des autres adolescents ; ce groupe est essentiel pour la socialisation, c'est-à-dire pour sa capacité à comprendre et à intégrer les règles de la société.
Au plan légal, l'âge de la majorité en France se situe à 18 ans. Il existe des aménagements de cette majorité selon les situations (l'émancipation).

2. La prise de risques et la santé de l'adolescent

L'adolescent vit une période de transition. Cette période se traduit par des limites testées, voire repoussées. La prise de risques chez les adolescents se situe dans plusieurs domaines :

– **la santé mentale** : agressivité, la tentation du suicide (selon une étude de l'Unicef en 2014, l'idée du suicide concerne près de 30 % des participants âgés de 12 à 18 ans). La souffrance psychique des adolescents est silencieuse, d'où la nécessité d'un réseau de soins (école, famille, amis…) autour du jeune pour repérer de petits signes tels que la perte d'appétit ou le repli sur soi ;

– **le domaine social** : l'isolement, la fugue, le désintérêt vis-à-vis de l'école sont autant d'indices d'un désinvestissement de la vie sociale pourtant indispensable à la construction de soi ;

– **le domaine de la sexualité** : la multiplication des partenaires ou l'acte sexuel sans préservatif représentent des conduites à risques. Bien que les « dangers » soient connus, la prise de risques est réelle ;

– **le domaine des addictions** : le *binge drinking* consiste en une ingestion massive d'alcool. L'anorexie mentale ou la boulimie peuvent débuter à cette période ;

– **le domaine sportif** : les sports extrêmes sont une manière de repousser ses limites.

FOCUS Les adolescents vont bien

La 8e enquête thématique Ipsos Santé[1] confirme que les adolescents vont bien en 2012, voire, ils vont mieux qu'en 2011. Plus de 800 adolescents de 15 à 18 ans et plus de 800 adultes de 25 ans et plus ont participé à cette enquête. Il apparaît que le regard porté par les adultes sur les adolescents ne reflète pas leur état d'esprit. En effet, seuls 26 % des adultes estiment que les adolescents sont satisfaits de ce qui leur arrive.

Entraînement

Difficulté ✗✗✗ | Durée 20 min

Comme le dit la chanson, ils ne changeront pas le monde, mais il ne les changera pas. Alors dans les turbulences de la vie, chacun choisit sa stratégie pour s'amuser, se distinguer, exister : Je sors. « Mon truc, c'est d'éviter au maximum ce qui est payant. Avec la carte étudiant, on peut se faire des musées, des expos, des films à l'œil. Pour repérer des concerts, j'épluche des mensuels et les flyers qu'on trouve dans les bars ou à la fac [...] » (Marine, 21 ans, rennaise, étudiante à Paris). « Ce que j'attends avec le plus d'importance dans la vie ? Le prochain week-end » (un anonyme sur Arte). [...] »

J'allume la télé. « Oui, je me drogue à la série télé américaine *Urgence* et j'adore Stephen King. C'était d'ailleurs un motif de discorde avec mon père. Il me disait que ce n'était pas en regardant des séries télé qu'on réussissait les concours. Il ne comprend pas. On a parié et j'ai gagné une voiture ! » (Élise, professeur des universités, sur France 2). [...]

Je pianote. « Je ne vais quasiment plus au ciné. C'est bête à dire, mais je ne regarde plus que des téléchargements. » (Élodie 21 ans, étudiante nantaise). « Si vous étiez un objet, vous seriez quoi ? Moi c'est une révélation : ce serait un clavier. » (« Dolittle » le 20/11/2006 a 03:01:27 sur un forum du site France-jeune.net).

Propos recueillis par des journalistes qui ont mené une enquête sur les jeunes, *Ouest-France*.

Question

Développez trois arguments pour expliquer laquelle de ces trois stratégies vous pourriez adopter (15 lignes).

1. http://www.fondation-pfizer.org/Portals/0/Accueil/IpsosSynthèseForumado2012.pdf (site consulté le 30 juin 2015)

Corrigé

Point méthode

La technique de la conclusion

La conclusion suppose un développement qui la précède. Cet exercice va donc donner le plan d'un argumentaire possible, de manière à envisager la conclusion ensuite.

Argument 1 : La politique culturelle est de permettre une démocratisation de la culture, surtout chez les jeunes, donc des jours de gratuité pour les musées, des offres intéressantes, des réductions pour le cinéma, le théâtre...

Argument 2 : La période étudiante est la plus propice aux sorties culturelles (études en ville, occasions de sorties entre amis, plus de temps et de disponibilité...).

Argument 3 : Les sorties culturelles favorisent l'ouverture d'esprit, le plaisir, les rencontres, les découvertes...

Éléments essentiels de la conclusion : bilan du développement ; phrase « d'ouverture », c'est-à-dire aller plus loin dans le sujet, ouvrir sur ce qui pourrait se rapprocher de l'idée soutenue dans le devoir.

Proposition de conclusion rédigée

Ainsi la stratégie choisie est celle de profiter des opportunités de sorties culturelles gratuites.[1] Tout d'abord parce qu'elles sont nombreuses, ensuite parce que le statut d'étudiant est idéal pour cela et enfin parce que ce sont des moments de plaisir, de rencontres qui ouvrent l'esprit.[2] C'est peut-être là le privilège de la culture, d'offrir à l'individu sa part de liberté de penser et d'être...[3]

1. Rappel de la thèse (ici le choix de stratégie).
2. Bilan de l'argumentaire.
3. Ouverture (ici culture comme expression de le liberté chez l'individu

L'essentiel à retenir

L'ensemble des changements intervenant à l'adolescence transforme le jeune en jeune adulte. Ces changements sont d'ordre physiologique (la croissance), culturel (groupe de pairs et nouveaux « modèles »), psychique (de l'émoi amoureux à la dépression), social (de l'école au monde du travail...).
Période nécessaire et parfois non suffisante, l'adolescence tend à se prolonger : qui sont les « adulescent » ?

Pour aller plus loin

- www.mda.aphp.fr (Maison de Solenn, maison des adolescents à Paris).
- DOLTO Françoise, DOLTO Catherine, PERCHEMINIER Colette, *Paroles pour adolescents ou le Complexe du homard*, Gallimard, 2003.
- RUFFO Marcel, *La Vie en désordre. Voyage en adolescence*, Anne Carrière, 2007
- RUFFO Marcel, CHOQUET Marie, *Regards croisés sur l'adolescence, son évolution, sa diversité*, Anne Carrière, 2007.
- TÉCHINÉ André, *Les Roseaux sauvages*, 1994.

8 | Femme et homme

1. La femme et l'homme au domicile

La quasi totalité des tâches ménagères sont effectuées par les femmes. Si l'amélioration du matériel électroménager a facilité les tâches ménagères, il n'en reste pas moins que ces appareils sont, selon certaines études d'opinions, largement utilisables par les hommes. Et pourtant, la préparation des repas, le linge (lavage, repassage), le ménage de la maison demeurent une « activité » féminine.

FOCUS Du féminisme

Simone de Beauvoir signe, en 1949, *Le Deuxième Sexe*. Cet ouvrage dénonce l'infériorité de la femme dans la société et appelle à lutter pour l'indépendance des femmes. Il a influencé le mouvement féministe. Il s'agit, dans les années 1960-1970, en France, de revendiquer une liberté quant au mariage, à la sexualité et au sein de la famille.

2. La femme et l'homme au travail

Dans le domaine de l'emploi et du travail, la situation des femmes est marquée par de fortes inégalités, même si la situation tend à évoluer. À même niveau de diplôme, les femmes sont moins bien payées que les hommes. Sur le marché du travail, certains emplois semblent « sexués », comme les métiers d'aide à la personne, par exemple, qui restent majoritairement féminins. Les postes à responsabilité sont le plus souvent masculins (grandes entreprises, partis politiques...).

Le chômage est principalement féminin, tout comme le temps partiel qui est le plus souvent « réservé » aux femmes.

FOCUS Droit de vote et parité en politique

En avril 1944, les femmes accèdent au droit de vote. Elles votent, pour la première fois, aux élections municipales de 1945. Mais leur représentation en politique reste négligeable. La loi du 6 juin 2000 relative à l'égal accès des femmes et des hommes aux mandats électoraux et fonctions électives s'applique aux élections européennes, législatives, sénatoriales, régionales. Il s'agit, pour tous les partis et groupements politiques, de constituer des listes où figurent au moins 50 % de femmes. Si cette obligation n'est pas respectée, la liste électorale n'est pas enregistrée. Des pénalités financières sont possibles contre les partis ne respectant pas la loi. Pour promulguer cette loi, la Constitution française a dû être modifiée. L'Assemblée nationale et le Sénat, c'est-à-dire le Parlement, se sont réunis en Congrès (en juin 1999 à Versailles) pour réviser la Constitution française.

3. Égalité femmes-hommes

La France dispose d'un ministère des Droits des femmes et d'un Haut conseil à l'égalité entre les femmes et les hommes dont les sites internet sont : www.femmes.gouv.fr et www.haut-conseil-egalite.gouv.fr

Le 8 mars demeure la journée internationale de lutte des femmes pour leurs droits dont le slogan 2013 est : « Le 8 mars, c'est toute l'année. » Les principaux axes de travail de ce ministère sont l'égalité professionnelle, la parité, la lutte contre les violences, le droit à disposer de son corps, l'éducation et la lutte contre les stéréotypes.

4. Concilier vie personnelle et vie professionnelle

La notion de choix de vie est fondamentale. La contraception a permis aux femmes de prendre leurs distances avec un rôle dit « naturel » de mère au foyer. Des femmes choisissent de s'investir dans leur vie professionnelle. Un ensemble de mesures permet d'accompagner cet engagement : congés maternité et paternité, modes de garde, temps partiel, aides accordées par la Caisse d'allocations familiales (congé parental…), la garde alternée…

Entraînement

Difficulté ✗✗✗ | Durée 15 min

Femmes au foyer

Des femmes en infériorité, invisibles mais surtout secondaires, voici ce que nous présentent les médias à l'heure actuelle. Le rapport de la commission du Conseil supérieur de l'audiovisuel souligne qu'elles sont « plus anonymes, davantage victimes ». Et surtout « très peu expertes ». De nouveau, les chiffres parlent : sur RTL, qui a le meilleur rapport dans le temps de parole – 41 % pour les femmes, 59 % pour les hommes, le temps moyen accordé aux femmes experts est de 1 minute 35 contre 25 minutes pour les hommes.

« Le stéréotype qui a la vie la plus dure, ce n'est pas celui de la femme en soutien-gorge pour vendre des soutiens-gorge, mais bien toutes ces images où les femmes n'ont jamais le rôle d'expertes, où elles sont toujours ramenées à la maison », commente Mercedes Erra, fondatrice de l'agence de publicité BETC Euro RSCG et membre de la commission. La vision de la femme rattachée au foyer et de l'homme parole d'autorité et acteur de la société semble avoir du mal à évoluer.

Margaux Rambert, « Femmes au foyer » pour *Psychologies*.

Question

Quelle problématique ce texte met-il en exergue ?

Corrigé

Ce texte aborde une problématique assez récurrente dans les concours : la place de la femme dans notre société.
Toutefois, dans l'extrait, la place de la femme est évoquée sous un angle quelque peu différent, qui peut en dérouter certains. Ce sujet, qui fait référence à des stéréotypes qui perdurent, ne doit pas vous conduire à en user également. Soyez rigoureux sur ce point, l'épreuve n'est pas un moyen pour vous de vous exprimer sur ce qui est bien ou mal mais sur ce qui explique un phénomène de société.

Point méthode

Exprimer une thèse est faire part d'un point de vue, d'une prise de position ou encore d'une opinion, qu'il s'agisse de la vôtre ou de celle de l'auteur qu'il vous faut mettre en valeur.
Il est toujours important d'observer la mise en page d'un texte qui répond à des critères exigeants. La thèse de l'auteur se situe soit au début (argumentation par induction), soit à la fin (argumentation par déduction), ou encore au début et répétée à la fin d'un texte. Quant aux arguments, lorsqu'ils sont nombreux, il est de mise d'avoir un paragraphe par idée. Cette précision (qui n'est pas toujours aussi rigoureuse !) vous permet de repérer le nombre d'idées essentielles d'un texte. Ici la problématique est annoncée très clairement dès le début du texte.
Bien entendu, il ne s'agit pas de la recopier mais de la reformuler. Le correcteur cherche ici à constater si vous avez compris la teneur du texte.

Proposition de reformulation de la thèse

Une étude réalisée dans l'audiovisuel démontre à quel point la femme reste enfermée dans une image traditionnelle et est encore peu reconnue pour ses compétences hors du foyer.

ATTENTION Le cliché, le stéréotype ou encore le jugement de valeur sont des démarches d'écriture fort maladroites. On attend de la part du candidat un regard de compréhension et de tolérance sur nombre de sujets qui, nous en sommes conscients, sont souvent assez délicats à traiter. Toutefois, le choix de vos mots, la construction de vos phrases doivent laisser penser que vous analysez une problématique sans la juger, simplement pour la comprendre, ce qui ne signifie pas non plus la cautionner. C'est une démarche parfois complexe mais toujours enrichissante et qui vous permettra d'élever votre réflexion, de la personnaliser.

L'essentiel à retenir

La condition féminine a connu une évolution majeure depuis 1944 grâce à la contraception, à différentes lois (vote…) et à l'engagement personnel et associatif de certaines femmes emblématiques. Si émancipation il y a eu, dans la vie économique et sociale des efforts restent à faire pour que les femmes obtiennent, tout simplement, le même salaire pour une même fonction ou un même diplôme. S'agit-il de faire évoluer les mentalités ?

Pour aller plus loin

- www.femmes.gouv.fr (femmes/égalité)
- BADINTER Élisabeth, *La Place des femmes dans la société française*, Lettre de l'Observatoire français des conjonctures économiques, 2004.
- MAISTRE Gilles de, *Le Premier Cri*, 2007.

9 | Personnes en situation de handicap

1. Ce que disent les lois

La loi du 11 février 2005 pour l'égalité des droits et des chances, la participation et la citoyenneté des personnes handicapées définit le handicap : « Constitue un handicap, au sens de la présente loi, toute limitation d'activité ou restriction de participation à la vie en société subie dans son environnement par une personne en raison d'une altération substantielle, durable ou définitive d'une ou de plusieurs fonctions physiques, sensorielles, mentales, cognitives ou psychiques, d'un polyhandicap ou d'un trouble de santé invalidant. »

Avant cette loi, celle du 30 juin 1975 a marqué vraiment un début d'évolution de l'intégration des personnes en situation de handicap dans la société.

L'article 19 de la loi du 11 février 2005 indique que tout enfant handicapé est un élève. En dix ans, cette loi a incontestablement permis de changer le regard porté par la société sur le handicap physique et sur le handicap psychique. En ce qui concerne la scolarité des enfants en situation de handicap, même si le nombre d'assistants de vie scolaire (AVS) a doublé, il reste beaucoup à faire, surtout pour leur formation. Le taux de chômage des personnes en situation de handicap est de 22 %.

2. La classification des handicaps : le schéma de Wood

Philipp Wood a élaboré, au début des années 1980, un « modèle » dynamique non seulement des handicaps mais plutôt des situations de handicap (voir schéma).

Schéma de Wood

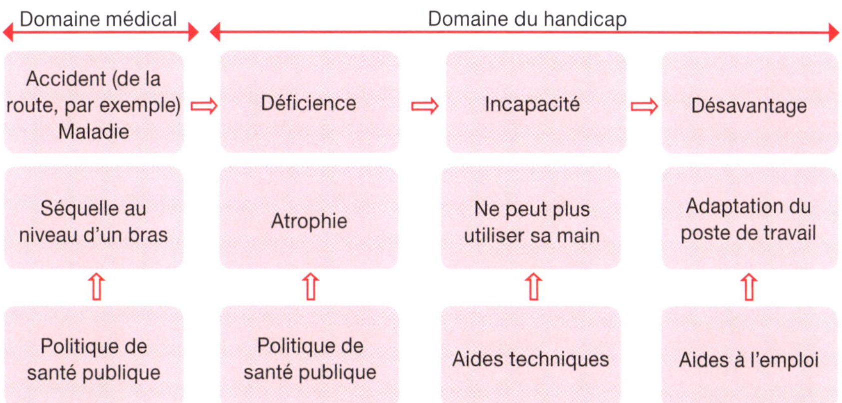

3. Les différents types de handicap

S'il existe différents types de handicap, s'il est possible, sur le papier, de les distinguer, la réalité et l'humanité rappellent bien que l'homme ne peut se réduire à un classement.

La déficience intellectuelle atteint l'intelligence à divers degrés (notion de quotient intellectuel). Elle s'accompagne de plusieurs difficultés pour lire, écrire, compter par exemple. La trisomie 21 en est un exemple.

La déficience psychique, ou le handicap psychique, se manifeste par différents troubles : comportement, vie affective, perception, pensée, communication.

La déficience motrice concerne les différentes parties du corps : tête, tronc, membres.

La déficience visuelle peut aller du simple trouble de la vision (acuité) jusqu'à la cécité en passant par une restriction du champ visuel ou de sa capacité de reconnaissance.

La déficience auditive a des répercussions sur l'expression orale et la communication.

Le polyhandicap se manifeste par la conjugaison de plusieurs déficiences.

Entraînement | Difficulté ✗✗✗ | Durée 10 min

Question

Qu'évoque pour vous ce symbole ?

Corrigé

Le document que vous avez sous les yeux est une image, plus précisément un logo, que vous connaissez bien. Il renvoie à un domaine et à une réalité sociale qui vous sont familiers. L'objectif, ici, est de vous faire travailler sur le symbole.

■ Point méthode

La technique des mots-clés

Afin de vous entraîner à la recherche d'idées, il est une technique qui consiste à partir du mot pour arriver à l'idée. La plupart du temps on vous donne un texte dont vous devez mettre en valeur les idées essentielles à partir des mots-clés. L'exercice ci-dessous peut vous aider à réfléchir sur le sens des mots, leur synonymie et les idées qu'ils sous-tendent.

À partir du symbole ci-dessus, faites une liste de tous les mots qu'il évoque pour vous : *handicap, fauteuil roulant, différence, loi, valide, mental, physique, infirmité, déficience, désavantage, place de parking, minorité, rejet, peur, douleur, accidents, maladie, rééducation, soins, non-voyants, malentendants, autiste, Téléthon, éthique...*

Ensuite, classez ces mots par domaine (social, sanitaire, psychologie, juridique, individuel, historique...) :

- sanitaire : *handicap, physique, mental, infirmité, maladie, déficience, rééducation, non-voyants, malentendants, soins, autiste, éthique* ;
- social : *handicap, différence, loi, valide, place de parking, Téléthon, minorité, accidents, éthique* ;

- individuel : *handicap, rejet, peur, douleur, fauteuil roulant*.

À partir des mots classés par domaine, recherchez les idées.
- Domaine sanitaire : il existe plusieurs formes de handicap ; le handicap touche tous les âges ; les structures d'accueil et de soins sont parfois insuffisantes ou peu adaptées ; cela pose des questions d'éthique (dépistage de certaines maladies, manipulations génétiques, eugénisme...).
- Domaine social : le handicap et le regard de la société ; l'approche de la différence ; l'aménagement des villes et des structures pour les personnes handicapées ; le respect des lois, notamment dans le domaine professionnel ; la recherche et son financement concernant les maladies génétiques ; les accidents de la route et le handicap, les questions de société en lien avec le handicap...
- Domaine individuel : comment est vécu le handicap aujourd'hui ? ; la peur de la différence ; la difficulté à se sentir intégré ; une société de la beauté, du jeunisme ; l'aménagement des villes, des écoles pour l'intégration des personnes handicapées ; comment vieillir avec un handicap ?...

Cet exercice peut être appliqué dans le domaine de l'argumentation mais aussi pour la reformulation d'idées. C'est une façon d'aborder une problématique sous des angles différents. De plus, cela vous permet d'évaluer votre richesse lexicale et, si besoin est, de la renforcer. Bien entendu, en entraînement, vous pouvez vous aider d'un dictionnaire, voire d'un dictionnaire des synonymes. Exploitez vos connaissances. Vous en avez, il vous faut juste les laisser s'exprimer sans vous mettre de barrières.

L'essentiel à retenir

Congénital (au moment de la naissance) ou acquis (accident, maladie), le handicap est avant tout une réalité au quotidien pour une personne en situation de se déplacer chez soi ou en ville, de trouver du travail, d'aller à un spectacle…
Droit à la différence (la société adapte son environnement et sa pensée aux situations de handicap), droit à l'indifférence (la personne en situation de handicap dans une autonomie « moderne »), ainsi pourrait-on décomposer le regard de la société.

Pour aller plus loin

- www.sante.gouv.fr
- www.handicap.fr
- www.handicap-international.fr
- Chronologie : http://www.vie-publique.fr/politiques-publiques/politique-handicap/chronologie/
- Loi du 11 février 2005 pour « l'égalité des droits et des chances, la participation et la citoyenneté des personnes handicapées ».
- Les maisons du handicap dans les départements.

10 | Personnes âgées

1. Les âges de la vie

L'Organisation mondiale de la santé définit l'âge du début de la vieillesse à 65 ans. Mais peut-on définir les termes *personne âgée* ? Ne s'agit-il pas d'« adultes âgés » ? Qui sont les « seniors » ? Les notions de troisième âge, de quatrième âge existent.

2. Le vieillissement

Deux types de vieillissement coexistent lorsqu'il s'agit de la population. Le vieillissement qualifié de « démographique » indique qu'il y a de plus en plus de personnes âgées dans nos sociétés. Le vieillissement « individuel » signifie que l'âge de la vieillesse « recule » : nous vivons, en bonne santé, de plus en plus longtemps.

En termes de santé, trois types de vieillissement peuvent être envisagés. Le vieillissement pathologique : la personne âgée est malade et se trouve en situation de handicap ; la personne est soignée. Le vieillissement physiologique consiste en une régression des capacités physiques et cognitives : la personne âgée n'a pas de maladie, pas de handicap, mais elle est vulnérable. En cas de vieillissement réussi, pas de maladies ni de handicap, et les fonctions physiologiques sont peu atteintes.

3. Des structures et des réseaux

Quand le vieillissement pose problème, temporairement ou pour une durée plus longue voire indéfinie, un ensemble de structures, composées de professionnels différents, existe pour répondre aux besoins de la personne âgée (voir les schémas 1 et 2).

Hébergement de la personne âgée

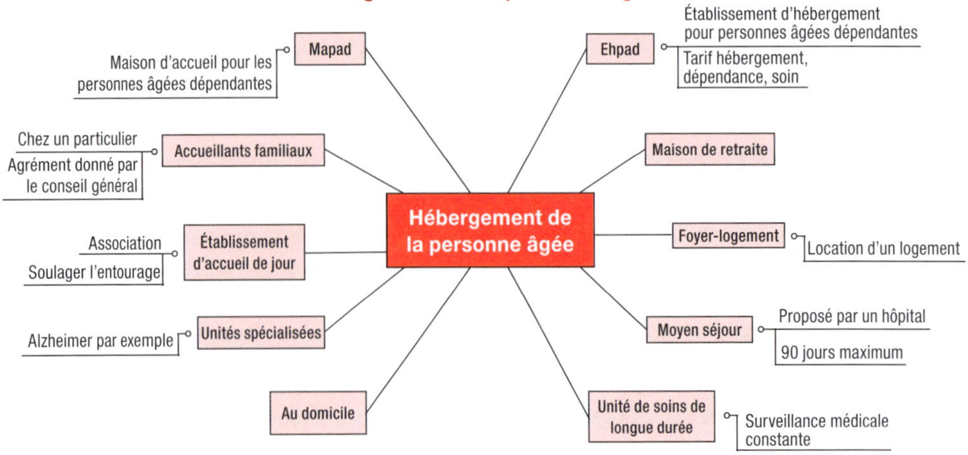

Structures, réseaux et professionnels

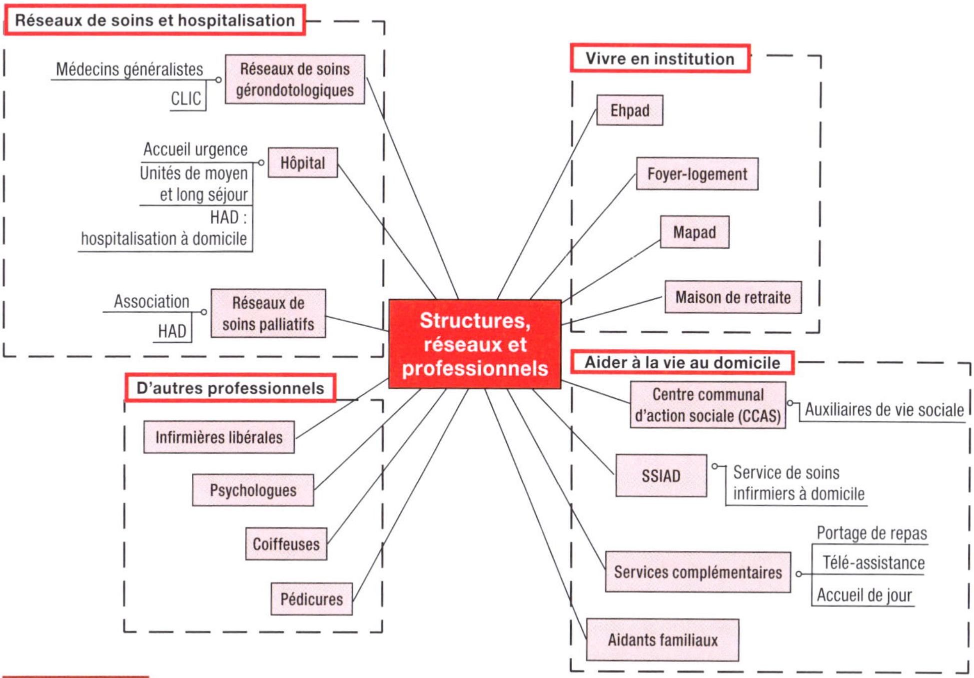

FOCUS La maladie d'Alzheimer

La maladie d'Alzheimer est une démence qui s'installe et se développe progressivement. Elle se caractérise par :

- des troubles de la mémoire ;
- des troubles d'au moins une fonction cognitive (comme le langage, la capacité à s'habiller, la capacité à reconnaître un objet ou une personne) ;
- un retentissement dans la vie de tous les jours (activités sociales, professionnelles, familiales) comme concevoir les repas ou utiliser le téléphone…

FOCUS Actualité à suivre

Le 3977 est le numéro national d'appel contre la maltraitance non seulement des personnes âgées, mais aussi des adultes vulnérables et des personnes handicapées. En établissement de santé, les soignants réfléchissent aussi sur le thème de la bientraitance ; cela revient pour eux à s'interroger sur leur pratique professionnelle.

L'allocation personnalisée d'autonomie (APA) a été créée par la loi du 21 juillet 2001. La grille AGGIR évalue la dépendance. Devant l'augmentation du nombre de personnes en situation de « grande » dépendance, des problèmes de financement se posent au sein des conseils généraux.

Le projet de loi sur l'adaptation de la société au vieillissement 2014 prévoit, entre autres mesures, un « droit au répit » des aidants. Ce droit sera intégré dans l'APA. Les nouvelles technologies font aussi partie de ce projet de loi notamment pour sécuriser la vie des personnes âgées grâce aux appareils antichutes, à la domotique… Cette loi entrera en vigueur le 1er janvier 2016.

Entraînement

Difficulté ✗✗✗ | Durée 20 min

Une aide à domicile qui intervenait dans la région de B. a dérobé à trois personnes âgées chez qui elle travaillait une trentaine de chèques.

L'escroquerie a duré plusieurs mois, les victimes ne s'étant pas aperçues tout de suite des vols.

Elles ont fini par porter plainte et, après enquête, l'aide à domicile a été interpellée par les gendarmes.

Son époux a alors contacté les victimes, s'engageant à les dédommager.

Sa femme a été remise en liberté et un délai a été accordé par le procureur de la République afin de lui permettre de régulariser la situation.

L'Éveil normand, mercredi 10 septembre 2008.

Question

Dégagez de ce texte trois faits positifs et trois faits négatifs et argumentez votre réponse.

Corrigé

Ce texte très court, qui se présente comme un fait divers, renvoie à un fait de société : la vulnérabilité des personnes âgées face à certaines malversations. L'objectif du texte n'est pas de vous faire réagir « affectivement » (« c'est inadmissible de voir ça ! » ou encore « quelle honte ! ») mais bien au contraire à nouveau d'essayer de vous inciter à comprendre une telle problématique. Votre métier vous confrontera de façon quasi permanente au genre humain, il est donc important pour vous d'en découvrir les différentes facettes et d'éviter certains manichéismes (« l'Homme est bon ou mauvais »...).

■ Proposition d'argumentation rédigée

Ce fait divers évoque un phénomène de société : l'abus de confiance auprès des personnes vulnérables, ici des personnes âgées. Au vu des différents éléments du texte, nous allons justifier en quoi certains faits peuvent avoir des répercussions positives et d'autres négatives.[1]

Tout d'abord, le dépôt de plainte par les personnes âgées apparaît comme un élément positif. **En effet**, cette démarche n'est pas simple. Aller à la gendarmerie, reconnaître que l'on a été escroqué, remettre en question la confiance accordée à l'aide à domicile sont des décisions difficiles, qui demandent du courage, surtout aux personnes âgées. En effet, elles peuvent aussi culpabiliser de cette confiance accordée qui peut sembler être une forme de naïveté. **Ensuite** on peut reconnaître dans l'initiative de l'époux de l'aide à domicile la volonté, tout à fait honorable, de réparer l'erreur de sa femme et de s'excuser d'une certaine manière auprès des victimes par ce geste.
Cela se veut **aussi** une résolution à l'amiable pour éviter **ainsi** à sa femme des problèmes avec la justice. **Enfin**, remettre en liberté l'aide à domicile peut apparaître comme une initiative positive, susceptible de lui permettre de prendre conscience de la gravité de son acte en la responsabilisant et en lui donnant l'opportunité de rembourser et **donc** de dédommager les victimes.[2]
Toutefois, certains éléments ont un caractère négatif qu'il convient de souligner.[3]
Ainsi, le vol reste un délit, répréhensible par la loi, **d'autant** qu'il semble ici accompagné d'un abus de confiance.
Les victimes sont âgées et l'aide à domicile est souvent l'une des rares personnes à qui l'on fait confiance, **puisqu'**on lui laisse sa maison, **parce qu'**elle est censée

être une professionnelle envoyée auprès des personnes âgées, c'est une forme de recommandation. **Puis,** on peut ajouter un autre élément qui est le moment tardif où la plainte a été déposée. Cela peut supposer un refus de voir ou de se confronter à une situation délicate, cela peut **également** traduire une certaine solitude chez ces personnes pour lesquelles aucun proche n'a détecté le problème. **Finalement,** dernier point discutable, la décision du procureur. **En effet, outre** la volonté de responsabiliser l'aide à domicile et de lui donner une autre chance, cela peut **toutefois** laisser dubitatif dans la mesure où apparemment la justice ne décide pas de sanctionner la coupable.[4]

Ce fait divers souligne toute la difficulté de certaines problématiques sociales et l'importance de comprendre les raisons qui poussent un individu à agir, ce qui peut éviter certains jugements hâtifs. Faire preuve de compréhension et de tolérance ne signifie pas pour autant approuver un acte ou une situation.[5]

1. Introduction
2. Première partie, faits positifs argumentés
3. Transition
4. Deuxième partie, faits négatifs argumentés
5. Conclusion

Liens logiques

Commentaire explicatif

Ce qui fait la qualité d'un travail rédigé, hormis la réflexion, c'est la manière dont vous énoncez vos idées.

Introduction et conclusion sont attendues et répondent à une méthodologie bien précise. Souvent, un travail d'argumentation comprend deux parties. Le passage de l'une à l'autre suppose une transition, assez courte, qui résume ce qui vient d'être évoqué et qui annonce ce qui va l'être. Attention également à ne pas oublier les liens (ou connecteurs) logiques qui sont la charpente de votre écrit et qui témoignent de la cohérence de votre raisonnement.

L'essentiel à retenir

La personne âgée interroge la société. Qu'en est-il du vieillissement réussi ? Comment faire face à la dépendance ? Quelle autonomie est possible ? Qu'en est-il de l'accompagnement de la personne au regard de son âge ? La dignité et le respect sont au cœur des relations humaines. Le choc des conséquences de la canicule de l'été 2003 a notamment amené la loi de solidarité pour l'autonomie des personnes âgées et des personnes handicapées (2004). La question non seulement du soin mais aussi de l'accompagnement de la personne âgée se pose car, à chaque âge, il s'agit de se situer par rapport à un futur. Parler de la personne âgée, c'est parler de soi.

Pour aller plus loin

- BORDES Gilbert, *La Nuit des hulottes*, Pocket, 2005.
- DEVARS Christine, *Le Piano désaccordé,* Anne Carrière, 2005.
- FORN Rosario, *Les Quatre Saisons. Au fil des jours,* Amalthée, 2007.

11 | Soins palliatifs

1. La vie et son projet jusqu'au bout

« Les soins palliatifs sont des soins actifs, délivrés par une équipe multidisciplinaire, dans une approche globale de la personne atteinte d'une maladie grave, évolutive ou terminale. Ils ont pour but de préserver la meilleure qualité de vie possible jusqu'à la mort et doivent notamment permettre de soulager la douleur, apaiser la souffrance psychique, sauvegarder la dignité de la personne malade et soutenir son entourage. [1]»

Quelles sont nos représentations de la mort, de la vie, de la culture dans laquelle nous vivons, de la religion ? Le deuil suit un processus selon des phases théorisées par Élisabeth Kübler-Ross : le choc, le déni, la colère, le marchandage, la dépression, l'acceptation. Et qu'en est-il des rites funéraires et des us et coutumes *post mortem* selon la religion ?

2. La lutte contre la douleur et la souffrance

La prise en charge de la douleur physique est essentielle. Il existe aussi une souffrance psychologique, sociale, spirituelle. L'objectif : la qualité de vie et le confort de la personne. Une souffrance psychologique par l'approche de la mort… Une souffrance sociale par « l'abandon » de son rôle « actif » dans la société… Une souffrance spirituelle par ses propres interrogations sur l'existence et la vie menée…

En 2011, à Toulouse, la maison de répit et de soins palliatifs pour enfants et adolescents a vu le jour. Des chambres, des espaces de vie partagés pour un enfant et ses deux parents, du jeu, du soin...

L'organisation des soins palliatifs

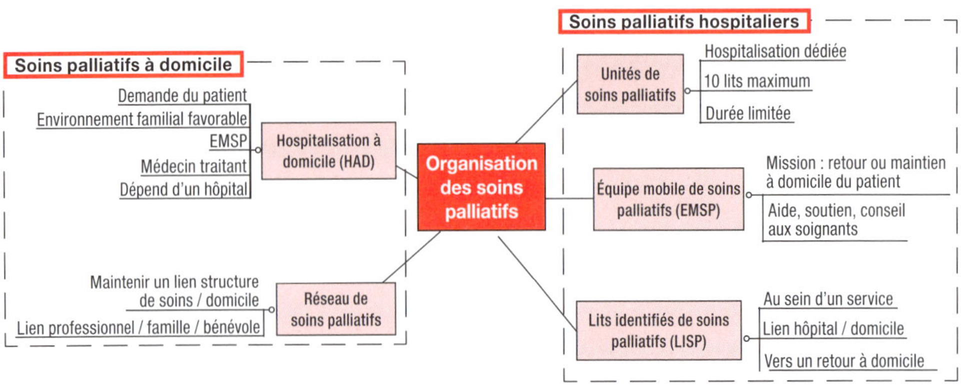

1. République française, *Programme de développement des soins palliatifs 2008-2012.*

FOCUS L'euthanasie, interdite en France

L'euthanasie est interdite en France. La loi du 22 avril 2005, dite loi Léonetti, est très claire à propos de l'euthanasie : elle l'interdit. Toutefois, il est écrit : « Lorsqu'une personne, en phase avancée ou terminale d'une affection grave et incurable, quelle qu'en soit la cause, décide de limiter ou d'arrêter tout traitement, le médecin respecte sa volonté après l'avoir informée des conséquences de son choix. La décision du malade est inscrite dans son dossier médical » (Art. L.1111-10).
Il s'agit d'un sujet qui divise les Européens comme le montrent les situations de Chantal Sébire, de Vincent Humbert, d'Eluana Englaro (en Italie).
En Europe, quatre grandes situations se retrouvent quant aux quatre formes d'euthanasie :
– les pays où l'euthanasie « active » est autorisée (Belgique, Pays-Bas) ;
– les pays où l'euthanasie « indirecte » ou « suicide assisté » sont autorisés (Suisse, Suède) ;
– les pays où une forme d'euthanasie « passive » est possible (France, Danemark, Italie, Grande-Bretagne, Allemagne, Espagne) ;
– les pays où l'euthanasie est strictement interdite (Grèce, Roumanie, Pologne, Irlande, Bosnie, Croatie, Serbie).

3. Le réseau à domicile

L'offre de soins à domicile ne cesse de progresser. Le réseau de soins palliatifs à domicile est composé d'une équipe pluridisciplinaire (médecin, infirmière, psychologue...). Permanences téléphoniques, conseils aux aidants, lutte contre la douleur du patient, entre autres pratiques, l'accompagnement est global. Il est à noter les nombreux liens créés avec les services d'hospitalisation à domicile (HAD), les professionnels libéraux, les CLIC...

Entraînement n° 1

Difficulté ✗✗✗ | Durée 20 min

L'accompagnement

Notre société post-moderne, qui a levé plusieurs tabous, a du mal à accepter la mort comme phénomène de société. Le résultat est que la mort s'est individualisée et est sortie de notre quotidien. En ce sens la mort est devenue extraordinaire. La mort touche à la fois l'individu, la famille mais aussi la société. Elle interroge les rapports entre les soignants des unités de soins palliatifs et la société dans laquelle elle s'insère. Il faut attendre les années quatre-vingt pour que la société prenne conscience de la façon dont le passage vers la mort est traité souvent de façon inhumaine dans les hôpitaux. Les efforts qui ont été faits dans les unités de soins palliatifs sont indéniables : la souffrance physique et physiologique des mourants est désormais prise en compte dans le monde hospitalier. Pourtant, selon les praticiens eux-mêmes, on y meurt encore mal. L'enjeu des prochaines années sera de permettre de mourir « moins mal » et de donner une reconnaissance sociale aux praticiens qui accompagnent les mourants. Ces pratiques et ces fonctions d'accompagnement, pour les personnels soignants de l'hôpital ou les bénévoles, peuvent être analysées sous les angles d'une initiation et d'une nouvelle ritualisation. Des élargissements en termes de formation et de professionnalisation des acteurs qui peuvent en découler.

Gilles Pinte et Christian Helson, « L'accompagnement des personnes en fin de vie : conjuration, initiation et nouvelle ritualisation», *Carriérologie*.

Question

Vous rédigerez les idées essentielles de ce texte.

Entraînement n° 2

Difficulté XXX | Durée 60 min

Question

À partir du schéma de la page 78, faites une recherche (Internet, publications, témoignages, romans...) sur le fonctionnement d'une unité de soins palliatifs et la fonction des professionnels de santé dans une telle unité.

Corrigé 1

Point méthode

Ce texte, par la répétition de certains mots et la terminologie utilisée, aborde une problématique d'actualité sous un angle professionnel. Il est abordable du point de vue de la compréhension, il est toutefois important que vous en respectiez la tonalité dans votre reformulation.

Recherche des mots clés

Champ lexical de la mort : *mort* (× 5), *mourants* (× 2), *mourir.*

Champ lexical de l'hôpital : *soignants, soins palliatifs, hôpitaux, hospitalier, praticiens, personnels soignants.*

Champ lexical de la souffrance : *mal, inhumaine, souffrance physique et physiologique.*

Champ lexical de l'accompagnement : *soins palliatifs, prise en compte, reconnaissance, accompagnement, accompagnent.*

Idées dominantes dans le texte

- La mort, sujet de société qui concerne chacun et plus précisément les professionnels de santé.
- L'approche de la mort au sein de l'hôpital s'est améliorée et tend vers une plus grande humanisation.
- Le défi à l'avenir est de reconnaître et de professionnaliser cette spécialisation médicale.

Proposition de reformulation

La mort soulève dans notre société actuelle de nombreuses questions notamment dans le domaine hospitalier. Même si les soins palliatifs apportent une réelle amélioration, il semble toutefois important pour l'avenir de continuer à accompagner le mourant dans de meilleures conditions. Ainsi, il convient de former et de reconnaître le travail des professionnels.

ATTENTION Vous avez compris que la reformulation suppose l'absence de paraphrase. Cette technique vous contraint à redonner les idées clés du texte avec d'autres mots et d'autres constructions de phrases. Toutefois, lorsqu'il s'agit de termes spécifiques, vous pouvez bien entendu les reprendre. Ici, l'expression *soins palliatifs* ne peut être remplacée.

Corrigé n° 2

Actuellement 70 % des décès surviennent à l'hôpital, c'est pourquoi des structures spécifiques appelées unités de soins palliatifs ont été instituées. Celles-ci existent également en soins à domicile. À l'hôpital, on parle de lits spécifiques de soins palliatifs. Ils se trouvent essentiellement dans des services comme la gérontologie ou la cancérologie. La fonction des professionnels de santé consiste à se rendre au chevet du malade en fin de vie et à lui apporter les soins actifs qui ont pour objectif de le soulager de la souffrance, de la détresse physique et psychique, et d'accompagner si besoin est son entourage.

L'essentiel à retenir

La culture en soins palliatifs se développe en France. Elle passe par la formation des équipes. Toutefois, cette culture nécessite du personnel soignant, des intervenants et une forte motivation. L'offre de soins passe non seulement par l'hôpital (services et lits dédiés, équipes mobiles de soins palliatifs) mais aussi de plus en plus par les réseaux et les structures médico-sociaux. Mourir à domicile : telle est la très forte demande de la société française. Mais la prise en charge de la fin de vie à domicile demeure une étape extrêmement difficile pour les familles tant émotionnellement que matériellement et financièrement.

Pour aller plus loin

- *Programme de développement des soins palliatifs en France 2008-2012*, ministère de la Santé, 2008.
- Ouvrages de Marie de Hennezel.
- Ouvrages d'Élisabeth Kübler-Ross.
- BEAUVOIR Simone de, *Une mort très douce, Gallimard*, 1972.
- GAGNET Élise, GAGNET Michaëlle, *La Mort apaisée, Chronique d'une infirmière en soins palliatifs*, éditions de La Martinière, 2007.
- Observatoire national de la fin de vie : http://www.onfv.org
- Société française d'accompagnement et de soins palliatifs (SFAP) : http://www.sfap.org

12 | Maladies cardiovasculaires

1. Des facteurs de risque et la vie de tous les jours

L'OMS définit les maladies cardiovasculaires comme un ensemble de troubles affectant le cœur et les vaisseaux sanguins. Le **tabac** encrasse les artères. L'**alcool** favorise les triglycérides (un type de graisse). La **sédentarité,** c'est-à-dire le fait de restreindre l'activité physique dont le corps aurait besoin, « affaiblit » le cœur qui n'a plus l'habitude de faire des efforts. Conjuguée à une **alimentation déséquilibrée** (trop grasse, trop sucrée, trop salée), elle favorise non seulement l'**obésité** mais aussi l'**hypercholestérolémie**. L'**hypertension artérielle** est une maladie qui « use » les artères. Le chiffre de référence est 140/95 mm Hg selon la norme de l'OMS. À noter que l'**âge**, le **sexe** et l'**hérédité** font partie des facteurs de risque.

FOCUS L'accident vasculaire cérébral (AVC)

Tout à coup, un côté du corps présente une faiblesse. L'AVC est une urgence très importante. Selon l'INPES, l'AVC est la troisième cause de mortalité en France, la première cause de handicap et la deuxième de démence. Chaque année, 150 000 personnes en sont victimes. À l'origine, il s'agit d'une artère du cerveau qui se bouche ou qui se rompt. Des signes précurseurs peuvent être détectés : une partie du visage « se crispe » ou un membre faiblit subitement.

2. Les différentes maladies cardiovasculaires

Les maladies cardiovasculaires peuvent se classer selon les zones du corps. Les vaisseaux sanguins alimentent le cœur (cardiopathies coronariennes et rhumatismales, malformation, l'angor et l'infarctus du myocarde), le cerveau (maladies cérébro-vasculaires, l'accident vasculaire cérébral), les bras et les jambes (artériopathies périphériques, thromboses veineuses profondes), les poumons (embolie pulmonaire).

Le cœur, un atout pour vivre

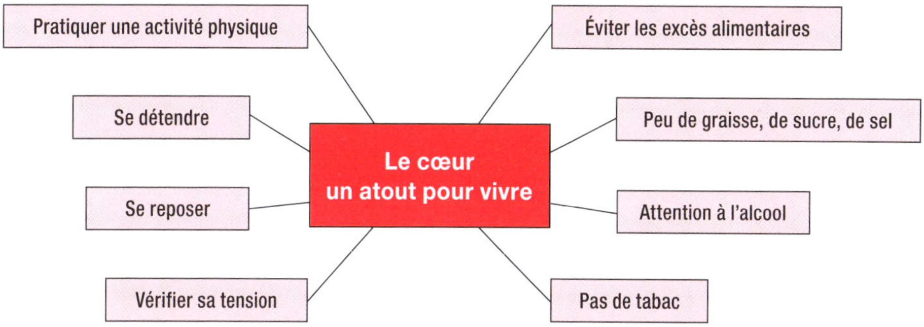

3. L'indice de masse corporelle (IMC)

L'indice de masse corporelle (IMC = poids / taille en mètre × taille en mètre) est un indicateur évaluant les risques de surpoids pour une personne. L'Organisation mondiale de la santé (OMS) indique que le surpoids commence avec un IMC égal ou supérieur à 25 et l'obésité avec un IMC égal ou supérieur à 30.

Prévalence de l'obésité en France chez les plus de 18 ans

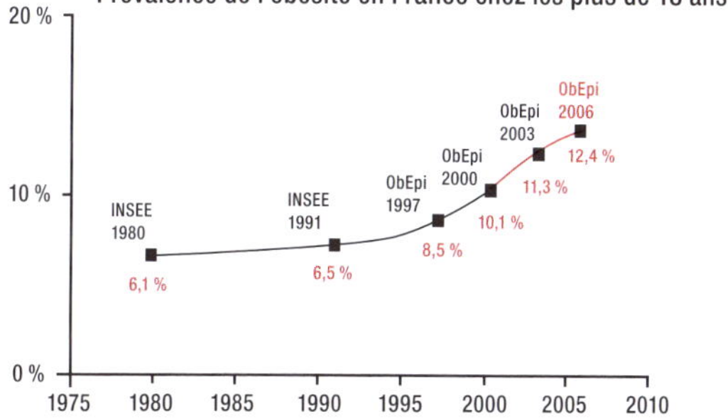

Entraînement

Difficulté ✗✗✗ | Durée 2 min

Questions

❶ Les maladies cardiovasculaires désignent :
a. l'ensemble des maladies du cœur
b. l'ensemble des maladies du cœur et des vaisseaux
c. l'ensemble des maladies d'incidence sociale

❷ Elles représentent :
a. la première cause de mortalité en France
b. la deuxième cause de mortalité en France
c. la troisième cause de mortalité en France

❸ Les facteurs de risques sont en fonction :
a. de l'âge **b.** du sexe

❹ Les autres facteurs de risques sont :
a. le tabagisme b. le cholestérol c. le diabète

❺ Cochez les pratiques pour évaluer les facteurs de risques.
a. Mesurer la pression artérielle
b. Faire une échographie
c. Ausculter le cœur et les vaisseaux
d. Doser les graisses et le sucre dans le sang
e. Réaliser un électrocardiogramme

❻ Les traitements pour éviter les complications sont :
a. médicamenteux b. allopathiques c. relatifs à l'hygiène de vie

❼ Consommer l'alcool avec modération signifie :
a. deux à trois verres de vin par jour pour les hommes
b. un à deux verres de vin par jour pour les hommes
c. un à deux verres de vin par jour pour les femmes

❽ Le surpoids commence avec un IMC :
a. égal ou supérieur à 22 b. égal ou supérieur à 25
c. égal ou supérieur à 23 d. égal ou supérieur à 30

❾ Qu'est-ce qu'un AVC ?
a. un accident cardiaque b. un défibrillateur
c. un accident cardiovasculaire cérébral d. une hémiplégie

❿ Le numéro du SAMU est :
a. le 17 b. le 119 c. le 15 d. le 33

Corrigé

❶ b. ; ❷ a. ; ❸ a. ; ❹ a., b. ; ❺ a., c., d. ; ❻ c. ; ❼ a., c. ; ❽ b. ; ❾ c ; ❿ c.

L'essentiel à retenir

Notre mode de vie a un impact sur notre santé. Que ce soit par une alimentation déséquilibrée entraînant obésité ou hypertension, le tabac, l'alcool, la faiblesse ou l'absence d'activités physiques, le corps est mis à rude épreuve. La prévention est un élément essentiel (plan nutrition, lutte contre le tabac, valorisation de l'activité physique…). Quant aux gestes de secourisme, plus la population est formée, plus des vies peuvent être sauvées. Les maladies cardiovasculaires représentent la 2e cause de mortalité chez les hommes et la 1re chez les femmes.

Pour aller plus loin

› CARRÈRE D'ENCAUSSE Marine, CYMES Michel, *Les Maladies cardiovasculaires*, Marabout, 2007.
› www.who.int/topics/cardiovascular_diseases/fr/
› http://lajourneeducoeur.org
› www.fedecardio.org

13 | Cancers

1. Des cellules incontrôlables

Des cellules du corps humain deviennent incontrôlables et se multiplient anarchiquement. Elles forment des tumeurs au sein d'un organe et peuvent envahir d'autres organes à distance (métastases).

2. Auprès du patient

Tout un réseau (institutions, soignants, familles, associations) existe pour soutenir la personne atteinte d'un cancer : un soutien à la fois affectif, moral, financier, médical intégré dans un parcours de soin coordonné… L'annonce de la maladie est une étape clairement identifiée par les soignants comme fondamentale dans la prise en soin. De même, la vie « après le cancer » est prise en compte par les pouvoirs publics. Des « héros ordinaires » (les patients) sont mis en valeur dans la campagne 2009 de l'Institut national contre le cancer (INCa) intitulée « Pour un nouveau regard sur le cancer » ou dans celle de 2011 : « Je suis un être humain, pas un cancer ».
Le plan cancer 2014-2019 privilégie les diagnostics précoces, la préservation de la continuité et de la qualité de la vie, l'investissement dans la recherche. Il insiste sur l'implication des patients et usagers dans la définition et la mise en œuvre des politiques de lutte contre le cancer.

3. Des étapes vers la guérison

Le traitement doit commencer le plus vite possible après l'annonce du diagnostic. Avec le traitement, on cherche à faire diminuer à la fois les signes et les symptômes qu'exprime la maladie. On parle plutôt de rémission complète quand on ne détecte plus la présence de cellules cancéreuses. On emploie le mot *guérison* quand la rémission complète dure suffisamment pour écarter les risques d'une rechute.

FOCUS Le cancer diminue en Europe

La mortalité par cancer a baissé en Europe, entre les périodes 1990-1994 et 2000-2004, de 9 % chez les hommes et de 8 % chez les femmes, comme le montre une étude publiée dans *Annals of Oncology* et relayée par l'INCa[1]. Cette baisse est fortement liée à la baisse de la consommation tabagique chez les hommes et à la baisse de la mortalité par cancer du sein. Cette étude insiste aussi sur l'importance « des dépistages, des diagnostics précoces et des avancées thérapeutiques [qui] contribueraient à réduire le poids du cancer en Europe dans le futur ».

1. http://annonc.oxfordjournals.org et www.e-cancer.fr (sites consultés le 9 juillet 2014).

4. Le cancer chez l'enfant

Le cancer chez l'enfant est une maladie rare : dans les pays développés, il représente 1 à 2 % de tous les cancers. Dans le cas d'une démarche palliative, des réseaux de soins existent comme le réseau breton « La brise ». La prise en charge de la douleur est une priorité des soins.

Entraînement

Difficulté XXX | Durée 40 min

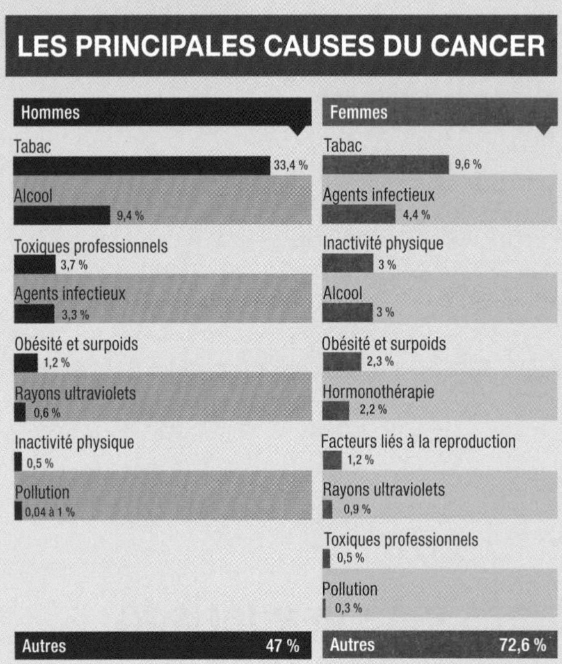

*en 2000 Sources : Rapport : Les causes du cancer en France.

Question

Vous ferez l'analyse de ce document puis commenterez vos observations.

Corrigé

Ce document présente sous la forme d'un tableau, un bilan des facteurs de risque des cas de décès par cancer en France. Il résume de façon plutôt explicite les différentes causes qui favorisent cette pathologie. L'intérêt de ce document est de permettre une analyse commentée de la situation ainsi qu'un regard global sur cette problématique sanitaire et sociale.

Point méthode

Vous lisez attentivement le document, vous observez les chiffres et en déduisez certaines conclusions qui peuvent être :
- l'impact dominant du tabac chez les hommes mais aussi un facteur important chez les femmes ;
- la consommation d'alcool chez les hommes favorise cette pathologie ;
- chez la femme, le surpoids, l'hormonothérapie et la reproduction sont des facteurs importants ;

- les toxiques professionnels sont plus déterminants chez les hommes que chez les femmes ;
- la pollution a un impact relativement mineur chez les deux sexes respectivement aux autres causes ;
- la catégorie « autres » a presque 50 % d'impact chez les hommes et plus de 70 % chez les femmes.

Pour commenter, vous devez faire appel à vos connaissances et faire part de vos réflexions sur le constat établi par l'analyse. Dans cet exercice, la culture générale sanitaire et sociale est fondamentale.

Proposition de commentaire rédigé

Le tableau présenté résume les principales causes de cancers. Plusieurs remarques peuvent être envisagées après l'observation de ce document. En effet, les différents facteurs de risques sont variables tant en ce qui concerne le sexe de l'individu que les domaines concernés.[1]

Tout d'abord, le premier facteur de risques qui apparaît de façon évidente est la consommation de tabac. Il n'est plus à démontrer que cette substance est considérée comme une drogue nuisible à la santé de l'individu. Les hommes sont davantage touchés par l'impact du tabac, essentiellement pour des raisons culturelles et professionnelles. Le tabac vantait à ses débuts l'image de la virilité ; de plus, la pénibilité de certains emplois et l'influence du groupe ont largement favorisé l'usage du tabac, souvent à un âge très jeune. Cette cause est moins importante chez les femmes ; toutefois, une tendance à se calquer sur le comportement masculin génère les mêmes conséquences.

Pour des raisons assez identiques, l'alcool a également un impact important, notamment chez les hommes. Tradition culturelle, signe de force et de virilité, l'alcool est présent dans toutes les catégories socioprofessionnelles ; il désinhibe et vient parfois pallier certaines fragilités. Les conséquences d'une consommation accrue et régulière peuvent conduire à développer un cancer. Il en va de même chez les femmes.

Par ailleurs, le tableau souligne chez les femmes les facteurs poids et hormonothérapie de façon importante. En effet, c'est ici le reflet de l'usage de la contraception et plus précisément de la prise de la pilule pendant de nombreuses années ou de traitements hormonaux lors de la ménopause. L'âge tardif de la première maternité, certaines habitudes alimentaires et une vie parfois sédentaire sont aussi des causes déterminantes.

On peut également relever les facteurs environnementaux qui participent au développement de cancers. Certains toxiques tels l'amiante, le benzène ou d'autres produits chimiques dont on ne découvre la nocivité que maintenant ont pu être des causes déclenchantes de la maladie. En effet, bon nombre de salariés ont été en contact avec durant de nombreuses années.

À noter toutefois, le pourcentage assez faible de la pollution. Les mesures environnementales mises en place expliquent peut-être ce constat ou encore le peu de recul que nous avons aujourd'hui sur les conséquences d'une agriculture ou d'un élevage intensifs, par exemple.

Enfin, il est à noter que la moitié des facteurs explicatifs, voire plus pour les femmes, relèvent d'autres causes. Parmi ces facteurs, on peut penser au stress chronique lié au rythme de vie, aux conditions de travail ou aux traumatismes liés à certains événements de la vie. Bien entendu, le facteur héréditaire est à prendre en considération, tout comme la précarité, qui ne favorise pas forcément l'accès aux soins ni à la prévention.[2]

Comme nous pouvons le constater, de nombreux facteurs concourent à expliquer le développement de cancers touchant autant les hommes que les femmes. De nombreux plans cancer sont en place, ils permettent à la recherche de progresser, à la prévention de prendre une place importante et ainsi de favoriser la guérison d'un nombre de plus en plus grand de cancers.[3]

1. Introduction.
2. Développement.
3. Conclusion.

L'essentiel à retenir

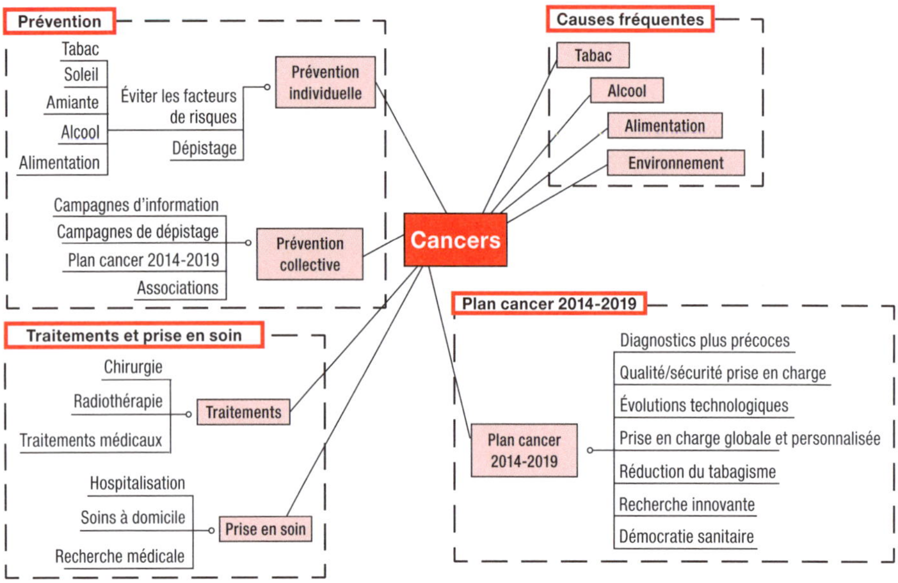

Pour aller plus loin

- BECKER Jean, *Deux jours à tuer*, 2008.
- BOREL Vincent, *Vie et mort d'un crabe*, Actes Sud, 1998.
- LIORET Philippe, *D'autres vies que la mienne,* 2010.
- SCHMITT Éric-Emmanuel, *Oscar et la dame rose*, Albin Michel, 2002.
- SCHWARTZENBERG Léon, *Requiem pour la vie*, France Loisirs, 1986.
- Web documentaire : http://www.recherche-tout-saccelere.fr
- http://www.e-cancer.fr

14 | Infections sexuellement transmissibles

1. Maladies infectieuses et rapports sexuels

Anciennement appelées « maladies sexuellement transmissibles », les IST (infections sexuellement transmissibles) sont des infections transmises par des parasites, des bactéries ou des virus à l'occasion de rapports sexuels non protégés avec une personne contaminée. Leur fréquence et la multiplicité des partenaires sont deux facteurs « facilitant » la contamination.

Une des particularités de ces infections est qu'elles peuvent passer complètement inaperçues.

2. Les différents types d'infections

- **Gonorrhée (blennorragie, chaude-pisse)**

Symptômes : chez l'homme, pus s'écoulant de la verge ; chez la femme, pertes vaginales jaunâtres, maux de ventre, brûlures urinaires.
Mode de protection : préservatif

- **Condylomes humains papillomavirus**

Symptômes : verrues indolores sur l'anus ou les organes génitaux
Mode de protection : vaccin, préservatif

- **Hépatites B et C**

Symptômes : fatigue, fièvre, jaunisse
Mode de protection : vaccin (pour l'hépatite B), matériel propre si injection, préservatif (attention : brosse à dents, rasoir…)

- **Herpès génital**

Symptômes : douleurs à uriner, cloques sur le pénis ou la vulve
Mode de protection : préservatif

- **Chlamydiose**

Symptômes : pertes claires et anormales (vagin, anus, verge)
Mode de protection : préservatif

- **Syphilis**

Symptômes : stade 1 : chancre (plaie indolore) sur les muqueuses, sur la peau.
stade 2 : boutons, lésions os, système nerveux, muqueuses
stade 3 : lésions graves des organes vitaux (cerveau, cœur)
Dépistage : prise de sang
Mode de protection : préservatif, matériel propre d'injection

VIH/sida

Symptômes : asymptomatique, puis maladies opportunistes
Dépistage : prise de sang
Mode de transmission : par voies sexuelles, sanguine, materno-fœtale
Mode de protection : préservatif

3. La lutte contre les IST

Les stratégies de lutte contre les IST sont liées avec celles contre le VIH comme l'indique le plan national 2010-2014. Combinées, les stratégies intègrent :

– les structures de terrain comme les Agences régionales de santé (ARS) ;

– l'approche populationnelle centrée, par exemple, sur les migrants, les populations en situations de vulnérabilité, les hommes ayant des rapports sexuels avec les hommes (HSH) et les lesbiennes, bi et transsexuels (LBT) ;

– la lutte contre les discriminations concernant, entre autres, l'accès aux soins.

Entraînement | Difficulté ✗✗✗ | Durée 20 min

Document 1

Le diagnostic précoce des maladies sexuellement transmissibles est essentiel. Certains symptômes, mais aussi certaines situations doivent alerter et conduire à consulter rapidement.

Les maladies sexuellement transmissibles se manifestent par des signes variés et souvent très discrets, notamment chez la femme. Pourtant il est fondamental de diagnostiquer et de traiter ces infections tôt pour éviter les séquelles que certaines d'entre elles peuvent entraîner.

Quand faut-il s'inquiéter et consulter ?

D'abord, on pourrait dire que tout rapport non protégé avec une personne ayant des facteurs de risque connus de MST (toxicomanie par voie veineuse, partenaires sexuels multiples, par exemple) ou, , avec une personne que l'on sait atteinte de l'une de ces maladies implique un risque de contamination. Au moindre doute, mieux vaut demander l'avis de son médecin ou aller dans un centre de dépistage, où un examen et des tests pourront être réalisés pour rechercher une infection génitale, mais aussi une contamination par le virus de l'hépatite B ou le VIH. En cas de rapport non protégé ou de rupture de préservatif lors d'un rapport avec un partenaire séropositif, un traitement préventif peut éventuellement être instauré, à condition d'être entrepris très rapidement après le rapport.

Dr. Chantal Guéniot, doctissimo.fr, janvier 2009.

Document 2

Les adolescents paient un lourd tribut aux MST. Une étude conduite en 1997 et 1998 par les chercheurs de l'université de Pittsburgh en Pennsylvanie vient d'en faire une nouvelle fois la démonstration. Sur les 228 étudiantes de 15 à 19 ans participant à cette enquête, 18 % étaient porteuses d'une maladie sexuellement transmissible. Pourtant, la plupart de ces jeunes filles étaient venues consulter d'elles-mêmes pour des troubles très divers (maux de tête, blessure) et ne présentaient aucun symptôme pouvant évoquer la présence d'un tel problème.

Un kit de détection

Afin de lutter contre ce fléau et d'éviter la propagation de l'infection, ces médecins ont eu l'idée astucieuse de proposer aux jeunes filles d'apprendre elles-mêmes à faire leurs propres frottis vaginaux. Et cela a marché ! Un kit de détection ainsi qu'un schéma leur expliquant la démarche à suivre leur ont été remis. En pratique, il leur suffisait d'introduire à l'intérieur du vagin une sorte de tampon d'environ 2,5 cm de long et de le tourner sur lui-même pendant 20 secondes pour récupérer des cellules avant de le faire parvenir au laboratoire d'analyses.

Davantage de jeunes filles dépistées avec l'auto-examen

Grâce à cet auto-examen, une infection à Trichomonas vaginalis et à Chlamydiatrachomatis, deux germes fréquemment responsables de MST, a été décelée chez respectivement 10 % et 8 % des étudiantes. Une infection à gonocoques a été retrouvée dans 2 % des cas.

Surtout, l'emploi de l'auto-test a permis d'augmenter dans des proportions importantes le nombre de jeunes filles acceptant de subir un dépistage. Car pas moins de 13 % des étudiantes infectées n'avaient jamais vu de gynécologue auparavant, et 51 % d'entre elles ont déclaré qu'elles ne se seraient pas soumises à un examen gynécologique traditionnel si l'auto-test ne leur avait pas été proposé.

Docteur Corinne Tutin, doctissimo.fr, décembre 2009.

Question

Vous effectuerez la synthèse de ces deux textes.

Corrigé

Proposition de synthèse rédigée

Les deux documents extraits d'articles de doctissimo.fr abordent les infections sexuellement transmissibles. Ils soulignent l'intérêt d'un dépistage précoce comme arme de prévention. En effet, face à un diagnostic parfois délicat à établir sur la seule base des symptômes, l'incitation au dépistage semble être la méthode la plus encourageante et concluante, notamment auprès des jeunes filles.[1]

Comme le précise le premier document, il n'est pas simple de diagnostiquer une IST ; la diversité des signes qui attestent de ces pathologies et leur manifestation silencieuse n'incitent pas à consulter un médecin. Toutefois, le facteur de risques essentiel qui reste le rapport non protégé doit encourager à consulter. Parce que dépister à temps une infection sexuellement transmissible peut permettre une prévention efficace. Cela se vérifie notamment chez les adolescentes, comme le rapporte le deuxième document.[2]

En effet, dépistée suffisamment tôt une IST peut être traitée et ainsi favoriser

une plus grande prévention, de façon à éviter de lourdes complications de santé. Pour sensibiliser et encourager les jeunes filles à cette démarche, des médecins ont proposé un kit permettant à ces adolescentes de se faire elles-mêmes le prélèvement pour un frottis vaginal. L'initiative a été couronnée de succès et a ainsi permis une augmentation des dépistages et des visites chez le gynécologue.[3]
Ces documents montrent l'intérêt du dépistage précoce dans la politique de prévention des IST auprès d'une population jeune. Il peut sembler intéressant d'en généraliser le principe, voire pour l'investigation d'autres infections.[4]

---

1. Introduction - 2. Première partie
3. Deuxième partie - 4. Conclusion

■ Rappel

Une synthèse est un travail de concision, cela suppose donc de reformuler l'essentiel d'un ou de plusieurs documents. Cette démarche suppose également de la cohérence et de la logique dans la réflexion et dans la rédaction. Ici, le travail de synthèse pouvait être un peu plus court étant donné la taille des documents. Parfois, le sujet impose un nombre de lignes (voire de mots) à ne pas dépasser. À vous donc de rester vigilant !

L'essentiel à retenir

Douleur, écoulements anormaux, rougeur des organes génitaux, fièvre, éruptions cutanées, chancres… Les infections sexuellement transmissibles se transmettent lors de rapports non protégés par un préservatif, qui demeure un mode de protection majeur, sans être le seul. Connaître la personne avec qui on a des relations sexuelles rentre dans la logique de *safer sex* (mesures prises pour réduire le risque de transmission du VIH-sida notamment). Car être infecté par une IST augmente le risque d'infection par le VIH-sida. Si la plupart des IST peuvent être guéries, ne pas les traiter peut entraîner de graves complications.

Pour aller plus loin

- www.preventionsida.org (plate-forme prévention sida)
- www.planning-familial.org
- Centres de planification et d'éducation familiale
- Centre d'information, de dépistage et de diagnostic des infections sexuellement transmissibles (CIDDIST)

15 | VIH-sida

1. Un peu d'histoire

Début des années 1980 : une population est particulièrement touchée par une maladie impossible à soigner avec les traitements existants.
1983 : Françoise Barré-Sinoussi et Luc Montagnier (prix Nobel de médecine en 2008) de l'Institut Pasteur de Paris découvrent le virus.
1987 : mise en place du 1er grand programme mondial de lutte contre le sida.
1993 : 13 millions de séropositifs.
1996 : des médicaments arrivent sur le marché. Avènement de la trithérapie.
2008 : plus de 33 millions de personnes vivent avec le VIH. Plus de 7 400 nouvelles infections par jour dont 1 200 sont des enfants de moins de 15 ans.

2. Définition et voies de transmission

Le VIH (virus de l'immunodéficience humaine) est un rétrovirus infectant l'homme. La pathologie évolue sur plusieurs années, puis se manifeste par des maladies opportunistes ; le stade ultime est le sida (syndrome d'immunodéficience acquise). Trois modes de transmission existent : les sécrétions sexuelles, le sang et la transmission de la mère à l'enfant.

FOCUS Actualité à suivre

Les autotests : Disponibles fin 2014 dans les pharmacies, pour une population identifiée, les autotests rentrent dans le dispositif appelé Trod c'est-à-dire Tests rapides d'orientation diagnostique. Ils permettent à la personne de connaître son statut sérologique, rapidement. Une fois le test fait, il doit être confirmé par une prise de sang classique. Réclamés par les associations, le comité d'éthique a indiqué les risques d'erreurs et de dérives possibles notamment l'usage forcé par un employeur, par exemple. Une question se pose : que devient la personne qui découvre sa séropositivité ? Elle ne peut pas rester seule, ainsi.

Les applications : Les applications pour smartphone permettent d'apprendre sur beaucoup de sujets. Dans le domaine du VIH-sida, il est possible d'utiliser « Sexposer » ou « Sida Infos Services ».

3. Les phases de la maladie

La **phase de primo-infection** correspond à la phase de contamination. La **phase asymptomatique** peut durer des années : l'infection reste silencieuse. Puis, lors de la **phase symptomatique**, celle du sida, le VIH entraîne une immunité déficiente qui rend l'organisme vulnérable aux maladies dites opportunistes, comme des candidoses, des pneumopathies, des cancers…

4. Prévenir, soigner, aider

Prévenir

En termes de prévention, il existe plusieurs possibilités : le dépistage anonyme et gratuit, des programmes de santé publique (information des plus jeunes sur la santé sexuelle notamment), l'utilisation du préservatif, des campagnes événementielles (Sidaction, journée du 1er décembre).

« Les modalités de contamination par le VIH sont multiples, mais ne concernent pas des contacts usuels établis dans la vie de tous les jours, sur un plan professionnel (hormis les professions médicales) ou social. [...] Cette réserve est essentielle dans la mesure où elle signifie que l'on peut éviter la contamination, chose extrêmement difficile pour une simple grippe ! » [1]

Soigner

Certains médicaments existent pour contrer les effets de la maladie, sans parvenir toutefois à la guérir. La recherche actuelle s'oriente non seulement vers un vaccin mais aussi vers la simplification des traitements. Par exemple, la première trithérapie en un comprimé par jour (l'Atripla) est arrivée en France en 2009.

L'impact du VIH-sida sur la société est réel : famille, travail, coût social, coût économique...

Aider

De même, l'impact sur la personne séropositive ou atteinte du sida est fort : angoisse, accès aux soins, discrimination, exclusion (amis, travail). Toutefois, le réseau associatif, privé et public, autour de la maladie et de soutien aux personnes est fort, structuré, solidaire et dynamique (Crips, Aides...).

FOCUS Vers un accès universel à la prévention et aux soins[2]

Dans son rapport de situation 2010, l'OMS souligne que « des gains importants ont été acquis en vue d'éliminer la transmission mère-enfant, avec pour objectif son élimination d'ici 2015. » Il est tout aussi important d'axer les programmes de prévention sur les communautés et de commencer un traitement au stade le plus précoce de la maladie.

Entraînement

Difficulté XXX	Durée 40 min

Le sida

En France, 120 000 personnes sont séropositives, selon une estimation de 2006. Mais un tiers d'entre elles ne savent pas qu'elles sont contaminées et ne prennent donc pas de précautions indispensables. 25 ans après l'apparition du sida, les messages de prévention et de dépistage doivent être répétés. Encore et encore... Les ados d'aujourd'hui ne sont pas de la « génération sida », comme

1. DAUDEL Raymond, MONTAGNIER Luc, *Le Sida*, Flammarion, 1994, 128 pages, p. 45-46.
2. http://www.who.int/hiv/mediacentre/tuapr2009_km_fr_a4.pdf

on le disait des jeunes des années 1980-1990. Le préservatif n'est plus un tabou pour eux. D'ailleurs les premiers rapports sexuels sont très protégés, mais souvent plus par crainte d'une grossesse non désirée que par peur de la transmission d'une maladie comme le sida. Pour un malade du sida qui suit bien son traitement (lourd et à vie tout de même), on estime aujourd'hui que la durée de vie n'est pas modifiée… En matière de prévention, on peut plus avancer avec cette image de peur et de mort liée au sida dans les années 1990. Mais sur le plan vécu social, en revanche, toutes les enquêtes montrent que le sida est toujours une maladie pas comme les autres, liée au secret, honteuse… 46 % des dépistés le sont à un stade avancé de la séropositivité, voire quand la maladie est déjà déclarée… Pour être efficace, rappelons que le dépistage doit être fait six semaines après la prise de risque.

Anne Augié, « Le sida fait moins peur mais il reste honteux », © *Ouest-France*.

Question

Pourquoi, d'après vous, tant de personnes ignorent-elles leur séropositivité et pourquoi le sida reste-t-il une maladie honteuse ?

Corrigé

Ce texte aborde une thématique devenue récurrente ces dernières années dans les sujets de concours infirmiers. Les questions portent essentiellement sur les modes de transmission, les conséquences sociales et les risques sanitaires. L'extrait de cet article souligne un aspect social et individuel qu'il importe de traiter avec rigueur et compréhension. Il va de soi que la question vous demande ici d'aller à l'encontre de nombreuses idées reçues mais surtout d'expliquer ce qui peut les motiver.

Point méthode

Pour un travail d'argumentation, il est important d'avoir un regard et un point de vue personnel sur le sujet. Parfois, la difficulté est de mettre en place des idées et une opinion. Certains sujets peuvent être plus complexes que d'autres à traiter, mais aussi certaines thématiques peuvent sembler moins maîtrisées. Il existe différentes techniques pour « trouver » des idées et donc ensuite prendre position plus facilement sur une problématique donnée. Voici l'une d'elles appliquée à la question posée pour ce sujet. Écrivez les mots-clés sur une feuille et notez ensuite, sous chaque mot, tous ceux qui vous viennent à l'esprit en lien bien sûr avec les mots-clés.

Quelques idées pour un corrigé possible

Certaines personnes ignorent leur positivité parce qu'elles ne font pas de test de dépistage, soit par ignorance, soit par peur ou encore par négligence. Parfois, également, il y a le sentiment que cette maladie « n'arrive qu'aux autres ». Par ailleurs, le sida reste une maladie honteuse parce que, pour beaucoup, c'est encore la maladie des homosexuels, elle est donc souvent source de discriminations. De plus, cette maladie est liée à la sexualité, sujet encore tabou dans notre société, et de surcroît liée à la mort. Elle fait peur et touche à l'intime de l'individu.

L'essentiel à retenir

Touchant à l'intime, le VIH-sida est une maladie qui pose des questions concernant :
– ses modes de transmission ;
– le regard que porte la société sur la pathologie et sur les personnes atteintes de la maladie ;
– la vitesse de contamination dans le monde ;
– la nécessité de continuellement informer et former sur la maladie car le VIH-sida demeure une maladie propice aux idées reçues et aux jugements de valeur.

La prévention (*via* l'utilisation du préservatif masculin ou féminin) semble, pour le moment encore, le meilleur moyen de lutter contre la maladie.

Timothy Brown, qu'on apelle aussi « le patient de Berlin », est désormais célèbre pour être le seul homme connu au monde à avoir guéri du sida. De nouveaux espoirs et de nouvelles perspectives s'offrent aux malades et aux chercheurs.

Pour aller plus loin

- www.sidaweb.com
- www.aides.org
- Actupparis.org
- www.has-sante.fr
- www.unaides.org (Onusida)
- BEAUVOIS Xavier, *N'oublie pas que tu vas mourir*, 1995.
- BUSSIÈRE Sandrine, *Médecine au cœur*, Anne Carrière, 2006.
- COLLARD Cyril, *Les Nuits fauves*, 1992.
- DEMME Jonathan, *Philadelphia*, 1993.
- SAMSON Barbara, *On n'est pas sérieux quand on a dix-sept ans*, LGF, 1997.
- YAN Lianke, *Le Rêve du village des Ding,* Philippe Picquier, 2007.

16 | Chômage, exclusion et discrimination

1. L'exclusion

L'exclusion s'envisage comme une suite d'événements de la vie, un processus, une spirale entraînant la personne vers le dénuement physique, psychique, social... : la perte d'un emploi, un accident de la vie, une famille en difficulté, bref une situation qui fait basculer dans la précarité. La précarité, c'est une vulnérabilité qui s'accroît, un individu qui se retrouve à l'écart de la société.

L'exclusion est multiforme et se rapporte aux phénomènes de société tels que le chômage, la précarité, la pauvreté, les inégalités en général...

2. Le chômage

Il s'agit d'une période pendant laquelle une personne sans travail cherche un emploi. Un chômeur est considéré comme un actif.

Les **conséquences individuelles** sont une baisse de revenu, une désinsertion sociale (isolement...), des ruptures possibles (famille, amis...). Il peut s'agir aussi d'une période propice à une reconversion professionnelle, à un autre projet de vie.

Les **conséquences collectives** sont le coût financier, la baisse des cotisations pour le régime de protection sociale, l'impact sur la santé publique...

Les femmes et les jeunes de moins de 30 ans représentent les populations les plus touchées par le chômage. À noter que, généralement, le niveau de diplôme « protège » les individus contre le chômage.

3. La lutte contre la discrimination

La discrimination consiste à mettre à l'écart (physiquement, symboliquement) un individu ou un groupe d'individus selon des caractéristiques propres à cet individus ou à ce groupe comme l'appartenance religieuse, l'âge, un handicap...

La loi du 16 novembre 2001 définit clairement les discriminations illégales : origine, sexe, situation de famille, activités syndicales, mœurs, convictions religieuses, le handicap, le patronyme, la nation, la race.

La lutte contre la discrimination pose la question de l'accès au logement, à la consommation, aux soins car, dans la réalité, l'insertion dans la société, son intégration, est liée aux conditions de son existence... conditions d'existence que la Constitution garantit, conditions d'existence, qui, chaque jour, font l'objet d'un combat pour les plus démunis.

Initiatives contre la pauvreté

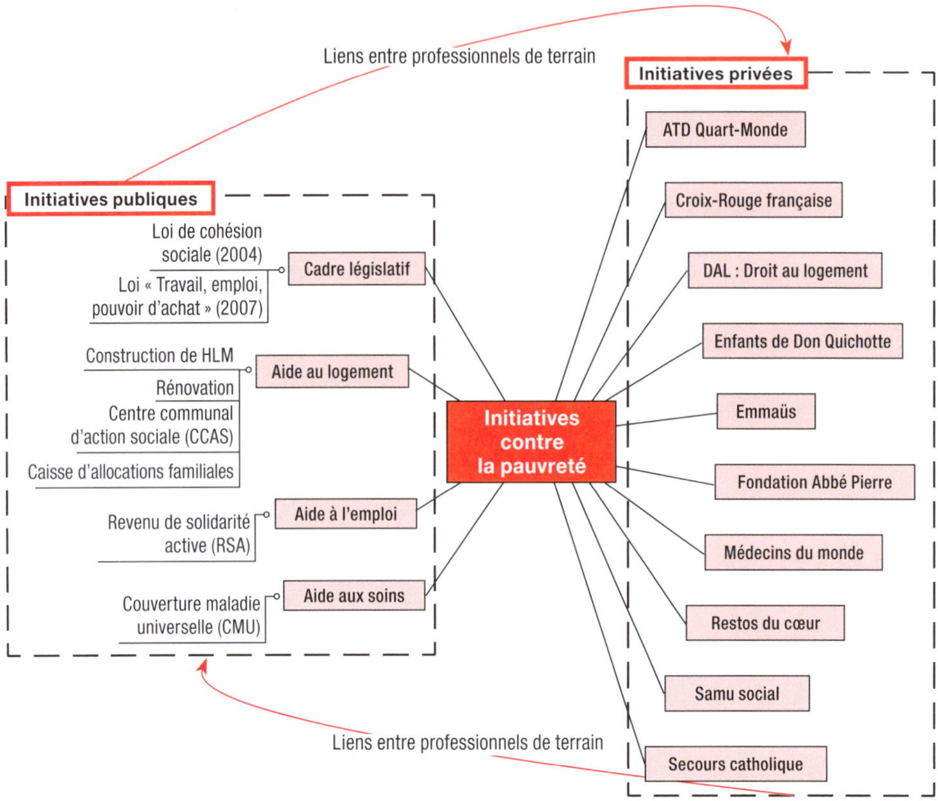

Indicateurs de la pauvreté

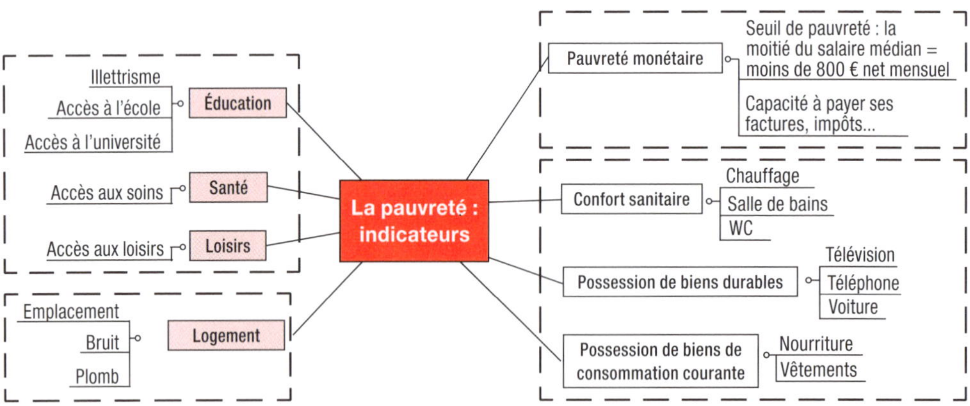

FOCUS Exclusion et logement

À l'individu qui n'a pas de chez soi manque une part de son identité sociale : il faut une adresse pour recevoir des prestations ou voter… Un domicile à soi (en location ou en tant que propriétaire) est synonyme de confort et de sécurité. Il existe des hébergements d'urgence : CHRS (centre d'hébergement et de réinsertion sociale), associations, nuits d'hôtels modestes payées par l'aide sociale... Souvent à court terme, parfois à moyen terme, l'hébergement d'urgence concerne les jeunes en rupture, les sans domicile fixe, les immigrés...

Des associations comme le DAL (Droit au logement) ou Les enfants de Don Quichotte organisent des actions spectaculaires pour alerter l'opinion publique sur les conditions de logements des plus démunis.

Le droit au logement opposable oblige les pouvoirs publics à fournir un logement à tout le monde. La loi de mobilisation pour le logement et la lutte contre l'exclusion du 25 mars 2009 oblige à la construction de davantage de logements sociaux par exemple.

Entraînement n° 1

Difficulté ✗✗✗ | Durée 15 min

L'exclusion au féminin

À Paris, les femmes sont de plus en plus nombreuses à rejoindre le cortège jusque-là masculin des sans-abri. Les associations peinent à trouver une réponse à ce phénomène. Elles sont seules, endettées, frappées d'expulsion : de plus en plus de femmes sont touchées par l'exclusion. « Augmentation des divorces, précarité croissante : en quelques années leur nombre a explosé » explique Joachim Soares de la Fondation Abbé Pierre. Une institution qui les voit défiler quotidiennement : avant d'échouer dans la rue, ces femmes en galère passent par ces permanence juridiques dans l'espoir de trouver qui une rémission, qui une solution. Elles représentent désormais 36 % du public accueilli. Parmi elles, 23 % sont seules avec enfant… « Elles connaissent le même sort que les hommes mais elles sont plus exposées », constate Xavier Emmanuelli, le fondateur du Samu Social…

À la rue depuis longtemps, ces femmes-là trimbalent des parcours personnels chaotiques. Leur offrir de se laver revient à les mettre en péril : elles risquent encore davantage le viol.

Isabelle Curtet-Poulner, « Exclusion au féminin », 4 janvier 2007, *Le Nouvel Observateur* n° 2200

Question

Vous résumerez ce texte en 3 lignes.

Entraînement n° 2

Difficulté XXX | Durée 30 min

Ces Français nés d'ailleurs

On peut vivre en France, aimer la France, se sentir pleinement français, vibrer pour l'Équipe de France, même si cette communauté nationale n'est pas et ne saurait être l'unique, ni forcément la principale de ses appartenances. Les témoignages de vingt personnalités, recueillis par Jacqueline Rémy, en attestent tous à leur façon : la modernité c'est la pluralité des identités.

Renoncer, nier son passé, est non seulement impossible, mais ce serait aussi se priver d'une richesse. Vivre avec une double culture est un « plus », donne une distance, une liberté de pensée. C'est « agréable d'avoir connu autre chose, de ne pas se sentir enfermé, comme les Français nés ici, dans la culture française », dit le dessinateur Enki Bilal. « Quand on naît dans une seule culture, on pense que les choses vont de soi. Quand on en adopte une deuxième, on découvre qu'il y a d'autres façons de faire, de vivre, ou de penser le monde », abonde le patron des Frères Tang, Boumny Rattanavan.

Leur origine étrangère, leur passé, agit comme « un ressort ». « Être d'ailleurs oblige », assure l'actrice et chanteuse Jane Birkin. Oblige à se dépasser. Il n'y a pas meilleur ressort que d'être « dedans dehors » pour progresser, conforte la publicitaire Mercedes Erra, convaincue que l'énergie de la France lui vient de ses immigrés, de ses minorités agissantes. L'académicien François Cheng exhorte tous les jeunes de banlieue à se saisir de ce ressort, mais il appelle aussi la société française à cesser de considérer ces citoyens comme des « Français à soixante-dix, quatre-vingts pour cent ».

Le Monde, novembre 2007.

Question

Justifiez le message de l'académicien François Cheng.

Corrigé n° 1

Ce texte est extrait d'un dossier qui aborde l'exclusion sociale par le biais d'une population de plus en plus touchée : les femmes. Énumérations et données chiffrées le ponctuent, c'est ce qui fait son éventuelle difficulté en fonction de la consigne posée. À noter également, l'usage abondant des deux-points (:) comme liens logiques de conséquence.

Relevé des mots-clés et des liens logiques

Mots-clés : femmes, nombreuses, seules, endettées, exclusion, précarité, sans-abri, rue, galère, Samu social, rémission, solution, péril, viol.
Liens logiques : de plus en plus, désormais, mais.

Idées essentielles

- Augmentation du nombre de femmes en situation de précarité et d'exclusion.
- Elles représentent près d'un quart des personnes accueillies par la Fondation Abbé Pierre.
- Pour les femmes sans abri, la situation est plus dangereuse que pour les hommes (risque de viol).

Proposition de résumé en trois lignes manuscrites

La capitale connaît une augmentation du nombre de femmes en situation de précarité et d'exclusion selon la Fondation l'Abbé Pierre. Souvent seules avec un enfant, sans abri, elles sont toutefois plus en danger que les hommes même dans les hébergements, en raison du risque de viol.

Corrigé n° 2

Ce texte aborde un sujet relativement récurrent. À l'heure où l'on débat sur la notion d'identité nationale, l'extrait de cet article du *Monde* apporte un regard sur le concept d'intégration. C'est là une thématique à laquelle il convient de réfléchir, pour laquelle lectures, échanges et partages d'idées ne seront que bénéfiques. Il ne suffit pas d'avoir une opinion sur le sujet, il est important de comprendre comment cette opinion s'est forgée et en quoi elle peut encore grandir.

■ Point méthode

La technique de la thèse

Il faut lire le texte et redonner l'idée directrice pour s'assurer de la compréhension des propos de l'article.

Idée directrice : une double culture est une richesse, source d'énergie créatrice

Ici, le sujet est la citation de l'académicien François Cheng : il appelle aussi la société française à cesser de considérer ces citoyens comme des « Français à soixante-dix, quatre-vingts pour cent ».

Il est important de reformuler ce sujet : « L'académicien incite la société française à regarder les jeunes de banlieue porteurs pour la plupart d'une double culture comme des citoyens français à part entière. »

■ Rappel

Une thèse est un point de vue, une opinion, une prise de position sur un sujet donné. Ici vous n'avez pas le choix, la thèse vous est imposée puisqu'elle doit prouver, démontrer celle de l'académicien. *Justifier* signifie « prouver, démontrer ».

■ Thèse possible

La discrimination éthnique à l'égard de citoyens français d'origine étrangère est présente dans la société française et se manifeste de différentes manières.

L'essentiel à retenir

Qu'en est-il du lien social quand, dans une société dite de consommation, beaucoup d'individus ne mangent pas à leur faim, n'ont pas de logement et n'ont pas accès aux soins ?

Des initiatives publiques et privées ont pour objectif de venir en aide aux plus démunis… qui ne sont parfois pas ceux que l'on croit, comme les travailleurs pauvres : ils ont un emploi mais ne gagnent pas suffisamment pour vivre dignement. Le « succès » des Restos du cœur, qui maintenant restent ouverts toute l'année, témoigne d'une pauvreté très concrète, en France. Les droits de l'homme sont touchés.

Pour aller plus loin

- www.halde.fr
- www.sos-racisme.org

17 | Violence et maltraitance

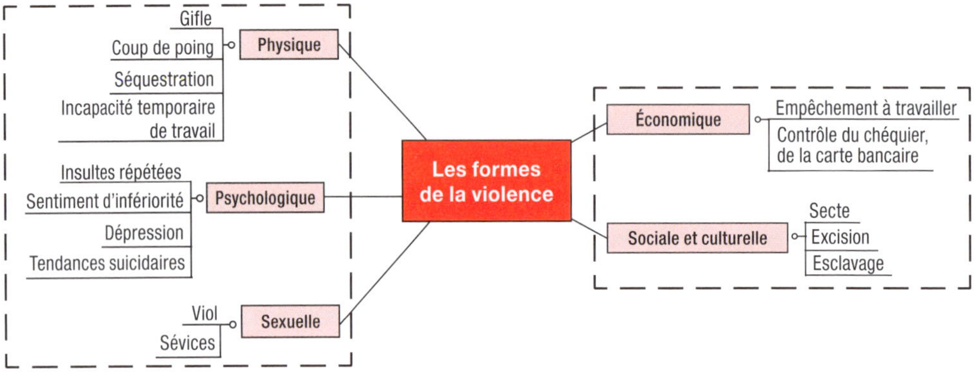

1. La maltraitance des enfants

Il s'agit des sévices (physiques et/ou psychologiques) qu'un adulte fait subir à un enfant. Violences physiques, pédophilie, humiliation et cruauté mentale sont des formes de maltraitance. Ces violences ont lieu majoritairement dans le cercle familial et amical, dans un milieu aussi bien favorisé que défavorisé. De même, la violence envers les enfants peut se produire dans des institutions : milieux religieux, éducatif, associatif… La loi du 2 janvier 2004 « Accueil et protection de l'enfance » a créé un Observatoire de l'enfance en danger.

FOCUS La violence scolaire

Même à l'école, lieu de l'éducation, de l'ouverture au monde et à l'autre, la violence fait partie du paysage. Plusieurs formes de violence coexistent : le racket, le racisme, le manque de respect, le matériel volé ou endommagé, les coups, le chantage, le harcèlement sexuel.

2. Violences conjugales

Il s'agit d'une situation dans laquelle un individu, au sein du couple, est dominé, par la force et la contrainte, par l'autre individu. S'il existe des hommes battus, cette situation se produit le plus souvent de l'homme vers la femme. L'enquête nationale sur les violences envers les femmes en France (Enveff) dresse un tableau sans équivoque de la situation des femmes. Ce tableau tord le cou à une idée reçue qui lierait la violence conjugale à un statut social. Il n'en est rien. Cette violence touche toutes les catégories socioprofessionnelles.

Femmes victimes de violences conjugales : vers qui se tourner ?

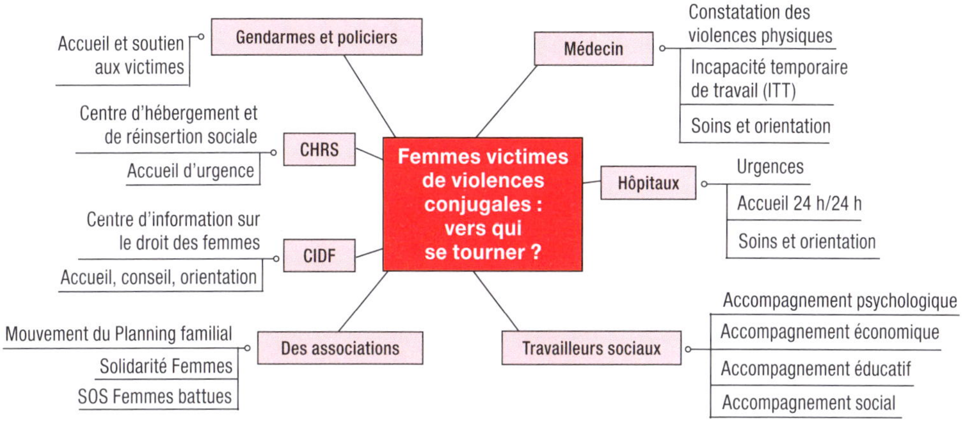

FOCUS Le cycle de la violence

Léonore Walker, psychologue américain, propose quatre phases décrivant le cycle de la violence :

- l'accumulation de tensions : là où la violence monte en intensité, violence verbale ;
- la phase d'explosion ou d'agression : violence physique ;
- le déni et le transfert de culpabilité : l'agresseur minimise ses actes ;
- la rémission ou la lune de miel : volonté de se faire pardonner, cadeaux.

Mais la violence revient et, souvent, augmente en intensité.

3. La bientraitance et la maltraitance des personnes âgées

Peut-on attacher une personne âgée sur un fauteuil ? Négliger les soins d'hygiène, est-ce une forme de maltraitance ? Une émission de télévision a fait scandale en montrant les pratiques de certains personnels soignants envers des personnes âgées. Si des abus existent, dans l'autre sens la prise en soin de la personne âgée, *via* la démarche « qualité » dans les établissements sanitaires par exemple, tend à s'améliorer.

La notion de bientraitance se définit par la volonté de rendre les organisations, les structures, plus respectueuses des besoins et des attentes des personnes. Elle vise également à promouvoir le bien-être du patient ou de l'usager. Cette volonté s'impose progressivement dans le domaine sanitaire et hospitalier.

C'est en ce sens que le ministère de la Santé a mis en place un plan de développement de la bientraitance et de renforcement de la lutte contre la maltraitance. Il consiste essentiellement en des mesures comme la création de l'Agence nationale de l'évaluation et de la qualité des établissements et services sociaux et médico-sociaux (ANESM), la sensibilisation et la formation des personnels, l'augmentation de leur effectif et l'amélioration du cadre de vie des résidents.

Entraînement | Difficulté ✗✗✗ | Durée 5 min

Question

À partir du schéma p. 133, vous énumérerez les conséquences individuelles et familiales des différentes formes de violence évoquées.

Corrigé

Les conséquences des violences individuelles et familiales peuvent être d'ordre physique (coups, blessures, voire décès), psychologique (repli sur soi, manque de confiance, dépression, voire suicide) mais aussi social (rupture du lien social, arrêts de travail...). Les violences individuelles et familiales sont aussi source de ruptures familiales et ont des répercussions sur les enfants qui manifestent ce traumatisme de différentes façons.

L'essentiel à retenir

La violence et la maltraitance posent la question de l'humanité, de la dignité et du respect de l'être humain. Rendre compte de ces violences revient à faire son travail de citoyen : le cadre légal prévoit des dispositions (signalement, levée du secret professionnel…) pour libérer la parole. De même, dans les cas d'abus sexuels, si la loi prévoit de lourdes peines, l'enfant et sa souffrance nécessitent un accompagnement sanitaire et social.

Pour aller plus loin

- www.sosfemmes.com
- www.anesm.sante.gouv.fr
- www.allo119.gouv.fr (Allô enfance en danger)
- HIRIGOYEN Marie-France, *Femmes sous emprise. Les ressorts de la violence dans le couple*, Pocket, 2006.
- MILLER Alice, *Abattre le mur du silence*, Aubier, 1991.
- NISSE Martine, *Enfant maltraité. Du bon usage de l'indiscrétion. Savoir identifier, répondre et agir*, Ramsay, 2004.

18 | Addictions

1. Des usages à la dépendance

Tout comme l'alcoolisme, les addictions naissent d'une rencontre entre un produit, une personne et des circonstances[1].

« L'usage simple est une consommation de substances psychoactives qui n'entraîne ni complications pour la santé, ni troubles du comportement ayant des conséquences nocives pour soi ou pour autrui.

L'usage nocif, ou abus, est caractérisé par une consommation répétée induisant des dommages dans les domaines somatiques, psychoaffectifs ou sociaux, pour le sujet lui-même, mais aussi pour son environnement. Si dans cette phase [le passage de l'usage à l'usage nocif], que l'on croit sans danger majeur car souvent tenue comme simplement abusive, la consommation cesse, et que l'organisme réclame le produit (le "manque"), on devient "accro". C'est la dépendance. »[2]

En 2011, en France, le nombre estimé de consommateurs réguliers de substances psychoactives parmi les 11-75 ans est de 8,8 millions (alcool), de 13,4 millions (tabac) et de 1,2 million (cannabis).

2. La dépendance et les toxiques

La dépendance se traduit par une impossibilité de résister à une impulsion de la consommation. Une tension interne apparaît et augmente jusqu'au soulagement. Il existe un sentiment de perte de contrôle. Qu'elle soit physique ou psychique, la vie quotidienne tourne autour de la recherche de son produit, avec plus ou moins d'intensité.

– L'alcool

La consommation et l'intoxication aiguë alcoolique ou ivresse alcoolique sont caractérisées par la succession de trois phases : excitation, ébriété et dépression.

– Le tabac

Dans le tabac, on trouve de la nicotine, des substances cancérigènes, des substances irritantes, des métaux. En tout, on dénombre environ 400 substances.

La combinaison de l'alcool et du tabagisme augmente le risque de cancers.

Au regard du succès de la cigarette électronique, l'INPES lance une étude pour cerner les profils des « vapoteurs » en termes d'habitudes, d'achats. 15 000 personnes, de 15 à 75 ans, seront interrogées. Quant aux conséquences sur la santé, pas d'études pour le moment. L'Agence nationale de sécurité du médicament (ANSM) recommande de ne pas consommer ce type de produit. Elle distingue les cigarettes électroniques contenant plus de 10 mg de nicotine (label CE obligatoire) de celles qui en contiennent moins de 10 mg, qui deviennent des biens de consommation courante.

La loi de santé d'avril 2015 rend le paquet neutre obligatoire. Elle instaure aussi l'interdiction de fumer en voiture en présence d'une personne de moins de 18 ans.

– Les benzodiazépines et autres tranquillisants

1. Thèse du docteur Olievenstein.
2. http://www.drogues.gouv.fr/comprendre-laddiction/presentation/comportements-dusage/

La prescription prolongée peut entraîner une dépendance physique et psychique, des troubles de la mémoire, voire des effets paradoxaux (phobies…).
L'usage détourné peut être signe de polytoxicomanie (héroïne, alcool…).
– **Les solvants**
Essence, éther, kérosène, colles, vernis, gaz d'aérosols… peuvent entraîner de graves troubles pulmonaires et neurologiques.
– **Le cannabis**
Ce produit se trouve sous forme de résine, d'huile, d'herbes.

FOCUS Le cannabis

« Je sais où en acheter. C'est juste pour faire la fête et ce n'est pas nocif. » L'adolescent peut déraper et vite s'isoler. Car les dangers du cannabis sont réels. Outre des effets d'euphorie et des changements dans ses perceptions, le consommateur peut notamment ressentir une forte angoisse, se sentir oppressé, il peut perdre conscience. La dépendance se traduit par un mal-être pendant des semaines. Le passage aux drogues illicites n'est pas systématique. Toutefois, le risque existe si, par exemple, l'environnement pose problème au jeune.
Le cannabis étant une drogue illicite, les usagers encourent de lourdes amendes et des peines d'emprisonnement. Pourtant, la consommation explose. Des questions font débat : peut-on dépénaliser la consommation de cannabis ? Le débat consiste à savoir si l'usage est toléré sans sanctions pénales. Peut-on légaliser, outre le cannabis, les autres drogues illicites ? Les rendre licites consisterait à pouvoir les vendre librement.

– **L'héroïne**
Ce produit peut être injecté, fumé, sniffé. Ses effets sur le système nerveux central sont très puissants. L'héroïne perturbe le sommeil, la mémoire, la vigilance. Sa toxicité est très forte tant sur le plan physique que psychique.
– **La cocaïne**
Ce produit ressemble à du sucre fin. Son effet stimulant rend le consommateur confiant en lui ; il se sent moins fatigué. Ce produit augmente la nervosité et l'anxiété, entraîne une baisse de la libido. Il provoque une forte dépendance.
– **Le crack**
C'est un produit transformé de la cocaïne. Il se fume, atteignant le cerveau très rapidement (le flash). Il peut causer de graves dommages. La dépendance est extrêmement rapide.
– **L'ecstasy (MDMA : méthylène-dioxy-métamphétamine)**
Flottement, euphorie, empathie, ce produit peut entraîner une déshydratation, une hyperthermie et des lésions des cellules nerveuses dont on ne sait toujours pas si elles sont réversibles.
– **Le LSD (ergot de seigle) ou l'acide**
Sous forme notamment de morceaux de buvard, ce produit peut entraîner une intensification des couleurs, des bruits, des distorsions de la notion de son propre corps, de son environnement. Des séquelles irréversibles peuvent intervenir dès la première prise.

– **Les champignons hallucinogènes**
Hallucinations, euphorie, les effets peuvent être de l'ordre de la crise d'angoisse, des « *bad trips* »... Il existe un risque toxique.

3. Que dit la loi ?

La loi du 31 décembre 1970 sur les stupéfiants a deux aspects : un aspect sanitaire (soins gratuits et anonymes) et un aspect répressif (de la sanction pénale à la prison en passant par l'injonction thérapeutique).

4. Quelle prise en soin ?

Le **sevrage**, « c'est le stade initial de la prise en charge de consommateurs qui sont physiquement dépendants à des substances psychoactives. La substitution permet d'éviter les effets physiques et psychiques du « manque », de stabiliser et/ou de diminuer la consommation d'héroïne et, surtout, de mettre en place les aides psychologique et sociale suffisantes pour réduire au minimum les **risques** de rechute. »[1]
La méthadone est un traitement de **substitution** à l'héroïne.

5. Quelle prévention ?

La réduction des risques, une politique de prévention qui permet d'accéder aux populations toxicomanes : le dialogue est conservé. En prévention primaire, les campagnes multimédias participent à la diffusion large des messages, sans que le discours moralisateur ne perturbe leur réception. En prévention secondaire, puis tertiaire, une priorité absolue est de « garder » la personne dans un système de soins. Pour cela, l'accès aux soins est à faciliter (médecin de ville, hôpitaux...) et à varier (accueil de jour, équipes mobiles de personnels pluridisciplinaires de santé dédiées aux personnes en situation de précarité par exemple).
La loi de santé d'avril 2015 propose l'expérimentation, pendant 6 ans, de salles de consommation de drogue à moindre risque, appelées « salles de shoot ».

FOCUS D'autres dépendances, « une toxicomanie sans drogue »

Sa seule pensée est envahie par ses expériences passées et ses futurs jeux. Il s'agite ou devient irritable. Il veut « se refaire ». Il met en danger sa famille et son emploi pour retourner au casino par exemple. Voici un joueur compulsif dépendant au jeu. De même, il existe des dépendances vis-à-vis d'Internet. La « cyber-addiction » est réelle quand les activités du quotidien sont délaissées au profit exclusif d'une présence devant l'écran d'ordinateur. L'achat compulsif, la sexualité pathologique, la dépendance au travail, au sport, à la télévision... complètent un tableau qui, en fait, parle d'hommes et de femmes ayant des « troubles du contrôle des impulsions », selon le DSM-IV[2].

1. http://www.drogues.gouv.fr/ comprendre-l'addiction/presentation/definitions
2. Outil, l'association américaine de psychiatrie, de classification des troubles mentaux. L'équivalent produit par l'OMS est la CIM-10 (classification internationale des maladies).

Entraînement

Difficulté XXX | Durée 40 min

Le cannabis est présent dans tous les milieux sociaux.

Comme l'alcool, le cannabis est consommé dans tous les milieux sociaux, surtout chez les jeunes (dès 16 ans). Plus de 50 % des jeunes de 19 ans disent avoir consommé, dont un tiers régulièrement (20 fois par mois ou plus). L'Académie nationale de médecine a mis en garde contre sa banalisation : « La tendance actuelle à sa banalisation résulte d'une information tronquée ou partiale, occultant les sévères altérations de la santé que favorisent largement les changements récents, portant aussi bien sur les modalités de consommation de cannabis que sur les produits utilisés et leur concentration en principe actif. » [...] En 1996, des experts de la circulation estimaient déjà que les excès de vitesse et la conduite sous l'emprise de stupéfiants constituaient les deux premières causes d'accidents de trafic. Dès 1991 une circulaire européenne (entrée en vigueur en France le 1er juillet 1996) indiquait les moyens légaux pour écarter de la route les conducteurs adeptes des stupéfiants. [...] Outre les accidents du trafic et les délits routiers, le cannabis est impliqué dans les violences sexuelles et probablement dans certains accidents du travail (avec l'alcool).

Jean-Marie Manus, *La Revue du soignant en santé publique*, Elsevier Masson, juin/juillet 2007.

Question

La consommation de cannabis est un problème de santé publique en France ; analysez cet extrait d'article.

Corrigé

Ce texte aborde la consommation de cannabis et les conséquences qui en découlent. C'est un constat qui souligne non seulement les dangers de cette drogue mais aussi son impact sur la société. Le travail à effectuer relève de l'analyse. L'introduction ne se distingue pas des autres dans sa méthodologie, elle répond aux mêmes exigences.

Point méthode

La technique de l'introduction

Hasch, beuh, chichon, marijuana... les mots ne manquent pas pour évoquer le cannabis.[1] L'extrait de cet article de la *Revue du soignant en santé publique* appuie sur la sonnette d'alarme : la consommation de cette drogue se banalise et surtout engendre des conséquences sanitaires et sociales lourdes.[2] Pour faire face à cette réalité, des mesures sont mises en place.[3]

1. Phrase d'appel ou accroche.
2. Annonce idées essentielles du texte.
3. Annonce de la démarche d'analyse.

L'essentiel à retenir

La lune de miel est la période de rencontre d'une personne avec une substance ou un comportement. Les effets sont positifs. Puis, lors de la prise de conscience du problème, des effets négatifs apparaissent… jusqu'à cette période où les effets négatifs provoquent une demande d'arrêt de la souffrance. Garder le dialogue et réduire les risques de consommation de produits relèvent du soin et de la prévention. Les médias ont leur rôle à jouer dans les messages à diffuser aux plus jeunes afin notamment de lutter contre des idées reçues. Les familles ont aussi leur rôle dans le soutien qu'elles peuvent apporter à un de leurs membres en soin.

La société, quant à elle, peut se poser la question de l'inclusion et/ou de l'exclusion de personnes naviguant entre drogues licites et/ou illicites, comportements dits normaux et/ou pathologiques.

Pour aller plus loin

- www.ofdt.fr
- www.drogues.gouv.fr (MILDT)
- www.addictologie.org
- www.federationaddiction.fr

19 | Alcool

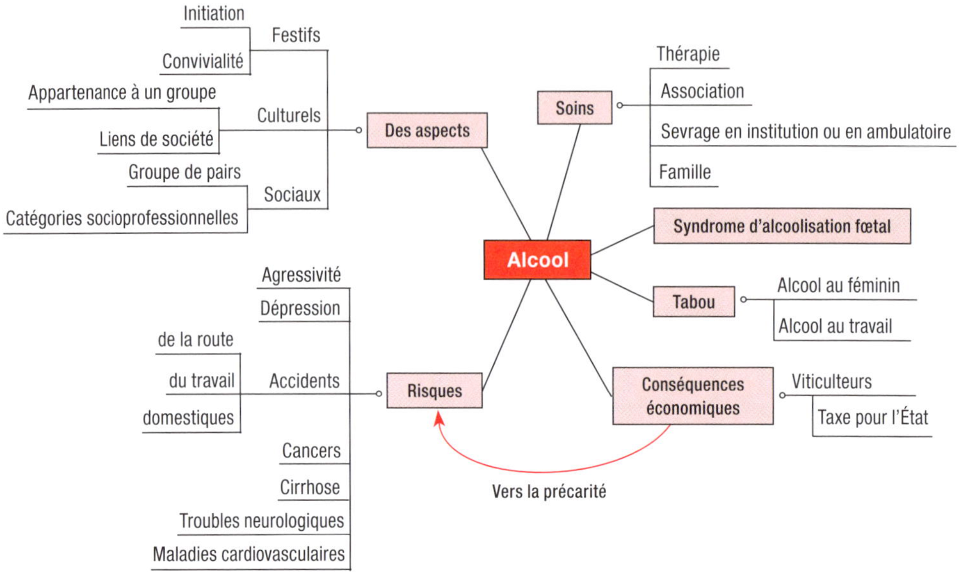

1. La rencontre avec le produit alcool

L'alcoolisme naît d'une rencontre entre un produit, une personne et des circonstances. Ces trois conditions forment un tout qui fait évoluer la personnalité humaine. Ce produit psychoactif qu'est l'alcool a des effets sur le psychisme et sur le physique. Ces effets sont nombreux et demeurent propres à chaque individu.

La personne utilise l'alcool pour qu'il l'aide à s'endormir, pour vaincre une timidité, comme anti-dépresseur, pour tuer le temps, comme antalgique. L'alcool est une drogue, ce qui signifie qu'à une dépendance physique se joint une dépendance psychologique.

2. L'usage nocif et le malade alcoolique

Pour l'OMS, « l'usage nocif de l'alcool est le cinquième facteur de risque par ordre d'importance de décès prématuré et d'incapacité dans le monde. Il s'agit de la principale cause de décès et d'incapacité dans les pays en développement à faible mortalité, du troisième facteur de risque dans les pays développés après le tabac et l'hypertension, et du onzième dans les pays en développement à fort taux de mortalité ».

Localement, certaines équipes de soins d'hôpitaux universitaires donnent cette définition de l'alcoolisme : quelqu'un est en difficulté avec l'alcool quand, dans sa vie, des problèmes concrets sont directement reliés à sa consommation, quand cette personne le sait mais ne modifie pas cette consommation.

En mars 2014, le Baclofène a reçu une recommandation temporaire d'utilisation par l'ANSM (Agence nationale de sécurité du médicament et des produits de santé, anciennement appelée l'Afssaps, l'Agence française de sécurité sanitaire des produits de santé). Officiellement, ce médicament, dont le nom générique est Liorésal, peut être prescrit pour lutter contre la maladie selon deux indications : diminution de la consommation et maintien de l'abstinence.

La focalisation sur un médicament pour traiter la maladie ne doit pas faire oublier, ni cacher, le travail des acteurs du soin (sevrage, psychologue, famille...).

3. Quelques causes possibles, quelques chiffres

La maladie alcool est une pathologie dont les causes sont multiples. Parmi ces causes, on relève des facteurs physiologiques comme le sexe ou la neurobiologie, des facteurs socioculturels comme la culture plus ou moins incitatrice à la consommation d'alcool, le milieu professionnel, la famille, et des facteurs psychologiques comme la dimension dépressive, par exemple.

L'enquête Espad 2007 *(European School Survey Project on Alcohol and Other Drugs)* a permis, *via* un questionnaire, d'interroger près de 3 000 jeunes âgés de 16 ans. « Les résultats mettent en évidence une franche augmentation de la consommation régulière d'alcool (au moins dix usages par mois). » Récemment, la loi Bachelot (n° 2009-879 du 22/07/2009) portant réforme de l'hôpital, relative aux patients, à la santé et aux territoires a interdit la vente d'alcool aux mineurs. Une autre loi clé, la loi Évin du 10 janvier 1991, limite la publicité pour l'alcool.

FOCUS Un verre, une certaine quantité d'alcool

Lorsque l'on boit un verre, voici les équivalences en quantité d'alcool.

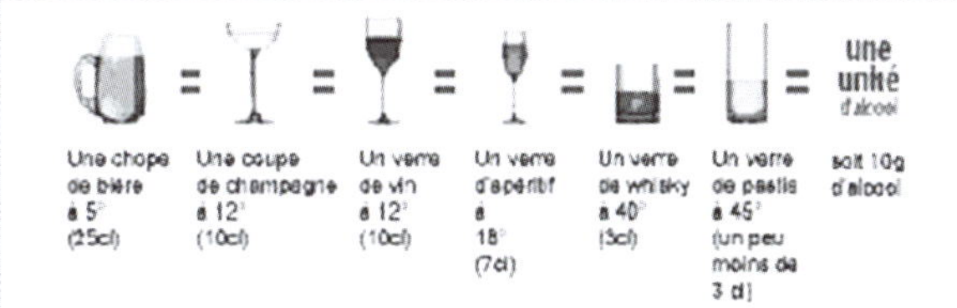

4. Prévention et soins

Le regard social vis-à-vis de l'alcool est plutôt tolérant et incitatif, notamment dans le cadre festif. Pourtant, cette drogue licite a des conséquences redoutables sur l'individu et son environnement. Des accidents de la route aux accidents domestiques, la personne alcoolisée se met en danger et peut mettre en danger autrui. Des comportements à risques comme des rapports sexuels non protégés l'exposent aux infections sexuellement transmissibles, voire au sida.

Le passage de l'usage à l'usage nocif jusqu'à la dépendance physique et psychique a un impact sur l'individu mais aussi sur tout son entourage (violence conjugale, ou envers les enfants, exclusion du milieu du travail, négligence de son propre corps…).

En ce qui concerne les structures de soins, la variété des soutiens du malade alcoolique semble indispensable : cure de sevrage en hôpital ou en ambulatoire, centre de post-cure, associations d'anciens buveurs, médecins de ville, réseau familial.

La loi de santé d'avril 2015 prévoit des sanctions (amende et prison) contre la provocation des mineurs « à consommer de l'alcool de manière excessive », appelée aussi *binge drinking.*

FOCUS Le syndrome d'alcoolisation fœtal

Le début d'une alcoolisation au féminin se situe vers 35 ans. Une baisse de l'estime de soi, des difficultés affectives ou sociales peuvent amener la femme à mettre en danger son enfant en buvant au cours de la grossesse. Ce que la femme boit, l'enfant le reçoit directement. Les conséquences (retard de croissance, atteinte du système nerveux central et anomalies du crâne et du faciès, troubles du comportement et difficulté d'apprentissage) font du message « zéro alcool pendant la grossesse » un outil de prévention.

Entraînement n° 1

Difficulté ✗✗✗ | Durée 40 min

La consommation d'alcool

« L'abus d'alcool est dangereux pour la santé »... Tout le monde le sait, et personne n'y croit ! Et pourtant, on dénombre quelque 40 000 morts chaque année en France, conséquence directe ou indirecte de l'alcool. De cinq à six millions de personnes sont concernées par le problème, de deux à trois millions sont dépendantes, près de 30 % des personnes hospitalisées ont un problème d'alcool important... Outre le fait qu'ils cachent d'importantes disparités, les chiffres globaux sont paradoxaux, car la consommation moyenne d'alcool en France a diminué depuis une trentaine d'années, passant de 22 litres d'alcool pur, par habitant de plus de quinze ans et par an, à 15 litres. Mais ce qui a baissé en réalité, c'est l'usage régulier de vin de consommation courante. En revanche, les consommations d'alcools forts et de bière ont augmenté. L'usage traditionnel de boissons alcooliques à table cède peu à peu le pas à des modes d'alcoolisation de soirée ou de fin de semaine et à la recherche délibérée d'ivresses massives, notamment chez les jeunes de moins de 25 ans. De plus, l'âge où l'on commence à prendre de l'alcool est en baisse constante et les conduites problématiques surviennent de plus en plus tôt. Mais le plus grave est peut-être la tolérance des adultes à l'égard des très jeunes consommateurs : quand on interroge les 11-13 ans, 10 % d'entre eux reconnaissent avoir été ivres au moins une fois au cours des trois derniers mois.

D'après un article de Patrick Fouilland, *Manière de voir*, n° 59, *Le Monde*, septembre 2001.

Question

« Mais le plus grave est peut-être la tolérance des adultes à l'égard des très jeunes consommateurs : quand on interroge les 11-13 ans, 10 % d'entre eux reconnaissent avoir été ivres au moins une fois au cours des trois derniers mois. » Que pensez-vous de ce constat ? Vous justifierez vos propos.

Entraînement n° 2

Difficulté XXX | Durée 20 min

Question

À partir du schéma de la p. 144, vous présenterez les causes, conséquences et solutions proposées face à l'alcoolisme sous la forme d'un développement structuré (introduction, développement, conclusion).

Corrigé n° 1

Le texte aborde un sujet relativement courant dans ce type d'épreuve : l'alcool et les jeunes. La question posée conduit inévitablement à donner un point de vue sur la citation retenue. Cela doit donc vous inciter à bâtir un argumentaire. Le plan, souvent mal aimé des candidats, est toutefois d'une réelle efficacité. Il vous permet d'énoncer vos arguments de façon cohérente et logique (liens logiques signalés). Cela facilite également la rédaction.

Point méthode

1. Élaboration d'une thèse (prendre position / donner son point de vue).

Opinion : il semble important de comprendre pour agir et lutter contre ce fléau.

2. Élaboration d'un argumentaire (sous forme de plan).

Première partie : la tolérance des adultes liée à plusieurs facteurs

Tout d'abord

Argument 1 : alcool et culture : culture française du bien « manger » et du bien « boire »

Exemple 1 : salons des vins et de la gastronomie française

Ensuite

Argument 2 : alcool produit familier dans les familles

Exemple 2 : fêtes et repas de famille accompagnés d'alcool

Enfin

Argument 3 : alcool et passage à l'âge adulte

Exemple 3 : alcool pour « devenir un homme »

Deuxième partie : Favoriser un changement dans les comportements

En premier lieu

Argument 1 : responsabiliser davantage les adultes dans la prévention et l'information

Exemple 1 : campagnes de prévention, éducation à la consommation, échanges, ateliers, témoignages...

En second lieu

Argument 2 : refuser la banalisation du produit et de sa consommation

Exemple 2 : fêtes sans alcool, sponsors sportifs non liés aux marques de boissons alcoolisées...

Pour finir

Argument 3 : développer des lieux d'activités et de rencontres afin d'éviter le lien oisiveté/alcool

Exemple 3 : activités culturelles, de loisirs, musicales, théâtrales...

ATTENTION Sujet classique mais difficile parce vous pouvez avoir des difficultés à vous situer par rapport à cette problématique « des jeunes et l'alcool ». Votre réflexion doit tenir compte aussi de votre expérience et des observations que vous avez pu faire autour de vous. Essayez de prendre du recul de façon à apporter des éléments de réflexion approfondis.

Corrigé n° 2

L'alcoolisme est une maladie qui se manifeste par une dépendance à l'alcool. Les causes sont variées. Elles peuvent relever de difficultés socio-économiques, d'un conflit affectif, d'une souffrance ou encore d'une habitude de consommation. Les conséquences sont physiques tout d'abord, avec une perte de contrôle, des tremblements, sueurs. Cela peut se manifester aussi par un cancer (foie...), un coma éthylique et peut conduire à la mort. Du point de vue psychologique, l'alcoolisme peut engendrer l'agressivité, le repli sur soi, voire la violence. Enfin, cette maladie peut conduire à rompre le lien social, familial, à perdre son travail, sans ignorer le coût que cela représente pour la société en termes de santé publique. Les solutions envisagées relèvent bien entendu du soin par le biais de l'hospitalisation, mais aussi de la prévention et de l'information, notamment auprès des plus jeunes.

L'essentiel à retenir

Quand une personne rencontre le produit alcool, elle le rencontre à un moment particulier de sa vie. Cette toxicomanie légale a de graves conséquences physiques (cancer de la gorge, cirrhose…), psychiques (démence…), sociales (précarité, chômage…) et humaines (solitude, dépression…).

Il existe des variables géographiques : l'ouest de la France consomme plus d'alcool que d'autres régions ; des variétés de modes de consommation (cadre festif, alcool au travail…) ; des disparités liées au sexe et à l'âge (alcool au féminin, *binge-drinking* chez les jeunes…).

« Depuis plusieurs décennies, la consommation d'alcool en France est en diminution régulière : la consommation annuelle d'alcool pur a ainsi baissé de moitié entre 1960 et aujourd'hui. Malgré cette diminution, la France reste parmi les pays les plus consommateurs, au 4e rang des pays de l'Union européenne et au 6e rang mondial. Le vin constitue un peu plus de 60 % de la consommation totale d'alcool. »[1]

Un malade de l'alcool est quelqu'un qui a perdu la liberté de boire, selon Pierre Fouquet, médecin alcoologue.

Pour aller plus loin

- www.anpaa.asso.fr (les sites de l'ANPAA)
- www.who.int/fr/ (Organisation mondiale de la santé)
- www.sfalcoologie-asso.fr
- www.alcoolinfoservice.org[1]

1. *Drogues et dépendance, le livre d'information*, éditions de l'INPES, mars 2007, p. 90.

20 | Anorexie mentale et boulimie

1. L'anorexie mentale

Il s'agit d'une perte de l'appétit. La jeune fille a choisi de ne plus manger tout en luttant contre la faim. Le fait de manger de moins en moins se fait petit à petit. La jeune fille va en arriver à peser chaque aliment, à les trier, à les cacher. Elle avale les aliments puis les fait revenir dans la bouche, ce que l'on appelle le mérycisme. Après six mois de ce « régime », le début des troubles apparaît. Elle peut avoir perdu jusqu'à 50 % de son poids et dissimule son corps sous d'amples vêtements. La maigreur extrême est niée : la balance n'affiche jamais le bon chiffre, il y a toujours quelques petites « poignées d'amour » : « Je suis toujours trop grosse. » Les règles s'arrêtent. La loi de santé d'avril 2015 a créé un délit d'incitation à la maigreur excessive.

2. La boulimie

Il s'agit d'un épisode répétitif de suralimentation incontrôlable, pouvant s'accompagner de vomissements volontaires. La nourriture peut être prise sans ordre aucun, chaude ou froide, solide ou liquide : l'important étant de « se remplir ». L'arrêt de cet accès survient quand il n'y a plus de nourriture ou quand la douleur abdominale devient trop forte, ou quand il n'est plus possible d'avaler quelque chose. Fatiguée, seule et dégoûtée de soi, la personne va vomir. Le trouble majeur associé est le plus souvent la dépression.

3. Des pistes de solutions

Pour l'anorexie mentale, le contrat de soin semble un postulat aux tentatives d'un traitement qui demeure difficile. Signée avec la jeune fille, la structure de soin met en place un isolement familial, des activités corporelles, un suivi des constantes physiques, une psychothérapie et un poids à atteindre selon des modalités. Par exemple, arrivée à tel poids, la jeune fille pourra récupérer un livre. « La balance, c'est l'outil qui fait peur. »

Pour la boulimie, l'hospitalisation est rare. Il s'agit plutôt d'un domaine relevant de la psychothérapie qui mêle approche nutritionnelle, travaux de groupe autour de l'alimentation, relaxation… Quant aux médicaments, il s'agirait de traiter la dépression ; les coupe-faim eux-mêmes entraîneraient une dépendance.

Entraînement

Difficulté XXX | Durée 40 min

Anorexies, les victimes de la mode

Depuis que deux mannequins sont morts de dénutrition, le monde des défilés commence à se préoccuper de la maigreur des filles des podiums. Et les médecins s'inquiètent pour la santé des adolescentes. Quand Sylvie Rouer-Saporta regarde un défilé de mode, elle ne prête guère attention au tombé des tissus ni à l'audace des coupes. L'œil de ce médecin spécialiste des troubles du comportement alimentaire décèle en revanche l'hypertrophie des glandes sous-maxillaires, « qui fait aux mannequins des petites joues de hamster », et les fissurations que dissimule le maquillage, à l'angle de leurs lèvres, « signes de vomissements à répétition ». « Ces symptômes sont caractéristiques de l'anorexie », précise-t-elle. Anorexie. Un mot entré par effraction dans l'univers ultraglamour de la mode. Un mot qui effraie, après les décès, l'an dernier, de l'Uruguayenne Luisel Ramos et de la Brésilienne Ana Carolina Reston, deux jeunes mannequins vaincus par la dénutrition. Un mot qui fâche, aussi, alors que le carrousel des défilés repart – haute couture à Paris du 22 au 25 janvier, puis prêt-à-porter féminin à New York, Londres, Milan et Paris, du 2 février au 5 mars. Le premier coup de semonce est venu de Madrid. En septembre 2006, le gouvernement régional a pris à rebrousse-poil créateurs et agences de *top models* en bannissant les filles trop maigres des podiums de la Pasarela Cibeles, le Salon ibérique de la mode. Motif : l'exemple est désastreux pour les adolescentes espagnoles.

Anne Vidalie, *L'Express*, janvier 2007.

Question

Quelles réflexions vous inspire ce texte ?

Corrigé

Le sujet aborde l'anorexie par le biais d'un fait d'actualité. La question posée suppose un travail de réflexion, donc d'argumentation. Le développement consiste en différentes remarques argumentées et illustrées autour du thème et du contexte dans lequel il est évoqué. La conclusion doit donc être l'aboutissement de cette réflexion.

Point méthode

La technique de la conclusion

Il semble important de rappeler à quel point l'obsession du poids dans le monde de la mode peut être source de conséquences graves sur la santé mais aussi sur l'image et l'idéal de beauté renvoyés aux adolescentes.[1] Il est donc essentiel d'informer et de prévenir, mais aussi d'agir pour une autre image de la femme dans notre société.[2]

1. Bilan du développement, première partie.
2. Bilan du développement, deuxième partie.

L'essentiel à retenir

Anorexie, amaigrissement, aménorrhée : trois signes de l'anorexie mentale, un trouble du comportement alimentaire dont la gravité peut conduire à la dépression voire à la mort. La boulimie vise à se remplir et à lutter contre l'angoisse du vide. À défaut de pouvoir le dire avec des mots, la personne se sert de son corps pour dire sa souffrance.

Pour aller plus loin

› www.mda.aphp.fr (Maison de Solenn, Maison des adolescents à Paris)

21 | Troubles mentaux

1. Les névroses

La personne névrosée a conscience de ses troubles. Les principales caractéristiques sont le malaise psychologique, traduit par l'angoisse et des signes d'accompagnement comme des troubles du comportement et des anomalies dans l'adaptation à la vie quotidienne (sommeil, alimentation, sexualité...).

Les principales névroses sont les suivantes :

– La **dépression névrotique :** réaction (plus ou moins longue) qui survient après une expérience douloureuse (deuil, rupture…).

– La **névrose traumatique :** réaction après un événement brutal type accident de la route, viol, catastrophe.

– La **névrose d'angoisse :** il existe un fond permanent d'angoisse qui peut se traduire par une crise de panique.

– La **névrose phobique :** l'angoisse se focalise sur un objet. Par exemple : la claustrophobie, l'agoraphobie, l'aracnophobie…

– La **névrose obsessionnelle :** l'angoisse porte sur une idée qui devient obsédante. Par exemple, les TOC, troubles obsessionnels compulsifs (se laver les mains sans arrêt).

2. Les psychoses

La personne psychotique a perdu le contact avec la réalité. Cela se traduit par de profondes perturbations de la relation à l'autre.

Les principales psychoses sont les suivantes :

– La **schizophrénie** : le comportement n'est pas adapté à la situation. La personne vit dans son monde.

– Le **trouble bipolaire** : alternance de phases de dépression majeures et d'activités intenses qui peuvent se traduire par une frénésie d'achat puis par un renfermement sur soi.

– La **psychopathie** : impulsif, amoral, asociable, irritable… Le passage à l'acte est violent.

– La **psychose hallucinatoire** : la personne se sent persécutée. Elle a des hallucinations. Elle perd le contrôle de ses pensées.

– La **paranoïa** : un délire chronique qui part d'une intuition et d'une conviction. La discussion avec la personne est vaine et peut devenir dangereuse.

3. La prise en charge par la psychiatrie et la société

Deux références médico-légales sont importantes dans le cadre de la sectorisation en psychiatrie : l'hospitalisation à la demande d'un tiers et l'hospitalisation d'office.

La première est indiquée quand les troubles rendent impossible le consentement de la personne. La deuxième s'effectue quand un comportement peut nuire à l'ordre public. Elle est décidée par le préfet. Une personne peut aussi demander une hospitalisation qui est appelée « hospitalisation libre ».

Les modes d'accès aux soins sont nombreux : le centre médico-psychopédagogique, l'hôpital de jour, les visites à domicile, le centre d'accueil thérapeutique, le centre d'accueil de crise, les séjours thérapeutiques, les appartements thérapeutiques.

FOCUS Le fou, le dépressif, le malade mental : des représentations

L'Organisation mondiale de la santé mène, depuis plus de 10 ans, une étude intitulée : « La santé mentale en population générale : images et réalités ». Ses objectifs principaux sont d'une part de décrire les représentations liées aux maladies mentales, à la folie, à la dépression et aux différents modes d'aide et de soins, d'autre part d'évaluer la prévalence des principaux troubles mentaux, dans la population générale. « Dans les représentations qu'a la population des problèmes de santé mentale, les termes de *fou* et de *malade mental* restent le plus souvent associés à des comportements violents. 45 % des personnes interrogées pensent par exemple que commettre un meurtre est associé au fait d'être un "fou" et 30 % "malade mental". Mais le "malade mental" est plus souvent perçu comme ayant un problème médical. Le "dépressif" est quant à lui considéré comme accessible aux soins et à la guérison par 94 % des personnes, alors que seulement 55 % pensent qu'on peut guérir un "fou" et 69 % un "malade mental."[1] »

4. Des changements

Une loi réformant l'hospitalisation d'office oppose une communauté d'acteurs du soin regroupée sous le nom de « Collectif des 39 contre la nuit sécuritaire » et le gouvernement autour, notamment, de la possibilité de soins ambulatoires (à domicile) sans consentement. Judiciarisation des soins pour les premiers, lois équilibrées pour les seconds, une question de société se pose sur la place de l'Autre.

Le plan de santé mentale 2011-2015 souhaite prévenir et réduire des ruptures (vie, territoires…) pour permettre à ces personnes de mieux vivre avec des troubles psychiques.

Entraînement | Difficulté XXX | Durée 40 min

Chacun cherche son psy

8 % des Français adultes suivent ou ont suivi une psychothérapie. La demande de prise en charge du mal-être est un phénomène réel. Souvent, envisager de consulter un « psy » n'est pourtant pas synonyme de réconfort et d'espérance, mais d'anxiété légitime. Qui choisir entre un psychiatre, un psychanalyste, un psychologue ou un psychothérapeute ? Est-ce que ce sera long ? Cher ? Éprou-

1. Vanessa Bellamy, Jean-Luc Roelandt et Aude Cariat, *Troubles mentaux et représentations de la santé mentale : premiers résultats de l'enquête « Santé mentale en population générale »*, DREES, octobre 2004.

vant? Efficace à coup sûr? Certaines techniques sont-elles dépassées? Peut-on devenir dépendant de son psy, se faire manipuler ?

Jean-François Marmion, « Chacun cherche son psy », *Les Grands dossiers de sciences humaines*, n° 15, juin-juillet-août 2009.

Question

« Autrefois, l'individu était défini par une place sociale qui lui donnait des repères. Aujourd'hui il doit se construire seul... » écrit Jean-Claude Kaufman. Après avoir expliqué cette réflexion de l'auteur, vous vous référerez à certains facteurs du monde moderne qui expliquent cette perte de repères.

Corrigé

L'éditorialiste aborde la place de la psychothérapie et par là même des psychothérapeutes dans notre société. La citation du sociologue Jean-Claude Kaufman apporte un début d'explication à un constat. La consigne exige un travail d'explication de la citation pour évaluer votre compréhension, mais aussi une démarche d'analyse par rapport à un constat souligné par l'auteur. Le développement se fera donc logiquement en deux parties, chacune répondant aux contraintes de la consigne.

Première partie

Au travers de son article, l'auteur souligne le changement de comportement de nos sociétés. **En effet,** il compare deux époques, un « aujourd'hui » et un « autrefois ». **Auparavant**, l'individu avait une fonction dans la société, un rôle qui lui était attribué et qui lui permettait de se situer. **Ainsi**, professionnellement, il n'était pas rare qu'un enfant devenu adulte reprenne l'entreprise de son père ou marche dans ses traces, sans se poser la question de ce qu'il ferait plus tard. **De même**, l'homme et la femme avaient une place déterminée par la société. L'un travaillait pour subvenir aux besoins de sa famille, l'autre prenait en charge essentiellement l'éducation des enfants et l'organisation du foyer. Le mariage était la norme, la famille une valeur sûre, à laquelle s'ajoutait l'attachement à une identité nationale rassurante. L'influence de la religion venait **alors** conforter cette organisation sociale qui permettait à l'individu un sentiment d'appartenance réconfortant, des repères qui, partagés par tous, offraient une sécurité et une tranquillité d'esprit. ***A contrario,*** l'individu aujourd'hui construit et vit sa vie sans subir de façon aussi forte les normes d'une société qui évoluent plus rapidement.

Transition

Loin de ce fonctionnement social où l'on ne parlait pas d'individualisme,[1] il semble évident que la société d'aujourd'hui est le résultat de changements liés à différents facteurs.[2]

Deuxième partie

Le monde d'aujourd'hui bouge très vite et bouscule facilement les repères et les valeurs sûres. Plusieurs facteurs sociaux, économiques, technologiques ou encore individuels l'expliquent. Les nouveaux moyens de communication **tout d'abord**, qui ont aboli les distances et modifié notre rapport au temps. Il a **donc** fallu composer et se familiariser avec cette façon différente de vivre en société. **Ensuite**, l'influence de la religion est moindre, le sentiment national s'accompagne des notions d'Europe et de mondialisation, l'individu doit trouver de nouveaux repères. La famille nucléaire est **aussi** monoparentale, homoparentale ; le mariage n'est plus la seule norme, l'union libre ou le Pacs offrent d'autres alternatives. **Enfin**, mobilité et flexibilité sont des mots qui appartiennent désormais au monde du travail. Il est rare aujourd'hui de faire toute sa carrière dans la même entreprise avec, **en plus,** la crainte du chômage qui vient fragiliser d'autant plus l'individu. Dans une société en mouvement, les individus ont perdu certains repères et tentent d'en reconstruire d'autres.

1. Bilan de la première partie.
2. Annonce de la deuxième partie.

L'essentiel à retenir

La maladie mentale n'est pas une déficience mentale.
Si la personne névrosée peut parler de ce qu'elle ressent, la personne psychotique, quant à elle, n'a pas conscience de ses troubles. Toutefois, toutes deux demeurent des individus en souffrance.
La prise en soin des troubles mentaux est une question de société. La « vague » de suicides au travail ou le problème de prise en charge des personnes âgées posent la question de l'accès au soin : à qui parler, où aller, combien de temps pour avoir un rendez-vous avec un médecin…
Il est à remarquer que la maladie mentale est « invisible » : peut-on dire de quelqu'un, qui marche à côté de soi dans la rue, qu'il est malade mentalement ?

Pour aller plus loin

- www.sante.gouv.fr/plan-psychiatrie-et-sante-mentale-2011-2015.html
- CABREL Francis, « Le Cygne blanc », *Des roses et des orties*, 2008.
- DEMME Jonathan, *Le Silence des agneaux*, 1991.
- FORMAN Milos, *Vol au-dessus d'un nid de coucou*, 1976.
- LAURENT Catherine, *Les Criants*, Seuil, 2002.

22 | Santé mentale

1. La santé mentale, une question de société

« Sans santé mentale et sans bien-être, il n'y a pas de vraie santé », selon le docteur Marc Danzon, ex-directeur du bureau régionale de l'OMS pour l'Europe.

En 2009, pour 47 % des Français les maladies mentales sont encore associées à des dénominations négatives et génèrent appréhension et incompréhension. Parallèlement, les troubles mentaux sont à l'origine d'une forte mortalité et concernent tous les lieux de vie : l'école, la famille, l'entreprise. De surcroît, le cadre légal en psychiatrie se renforce. Tenant leur rôle de relais d'information et d'influence, les médias participent d'un climat qui, pour les uns, devient sécuritaire, pour les autres, sécurisant. Toutefois, en santé mentale les préjugés ont la vie dure. Pourtant, « Le malade est dans la ville » (enquête OMS santé mentale dans plus de 100 pays) et sa vie ne se passe plus uniquement à l'hôpital psychiatrique. Par conséquent, le préjudice peut être réel pour le malade face à des pathologies qui, dans leur grande majorité, ont un traitement adapté.

En miroir de l'action de l'État, des collectifs d'associations fourmillent d'idées et d'initiatives notamment celle d'obtenir, en 2014, le label Grande Cause Nationale pour la santé mentale et les troubles psychiques (http://www.santementale2014.org).

FOCUS La santé mentale en quelques chiffres

- 12 000 morts par suicide par an en France, soit un mort toutes les 40 minutes.
- 1 % de la population française souffre de schizophrénie.
- 1 % de la population française souffre de troubles bipolaires.
- 350 000 à 600 000 autistes en France.
- 13,1 milliards d'euros par an, soit 8 % des dépenses de soins et de biens médicaux.
- Premier poste de dépense hospitalière.
- Première cause d'invalidité.
- Deuxième motif d'arrêt de travail.
- 2 % de la part de l'investissement total en santé.
- 2 % du budget de la recherche biomédicale.

Source : FondaMental et IPSOS, juin 2009.

2. Définitions

Selon l'OMS (Organisation mondiale de la santé), la santé mentale est « un état de bien-être permettant à chacun de reconnaître ses propres capacités, de se réaliser, de surmonter les tensions normales de la vie, d'accomplir un travail productif et fructueux et de contribuer à la vie de sa communauté ».

En Europe, on distingue la santé mentale « positive », proche de la notion de « bien-être », et la santé mentale « négative » qui regroupe détresse psychologique et troubles mentaux.

Enfin, selon le rapport du Haut Comité de la santé publique en 2002, « la notion de santé mentale devrait s'accompagner d'une optimisation des possibilités d'expression du projet de vie de chacun. Cela supposerait d'accompagner l'être humain dans sa croissance ».

3. Pathologies et conséquences socio-économiques

Les pathologies mentales relèvent essentiellement de la dépression, de l'autisme, de la maladie maniaco-dépressive, des troubles anxieux, des troubles obsessionnels compulsifs, des addictions, des troubles de la personnalité ou du comportement alimentaire. Ces maladies peuvent être chroniques et invalidantes. Première cause de handicap en France, deuxième motif d'arrêt de travail, sources de difficultés d'intégration sociale, elles constituent un véritable enjeu de santé publique. En effet, les maladies mentales ont de lourdes répercussions sur les personnes atteintes, leurs familles mais aussi sur la société. Elles représentent un dixième des dépenses de santé en France et 3 à 4 % du PIB de l'Union européenne.

4. Le malade au cœur de la prise en charge

La France fonctionne par sectorisation. Les secteurs de psychiatrie adulte, psychiatrie infanto-juvénile et psychiatrie pénitentiaire offrent des structures où travaille une équipe médico-sociale (psychiatre, psychologues, infirmiers, travailleurs sociaux, psychomotriciens, orthophonistes et éducateurs). L'hospitalisation est prioritairement ambulatoire, rarement à temps complet. Outre ces structures ouvertes, il existe également des structures de réinsertion afin de favoriser le retour à l'autonomie professionnelle et sociale.

Le plan Santé mentale 2011-2015 se décline en quatre axes :

- Prévenir et réduire les ruptures au cours de la vie de la personne ;
- Prévenir et réduire les ruptures selon les publics et les territoires ;
- Prévenir et réduire les ruptures entre la psychiatrie et son environnement sociétal ;
- Prévenir et réduire les ruptures entre les savoirs.

Des changements sont intervenus dans l'hospitalisation d'office et à la demande d'un tiers, désormais appelée hospitalisation sans consentement (lire aussi le chapitre 23, paragraphe « Des changements »).

Témoignage de professionnel

Aux urgences psychiatriques, je me rends dans la chambre d'un homme qui a tenté de se suicider. Il vient de prison. Sur sa radio, on peut encore voir le couteau qu'il a avalé. Je me présente. Je croise son regard. Je m'assois sur une chaise à côté de lui. Il me tourne la tête. Je le regarde. Que veut-il dire ? Après un long silence, il me dit ne pas vouloir retourner là-bas. « Je veux voir mon gosse. » Il est retourné en prison.

Alain

Entraînement

Difficulté ✗✗✗ | Durée 20 min

Séverine reprendra ses études de droit.

Changement avec une migration sur un autre territoire, en Seine-et-Marne, où a été mis en place un **dispositif** particulier de prise en compte des questions de **santé**. Séverine, **20 ans**, vit seule avec son père. Atteinte d'une **maladie** rénale, elle effectue de nombreux **séjours hospitaliers** depuis l'âge de 10 ans. Elle commet deux tentatives de **suicide** dont l'une sérieuse. Sa conseillère, inquiète, l'avait adressée en **consultation.** Je découvre une **jeune femme déprimée,** malgré un soutien psychologique hospitalier régulier, en hypothyroïdie (traitement abandonné / trop démunie pour acheter ses extraits thyroïdiens)... Mais les **préoccupations profondes** sont ailleurs : une malformation bénigne des seins qui la **complexe** terriblement et de multiples scarifications et tatouages qui couvrent ses épaules, ce dont elle a **honte**. La **nudité** est **inenvisageable**, même devant le médecin. La CMU ne peut être accordée mais, grâce au dispositif TP11, elle est opérée des seins, le traitement thyroïdien est repris, une intervention est aussi en vue sur les scarifications et du laser sur les tatouages. Elle accepte enfin de **reprendre** son **suivi** néphrologique **hospitalier**, lui aussi interrompu. Au total, un **changement** radical de dynamique chez une jeune femme qui se **projette** désormais sur **l'avenir** avec appétit. Séverine reprendra des études de droit pour **devenir** avocate ou magistrate. À l'évidence, cette jeune femme brillante y parviendra. La réussite du **parcours de soin** y aura **contribué.**

Joël Dutertre, « Intégrer dans une trajectoire de soins ces jeunes en situation délicate », dossier « Jeunes en insertion : la santé en question », *La Santé de l'homme*, janvier-février 2009, voir le site http://inpes.sante.fr/

Liens logiques – **Mots clés**

Question

Vous reformulerez les idées essentielles de ce texte en trois lignes.

Corrigé

La technique des idées essentielles

Champ lexical de la jeunesse : *jeune femme, 20 ans.*
Champ lexical médical : *maladie, séjours hospitaliers, santé.*
Champ lexical de la dépression : *suicide, déprimée, préoccupations profondes, complexe, honte, nudité, inenvisageable.*
Champ lexical du changement : *reprendre, suivi, changement, projette, avenir, devenir.*
Champ lexical du soin : *consultation, hospitalier, parcours de soin.*

Trois idées dominantes ressortent de ce travail de repérage

- La présence de la maladie.
- Les grandes difficultés dans le rapport au corps.
- L'amélioration favorisée par le parcours de soin.

Reformulation des idées essentielles

Une jeune femme touchée par la maladie, aux pulsions suicidaires et dans le refus de son corps, a repris confiance en l'avenir grâce, en partie, au parcours de soin adapté et efficace qui a été mis en place.

ATTENTION Veillez à bien respecter le nombre de lignes indiqué. Au-delà ou en deçà de ce nombre, vous serez sanctionné par une perte de points. Il s'agira alors d'un non-respect de la consigne. Hormis le contexte du concours, inutile de rappeler quelles peuvent être les conséquences du non-respect de la consigne lorsque vous serez infirmier... Ici, c'est une note, en situation professionnelle c'est une vie.

L'essentiel à retenir

La santé mentale n'est pas seulement une souffrance psychique. Elle concerne aussi la capacité à prendre soin de soi.
La psychose et la névrose posent la question du rapport à une certaine réalité. Il est à remarquer que le malade vit chez lui, dans la rue, dans la société. L'institution psychiatrique est nécessaire par les réponses qu'elle apporte : le soutien d'une équipe de professionnels, le traitement médicamenteux, un espace et du temps pour l'individu en souffrance. Addictions, toxicomanie, anorexie/boulimie et maladies mentales : autant de pathologies « qui dérangent » dans une société qui peut à la fois exclure ou soutenir, discriminer ou insérer.

Pour aller plus loin

- www.santementale.fr
- www.mda.aphp.fr (Maison de Solenn, Maison des adolescents à Paris).
- www.sante.gouv.fr/IMG/pdf/Plan_Psychiatrie_et_Sante_Mentale_2011-2015-2.pdf
- ZARIFIAN Édouard, *Les Jardiniers de la folie,* Odile Jacob, 2000.
- www.unafam.org

23 | Santé au travail

1. Santé et travail

Travailler répond à plusieurs besoins de l'homme. Le besoin de gagner sa vie afin de se nourrir, se vêtir, avoir des loisirs… Le besoin d'être présent dans la société. Le besoin de se réaliser individuellement et socialement. Par ces besoins, l'individu continue d'intégrer les normes et valeurs de la société… qu'il pourra à son tour transmettre. Travailler, c'est intégrer un groupe qui a sa culture, son rythme, son langage. Par le travail, par l'intégration au groupe, l'individu développe une identité personnelle qui a une influence sur sa vie personnelle. Source d'épanouissement (dans un monde idéal), le travail a un impact sur la santé : les professionnels de la santé, les hommes politiques, les responsables de l'entreprise s'en rendent bien compte.

À la notion de travail sont liées celles du chômage, de la précarité et de l'exclusion (se reporter au chapitre 16).

2. Maladies et risques professionnels

Quelles conséquences le travail a-t-il sur la santé ? Les accidents du travail (avec ou sans arrêts de travail) peuvent se classer en plusieurs catégories : les accidents de la route, les maladies professionnelles, les cancers professionnels, les troubles musculo-squelettiques (TMS) et les risques psychosociaux.

Les accidents de la route sont la première cause des accidents du travail mortels.

Les troubles musculo-squelettiques peuvent être de différents ordres : mal de dos, douleurs au poignet dues à la tenue de la souris de l'ordinateur…

Les risques psychosociaux connaissent, eux aussi, un développement sans précédent. Ces risques sont intimement liés à l'individu dans son milieu de travail. La précarité de l'emploi, les exigences de rendement, les cadences de production, les rythmes de travail jouent sur la santé de l'individu. Les risques psychosociaux sont le stress, le harcèlement, la violence, le suicide. En 2009, une vague de suicides chez France Télécom a ému toute la société, preuve que la souffrance au travail est aujourd'hui reconnue.

3. Prévenir les risques professionnels

La culture de la prévention en entreprise est un objectif politique traduit par un ensemble d'acteurs sur le terrain, au sein de l'entreprise ou à l'extérieur, que ce soit pour des études statistiques, des recommandations ou du conseil, voire des sanctions (voir schéma). Le décret du 28 juillet 2004 réforme la médecine du travail.

4. L'indice de bien-être

L'Organisation de coopération et de développement économique propose, depuis le 24 mai 2011, le BIB : l'indice du Bonheur intérieur brut. Onze critères le composent : revenus, logement, emploi, santé, sécurité, vie en communauté, gouvernance, éducation, environnement, sentiment de satisfaction personnelle, équilibre entre la vie professionnelle et la vie de famille. En référence au PIB (produit intérieur brut) qui représente la richesse des pays, le BIB apporterait une nuance aux chiffres statistiques strictement économiques (www.oecdbetterlifeindex.org/).

La prévention en entreprise

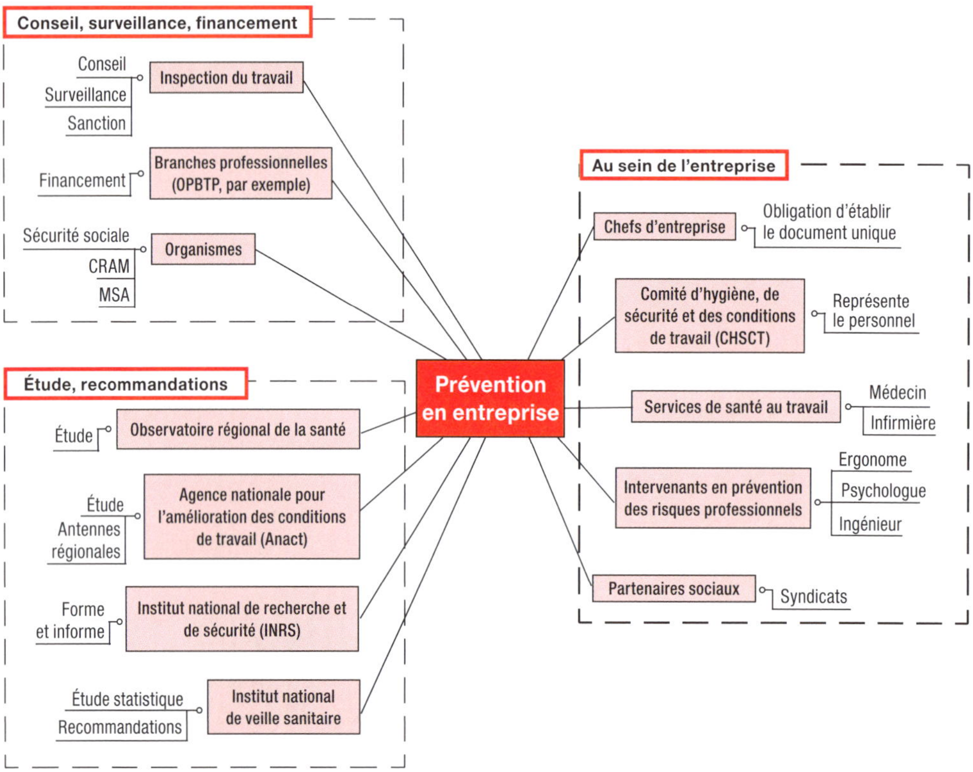

5. Réforme de la santé au travail

Une importante réforme du système de santé au travail a vu le jour par la loi du 20 juillet 2011 et des décrets d'application du 30 janvier 2012. Pour résumer :

– les Services de santé au travail interentreprises (SSTI) sont constitués d'équipes pluridisciplinaire ;

– un des grands principes : éviter toute altération de la santé des travailleurs du fait de leur travail.

La place de l'infirmier est renforcée. Il réalise des entretiens qu'il atteste par écrit, contribue au suivi du salarié et délivre des conseils.

L'essentiel à retenir

L'épanouissement par le travail est soumis à rude épreuve au regard des conséquences physiques, psychologiques et sociales sur l'individu. La montée en puissance des risques psychosociaux que sont le stress, le harcèlement, la violence et le suicide interroge le mode de vie et surtout le mode de travail. Les conséquences sur l'activité économique (arrêt de travail, Sécurité sociale) sont réelles.

La culture de la prévention s'impose aux entreprises.

Pour aller plus loin

- www.sante-environnement-travail.fr
- BASSET Bernard (sous la dir. de), *Agences régionales de santé. Les inégalités sociales de santé*, INPES, Varia, 2008.
- DOUGUET Florence, *Santé au travail*, 2008.
- HIRIGOYEN Marie-France, *Le Harcèlement moral, la violence perverse au quotidien*, 1999.

24 | Santé publique : déterminants et indicateurs

1. La santé

L'Organisation mondiale de la santé propose une définition de la santé : « Un état de complet bien-être physique, mental et social ; et pas seulement l'absence de maladie ou d'infirmité. » L'individu ne peut se réduire à lui-même : il vit dans un environnement familial, culturel, politique…

Il est à noter que le concept de santé reste extrêmement subjectif. Il n'est pas à confondre avec la notion de bonheur et demeure un concept en mouvement, influencé par la dynamique individuelle et collective.

2. La santé publique

La politique de santé publique tend à déterminer les besoins de santé d'une population pour que les décideurs politiques puissent faire des choix à partir de sources de données. Ainsi, des stratégies sont mises en place après l'étude d'un ensemble de déterminants, d'indicateurs, de facteurs de risques... Elles sont en adéquation avec le problème et articulées autour d'objectifs hiérarchisés. Une fois mis en œuvre, ces stratégies, ces choix, ces moyens, ces actions (de prévention, de vaccination, par exemple) sont évalués en vue d'un réajustement. Le plus souvent, ces analyses s'effectuent « en temps réel » afin que les réajustements le soient aussi.

Témoignage de professionnel

« Dans un service de santé publique d'une mairie, le conseil municipal a décidé de mettre en place une animation autour du risque « alcool » lors des fêtes étudiantes. Nous discutons en équipe des messages, de l'organisation. Chacun a sa place : infirmier, médecin, éducateur, service administratif… Chaque profession apporte son point de vue et ses compétences pour faire une action de prévention. L'infirmier y a sa place et il agit clairement dans les prérogatives du décret de compétence : les soins de prévention. »

Hélène

3. Les déterminants de santé

Les déterminants de santé regroupent les facteurs politiques, socio-économiques, psychologiques, culturels, environnementaux et biologiques. Ils permettent de disposer d'informations capitales à la mise en place d'actions de santé publique.

- **Les facteurs politiques**

Exemples : législation sanitaire, allocations des ressources de santé, structures de santé, accès aux soins, système de santé.

- **Les facteurs socio-économiques**

Exemples : emploi et conditions de travail, modes de vie, habitat, urbanisation, démographie (densité de la population, âge, sexe).

- **Les facteurs psychologiques et culturels**

Exemples : représentations de la maladie, des soins, du corps, coutumes, croyances, traditions populaires, scolarisation, alphabétisation, niveau d'éducation supérieur et technique, attitudes et comportement face à la santé (toxicomanie), importance des médias.

- **Les facteurs environnementaux**

Exemples : géographie, climat, salubrité de l'environnement.

- **Les facteurs biologiques**

Exemples : hérédité, expression de la maladie.

4. Les indicateurs de santé

Orientés autour des sciences statistiques et de l'épidémiologie, les indicateurs de santé permettent de mesurer la santé d'une population. L'espérance de vie, la morbidité, le taux de natalité, le taux de mortalité, le taux de fécondité, la pyramide des âges sont mis en perspective *via* l'épidémiologie. Cette science étudie les liens entre les maladies, les facteurs de risques, la population, à un moment donné ou sur une période. Le but est une évaluation de l'état de santé la plus objective possible.

Les données issues de la sociologie et/ou de l'anthropologie participent aussi de la connaissance de l'état de santé d'une population notamment par la connaissance des représentations individuelles et sociales sur tel ou tel concept et par l'étude qualitative des systèmes de croyances par exemple.

5. L'organisation de la santé publique

La loi Bachelot (n° 2009-879 du 22/07/2009) portant réforme de l'hôpital, relative aux patients, à la santé et aux territoires, a introduit une nouvelle organisation du système de santé publique. La loi parle de l'adaptation de l'accès au soin, de santé des jeunes, de la prise en charge des maladies chroniques.

Elle est constituée de quatre grands chapitres. Le premier sur l'hôpital en précise les missions et insiste sur le lien entre médecine de ville et celui-ci. Il est créé des communautés hospitalières de territoire.

Le deuxième chapitre est consacré à la répartition des médecins et a l'accès aux soins de ville. Il y est question du rôle des professions paramédicales.

Le troisième chapitre a pour objet la santé publique, et plus particulièrement la prévention. La vente d'alcool est interdite aux mineurs, tout comme les cigarettes en chocolat. L'éducation thérapeutique du patient entre dans la loi. Elle concerne les maladies chroniques.

Le quatrième chapitre crée les ARS, les agences régionales de santé. Elles seront la tête de réseau d'un cadrage du territoire.

FOCUS La santé communautaire

La santé communautaire implique une participation active de la population où se mêlent information et engagement de celle-ci. La promotion de la santé est un des objectifs principaux avec celui de mise à disposition de moyens pour que cette population améliore son « capital » santé. Par exemple, il peut s'agir de réunir des femmes, en situation de précarité ou non, d'un même immeuble pour parler de violences conjugales. Elles savent des choses sur leur propre santé. Comment les mettre en commun ? Comment faire pour en parler ? Quelles ressources peuvent-elles, par elles-mêmes, mettre en place ? Comment une politique publique locale peut-elle participer à l'état de santé de ces femmes ? En mettant à disposition un animateur de prévention, qu'il soit professionnel du sanitaire ou du social comme un infirmier ou un éducateur spécialisé.

Entraînement n° 1

Difficulté ✗✗✗ | Durée 15 min

Le rire gai-rit

Les vertus sont nombreuses et bénéfiques pour la santé. Rire agit sur le corps et l'esprit. 64 % des Français trouvent « qu'on rit plutôt moins qu'il y a quelques années ». Selon ce récent sondage, ils ne rieraient plus qu'une minute en moyenne par jour contre 17 en 1939, et 6 en 1983. 7 % affirment ne jamais rire. À la question « où riez-vous le plus souvent ? » 43 % répondent avec les copains, 36 % en famille et 5 % au travail. Mais qu'est-ce qui fait rire les Français ? Coluche remporte 65 % des suffrages parmi les comiques, Fernandel 64 % dans la catégorie film et la « caméra cachée » 58 % dans celle des émissions de télévision. Chaque être humain a sa façon de rire. Pour le biologiste C. Darwin, le rire s'est développé comme réactions à nos peurs quotidiennes, permettant ainsi à notre organisme de se débarrasser d'un surplus d'énergie emmagasinée. S. Freud compare le rire au rêve. Il facilite le défoulement de nos impulsions agressives et sexuelles. Quant au philosophe H. Bergson, il affirme que le rire joue un rôle d'intégration sociale et serait même « contagieux ». Les causes du rire sont cependant fort diverses et les biologistes confirment que le rire de chaque être humain serait aussi unique et caractéristique que ses empreintes digitales. Le besoin de rire est inscrit en nous, c'est une fonction fondamentale, celle de notre plaisir d'exister.

Marie-Odile RIOUFOL, « Le rire gai-rit », *Soins aides soignantes* n°12, octobre 2006 © Elsevier Masson.

Question

Dégagez l'idée directrice de ce texte et reformulez-en les idées essentielles.

Entraînement n° 2

Difficulté ✗✗✗ | Durée 3 min

Questions

❶ Cochez le synonyme de *grégaire*.
☐ primaire ☐ ancien ☐ précaire ☐ moutonnier

❷ Cochez le synonyme de *sceptique*.
☐ méfiant ☐ convaincu ☐ agressif ☐ dubitatif

❸ Cochez le synonyme de *rédhibitoire*.
☐ définitif ☐ absolu ☐ incontournable ☐ qui fait fuir

❹ Cochez le synonyme d'*allopathie*.
☐ homéopathie ☐ médecine ☐ phytothérapie ☐ traitement

❺ Cochez le synonyme d'*obsolète*.
☐ hors d'usage ☐ démodé ☐ significatif ☐ absolu

❻ Cochez le synonyme de *charismatique*.
☐ influent ☐ important ☐ scientifique ☐ médicament

❼ Cochez le synonyme *d'empathie*.
☐ sympathie ☐ proximité ☐ altruisme ☐ écoute

❽ Cochez le synonyme d'*entraver*.
☐ favoriser ☐ permettre ☐ empêcher ☐ défendre

❾ Cochez le synonyme de *abrogation*.
☐ reconnaissance ☐ acceptation ☐ loi ☐ retrait

❿ Cochez le synonyme de *corollaire*.
☐ lien ☐ contrainte ☐ ajout ☐ conséquence

⓫ Remplacez le mot *choses* par un mot plus précis :
a. Dans son discours, il a avancé des choses insensées.
b. Il nous a raconté les principales choses de la semaine.
c. L'ironie est souvent une chose efficace.
d. Différentes choses entrent dans la composition de ce médicament.
e. Ce sont les seules choses qu'il a pu alléguer pour se justifier.
f. On nous annonce des choses bien plaisantes.
g. La sculpture est une chose difficile.
h. Je n'aurais jamais cru une chose aussi bouleversante.
i. Une santé robuste est une chose essentielle pour être infirmier.
j. L'empathie est une chose précieuse.

Corrigé n° 1

Ce texte extrait de la revue *Soins aides-soignantes* expose un sujet déjà rencontré dans les épreuves de concours infirmiers : les vertus du rire sur la santé. Il est compréhensible, ne présente pas de difficultés particulières, si ce n'est peut-être l'accumulation de données chiffrées qu'il vous faut interpréter. À noter, la revue *Soins aides-soignantes* est souvent utilisée comme source de sujets potentiels à l'écrit comme à l'entretien du concours. C'est une revue spécialisée qui présente bien des qualités tant du point de vue de la diversité de ses dossiers que de la qualité de son écriture.

■ Point méthode

La technique de l'idée directrice et des idées essentielles

L'idée directrice d'un texte correspond à l'essentiel du message que veut faire passer l'auteur de l'écrit. Quant aux idées essentielles, elles reprennent les éléments déterminants de l'article qui permettent de le comprendre. Posez-vous des questions simples : pourquoi l'auteur (ou le journaliste) a-t-il écrit ce texte ? Quel message veut-il faire passer ? Quelles sont les idées qui donnent un sens au texte, que l'on ne peut enlever ?

■ Reformuler l'idée directrice

Le rire est reconnu comme un bienfait pour la santé.

■ Reformuler les idées essentielles du texte

Les bienfaits du rire sur la santé de l'individu sont multiples. Selon les études, les Français rient moins qu'auparavant, mais quand ils le font c'est surtout entre amis ou en écoutant les comiques. Qu'il s'agisse d'endiguer ses peurs, de se libérer de ses pulsions ou de favoriser le lien social, les chercheurs confirment le caractère singulier et nécessaire du rire pour l'individu.

Corrigé n° 2

❶ moutonnier ; ❷ dubitatif ; ❸ qui fait fuir ; ❹ médecine ; ❺ démodé, hors d'usage ; ❻ influent ; ❼ proximité, altruisme ; ❽ empêcher ; ❾ retrait ; ❿ conséquence ⓫ **a.** arguments ; **b.** événements ; **c.** arme ; **d.** ingrédients ; **e.** excuses ; **f.** nouvelles ; **g.** art ; **h.** scène ; **i.** condition ; **j.** qualité.

L'essentiel à retenir

Un individu fait partie d'un collectif. Prendre soin de sa santé signifie aussi prendre soin de la communauté dans laquelle la personne vit, que ce soit un quartier, une région, un pays. Les choix qui engagent une population sont pris par les gouvernements. Mais comment prendre des décisions ? En disposant d'informations collectées. Comment mettre en œuvre ces décisions ? Une organisation de la santé publique existe. Les professionnels de terrain et les associations de patients demeurent des acteurs importants de relais de ces politiques publiques. Symboliquement, 2011 a été intitulée « année des patients et de leurs droits ». 2015, dans la nouvelle loi de santé, aura vu l'avènement de l'action de groupe en santé, appelée aussi *class action*. Le citoyen pourra se défendre collectivement contre des préjudices subis en matière de santé. Comment faire passer des messages de prévention ? Par des organismes nationaux (INPES par exemple), par la démarche de santé communautaire, par les médias...

25 | Systèmes de santé et de protection sociale

1. Le système de santé

Il s'agit de l'ensemble des moyens humains, financiers, organisationnels et structurels dédiés à la réalisation des politiques de santé. Selon l'OMS, le meilleur système de santé mondiale est celui de la France.

Le 8 février 2013, le gouvernement annonçait une « stratégie nationale de santé » pour les 10 ans à venir. Parmi les thèmes de déploiement de cette stratégie figurent la personne, acteur de son parcours de soin, la formation des professionnels, les déterminants de santé, l'e-santé et la télémédecine, la prévention et la prise en charge de la santé mentale, la recherche médicale... La loi de modernisation du système de santé a été votée le 14 avril 2015. Elle s'articule autour de 3 axes : renforcer la prévention, recentrer le système de santé sur les soins de proximité et créer de nouveaux droits pour les patients.

Pour en savoir plus : http://social-sante.gouv.fr

2. La Sécurité sociale et la protection sociale

La Sécurité sociale a vu le jour le 4 octobre 1945. Il s'agit d'un système de protection sociale (voir schéma) basé sur la solidarité nationale. Le principe : ceux qui « travaillent » cotisent pour ceux qui ont des pertes de revenus. L'état d'esprit : la prévention des risques sociaux.

Quatre branches constituent la Sécurité sociale (voir schéma page suivante) : maladie, vieillesse, famille, accidents du travail et maladies professionnelles. Une cinquième branche serait en voie de création et concernerait la dépendance.

La protection sociale

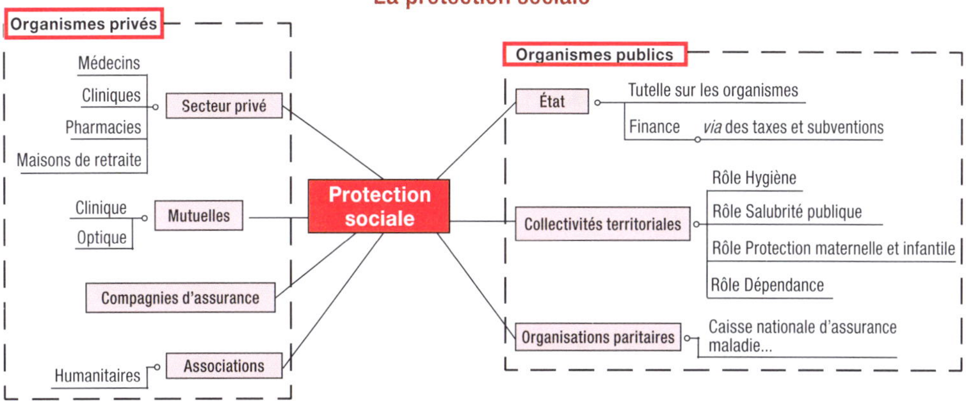

La Sécurité sociale

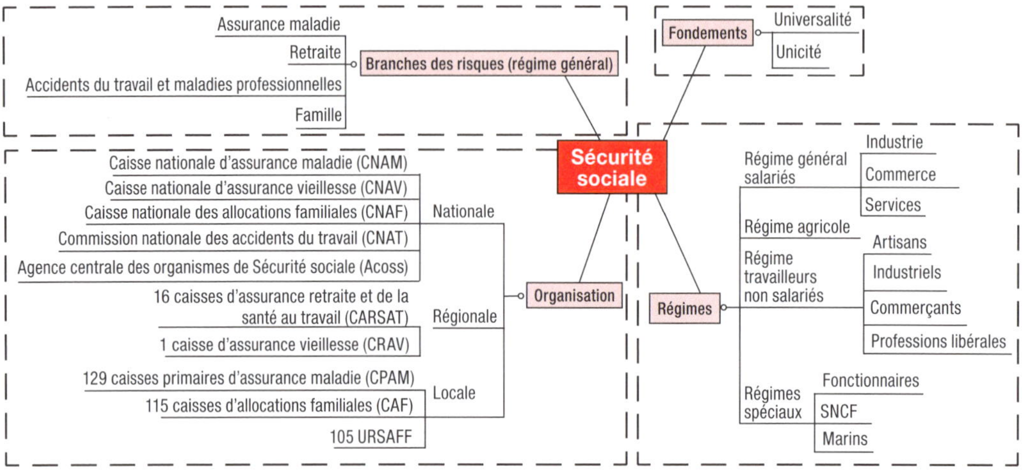

3. Les risques sociaux

Le risque social concerne les conséquences des événements de vie sur le quotidien d'une famille par exemple.

Les risques sociaux

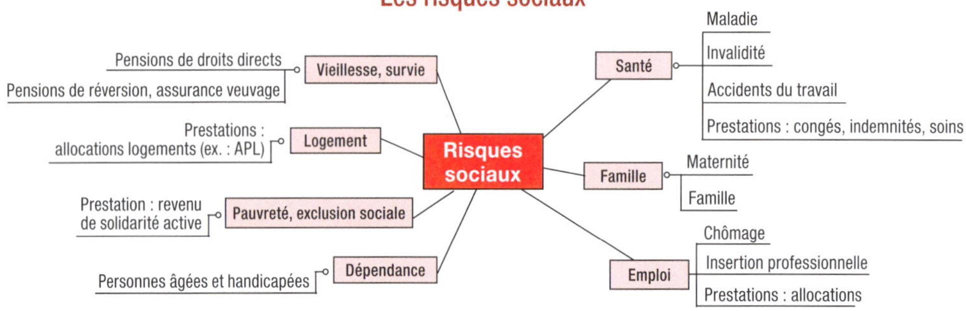

4. L'hôpital, les établissements et les professionnels de santé

Les établissements de santé

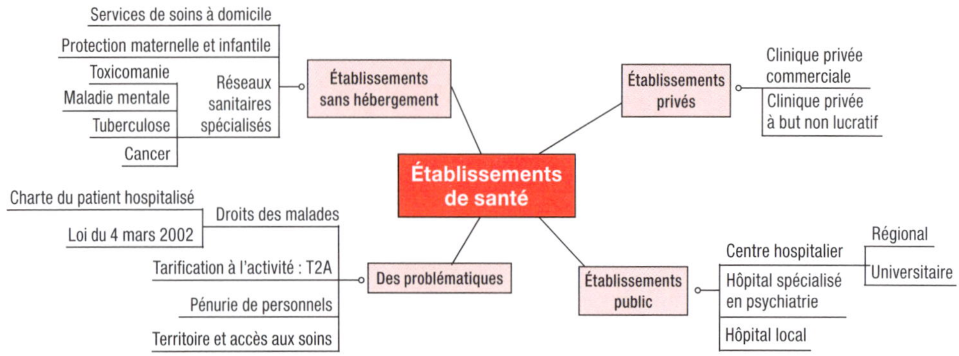

5. Des problèmes de financement

La loi de financement de la Sécurité sociale est présentée tous les ans au Parlement. Il s'agit de fixer les recettes et les dépenses à venir (voir schéma). La cotisation sociale généralisée (CSG) et le remboursement de la dette sociale (RDS) sont perçus directement sur la feuille de salaire. La crise financière et sociale a un impact sur le déficit du régime général d'assurance maladie. La question est aussi celle du comportement individuel et collectif vis-à-vis de la santé.

Le financement de la Sécurité sociale

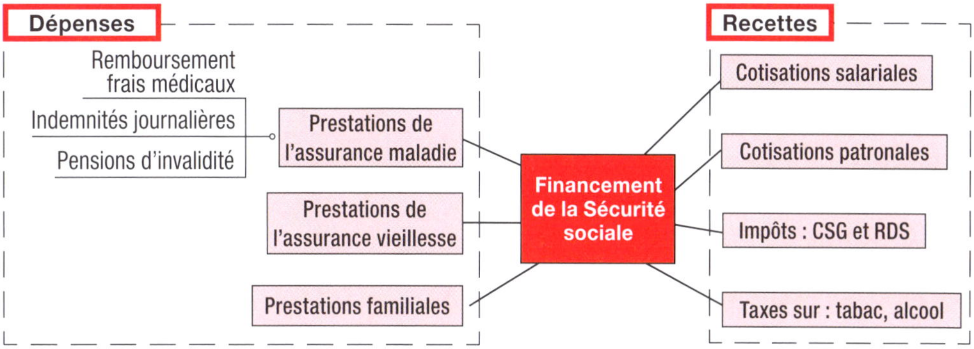

FOCUS Le revenu de solidarité active (RSA)

Le RSA a été créé en juin 2009 suite à la loi du 1er décembre 2008. La finalité est de lutter contre le phénomène des travailleurs pauvres. Ce dispositif d'insertion remplace le revenu minimum d'insertion (RMI).

6. La question du médicament

Hélène Frachon, pneumologue au CHU de Brest, a publié, aux éditions Dialogues, un livre intitulé *Médiator 150 mg, combien de morts ?*. Ce livre a mis à jour un problème grave de santé publique : un médicament, le Médiator des laboratoires Servier, commercialisé depuis 30 ans, serait nocif pour les patients qui en auraient pris. Le scandale qui s'est ensuivi a touché toute la chaîne sanitaire et de sécurité du circuit du médicament. Un fonds d'indemnisation des victimes a été créé par l'État en avril 2011. Des procès contre le laboratoire Servier ont été entamés par des patients.

Entraînement n° 1 — Difficulté ✗✗✗ — Durée 30 min

Depuis fin juillet, les médecins libéraux peuvent accéder à l'historique des soins prescrits et remboursés depuis un an à leurs patients. C'est ce qu'a annoncé, mardi 21 août, l'assurance maladie qui a reçu le feu vert de la Commission nationale de l'informatique et des libertés (CNIL) pour lancer ce dispositif. Les praticiens ont ainsi accès, grâce à leur carte professionnelle (CPS), à l'historique des prescriptions et des remboursements, depuis un an, des patients qui leur ont donné leur accord. Les comptes-rendus de consultation ou d'intervention médicale ainsi que les résultats d'examens n'y figureront pas. Prévu par la loi depuis 2004, ce système est censé préserver les patients et pourrait également permettre de repérer les parcours de soins. 3 000 médecins sont inscrits à la mi-août pour participer à ce service, selon l'assurance maladie qui mise sur l'inscription de 20 000 praticiens en novembre.

Le Monde, 21 août 2007.

Question

Repérez et commentez les deux raisons de la mise en place de ce dispositif. Illustrez votre réponse à l'aide d'exemples.

Entraînement n° 2

Difficulté ✗✗✗ | Durée 5 min

Question

Classez les termes suivants selon que leur valeur logique est l'opposition, la conséquence ou l'énumération : *ensuite, pourtant, c'est pourquoi, en revanche, d'emblée, en outre, d'une part, d'autre part, si bien que, ainsi, en réalité, enfin, autrement dit, en dépit de, en somme, de sorte que, au point que, malgré, bien que.*

Corrigé n° 1

L'extrait de cet article du *Monde* présente de façon concise une mesure récemment mise en place. Elle s'inscrit dans un domaine plus large qui est celui du système de santé. Cette thématique pose souvent des problèmes aux candidats car elle aborde la santé sous l'angle de son fonctionnement institutionnel avec tout ce que cela comporte : réglementations, lois, mesures, notifications... Il est toutefois essentiel de comprendre en quoi consiste ce système : vous en relèverez et/ou en dépendrez d'une part en tant que futur soignant, d'autre part en tant que citoyen.

■ Point méthode

Étude du texte

Titre : Les médecins libéraux ont accès à l'historique des remboursements des patients

Source : Le Monde.fr

Mots clés : *médecins libéraux, patients, historique, consultation, soins, résultats d'examens, assurance maladie, prescrits, remboursés, comptes-rendus, intervention médicale, préserver, repérer, parcours de soins*

Liens logiques : *depuis, ainsi*

Construction du texte

« Depuis [...] dispositif » : introduction qui donne l'information essentielle.

« Les praticiens [...] n'y figureront pas » : explication de l'information.

« Prévu par la loi [...] novembre » : éléments justificatifs et conclusion.

Arguments (raisons) évoqués pour justifier la mise en place de ce dispositif :

1. « Ce système est censé préserver les patients » : droit au secret médical
2. « Permettre de repérer les parcours de soins » : traitements en cours et historique des soins

■ Proposition de développement

Le système de santé français présente quelques défaillances depuis plusieurs années. Pour les pallier, différentes mesures sont prises dont l'accès pour les médecins à l'historique des soins et des prescriptions de leurs patients. L'objectif est double : d'une part protéger le patient, d'autre part avoir une « traçabilité » de son parcours de soins.[1]

Depuis fin juillet 2007, les médecins ont accès aux données informatiques de leurs patients. En accord avec ces derniers, les médecins peuvent ainsi suivre le parcours de soins au vu des remboursements et des prescriptions. Seuls les bilans de consultation, d'intervention ainsi que les résultats ne seront pas accessibles. La première raison de cette mesure est de « préserver les patients ». En effet, il est important de noter, au regard de l'éthique, que toute personne a droit au respect de la confidentialité des informations médicales la concernant, de la même manière les médecins sont tenus au secret médical de par leur déontologie. Cette précision de la CNIL va donc dans ce sens et ce dans le but essentiel d'éviter tout risque de discrimination liée à l'état de santé de la personne. En effet, certaines infections telle que le VIH ou certaines pathologies, comme le cancer, ont donné lieu à des dérives qui ne tenaient plus compte du secret médical et avaient un impact notamment dans le domaine professionnel ou celui des assurances. Cette volonté de préserver le patient est conforme à la loi même si elle est parfois « malmenée ».[2]

L'autre moteur de cette décision est de « repérer les parcours de soins » des patients. En effet, le système de santé souffre de ses dépenses trop élevées. Suivre le parcours de santé des individus peut permettre d'éviter ce que l'on appelle le nomadisme médical qui consiste à consulter plusieurs médecins ou spécialistes pour une même pathologie ou un même symptôme. C'est une manière pour les médecins de sensibiliser les patients à cette réalité, de les en informer et éventuellement de les rassurer afin d'éviter cette attitude finalement onéreuse. De plus, ce suivi par les médecins des prescriptions et des remboursements peut favoriser des soins et des traitements plus adaptés, en évitant les interactions médicamenteuses. Ainsi, il s'agit de limiter certains dangers potentiels à l'égard de personnes diabétiques ou cardiaques par exemple. Cela peut également permettre de réagir dans l'urgence ou tout simplement lorsque le patient n'est pas conscient, par exemple en cas d'accident, et qu'il faut intervenir en tenant compte de ses éventuels traitements.[3]

Cette mesure, approuvée par la Commission nationale de l'informatique et des libertés, cherche donc d'une part à protéger le patient, d'autre part à lui prodiguer soins et traitements adaptés tout en essayant de réduire les coûts et dépenses de santé. L'objectif est aussi de maintenir, malgré ses défaillances et dérives, un des meilleurs systèmes de santé au monde.[4]

---

1. Introduction (accroche, sujet, idées à commenter).
2. Commentaire première idée (+ exemple).
3. Commentaire deuxième idée (+ exemple).
4. Conclusion (bilan, ouverture).

Corrigé n° 2

Opposition : *pourtant, en revanche, malgré, en dépit de, autrement dit, en réalité, d'autre part.*

Conséquence : *c'est pourquoi, si bien que, bien que, au point que, de sorte que, en somme.*

Énumération : *ensuite, en outre, d'autre part, ainsi, enfin, d'emblée.*

L'essentiel à retenir

« Je vais voir le médecin aujourd'hui. Je ne me sens pas bien. » Lorsqu'une personne se déplace chez son médecin, pense-t-elle au fonctionnement de la protection sociale ? Le système français demeure l'un des meilleurs du monde. Mais il est menacé. Inventé et créé récemment (1945), il assure les citoyens contre les risques sociaux. La solidarité nationale est mise à rude épreuve en ces temps de crise car le problème de financement est réel. Ce sont les gouvernements qui votent la loi de financement de la Sécurité sociale.

26 | Prévention

1. Les niveaux de prévention

A. La prévention primaire

Elle a pour but d'éviter la survenue d'une maladie ou d'un accident. Il est possible de regrouper trois thèmes : l'hygiène individuelle, l'hygiène de l'environnement et la vaccination.

Exemple : le préservatif dans le cadre des infections sexuellement transmissibles, l'éducation à la santé dans les écoles, la vaccination…

L'hygiène individuelle est un comportement individuel permettant de prévenir l'apparition d'une maladie : lutte contre le tabac, utilisation du préservatif, promotion des activités sportives.

L'hygiène de l'environnement est un comportement collectif ou individuel pour lutter contre les conséquences que peut entraîner un milieu plus ou moins hostile : lutte contre le bruit, évacuation des eaux usées, contrôle de l'alimentation...

La vaccination permet d'acquérir l'immunité spécifique à une maladie sans avoir été en contact direct avec l'agent pathogène.

B. La prévention secondaire

Elle vise à réduire ou à éliminer la gravité et/ou les troubles liés à une maladie. Elle agit au stade initial (dépistage, traitements thérapeutiques) de la maladie.

Exemple : la mammographie pour lutter contre le cancer du sein.

Le dépistage est une procédure qui conduit à sélectionner, dans une population, une sous-population dont la probabilité de présenter une maladie justifie la poursuite de recherches diagnostiques en vue d'instituer une thérapeutique précoce efficace.

C. La prévention tertiaire

Elle cherche à diminuer l'importance des incapacités liées à une maladie. Elle vise la réinsertion et la réadaptation. La prévention des rechutes en fait partie.

Exemples : la rééducation après un accident de moto, l'éducation thérapeutique d'un patient asthmatique…

2. Les politiques de prévention

L'État propose des programmes qui intègrent la prévention dédiés spécifiquement à des thèmes de santé, des populations, des pathologies.

On peut citer le Plan Alzheimer, le Plan de lutte contre les violences faites aux femmes, le Plan cancer, le Plan santé mentale… Ces plans sont institués pour une période donnée. Un document regroupant l'ensemble des plans de prévention est disponible à l'adresse http://www.sante.gouv.fr/le-livre-des-plans-de-sante-pu blique.html.

Ils sont reconduits selon l'évaluation qui en a été faite. La finalité de ces plans est de proposer une prévention cohérente, relayée par des acteurs de terrain et dont le bénéfice profite aux personnes concernées.

3. L'éducation à la santé

L'Organisation mondiale de la santé donne cette définition de l'éducation à la santé : « Une action exercée sur les individus pour les amener à modifier leur comportement. D'une manière générale, elle vise à leur faire acquérir et conserver de saines habitudes de vie, à leur apprendre à mettre judicieusement à leur profit les services sanitaires qui sont à leur disposition et à les conduire à prendre eux-mêmes, isolément et collectivement, les décisions qu'implique l'amélioration de leur état de santé et de la salubrité du milieu où ils vivent. »

L'INPES (Institut national de prévention et d'éducation pour la santé) propose une quantité d'outils à destination de différents publics sur l'ensemble des thèmes de santé.

4. La promotion de la santé

L'École des hautes études en santé publique (EHESP) et l'Institut national de prévention et d'éducation pour la santé (INPES) ont inauguré le 13 décembre 2010 une chaire de promotion de la santé. Il s'agit de mettre en lumière un aspect important de la santé qui se situe, bien sûr, du côté de la prévention et qui se situe aussi du côté de la promotion. La question : « Comment, lorsque l'on est tous dans la même rivière "Santé", raccrocher des gens aux berges de la santé et du soin ? » La comparaison a été faite par Éric Breton, professeur et titulaire de la chaire. Un des grands objectifs est « de former une nouvelle génération de praticiens sensibilisés aux iniquités en santé ».

Entraînement | Difficulté XXX | Durée 40 min

Document 1 : Fruits et légumes

Consommer des fruits et légumes locaux de saison permet de concilier le respect de sa santé, de l'environnement et des conditions sociales liées à la production. En deux générations, la consommation de fruits et légumes frais a été diminuée par quatre. Présentée comme un impératif de santé publique, la consommation de fruits et légumes frais nécessite de faire un peu de ménage dans son assiette et de se poser des questions sur l'origine et les modes de production. [...] Des études ont démontré que les fruits et légumes cultivés sous serre et hors sol sont moins riches en éléments nutritifs que ceux cultivés de manière traditionnelle. Cueillis avant maturité, ils n'auront en plus pas le temps de développer pleinement leurs saveurs et leurs nutriments. Durant le transport, ils perdent encore une bonne partie de leurs bienfaits, surtout des vitamines, très sensibles à l'air, à la chaleur et surtout au temps qui passe. Leur dégradation commence au moment où ils sont cueillis...

Il est donc important de déguster les végétaux quand ils sont encore tout frais, c'est-à-dire pas après un voyage en bateau ou en avion, qui aura pu durer des semaines !

Dans la grande majorité des cas, il est possible, si vous choisissez des fruits et légumes de saison et de votre région, de les consommer dans les deux ou trois jours suivant la cueillette. Le résultat en termes de santé est incomparable !

« Fruits et légumes locaux de saison, pourquoi ? », www.eco-sapiens.com

Document 2 : Le Programme national nutrition santé (PNNS)

La mise en place d'une politique nutritionnelle est apparue, au cours des dernières années, comme une priorité de santé publique et la France a été un des premiers pays européens à relever le défi en se dotant dès 2001 d'un Programme national nutrition santé. S'appuyant largement sur les travaux du Haut Comité de santé publique, ce programme a pour objectif général l'amélioration de l'état de santé de l'ensemble de la population en agissant sur l'un de ses déterminants majeurs : la nutrition. Entre autres mesures, le PNNS a établi un socle de repères nutritionnels, qui constitue désormais la référence française officielle. Conformes à la culture alimentaire française, ces repères associent à l'objectif de santé publique les notions de goût, de plaisir et de convivialité. Ils ont été validés scientifiquement par les experts réunis par l'AFSSA et ont été promus grâce à un effort massif de communication par le biais de guides et de campagnes d'une grande ampleur, notamment par l'introduction de messages sanitaires dans les publicités alimentaires à la télévision, la radio, dans la presse, sur les affiches publicitaires ou encore dans les brochures de la distribution.

AFSSA (Agence française de Sécurité sanitaire des aliments)

Question

Vous ferez la synthèse de ces documents en mettant en valeur les idées essentielles.

Corrigé

Ces deux documents présentent une thématique de prévention en matière de santé qui est devenue familière désormais : la nutrition. Ici, le sujet est abordé de deux manières différentes, l'une est plus institutionnelle que l'autre. Les articles sont plutôt accessibles et offrent plusieurs pistes de réflexion.

■ Point méthode

La technique de la synthèse de documents
Nous vous proposons ici une méthode différente pour faire la synthèse de ces deux textes. Jusqu'à présent nous relevions mots-clés et liens logiques pour en déduire les idées essentielles et leur cohérence. Pour cet exercice, vous pouvez procéder sous la forme de schémas (tels ceux que vous trouvez dans les cours de cet ouvrage) dans le but de développer l'esprit de synthèse et pour ce faire de recourir au graphisme. Cette technique fait fonctionner une autre partie de notre cerveau et a le mérite d'être assez efficace, voire ludique.

■ Problématique soulevée

Le bénéfice nutritionnel sur la santé est lié à la qualité de la culture maraîchère.

■ Proposition de synthèse rédigée

Les documents présents abordent le domaine de la nutrition. L'article extrait de eco-sapiens.com établit le lien entre la qualité des fruits et légumes et les bienfaits sur la santé. Le deuxième article expose le Programme national nutrition santé. Il semble évident de souligner les répercussions sanitaires de la nutrition ; toutefois celles-ci apparaissent intimement liées à la qualité de production des produits.[1]

Le Programme national nutrition santé a été mis en place récemment en France. Prioritaire dans le domaine de la santé publique, ce programme a pour but de favoriser l'amélioration de la santé des individus. Avec une influence également positive sur l'environnement et les « conditions sociales liées à l'emploi »[2], cette initiative a une place désormais déterminante dans le paysage de la santé publique. Outre son caractère scientifique reconnu, ce programme prend aussi en compte les notions de goût et de plaisir ainsi que le lien social inhérent au fait de se retrouver autour d'une table. Pour informer et prévenir du caractère primordial de la nutrition sur la santé, de nombreuses campagnes ont été menées par la voix des médias et des professionnels, ainsi que le précise le deuxième article.[3]

Cependant, les propos de eco-sapiens.com, qui confirment les bienfaits de la nutrition, notamment des fruits et des légumes, sur la santé soulignent l'importance de la qualité des produits consommés. En effet, l'article explique en quoi l'origine et le mode de « production » sont significatifs. Ainsi, les cultures hors sol et sous serre réduisent considérablement les apports nutritifs de ces produits maraîchers. De même, une cueillette trop précoce des fruits et légumes ainsi que la durée parfois de leur transport leur ôtent goût et vitamines. Manger des fruits et des légumes est sans aucun doute bénéfique à la santé de l'individu mais à la condition de les consommer frais et de saison.[4]

Finalement, ces deux documents vantent les effets positifs de la nutrition sur la santé de l'individu et à long terme sur la société en ce qui concerne le domaine sanitaire. Cependant, il est à noter le lien indéniable entre la qualité de production des produits, notamment frais, et leurs apports profitables. Ce constat conduit alors à réfléchir sur la manière de conjuguer ces deux aspects auxquels s'ajoutent les valeurs environnementales et sociales.[5]

1. Introduction
2. Citation du texte (possible mais très ponctuelle)
3. Première partie
4. Deuxième partie
5. Conclusion

L'essentiel à retenir

Les soins éducatifs et préventifs font partie intégrante du métier d'infirmier. Encourager la personne à construire une démarche individuelle de prévention est nécessaire, et ce dès le plus jeune âge. De même, une démarche collective de prévention est aussi nécessaire pour que chaque personne puisse prendre sa propre décision quant à la préservation de toutes ses capacités (physiques, intellectuelles) et notamment, voire principalement, celle qui concerne son adaptation. Toutefois, à trop informer, et/ou s'il existe une volonté de « normer » les comportements, des résistances voient le jour. Les messages, s'ils sont reçus, perdent leur substance, voire sont détournés de leur objectif premier : ils peuvent encourager des comportements à risques.

Pour aller plus loin

› www.inpes.sante.fr (Institut national de prévention et d'éducation pour la santé).

27 | Humanitaire

1. L'aide humanitaire

L'Union européenne demeure le premier donateur d'aide humanitaire au monde. Dans une communication du 13 juin 2007 intitulée « Vers un consensus européen sur l'aide humanitaire »[1] elle rappelle ses valeurs, ses principes et ses bonnes « pratiques » : l'humanité, l'impartialité, la neutralité, l'indépendance. Elle insiste sur une action humanitaire fondée sur l'immédiateté et l'efficacité.

FOCUS L'humanitaire en France

Pas besoin d'aller bien loin pour « faire de l'humanitaire ». Quand il est question d'accès aux soins, d'hébergement ou de précarité, des organisations non gouvernementales mettent en place des programmes sur le territoire français. Partir en mission, c'est aussi à côté de chez soi.

2. L'aide au développement

Santé, agriculture, éducation, croissances et crises… L'aide au développement consiste à participer au soutien de pays pauvres ou touchés par des crises. Ce soutien peut passer par des aides financières, de la coopération, du conseil…

3. L'ingérence humanitaire

« On peut définir le principe du devoir d'ingérence humanitaire comme l'invocation, à l'encontre de la légalité des souverainetés nationales, de la légitimité des solidarités humaines. »[2]

4. Organisations gouvernementale et non gouvernementale

Une organisation non gouvernementale (ONG), ou association de solidarité internationale, est une structure privée à but non lucratif qui revendique une indépendance politique et financière et agissant dans un intérêt public. La particularité d'une ONG réside dans son intervention internationale.

Une organisation gouvernementale émane d'un pays.

1. http://ec.europa.eu/echo/files/media/publications/consensus_fr.pdf (site consulté le 30 juin 2015).
2. www.universalis.fr/corpus2-encyclopedie/126/T952392/encyclopedie/INDEGENCE_HUMANITAIRE.htm#napp

5. Les métiers de l'humanitaire

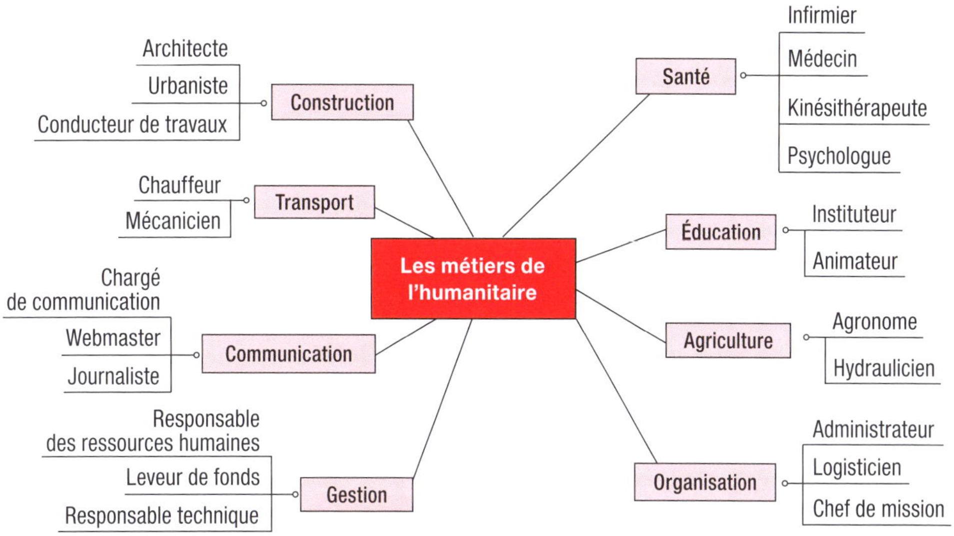

Entraînement

Difficulté ✗✗✗ | Durée 30 min

Prendre soin des autres : un travail invisible

Quel point commun entre une mère de famille, une infirmière ou une aide ménagère ? Toutes trois doivent au quotidien prendre soin des autres et les aider, souvent de la manière la plus concrète qui soit. Il y a bien sûr des différences. L'aide ménagère et l'infirmière sont des professionnelles rémunérées alors que ce n'est pas le cas de la mère de famille qui s'occupe de ses proches. Les tâches ne sont également pas les mêmes : l'infirmière intervient davantage sur le plan médical alors que le travail de l'aide ménagère ou de la mère ont une dimension plus domestique : faire les courses, le ménage, même si la mère a un rôle plus large, notamment éducatif. En dépit des différences, il apparaît pourtant pertinent d'établir un rapprochement entre ces trois fonctions. C'est là tout l'apport d'un courant de recherches apparu il y a plus d'une vingtaine d'années aux États-Unis, le *care*. Ce terme anglais, qu'on ne peut qu'imparfaitement traduire en français, désigne aussi bien des soins prodigués qu'une certaine disposition affective ou morale, l'attention portée à autrui. Ce double sens est éloquent. Il établit un lien entre un sentiment et des actes. N'est-ce pas par amour que la mère prend soin de son enfant ? N'attend-on pas des professions d'aide à la personne, outre des services une certaine sollicitude, de l'attention ?

Catherine Halpern, « Prendre soin des autres : un travail invisible », *Sciences humaines*, n° 177, décembre 2006.

Question

Quel sens donnez-vous au verbe *aider* ? Et vous, en tant qu'infirmier, comment allez-vous aider les autres ?

Corrigé

Ce texte a été choisi parce qu'il approche une thématique déterminante pour votre future profession : la notion d'aide. Difficile à définir, ce mot est utilisé beaucoup trop souvent aux dires des professionnels de santé jurys de concours. Il est le ressort de nombreuses « vocations » ! Pourtant, force est de reconnaître la bonne volonté des candidats et leur sincérité dans l'emploi de ce verbe *aider*. Toutefois peu avouent avoir vraiment réfléchi au sens qu'ils lui attribuaient. Ce texte va vous donner l'occasion de le faire et d'envisager ce que signifie ces mots *aide* et *aider* en lien avec le métier d'infirmier vers lequel vous vous dirigez.

L'essentiel à retenir

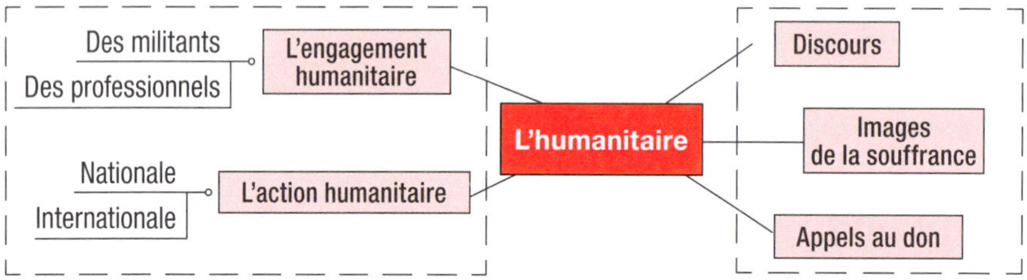

Pour aller plus loin

- www.croix-rouge.fr
- www.medecinsdumonde.org
- www.msf.fr (Médecins sans frontières)
- www.actioncontrelafaim.org
- www.handicap-international.fr

Annales corrigées

Sujet n° 1

Haute-Normandie, 2015

Difficulté ✗✗✗	Durée 2 heures

Adolescents en prison, quatre mineurs sur cinq récidivent

Sur cinq jeunes qui sortent de prison, quatre récidivent dans les cinq ans et trois sont condamnés dans les deux ans suivant leur libération. Ce taux effroyable de la récidive est aussi incroyable que l'impuissance des pouvoirs publics à la limiter. Et c'est d'autant plus surprenant que sept lois ont été votées entre 2004 et 2010, qui toutes visaient à durcir les peines et donc à réduire la récidive. L'aveu de l'administration pénitentiaire elle-même aurait pu amener les politiques à chercher une autre solution à la délinquance des jeunes. À croire que, à chaque tour de vis, le problème est plus insoluble…, et amène pourtant un tour de vis supplémentaire. Et nul n'a encore réfléchi au fait que l'incarcération n'est pas la solution à la délinquance des mineurs, mais qu'elle en est le plus souvent la cause. Comment mieux illustrer la prison « école du crime » ?

Dans une étude publiée en 2011 dans *Les Cahiers d'études pénitentiaires et criminologiques*[1], deux chercheurs, Annie Kensey et Abdelmalik Benaouda, de l'administration pénitentiaire, présentent des chiffres concernant la récidive qui démontrent un échec cuisant en matière de réinsertion par l'incarcération des mineurs. Selon eux, 78 % des moins de 18 ans récidivent après leur libération et font l'objet d'une nouvelle condamnation. Presque tous, soit 68 %, sont de nouveau incarcérés. En comparaison, les plus de 50 ans récidivent à 29 % et 19 % sont de nouveau emprisonnés. En résumé, plus de deux mineurs sur trois retournent en prison après une condamnation contre un sur cinq pour les adultes.

Le danger, c'est la première année de sortie : 54,6 % des ados sont de nouveau condamnés dans les douze mois suivant leur libération. Et les chercheurs en tirent une conclusion évidente : « L'urgence est donc bien d'accompagner les mineurs à leur sortie de prison pendant les deux années qui suivent, sinon, c'est la rechute. » La même étude démontre que « le risque de récidive est 1,6 fois plus élevé pour ceux qui n'ont bénéficié d'aucun aménagement de peine que pour ceux qui ont obtenu une libération conditionnelle ». Autrement dit, sans aménagement de peine, 63 % sont recondamnés dans les cinq ans contre 39 % pour les sortants qu'on a accompagnés. Et Annie Kensey de conclure : « Il y a effectivement des populations plus fragiles, des personnes qu'il faut accompagner, c'est tout l'intérêt de l'individualisation des peines et du suivi des conseillers d'insertion et de probation. » Le problème, c'est que les services pénitentiaires d'insertion et de probation (SPIP) ont des effectifs

1. Présentée dans *Le Monde*, 15 octobre 2011.

rabotés chaque année pour cause d'économie. À croire que cela coûte moins cher de construire une cellule que d'embaucher un éducateur.

À Seuil, depuis deux ans, une attention toute particulière est portée aux jeunes incarcérés qui peuvent, si leur juge en est d'accord, bénéficier d'une libération conditionnelle ou d'un aménagement de peine pour accomplir une marche. Chacune des randonnées constitue un traitement individualisé du mineur. Pour sortir du phénomène de bande, un temps de solitude s'impose. L'intérêt d'une marche de trois mois dans un pays étranger est à l'évidence un « sas » qui permettra au jeune de réfléchir, de tirer des conclusions du comportement qui l'a amené en prison, et surtout d'envisager une suite avec une certaine sérénité. Tous les travailleurs sociaux s'interrogent sur ce passage dangereux qui suit la libération. Se racheter une conduite ne s'impose pas. La volonté ne peut venir que du sujet, encore faut-il qu'il dispose d'un temps de calme et d'éloignement de ses lieux habituels d'existence afin de se préparer à la suite.

Dans la seule année 2011, une dizaine de jeunes sortant de prison nous ont été confiés suite à un aménagement de leur peine ou une libération conditionnelle. Le travail avec ces populations à risque est particulièrement ardu. En effet, après des semaines de cellule, les jeunes sont déboussolés, sujets à des crises d'angoisse ou de désespoir. Conditionnés par une longue inaction, ils sont peu portés à l'effort. Il faut à la fois les rassurer, les stimuler et surtout les écouter. Nos accompagnants doivent développer des trésors de patience et d'écoute afin de permettre à ces gamins d'exprimer tout ce qu'ils ont gardé pour eux durant leur incarcération. Et la marche, côte à côte, quotidienne, est particulièrement propice à la confidence ; quand on avance d'un même pas, tendus vers un même but, les mots viennent, soignent et libèrent. Soutenue par la fondation Blancmesnil, Seuil a élaboré un programme particulier destiné aux jeunes qui sortent de prison : « chemin fais@nt ». Il repose sur le goût des jeunes pour l'informatique et permet à des adolescents en chemin, *via* une plate-forme informatique, de communiquer avec leurs pairs restés incarcérés.

Bernard Ollivier, *Marcher pour s'en sortir*, 2012.

Questions

1. Montrez ce que révèlent les indications chiffrées du texte.
2. En quoi consiste le programme décrit dans le texte ? (en 15 lignes).
3. Selon vous, quelles sont les avantages et les limites d'un tel programme ? (en 20 lignes minimum)

Comment aborder le sujet ?

Document

Le texte aborde une problématique relativement courante dans les sujets proposés au concours infirmier. Cependant, l'approche est originale, le texte est compréhensible et le constat permet une réflexion sur des aspects différents. Le document comporte aussi beaucoup de chiffres sur lesquels il est important de s'arrêter, de manière à mieux comprendre la situation évoquée et ainsi à favoriser une analyse pertinente.

Questions et consignes

La question 1 demande une analyse de chiffres, ce qui signifie qu'il ne faut pas se contenter de recopier les données et les idées qui les accompagnent. Au contraire, on doit surtout leur donner du sens, c'est-à-dire les analyser et les commenter sur la base des connaissances de culture générale sanitaire et sociale dans ce domaine. Les autres questions nécessitent des compétences de compréhension et d'argumentation.

Corrigé

1 Les indications chiffrées du texte révèlent différents constats et soulignent quelques problématiques.

Tout d'abord, on note que la majorité des adolescents récidivent dans les cinq ans qui suivent leur libération (78 % des moins de 18 ans commettent une nouvelle infraction, 68 % sont à nouveau incarcérés). L'importance de ce taux de récidive peut s'expliquer par le manque de repères des jeunes, par une plus grande fragilité, parce qu'ils sont en quête d'eux-mêmes mais aussi parce qu'ils ont besoin de limites et d'accompagnement. En effet, l'adolescence est un âge où l'on se cherche, où l'on souhaite se sentir adulte et en même temps braver l'interdit. De plus, c'est un âge où l'on est plus influençable, où la place du groupe est importante et l'image de soi également : on peut donc être facilement instrumentalisé. En revanche, le taux de récidive chez les plus de 50 ans est de 29 % et 19 % sont à nouveau emprisonnés. Ces chiffres confirment le lien entre l'âge et le risque de récidive. En effet, on peut penser qu'à 50 ans, une personne est plus mature, plus capable de prendre conscience de ses actes, et que les motifs de sa conduite sont différents.

Le texte précise aussi qu'en quatre ans, sept lois ont été votées. Ce constat chiffré montre l'abondance des lois et leur inefficacité. Il souligne également un écart entre la législation et la réalité du terrain et vient démontrer les limites de la sanction seule.

Le pourcentage de mineurs de nouveau condamnés dans les 12 mois suivant leur libération (54,6 %), montre la fragilité des adolescents, leurs difficultés à se réinsérer, à trouver des repères, une place dans la société, un cadre. Ce constat suppose l'importance d'un accompagnement de la part des adultes et des différents acteurs de la société, qui aura valeur de repères et favorisera une plus grande réinsertion pour tous ces jeunes. En effet, les aménagements de peine et l'accompagnement semblent faire baisser le risque de récidive, puisque seuls 39 % des mineurs qui en ont bénéficié sont recondamnés dans les cinq ans, au lieu de 63 % pour les individus qui n'y ont pas eu droit.

2 Le programme décrit dans le texte consiste à favoriser la réinsertion de jeunes sortis de prison avec un aménagement de peine ou en libération conditionnelle. Il est le résultat de l'initiative d'une association qui s'appelle Seuil et qui a donné au programme le nom de « chemin fais@nt ». En effet, ce programme accueille un petit groupe de jeunes sortant de prison pour une marche de plusieurs mois. L'objectif est de permettre à ces jeunes d'être rassurés, mis en confiance et surtout écoutés. Ce programme va également leur proposer de reprendre goût à l'effort par le biais de la randonnée, par le retour à la nature hors des murs de la prison. À cette démarche s'en ajoute une autre, qui tient compte du goût des adolescents pour l'informatique : l'utilisation d'une plate-forme au moyen de laquelle ils pourront communiquer avec les jeunes de leur âge restés en prison.

Ce programme a donc pour but de permettre à ces adolescents de retrouver un cadre, des repères, un accompagnement, en quelque sorte de suivre leur propre chemin et de le partager avec les autres. C'est aussi une manière de devenir soi-même un repère, une influence positive pour autrui.

❸ Prise de position : Le programme proposé par l'association Seuil offre des avantages et est un premier pas vers la réinsertion. Toutefois, il présente des inconvénients de par son coût et son fonctionnement.

I. Les avantages d'un tel programme

Arg. 1 : la randonnée permet de retrouver une activité physique, de faire l'expérience de son corps

Arg. 2 : l'adolescent peut lâcher prise, se libérer

Arg. 3 : il se donne une rigueur quotidienne et reprend goût à l'effort

Arg. 4 : il dépasse ses limites, change l'image qu'il a de lui-même et apprend à se faire confiance

Arg. 5 : l'adolescent s'ouvre à l'autre et devient un repère positif pour autrui

II. Les inconvénients d'un tel programme

Arg. 1 : la question du financement du projet

Arg. 2 : il faut former des accompagnants

Arg. 3 : rien n'est possible sans l'adhésion au projet des différents acteurs sociaux

Arg. 4 : programme court ; il faut maintenir la confiance du jeune une fois la marche terminée. Comment créer un pont entre cette expérience et la réinsertion sociale ?

■ Proposition d'introduction

Dans un extrait de *Marcher pour s'en sortir*, Bernard Ollivier souligne l'importance de la récidive chez les jeunes incarcérés, ce qui semble dresser un constat d'échec dans l'accompagnement et la réinsertion de ces adolescents. Toutefois, l'article présente l'initiative de l'association Seuil, un programme qui vise à permettre aux jeunes sur le point de sortir de prison une réinsertion par la marche et l'outil informatique. Il offre des avantages tant humains que sociaux, mais peut toutefois présenter certaines limites économiques et de suivi.

Annales corrigées

Sujet n° 2

Roanne, 2015

Difficulté XXX	Durée 2 heures

Le jeûne est sans doute l'une des plus anciennes approches d'autoguérison. Dans la nature, les animaux cessent instinctivement de manger quand ils sont malades ou blessés.

Le jeûne complet consiste à s'abstenir de tout aliment, à l'exception de l'eau, pendant une période plus ou moins longue dans le but de reposer, détoxiquer et régénérer l'organisme.

De tout temps, il a également été associé à des pratiques spirituelles ou religieuses. Il procurerait en outre un sentiment de clarté d'esprit et de « désencombrement mental ». L'application du jeûne à des fins thérapeutiques demeure toutefois un sujet controversé. Certains praticiens y voient un danger pour la santé ou croient qu'il serait imprudent de l'entreprendre sans la supervision d'un professionnel de la santé.

Une pause avec la nourriture

Sur le plan psychologique, l'abstinence est riche d'enseignements. Elle permet de faire le tri entre les notions de faim, d'appétit et d'envie compulsive. Compte tenu de la richesse de notre alimentation, le corps dispose de telles réserves que la faim physiologique n'apparaîtrait pas avant trente ou quarante jours d'abstinence. Le jeûne conduit donc à revoir son sentiment de dépendance vis-à-vis de la nourriture, à travailler sur sa peur de manquer, à prendre de la distance par rapport à ses pulsions.

Tous les prophètes ont pratiqué l'abstinence alimentaire, en signe d'humilité, de piété et de charité. Mais il n'est pas nécessaire d'être croyant pour bénéficier de ses vertus spirituelles.

Faire l'expérience du dépassement de soi, en parvenant à se priver de nourriture, permet de repousser ses propres limites. Peut-être est-ce pour toutes ces raisons que Mahomet disait : « Si les croyants avaient véritablement conscience de la bénédiction qu'il y a dans le fait de jeûner durant le mois du Ramadan, ils souhaiteraient que ce mois dure toute l'année » ? Le jeûne pour raisons médicales ou spirituelles est connu depuis l'Antiquité. Il en est fait mention dans le *Mahâbhârata* (livre sacré de l'Inde ancienne). Il s'est particulièrement développé au Moyen-Orient et en Asie du Sud-Est, avec l'islam, et en Occident avec la diffusion du christianisme.

Le jeûne pour lutter contre le cancer ?

C'est une découverte étonnante et très prometteuse qu'a fait Valter Longo, professeur de gérontologie et de biologie et son équipe de l'université de Californie du Sud. D'après leurs travaux, publiés dans la revue *Science Translational Medicine*, de courtes périodes de jeûne limitent la propagation de certains types de cancer chez la souris. Ainsi, associée à une chimiothérapie, la diète augmente l'efficacité du traitement et, utilisé seul, le jeûne est parfois aussi efficace qu'une chimiothérapie.

Pour étayer leur hypothèse de départ, les chercheurs ont fait subir trois traitements à des souris exprimant différents types de cancers très agressifs (mélanome, gliome, cancer du sein et neuroblastome) : jeûne seul, chimiothérapie seule ou les deux ensembles.

En particulier, les cycles de jeûne étaient aussi efficaces que les agents chimiothérapeutiques pour faire reculer la progression des tumeurs spécifiques. Et associée à une chimiothérapie, la privation de nourriture permettait d'en augmenter l'efficacité, notamment sur le mélanome, le gliome et le cancer du sein.

Dans le cas des souris avec un neuroblastome, seule une association des deux traitements, jeûne et chimiothérapie, avait permis la survie des animaux : alors qu'aucun animal soigné par chimiothérapie seule n'a survécu, 20 % des souris (chez qui le cancer s'était étendu à tout l'organisme) ont guéri lorsque la chimiothérapie était associée au jeûne. Une statistique qui monte à 40 % pour les souris chez qui le cancer était à un stade moins avancé.

Comment la privation de nourriture permet aux souris de mieux survivre au cancer ? Valter Longo a sa petite idée : face à un environnement hostile tel que la privation de nourriture, les cellules normales arrivent à ralentir leur métabolisme. Elles limitent leur activité à l'essentiel, et les cellules cancéreuses, elles, ont du mal à s'adapter et deviennent faibles. Et comme elles sont plus faibles, la chimiothérapie arrive mieux à les éliminer.

Des essais cliniques similaires sur l'homme ont d'ores et déjà été entrepris. Les premiers résultats provisoires devraient être présentés lors de la prochaine conférence annuelle de la Société américaine de cancérologie qui se tiendra à Chicago en juin.

Taoetspiritualite.fr

Questions

1. Donnez un titre au texte et commentez-le. (10 à 15 lignes)
2. Quels sont les bienfaits du jeûne ?
3. Que pensez-vous de la « sobriété heureuse » ? (30 lignes maximum)

Comment aborder le sujet ?

Document

Le sujet présenté aborde une thématique sanitaire qui a fait l'objet de différents articles dans la presse et de réflexions chez les professionnels de santé. L'article n'est pas très compliqué à comprendre du point de vue lexical et dans les éléments de connaissance qu'il apporte. Il peut dérouter certains candidats de par sa thématique elle-même. Voilà pourquoi, au cours de sa préparation, il est essentiel de rester attentif aux problématiques évoquées dans la société, de lire, de s'informer et de suivre l'actualité de manière à élaborer une réflexion personnelle et à acquérir des connaissances. Ce travail permet de posséder plus de confiance et d'aptitudes le jour du concours.

Questions et consignes

Les consignes correspondent aux exigences du concours. Donner un titre permet d'évaluer la capacité de compréhension et de concision d'un candidat. Ces qualités se vérifient ensuite avec le commentaire à effectuer, qui revient à justifier le choix du titre. La question 3 se réfère au livre de Pierre Rahbi, *Vers la sobriété heureuse*. Si vous ne l'avez pas lu ou si vous n'en avez pas entendu parler, il est important de comprendre le sens de « sobriété heureuse » pour argumenter vos propos.

Corrigé

1 On peut proposer le titre suivant : « Le jeûne est-il sain ? »

En effet, cet article aborde le jeûne et pose la question de ses bienfaits éventuels. Dans un premier temps, le journaliste rappelle que ce comportement, qui consiste à s'abstenir de manger un certain temps, n'est pas nouveau. Il est même valorisé dans certaines cultures, certaines croyances ou encore certains modes de vie. Or, plusieurs professionnels de santé estiment que le jeûne peut être néfaste pour l'individu. Toutefois, il semble avoir des bienfaits psychologiques et, dans le domaine médical, des recherches récentes montrent les aspects thérapeutiques de l'abstinence de nourriture, notamment dans les traitements contre le cancer. Les résultats sur les souris sont prometteurs ; reste à voir s'ils le seront également sur l'homme.

2 Sur le plan physiologique, le jeûne permet de détoxiquer l'organisme et de le régénérer. Il comporte aussi des bienfaits psychologiques, car il permet d'évaluer sa dépendance à la nourriture, de prendre de la distance par rapport à ses peurs et à ses pulsions, et enfin de tester ses limites. Enfin, le jeûne semble être utile dans les traitements contre le cancer : il fait reculer la progression de la tumeur et complique l'activité des cellules cancéreuses. Chez les souris testées, il obtient même d'aussi bons résultats que la chimiothérapie.

3 Prise de position : La « sobriété heureuse » est présentée comme une alternative réaliste à nos sociétés d'abondance, qui atteignent leurs limites.

I. Les sociétés d'abondances atteignent leurs limites

Arg. 1 : le modèle économique du libéralisme est remis en question. Ex : crise socio-économique, croissance faible, rigueur
Arg. 2 : la croissance accentue les problèmes écologiques et devient source de danger pour la biosphère. Ex : pollution, réchauffement climatique

Arg. 3 : dégradation des conditions de vie et inégalités toujours plus importantes. Ex : augmentation de la précarité

Arg. 4 : croissance illimitée impossible à cause de la raréfaction des ressources naturelles. Ex : raréfaction du pétrole

II. La sobriété heureuse : une alternative

Arg. 1 : c'est une autre alternative que la rigueur ou le retour à la croissance

Arg. 2 : changement de modèle de société : société d'abondance frugale. Ex : se passer des biens et services superflus

Arg. 3 : mode de vie basé sur la simplicité volontaire. Ex : satisfaire les besoins primordiaux (se loger, se nourrir...) et aspirer à un bonheur simple

Arg. 4 : favoriser le repos et l'échange social. Ex : réduire le temps de travail et garantir l'équité dans l'accès au travail

Arg. 5 : changement d'état d'esprit d'une société. Ex : lien avec la nature

Proposition d'introduction

Ce texte qui aborde le jeûne soulève plusieurs questions, notamment celle de l'abondance qui caractérise notre société de consommation. Il peut donc faire songer à *Vers la sobriété heureuse*, livre de Pierre Rahbi, lequel propose une autre vision de la société, fondée sur la simplicité. À l'heure où l'on parle de crise économique, cette notion de sobriété heureuse peut favoriser un nouveau regard sur notre façon de vivre, tant du point de vue économique qu'humain.

Proposition de conclusion

Baisse de croissance, problèmes économiques, conséquences sur la biosphère : les sociétés actuelles semblent avoir du mal à reprendre leur souffle. Voilà pourquoi, face à la recherche de l'abondance qui caractérise notre mode de vie, certains proposent l'alternative d'une sobriété heureuse. Cette solution signifierait revenir à nos besoins essentiels, aspirer à un bonheur simple, porter un autre regard sur l'individu et sur sa place dans la société. C'est une façon pour chacun d'apporter un peu d'éthique au domaine économique et social.

Annales corrigées

Sujet n° 3

Haute-Normandie, 2014

Difficulté XXX	Durée 2 heures

Christiane Taubira annonce la construction de trois prisons

Comme le révèle « La Croix » en exclusivité, le ministère de la Justice doit signer jeudi 13 décembre les contrats de construction de trois nouvelles prisons à Riom, Valence et Beauvais.

Afin de rénover au plus vite un parc dégradé, le ministère consent finalement à opter pour des partenariats public-privé pourtant controversés au sein de la majorité.

Après l'émoi suscité par l'avis du contrôleur général des prisons sur les Baumettes, à Marseille, la chancellerie compte réagir et vite. Conscient de l'état de dégradation avancé de certains établissements, le ministère n'entend pas se limiter à la seule rénovation du parc carcéral, mais compte bel et bien fermer plusieurs structures.

La chancellerie doit signer jeudi 13 décembre les contrats de construction de trois nouveaux centres pénitentiaires à Riom (Puy-de-Dôme), Valence (Drôme) et Beauvais (Oise) en lieu et place de ceux qui existent actuellement. Ces trois établissements devraient ouvrir leur porte en 2015. « Nous fermons le vétuste pour faire du neuf, explique-t-on à la chancellerie. Les conditions de détention déplorables imposées à certains détenus nuisent à leur réinsertion. »

Les projets retenus pourraient toutefois susciter des controverses. Ils sortiront de terre, en effet, dans le cadre de partenariats public-privé (PPP), un système permettant à l'État de recourir à l'investissement privé en contrepartie d'un loyer élevé pendant de longues années. À gauche, ces dispositifs font l'objet de vives critiques.

En juin dernier, Christiane Taubira elle-même avait considéré que ce mode de financement n'était « pas acceptable », étant donné sa façon « d'engager l'État sur au moins deux générations ». La chancellerie avait toutefois rapidement fait savoir qu'elle poursuivrait les projets immobiliers engagés par la précédente majorité (leur annulation aurait engendré un coût colossal).

Déception de l'Observatoire international des prisons

Restait à savoir si la construction de nouveaux établissements serait actée et selon quel mode de financement. Christiane Taubira a finalement choisi d'ouvrir trois nouvelles prisons dans le cadre d'un PPP. « Il y a une urgence humaine à intervenir, quand on prend en compte la vie au sein de certains établissements, pour les détenus et pour les personnels », assure-t-on à la chancellerie.

D'où le choix de la ministre de reprendre à son compte certains des projets immobiliers élaborés sous l'ancienne majorité. « Parmi les nombreuses hypothèses formulées par le gouvernement précédent, nous en avons choisi trois qui correspondent à cette priorité, précise l'entourage de la ministre. S'il avait fallu plancher sur de tout nouveaux projets, on aurait facilement perdu cinq ans... »

Un arbitrage qui n'est pas sans décevoir l'Observatoire international des prisons (OIP) : « De tels partenariats coûteront très chez à la collectivité, déplore Marie Crétenot, à l'OIP. Mais surtout, le gouvernement se lie les mains et s'empêche, à terme, de diminuer le nombre de places de prison. »

L'autre point controversé concerne la taille des futurs établissements. La future maison d'arrêt de Valence devrait comprendre 456 places (contre 137 aujourd'hui), celle de Riom 554 places (contre 377) et celle de Beauvais 594 (contre 361). Voilà qui ne devrait pas recevoir l'assentiment du contrôleur général des prisons, lequel déplore régulièrement la construction de centres gigantesques et déshumanisés.

En se rangeant finalement au choix de grandes prisons, la chancellerie espère endiguer la surpopulation carcérale. « Il est urgent d'assurer des conditions d'hébergement dignes, à l'heure où l'on recense par endroits deux, voire trois, détenus par cellule », plaide-t-on place Vendôme.

La rénovation et l'extension du parc pénitentiaire (6 000 places supplémentaires prévues d'ici à 2017) ne sont toutefois qu'un aspect de la politique pénale de Christiane Taubira. La ministre reste attachée, par ailleurs, à lutter contre le « tout carcéral ».

En témoigne la circulaire de politique pénale envoyée aux procureurs en septembre. Le texte les incite à multiplier les aménagements de peine et à recourir le moins possible aux peines planchers. « Voilà qui, à terme, devrait aboutir à une baisse du nombre d'entrées en détention », promet la chancellerie.

Marie Boëton, *La Croix*

Questions

❶ Expliquez ce que sont les « PPP », dans cet article. Évoquez-en les avantages et les inconvénients du point de vue de Marie Boëton.

❷ Commentez les données chiffrées dans cet article.

❸ D'après le texte, « *il est urgent d'assurer des conditions d'hébergement dignes* ». Qu'en pensez-vous ? Quelles sont les alternatives pour lutter contre le « tout carcéral » ? Argumentez votre réponse.

Comment aborder le sujet ?

Document

Ce texte aborde une problématique socio-économique récurrente depuis quelques années. Le style journalistique est compréhensible, beaucoup de chiffres viennent étayer le document. Par cet article, on attend du candidat une réflexion ouverte qui repose sur les connaissances, mais aussi un suivi de l'actualité. La notion de dignité à laquelle candidat est invité à réfléchir est une notion essentielle dans la profession vers laquelle il se dirige.

Questions et consignes

Les questions demandent de la part du candidat des connaissances de culture générale sanitaire et sociale, ainsi que des compétences rédactionnelles. Les chiffres sont à relever, à analyser de manière à faire des remarques personnelles qui reposent sur une réflexion et une compréhension de la problématique.

Gestion du temps et barème

Les points attribués ne sont pas précisés pour ce sujet. Il n'y a pas non plus de consigne de lignes ou de nombre de mots. Veillez toutefois à aller à l'essentiel, à éviter le bavardage sans négliger pour autant le développement d'une réflexion.

Corrigé

❶ Dans cet article, les PPP sont les Partenariats Public-Privé, c'est-à-dire un mode de financement privé (dans ce texte pour les prisons) qui fera l'objet d'une location par l'État.

Dans cette démarche, plusieurs critiques émergent. En effet, certains considèrent que ce partenariat public-privé n'est pas acceptable car trop coûteux. L'opposition ainsi que l'observatoire international des prisons estiment que cet engagement sur deux générations est beaucoup trop onéreux. De plus, il considère que cela risque d'empêcher de diminuer le nombre de places en prison. Enfin, ils estiment que ce projet de centres de détention énormes en capacité d'accueil peut conduire à une déshumanisation.

Les partisans à ce projet de réforme souhaitent répondre à l'urgence à laquelle sont confrontés les détenus et les personnels pénitentiaires. Par ce biais ils souhaitent également endiguer la surpopulation carcérale.

❷ Dans cet article les principales données chiffrées concernent le nombre de détenus des futures prisons. C'est-à-dire, au total 6 000 places de plus qu'aujourd'hui pour 2017. Cela s'applique au centre de détention de Valence qui passe de 137 à 456 détenus, celui de Riom pour lequel sont prévues 554 places contre 377 actuellement et enfin Beauvais qui accueillera 594 détenus pour 361 à l'heure actuelle. Plusieurs remarques peuvent être faites face à ces données chiffrées.

La constatation évidente est l'augmentation notoire du nombre de places au sein de ces prisons. Ainsi, a priori cela répond au souhait d'améliorer les conditions de détention, car moins de détenus par cellule, donc moins de promiscuité et par conséquent des conditions d'hygiène plus favorables, ainsi que des conditions de travail pour le personnel pénitencier moins difficiles dans la mesure où il y a recrutement de personnels.

Toutefois, ce projet, malgré les avantages et les améliorations qu'il présente, peut engendrer des risques. Notamment, celui de la déshumanisation liée à une population carcérale très importante ajoutée à une plus grande « mixité » de détenus. En effet, la proximité des détenus et la diversité de leurs peines peuvent générer un risque d'incitation à certains actes ou comportements répréhensibles. De plus, ces structures très importantes peuvent favoriser plus facilement la détention comme recours à une peine infligée. Enfin, le coût pour la société est à prendre en compte et peut avoir une incidence sur les politiques menées.

❸ Prise de position : Dans le cadre d'une détention, il est important d'assurer des conditions qui soient dignes. Toutefois, il existe pour certaines situations des alternatives au tout carcéral.

I. Assurer des conditions dignes de détention

Dignité : respect que mérite quelqu'un ou quelque chose

Arg. 1 : Prison = enfermement, privation de liberté et non atteinte à la dignité humaine. Ex : respect de l'intimité (toilette...)

Arg. 2 : Respect des droits de l'homme. Ex : droits universels, inaliénables

Article 6 : Chacun a le droit à la reconnaissance en tous lieux de sa personnalité juridique

Arg. 3 : Respect intégrité corporelle. Ex : conditions hygiène

Arg. 4 : Respect dignité humaine, accompagnement, socialisation. Ex : réinsertion, reprise d'études...

Arg. 5 : Conditions dignes permettent de faire baisser le taux de récidives. Ex : accompagnement par professionnels, réinsertion sociale

Toutefois, des alternatives à l'incarcération existent et peuvent permettre de limiter la surpopulation carcérale.

II. Alternatives contre le tout carcéral

Arg.1 : peines alternatives. Ex : libération conditionnelle, travail d'intérêt général, bracelet électronique

Arg.2 : Peines de probation. Ex : programme de prise en charge, indemnisation aux victimes, travail pour une communauté...

Arg.3 : peines patrimoniales. Ex : amendes, confiscation de biens ou de véhicule

Arg.4 : initiatives politiques et sociales. Ex : insertion professionnelle, soins face aux addictions, favoriser une reprise à l'emploi...

Proposition d'introduction

Face à la surpopulation carcérale et aux problématiques sociales et sanitaires qui en découlent, il semble urgent d'agir. Tout d'abord en permettant d'assurer des conditions d'emprisonnement qui soient dignes, mais aussi en envisageant des alternatives au « tout carcéral ».

Extrait rédigé

La notion de dignité se réfère au respect auquel a droit tout être humain, quels que soient le contexte ou les circonstances dans lesquels il se trouve. Ainsi, ce rappel à la dignité au sein des établissements pénitentiaires découle de bon nombre de difficultés auxquelles ce monde est confronté depuis un certain nombre d'années. Promiscuité, surpopulation, suicides, violences viennent remplir les pages de faits de société. Assurer des conditions de détention dignes, cela signifie rappeler que la prison est un lieu où l'on prive de liberté, mais pas un lieu de violences et d'entraves au respect des droits de l'homme. La déclaration universelle des droits de l'homme de 1948 le souligne. Ainsi, les conditions d'hygiène, les mesures de réinsertion ou encore l'accompagnement des détenus visent au respect de leurs droits dans l'application de leur peine avec le souci d'une dimension humaine.

Proposition de conclusion

Dans le respect de la loi et des valeurs défendues par la société, il semble important d'assurer des conditions dignes de détention. Cependant, des alternatives à la prison peuvent être proposées. Cela suppose de mettre en place un système de suivi rigoureux, mais aussi de permettre une augmentation du nombre et des moyens actuels, entre autres de conseillers pour la prévention ou la probation et enfin cela induit d'assumer pour notre société une nouvelle vision politique et philosophique de ces nouvelles peines.

Sujet n° 4

Bourgogne, 2014

Difficulté ✗✗✗	Durée 2 heures

« Tu vois un naturopathe ? »

Consulter un homéopathe, un ostéopathe, un acupuncteur, c'est banal. Désormais, pour être original, il faut se rendre chez le naturopathe. À ses risques et périls.

Ceux qui consultent un naturopathe ne le crient pas sur tous les toits. Avant de se dévoiler auprès de leurs amis, les adeptes de cette discipline non homologuée tâtent d'abord le terrain, vérifient si ceux-ci fréquentent les magasins bio, s'ils ont une opinion favorable à l'homéopathie, s'ils traquent, comme eux, la mention « huile de palme » au dos des paquets de biscuits. Car, sinon, la sanction est immédiate, comme le raconte Isabelle, qui s'est heurtée, plusieurs fois, à l'incompréhension: « Toi, tu vois un naturopathe ? Mais ce sont des charlatans! » Pourtant, le cercle des initiés ne cesse de s'agrandir, à en juger par le nombre croissant de professionnels se revendiquant aujourd'hui de cette spécialité. Ils sont désormais 500 affiliés au registre des naturopathes (1), géré par les établissements qui organisent les formations. Et un millier d'autres exercent hors de ce cadre, selon Daniel Kieffer, directeur de la principale école, le Collège européen de naturopathie traditionnelle holistique (Cenatho).

Un phénomène limité aux citadins aisés et branchés ? Pas du tout. Pour un naturopathe des villes qui se vante, sur son site, d'exercer « dans les spas de différents palaces parisiens », on trouve aussi un naturopathe des champs comme Guy Lalière, dont les clients viennent de partout en Auvergne et de tous les milieux sociaux. En majorité féminine, la clientèle se tourne généralement vers cette discipline quand elle s'est déjà familiarisée avec des médecines douces bien établies, comme l'ostéopathie ou l'acupuncture. La naturopathie, avec sa réputation un brin sulfureuse, constitue l'étape d'après. Elle représente la prise de risque que l'on s'autorise, après avoir trouvé son salut dans les alternatives à la médecine classique et ressenti le besoin de pousser plus loin.

Marion, étudiante à Strasbourg et écolo convaincue, est arrivée à la naturopathie par son médecin homéopathe. Devant ses problèmes de circulation, il lui a conseillé de consulter... son épouse, formée à cette discipline. Claire, journaliste à Paris, soigne ses bobos et ceux de ses enfants avec des huiles essentielles. Un après-midi où cette adepte du bio se réapprovisionnait dans la boutique de son quartier, la responsable du magasin, Isabel, à la fois naturopathe et phytothérapeute, lui a proposé une consultation dans son cabinet, à l'étage. Depuis, la jeune femme y retourne une ou deux fois par an. Enfin, beaucoup se laissent tenter par cette approche thérapeutique dans l'espoir de résoudre leurs problèmes de poids.

Mais qu'est-ce, au juste, qu'un naturopathe ? « Un éducateur de santé, répond Daniel Kieffer. Nous délivrons des conseils sur l'alimentation, l'hygiène corporelle, la gestion du stress, le contact avec les éléments naturels, la qualité du sommeil ou de la respiration, et nous apprenons à nos clients à avoir une conscience écologique. Cela peut aller jusqu'à les accompagner faire leurs courses dans les magasins bio, pour leur montrer comment lire les étiquettes. » Certains d'entre eux se sont également formés aux plantes médicinales. « La naturopathie ne pose pas de diagnostic et ne propose pas de traitement de maladie », précise Daniel Kieffer. De 10 à 20 % des praticiens viennent cependant du secteur médical ou paramédical, selon lui. Ruth, installée à Troyes (Aube) depuis treize ans, a ainsi constaté que sa « qualité d'infirmière rassurait les clients ».

Certains s'intitulent « coach en hygiène de vie ». D'un praticien à l'autre, le discours varie en fonction des qualifications et... de l'imagination, la profession n'étant pas réglementée. L'un prône les « cures de détoxination » ; un autre « enseigne les lois de la nature » et propose d' « acquérir cette force vitale qui permet l'auto-guérison ». La séance coûte en général de 50 à 100 euros et dure entre une heure et une heure et demie.

Qu'en disent les clients ? Didier, 49 ans, famille d'accueil du côté de Reims, a radicalement changé son mode d'alimentation après avoir consulté sa naturopathe pour la première fois, il y a cinq ans. Il a remplacé les quiches par des légumes, la viande rouge par de la viande blanche, le sucre par du sirop de riz. Une fois par semaine, il dîne d'un bouillon de légumes et d'une compote. « Je consulte ma naturopathe tous les six mois à peu près, dès que je sens que je manque de vitalité », confie-t-il. Il dépense jusqu'à 150 euros par mois en appliquant ses conseils, une note qui grimpe vite à cause du prix des huiles essentielles.

L'expérience de Marion, l'étudiante de Strasbourg, montre que le dérapage n'est pas exclu. Ses problèmes de circulation ont disparu, dit-elle, depuis qu'elle mange salé le matin, évite les sucres, les graisses animales et boit des infusions de cassis. Mais elle s'étonne encore que sa naturopathe lui ait conseillé d'arrêter la pilule contraceptive pour passer à la méthode des températures, connue pour son manque de fiabilité. « Je ne voulais plus me gaver d'hormones, alors, en effet, j'ai arrêté la pilule, déclare-t-elle. Mais j'utilise quand même des préservatifs! »

De son côté, la commission d'enquête du Sénat qui s'est penchée sur l'influence des mouvements à caractère sectaire dans le domaine de la santé s'alarme de voir la naturopathie associée à l'iridologie, une technique controversée fondée sur la configuration de l'iris de l'œil. Dans leur rapport du 3 avril 2013, les sénateurs émettent les plus grands doutes quant à l'affirmation des iridologues selon laquelle « les yeux marron prédisposent à des maladies telles que kystes, humeurs, calculs, troubles hépatiques ou pancréatiques »...

Pour sa part, le directeur du Cenatho affirme ne pas avoir connaissance de dérives graves ayant mis la santé de clients en danger. Mais il reconnaît que des naturopathes peuvent commettre des « maladresses ». Un exemple ? « Je vois par exemple des praticiens obsédés par les candidoses [des mycoses intestinales], une préoccupation qui nous vient des États-Unis, affirme Daniel Kieffer. Ils mettent leurs clients à la diète avec une éviction totale des fruits et des sucres pendant six mois à un an. Cela m'inquiète, car un tel régime est source de carences. » Un autre exemple ? « Il existe aussi des puristes de la détox, qui prônent à l'excès l'hydrothérapie du côlon, ajoute-t-il. Leurs clients peuvent faire jus- qu'à 15 séances en six mois, alors que deux ou trois séances à quelques semaines d'intervalle suffisent. » Si c'est le directeur du Cenatho qui le dit...

Estelle Saget et Claire Estagnasié, *L'Express*

Questions

❶ Dégagez les idées principales en une dizaine de lignes.

❷ Relevez et commentez les données chiffrées.

❸ Définissez ce qu'est un naturopathe et à partir de vos connaissances, expliquez les raisons qui peuvent expliquer l'augmentation des consultations chez un naturopathe.

Comment aborder le sujet ?

■ Document

Cet article de l'*Express* aborde un sujet d'actualité qui traite d'un aspect de ce qu'on appelle les médecines non conventionnelles. Le texte est clair et compréhensible. Même si l'on ne connaît pas le métier de naturopathe, on peut le comprendre à la lecture du sujet. Cependant, ces sujets font partie des domaines que le candidat se doit de connaître un minimum. D'autant que ces thématiques sont très souvent abordées par les médias ces dernières années.

■ Questions et consignes

Pour ce sujet, pas de difficultés ni de surprises particulières concernant les questions et les compétences attendues. Les données chiffrées sont réparties sur trois aspects concernant cette pratique. On attend, dans le commentaire, des remarques qui fassent référence à ces différents points. Il n'y a pas de consignes précises, au candidat d'être concis, rigoureux et le plus complet possible dans sa réflexion.

■ Gestion du temps et barème

Les deux heures octroyées pour cette épreuve doivent permettre de traiter le sujet de façon cohérente et analysée. Le barème n'est pas précisé. Toutefois, ne pas oublier les points attribués pour l'expression, la grammaire et l'orthographe.

Corrigé

❶ Les adeptes de la naturopathie en parlent avec discrétion. Pourtant leur nombre ne cesse d'augmenter. À noter que la clientèle est assez diversifiée, mais reste toutefois essentiellement féminine.

Un naturopathe éduque à une meilleure hygiène de vie et à une prise de conscience écologique pour une consultation qui oscille entre 50 et 100 euros. Toutefois des dérives existent et ce aussi bien dans les conseils donnés aux clients que dans certaines influences à tendance sectaire.

❷ Les données chiffrées de ce texte concernent tout d'abord le nombre d'affiliés au registre des naturopathes (500). Ensuite, celles-ci se réfèrent au pourcentage de praticiens qui relèvent du milieu médical et qui est de l'ordre de 10 à 20 %. Enfin, les derniers chiffres renvoient au coût de la consultation est se situe entre 50 et 100 euros. Ces données chiffrées suscitent certaines remarques concernant cette pratique dite de médecine non conventionnelle.

Le nombre de naturopathes affilié au registre officiel peut sembler important. En effet, cette pratique est en augmentation ces dernières années. Elle semble témoigner de l'intérêt que l'individu porte à sa santé, aux traitements qui existent, aux mesures de prévention alternatives. L'augmentation des praticiens un révèle aussi une demande accrue. En effet, que certains traitements peuvent sembler lourds, avec des effets secondaires notoires. Se préoccuper de sa santé, d'une meilleure hygiène de vie, d'un environnement plus sain n'est pas seulement un effet de mode. La santé publique elle-même tend à responsabiliser l'individu face à sa santé et incite à l'adage « mieux vaut prévenir que guérir ».

D'autre part, l'appartenance au secteur médical pour 10 à 20 % des naturopathes, leur permet d'afficher une forme de crédibilité, en complémentarité par rapport à leurs compétences médicales. Pour les clients c'est aussi un gage de sécurité.

Enfin, le coût d'une consultation s'évalue entre 50 et 100 euros. Même si une consultation chez un spécialiste peut atteindre ces sommes, il est évident que consulter un naturopathe n'est pas permis à tous. Toutefois on constate que bien des personnes préfèrent investir une somme d'argent pour leur bien-être et une meilleure hygiène de vie.

❸ La naturopathie est une médecine dite non conventionnelle qui vise la santé globale et optimale de toute personne au moyen d'une gestion efficace de son mode de vie. De ce fait, un naturopathe est un professeur de santé qui enseigne les moyens les plus efficaces pour mettre les personnes qui le consultent dans les meilleures conditions possibles d'amélioration de santé. Le succès rencontré par cette pratique peut s'expliquer pour des raisons tant sociales qu'individuelles.

Actuellement, nous vivons dans une société qui attache beaucoup d'importance à l'individu. Son épanouissement, sa carrière, sa famille et bien entendu sa santé sont l'objet de préoccupations majeures. De plus, dans une société où l'on vit de plus en plus vieux, où les conditions de vie se sont largement améliorées, on nous explique que la prévention et une meilleure connaissance de son environnement permettent un mieux-être, une espérance de vie plus importante et une meilleure compréhension de ce qui nous entoure. Ainsi, l'individu se sent davantage responsable et acteur de sa santé. Voilà pourquoi il s'informe, se renseigne d'autant que les moyens de communication actuels facilitent sa tâche. La naturopathie va en ce sens. Elle fait un travail d'information et de prévention de manière douce et promet à l'individu une vie plus agréable.

De plus, certains facteurs socio-économiques et sanitaires génèrent stress et inquiétude. Chômage, rythme de travail soutenu, changements climatiques, pollution, augmentation de certaines pathologies incitent les personnes à attacher plus d'importance à leur hygiène de vie. Même si le coût d'une consultation peut sembler rédhibitoire, la plupart des personnes qui se dirigent vers la naturopathie font le choix de leur santé quitte à sacrifier d'autres activités.

D'un point de vue sanitaire, on perçoit parfois une certaine saturation face à « une hyper médicalisation ». En effet, les Français restent les premiers en matière de consommation de psychotropes. La naturopathie est une manière de soigner ses maux en les comprenant, non seulement les symptômes, mais aussi l'origine.

Enfin, outre un effet de mode non négligeable, d'autres pays européens font usage de naturopathie depuis longtemps. Il est important de préciser toutefois que cela ne va pas à contrario d'une médecine conventionnelle. Bien au contraire, elle se veut complémentaire et préventive plus que curative.

Le désir de prendre soin de soi, de se sentir responsable de sa santé, une forme de curiosité et d'intérêt ainsi qu'un retour à la nature et à l'environnement sont des raisons qui peuvent expliquer le succès que rencontrent les naturopathes actuellement. D'autres médecines non conventionnelles s'y ajoutent comme la méditation, l'acupuncture, la phytothérapie pour ne citer que celles-ci. Peut-être cela traduit-il dans notre société un changement plus profond qu'il ne paraît.

Sujet n° 5

Boissy-Saint-Léger, 2013

Difficulté XXX	Durée 2 heures

Le grand gavage des poubelles

Du champ à l'assiette, un tiers des aliments produits finissent à la benne. Les particuliers sont parmi les premiers concernés.

[…] Tous les jours, le couperet opère en France sur près de 50 000 tonnes d'aliments en moyenne, à divers stades de la chaîne, du producteur au consommateur, de la pomme de terre biscornue écartée lors du tri chez l'agriculteur au reste de frites de votre repas.

Des quantités considérables. Au total, le tiers de toute la production alimentaire est jeté, et parfois même plus. Des enquêtes menées depuis quelques années aux États-Unis, en Grande-Bretagne, en Belgique, en Suède et plus récemment en France tombent toutes sur des résultats similaires. En mai 2011, la FAO produisait une importante synthèse planétaire évaluant les pertes et gaspillages alimentaires dans les différentes grandes régions du monde. Sans surprise, on y relève d'énormes quantités d'aliments jetés dans les pays industrialisés – jusqu'à 300 kilogrammes par habitant (kg/hab) chaque année aux États-Unis, à tous les stades de la chaîne d'approvisionnement.

Moins attendu : les pays pauvres affichent aussi d'importantes pertes, 170 kg/hab par an en Afrique subsaharienne, soit, là encore, près de 30 % de la production totale d'aliments destinés à la consommation humaine. En cause pour l'essentiel : de mauvaises conditions de stockage et de transport, ou encore des processus de transformation peu efficaces.

Moins de 7 % des pertes cependant sont enregistrées à l'échelon des foyers : dans ces contrées où la proportion de personnes sous-alimentées est la plus forte au monde, les familles connaissent la valeur d'un bol de millet.

C'est pratiquement l'inverse dans les pays industrialisés : alors que la chaîne de production, de transport, de transformation et de stockage est bien plus performante que dans les pays du Sud, un tiers des pertes et des gaspillages trouvent leur origine dans les réfrigérateurs, les cuisines, les assiettes.

Selon la FAO, en Amérique du Nord, où l'on produit en moyenne 900 kg/hab de denrées comestibles par an, il s'en jette 120 kg à l'étape de la consommation – repas à la maison, cantine, restauration collective (cantine scolaire ou d'entreprise), restaurants, dans la rue…

Un peu moins en Europe (100 kg, dont environ 40 kg dans les foyers) et vingt fois moins dans les pays les plus déshérités d'Afrique subsaharienne (où les quantités de nourriture produites par habitant sont deux fois moindres qu'en Occident).

Ce gaspillage alimentaire s'effectue dans l'ignorance la mieux partagée du monde : 90 % des personnes n'auraient aucune notion des quantités qu'elles jettent, affirmait en 2008 une autre enquête de la FAO (Organisation des États-Unis pour l'alimentation et l'agriculture).

[...]. Aux trois quarts, le rebut alimentaire provient de denrées devenues périmées (ou jugées comme telles) : fruits et légumes délaissés, barquettes « oubliées », produits à demi consommés, pain rassis... Le dernier quart est constitué de restes de repas.

En restauration collective, le gaspillage est institutionnalisé par des pratiques peu remises en question. Une enquête menée en 2011 par la Ligue de l'enseignement sur les 13 000 repas quotidiens servis dans les cantines scolaires de la communauté d'agglomération de Plaine centrale du Val-de-Marne a montré que l'on jetait 37 % de la viande, 39 % des desserts et 60 % du pain ! Une analyse approfondie identifie plusieurs causes à cet énorme gaspillage.

« *Concernant la viande, nous avons constaté que de plus en plus d'enfants n'y touchaient pas* », constate notamment Nathalie Gandais, responsable d'un groupe de travail sur l'alimentation à Europe Écologie Les Verts, [...]. L'explication tiendrait à certaines options religieuses (interdiction du porc, mode d'abattage du bétail) mais aussi à la médiocre qualité de certains produits.

La communauté d'agglomération a réagi avec des mesures simples. Par exemple, pour le pain, les portions sont plus petites et complétées à la demande. Dès la rentrée de septembre, la cuisine centrale va vivre une petite révolution, avec, pour le plat principal, deux choix : viande, poisson ou œuf, ou alors une association de céréales et de légumineuses, équivalentes en termes de protéines. Par ailleurs, les achats privilégieront la qualité des produits. Avec un effort particulier porté sur les aliments bios et issus d'exploitations locales, ainsi que sur le commerce équitable de temps à autre.

Une bataille plus politique a également été menée pour bousculer le dogme du repas « à cinq composantes » entrée, plat protidique, légumes, fromage et dessert. « *Ce modèle, soutenu par les lobbies agroalimentaires, est globalement trop riche,* explique Nathalie Gandais. *C'est une source importante de gaspillage, accentuée par la pression mise sur les enfants pour qu'ils terminent leur repas dans les délais.* » La cuisine centrale expérimente des repas à quatre composantes, qui pourraient bientôt être servis jusqu'à quatre fois par semaine.

Le budget et les tarifs de restauration resteront inchangés : la communauté d'agglomération fait le pari que la limitation des volumes jetés couvrira les surcoûts éventuels. Parmi les gains pour la collectivité, l'économie des coûts de traitement des déchets, à raison de 115 euros environ la tonne d'ordures ménagères incinérées.

La lutte contre le gaspillage, si elle se généralise, pourrait modifier les prospectives agroalimentaires à l'horizon 2050, quand la population mondiale comptera environ 9 milliards d'habitants : l'impératif d'accroissement de la production mondiale d'aliments, soutenu par les firmes chimiques et biotechnologiques (plus d'engrais et de pesticides, recours aux Organismes Génétiquement Modifiés, OGM), pourrait être remis en cause.

Outre une réduction des rebus alimentaires, la substitution d'une partie des rations carnées par des plats végétariens ira dans le même sens : il faut jusqu'à sept fois plus de surface agricole pour produire une calorie animale qu'une calorie végétale.

Politis n° 1211, du12/07/2012 au 18/07/2012, Patrick Piro

Questions

1 Comparez les chiffres du gaspillage dans les pays industriels et les pays pauvres et donnez-en les causes. (5 points)

2 Expliquez ce qui se passe dans la restauration de collectivité. Pourquoi ? (6 points)

3 Dites quelles solutions contre le gaspillage sont envisagées dans le texte. En verriez-vous d'autres, lesquelles ? Argumentez votre réponse. (6 points)

Comment aborder le sujet ?

Le texte se présente sous la forme d'un article qui fait un constat, celui du gâchis concernant l'alimentation dans les pays industrialisés. Plusieurs chiffres et résultats d'enquêtes viennent étayer cette réflexion et alerter sur une réalité mondiale. Le texte ne semble pas poser de difficultés particulières, il demande une lecture attentive et une analyse pertinente.

Consignes

Les consignes invitent le candidat à un travail d'analyse, de réflexion et d'argumentation. Cela suppose également une connaissance de cette problématique afin d'apporter des éléments de réponse et de réflexion. Le nombre de lignes n'est pas précisé, toutefois, le bon sens vise à rester cohérent, explicite sans faire de « bavardage » inapproprié.

Corrigé

1 Lorsqu'on compare les chiffres du gaspillage entre pays industriels et pays pauvres, plusieurs causes peuvent être évoquées.

Tout d'abord, il apparaît que la proportion d'aliments jetés par habitant dans les pays industrialisés et dans les pays pauvres reste importante même si elle double dans les pays occidentaux. Toutefois, les causes ne sont pas les mêmes, puisque des raisons de stockage et de transport expliquent le chiffre dans les pays pauvres, en revanche, une bonne part de gaspillage dans les pays industriels relève de la responsabilité des foyers. Ce qui n'est absolument pas le cas en Afrique.

Ce constat peut s'expliquer pour plusieurs raisons. La première se réfère à la notion de consommation liée à la richesse des pays industrialisés. Les sociétés devenues consommatrices grâce à une économie florissante, semblent ne plus accorder la même valeur à l'alimentation. On parle dans nos sociétés de surpoids, d'obésité là où dans certains pays d'Afrique on parle toujours de famine ou de carences alimentaires, voire de sous-alimentation. De même, les technologies ont favorisé une production toujours plus accrue, au nom de la productivité et de la rentabilité.

On peut également envisager les difficultés économiques et politiques qui touchent les pays pauvres, aggravées par des considérations d'ordre climatique. À l'heure de la mondialisation, ces chiffres traduisent enfin deux types de comportement qui reflètent des réalités différentes voire opposées, et qui devraient alerter sur une meilleure gestion et un autre partage des ressources.

2 Dans la restauration collective, une enquête révèle l'importance des aliments jetés : 37 % de viande, 39 % de desserts et 60 % de pain. Cela vient montrer l'importance du gaspillage dans ces collectivités. Plusieurs raisons peuvent l'expliquer : tout d'abord, l'abondance alimentaire, mais aussi les changements d'habitudes et le respect de certaines croyances. Face à ce constat, il a été décidé de réduire les portions, de modifier les choix proposés, de privilégier la qualité sans modifier les tarifs et ainsi réduire le coût de traitement des déchets.

Ces mesures permettent ainsi de limiter le gaspillage, de sensibiliser les enfants à cette problématique, d'offrir une plus grande variété d'alimentation, de faire fonctionner l'économie locale, de répondre aux besoins nutritionnels des enfants, et dans le même temps de respecter la diversité des cultures.

❸ Ce texte extrait de Politis aborde la notion de gaspillage dans le domaine de la production alimentaire. Face à ce constat, le texte évoque certaines mesures prises ou envisagées. Toutefois, au regard de l'importance du constat, d'autres solutions autant préventives que concrètes peuvent être proposées.

Plusieurs solutions peuvent être envisagées pour lutter contre le gaspillage. Le texte aborde tout d'abord une première initiative qui consiste à répondre à la demande, afin de limiter les quantités, mais aussi de miser sur la qualité pour limiter les déchets par le fait de privilégier les saveurs. Le texte évoque aussi le partenariat avec la production locale pour une fraîcheur des produits, une implication de la population et une sensibilisation à l'encontre des consommateurs. Enfin, ces mesures limitent les déchets et par ce fait réduisent le coût de leur traitement, ce qui permet de ne pas augmenter le prix des repas et donc de satisfaire une majorité des personnes concernées.

Les autres solutions qui pourraient être proposées seraient, dans un premier temps, de sensibiliser davantage la population par des campagnes d'information. Dans un second temps, ces campagnes pourraient également être axées sur l'incitation à modifier nos habitudes alimentaires et à favoriser la confection de plats à la maison, dans le but de mieux gérer les produits de nos frigos et autres garde-manger. Dans un autre ordre, il pourrait être envisagé d'imposer des règles strictes aux industriels quant à l'affichage très clair de la teneur en sucre et en gras dans les produits et confections, de manière à les inciter davantage à mettre en vente des plats ou des produits de meilleure qualité nutritionnelle. De même, favoriser les producteurs locaux est une façon d'encadrer la production, en dehors d'un atout économique. Enfin, à une échelle plus importante, il semble essentiel de réfléchir à une meilleure répartition et à un plus grand partage des richesses et des ressources.

Outre une réduction des déchets et un développement de l'alimentation végétarienne, des solutions peuvent non seulement sensibiliser la population, mais aussi l'inciter à consommer mieux, de manière plus responsable et plus équitable.

Tests d'aptitude

COEFFICIENT
1

DURÉE
2
heures

- Planning de révision 194
- Méthodologie et conseils 195
- Le cours et les entraînements 196
- Sujets inédits corrigés 258

Planning de révision

PÉRIODE	DURÉE	CONTENU DES RÉVISIONS
PÉRIODE 1	1 semaine	**Les tests de raisonnement logique :** Les séries de symbole à découvrir **Les tests d'aptitude numérique :** Le calcul
PÉRIODE 2	1 semaine	**Les tests de raisonnement logique :** Les séries logiques **Les tests d'aptitude numérique :** Les critères de divisibilité, le PCGD et le PCCM Les fractions
PÉRIODE 3	1 semaine	**Les tests de raisonnement logique :** La logique verbale **Les tests d'aptitude numérique :** Les puissances Les racines
PÉRIODE 4	1 semaine	**Les tests de raisonnement logique :** La logique spatiale Le codage **Les tests d'aptitude numérique :** Les unités de mesure Les périmètres, aires et volumes La proportionnalité et les pourcentages
PÉRIODE 5	1 semaine	**Les tests de raisonnement logique :** La logique numérique **Les tests d'organisation :** Les plateaux d'infirmières
PÉRIODE 6	1 semaine	**Les tests d'aptitude numérique :** Les problèmes de temps et de vitesse **Les tests d'organisation :** Les logigraphes
PÉRIODE 7	1 semaine	**Les tests d'aptitude numérique :** Les équations **Les tests d'organisation :** L'organisation de données
PÉRIODE 8	1 semaine	**Les tests d'aptitude numérique :** Le dénombrement et les probabilités **Les tests d'attention et d'observation**
PÉRIODE 9	De 2 semaines à 1 mois	**Travail régulier de 1 heure par jour** sur l'ensemble des types de tests
PÉRIODE 10	De 1 à 3 mois	**Entraînement chronométré** sur des sujets complets et sur des exercices divers au moins 1 heure par jour

Méthodologie et conseils

Les **tests d'aptitude** constituent la deuxième partie de l'épreuve écrite d'admissibilité au concours d'entrée en IFSI. Cette épreuve dure 2 heures, souvent bien remplies !

Le but de ces tests est d'évaluer vos « **capacités de raisonnement logique et analogique, d'abstraction, de concentration, de résolution de problème et les aptitudes numériques** ».

En clair, des problèmes de logique (Mastermind©, séries alphanumériques, logique verbale...), des mathématiques (calculs, problèmes...), des tests d'attention, des tests d'organisation. Mais, comme dans le métier d'infirmier, vous devez être préparé à toute éventualité !

Le but de votre préparation à cette épreuve va être de comprendre et d'acquérir les mécanismes mis en jeu dans ce type de tests, de vous entraîner comme un sportif de haut niveau et d'être finalement paré pour le concours !

Vous l'aurez compris, beaucoup de **concentration** et un **entraînement quotidien** sont les clés de la réussite à l'épreuve de tests d'aptitude ! Alors, au travail !

Le cours
et
les entraînements

1 | Les tests de raisonnement logique

1. Les séries de symboles à découvrir (type Mastermind©)

Nous avons tous déjà joué au moins une fois dans notre vie au jeu de société Mastermind© : une combinaison de pions de couleur est choisie par un joueur, l'autre doit la découvrir en faisant des propositions de combinaisons.

L'exercice dont nous parlons n'est pas à proprement parler un plateau de jeu avec des pions de couleur : votre but dans cet exercice est de **découvrir une combinaison de lettres, de chiffres, de symboles** en vous aidant des informations fournies. Il s'agit en quelque sorte de découvrir quelle combinaison un super joueur a inventé en s'aidant de propositions faites par un autre joueur. Il n'y a qu'une lettre (chiffre ou symbole) de chaque sorte dans la série « secrète ».

L'exercice se présente sous la forme d'un « carré » de chiffres, de lettres, de symboles. Chaque ligne est suivie d'informations sur le nombre de chiffres, lettres ou symboles présents dans la combinaison à découvrir et sur leur place dans cette combinaison.

Exemple : On veut trouver la solution du Mastermind© suivant :

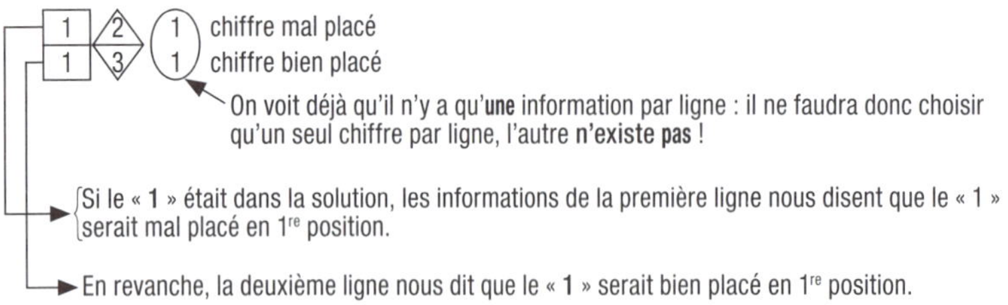

Le « 1 » n'ayant pas le don d'ubiquité, il ne peut pas être à la fois bien placé et mal placé en 1re position : il n'appartient donc pas à la solution. On peut l'éliminer.

Il ne reste donc plus que le « 2 » sur la première ligne et le « 3 » sur la deuxième ligne.

D'après les informations de la première ligne, le « 2 » est mal placé en 2e position, il est donc en 1re place.

D'après les informations de la deuxième ligne, le « 3 » est bien placé en 2e position, il est donc en 2e place.

La solution est donc : **2 3**

REMARQUE Les exercices de type Mastermind© peuvent prendre toutes les formes possibles et imaginables : des symboles placés en colonnes, des informations codées de différentes façons… Vous pourrez résoudre toutes ces formes de la même façon que les formes de base.

Exemple : Voici une forme qui peut paraître compliquée mais qui, après traduction dans un langage plus humain, se résout comme tout autre Mastermind©.

(1)	(2)	(1)
A	A	B
C	D	C
B	B	D
(1)	(0)	(1)

← Le chiffre situé au-dessus de chaque colonne donne le nombre de lettres mal placées dans cette colonne.

← Le chiffre placé sous chaque colonne indique le nombre de lettres bien placées que la colonne a en commun avec la combinaison.

Les lettres A, B, C, D sont placées en colonnes.

Il y a 2 informations par colonne (en effet 1 + 1 = 2 + 0 = 2) : il faudra donc éliminer une lettre dans chaque colonne.

La 2e colonne a deux lettres communes avec la solution mais à la mauvaise place. Si le « A » était dans la solution, il ne pourrait donc pas être en haut de la colonne. De même, le « B » ne pourrait pas être en bas.

En comparant cette 2e colonne avec la 1re colonne, on en déduit que le symbole bien placé de la 1re colonne est donc le « C ». On a donc déjà cette première conclusion : le « C » est au centre de la colonne.

(1)	(2)
A	A
C	D
B	B
(1)	(0)

En comparant les deux premières colonnes avec la 3e, on voit que le « B » ne peut être ni en haut ni en bas de la colonne : il n'est donc pas dans la solution, on peut l'éliminer.

Il ne reste donc que les lettres « A » et « D » pour compléter la solution : le « A » ne peut pas être en haut, la place centrale est prise par le « C », le « A » est donc en bas de la colonne.

La solution est donc :

D

C

A

Comme vous avez certainement pu le remarquer avec ces deux petits exemples, il faut avoir les yeux partout pour pouvoir résoudre ces petits problèmes sympathiques.

Il est donc important dans ce type d'exercice d'être très méthodique : bien noter les suppositions que vous faites, commencer par raisonner sur les lignes (ou colonnes) contenant le plus d'informations...

De plus, comme pour l'ensemble des tests d'aptitude, il est très **important de s'entraîner** : vous acquerrez des **réflexes** et gagnerez en **rapidité**.

Ne l'oubliez pas, la préparation aux tests est un marathon.

Entraînement n° 1

Difficulté XXX | Durée 10 min

Questions

Soit un ensemble de 6 éléments : **1 2 3 4 5 6**.
Vous avez à découvrir des ensembles de 2, 3 ou 4 éléments dont l'identité et la place se déduisent logiquement par raisonnement sur les données fournies.
MP signifie « mal placé » et BP signifie « bien placé ».

❶

~~1~~	2	1 MP
3	~~1~~	1 MP

❷

1	~~2~~	1 MP
3	~~4~~	1 MP
~~4~~	~~2~~	1 MP

❸

1	~~2~~	3	1 MP et 1 BP
4	~~2~~	1	3 MP

❹

1	2	3	1 MP
2	1	4	2 MP
5	1	3	1 BP

❺

1	2	3	1 MP
1	4	5	1 BP
6	5	3	1 BP

❻

1	2	3	1 BP
4	2	1	1 MP et 1 BP
4	5	1	1 MP

❼

1	2	3	1 BP
3	4	5	1 BP
2	6	4	1 BP

❽

1	2	3	1 MP et 1 BP
4	5	2	1 MP et 1 BP
3	5	1	1 MP et 1 BP

❾

1	2	3	1 MP
3	4	2	1 BP
3	5	6	1 MP
5	4	2	1 BP
1	3	5	1 MP

❿

1	2	4	3	3 MP
4	3	5	2	2 MP
6	4	1	2	4 MP

⓫

1	2	3	4	2 MP
1	4	5	6	1 MP et 2 BP
5	4	6	2	2 MP

⓬

1	2	3	4	3 BP
1	2	5	3	2 BP
4	5	3	2	2 MP

⓭

1	2	3	4	3 MP et 1 BP
1	2	4	5	1 MP et 2 BP
3	2	4	1	3 MP et 1 BP

⓮

1	2	3	4	2 BP
1	2	5	4	3 BP
6	2	3	4	3 BP

⓯

3	4	5	6	2 MP et 2 BP
5	4	6	3	2 MP et 2 BP
6	3	5	4	2 MP et 2 BP

Entraînement n° 2

Difficulté ✗✗✗ | Durée 5 min

Questions

Dans ce type d'exercice, chaque mot est suivi d'un chiffre indiquant le nombre de lettres qu'il a en commun **et** à la même place avec le mot à découvrir.
Vous devez trouver le mot caché en vous servant de ces indications.

❶

~~P~~	A	I	T	R	E	4
R	O	U	G	E	S	2
M	A	U	V	E	S	1
~~P~~	~~R~~	~~I~~	~~S~~	O	N	1
M	A	~~I~~	S	O	N	0

❷

D	I	A	B	L	E	3
D	I	U	R	N	E	2
M	E	U	B	L	E	2
P	O	U	P	E	E	2
M	A	R	B	R	E	1
S	E	U	L	E	S	1
D	E	M	A	I	N	1
M	O	U	L	E	E	1
M	E	U	T	E	S	0

Corrigé n° 1

❶

~~1~~	2	1 MP
3	~~1~~	1 MP

Le 1 serait mal placé en 1re et en 2e place ⇒ pas de 1 dans la solution.
Le 2 n'est pas en 2e place ⇒ le 2 est en 1re place. Le 3 n'est pas en 1re place ⇒ le 3 est en 2e place.

Solution : 2 3

❷

~~1~~	2	1 MP
3	~~4~~	1 MP
~~4~~	2	1 MP

Solution : 2 3

❸

1	2	~~3~~	1 MP et 1 BP
4	2	1	3 MP

Solution : 1 4 2

❹

~~1~~	2	~~3~~	1 MP
2	~~1~~	4	2 MP
5	~~1~~	~~3~~	1 BP

Le 1 serait bien et mal placé en 2e place ⇒ pas de 1 dans la solution.
Les deux éléments mal placés de la 2e ligne sont le 2 et le 4 ⇒ pas de 3 dans la solution. Le 5 est le seul restant dans la 3e ligne ⇒ le 5 est en 1re place.

Solution : 5 4 2

❺

~~1~~	2	~~3~~	1 MP
~~1~~	4	~~5~~	1 BP
6	~~5~~	~~3~~	1 BP

Solution : 6 4 2

❻

~~1~~	2	~~3~~	1 BP
4	2	~~1~~	1 MP et 1 BP
4	~~5~~	~~1~~	1 MP

Face à ce Mastermind© vous vous dites : utilisons tous les « outils » de base.
On compare les lignes 1 et 3 (une avec un élément bien placé, l'autre un élément mal placé) : rien, impossible d'éliminer un chiffre avec certitude…
Vous prenez votre courage à deux mains, aucune certitude n'arrive… Vous allez devoir supposer ! Cela peut paraître compli-

qué mais, en respirant bien et en restant bien concentré, il n'y a rien de bien sorcier ! Si on choisit le 1 comme élément bien placé en 1re place sur la première ligne ⇒ pas de 2 ni de 3 dans la solution ⇒ le 4 et le 1 sont dans la solution (2e ligne) ⇒ le 1 est mal placé en 3e place et le 4 est bien placé en 1re place. Ceci est impossible : le 1 et le 4 devraient être bien placés à la même place !
Voilà une bonne chose de faite : on sait maintenant qu'il n'y a pas de 1 dans la solution !
On peut alors raisonner comme d'habitude et on trouve que le 2 est en 2e place, le 4 en 3e place.
Un nouveau problème se pose : qui allons-nous mettre en 1re place ?
On a éliminé les 1, 3, 5 et utilisé les 2 et 4. Il nous reste le 6, qui prendra la 1re place.

Solution : 6 2 4

❼

1	~~2~~	~~3~~	1 BP
~~3~~	~~4~~	5	1 BP
~~2~~	6	~~4~~	1 BP

Solution : 1 6 5

❽

~~1~~	2	3	1 MP et 1 BP
~~4~~	5	2	1 MP et 1 BP
3	5	~~1~~	1 MP et 1 BP

Solution : 2 5 3

❾

1	~~2~~	~~3~~	1 MP
~~3~~	4	~~2~~	1 BP
~~3~~	~~5~~	6	1 MP
~~5~~	4	~~2~~	1 BP
1	~~3~~	~~5~~	1 MP

Solution : 6 4 1

❿

1	2	4	~~3~~	3 MP
4	~~3~~	~~5~~	2	2 MP
6	4	1	2	4 MP

Solution : 2 1 6 4

⓫

1	~~2~~	3	~~4~~	2 MP
1	~~4~~	5	6	1 MP et 2 BP
5	~~4~~	6	~~2~~	2 MP

Solution : 3 1 5 6

⓬

1	2	~~3~~	4	3 BP
1	2	~~5~~	~~3~~	2 BP
4	~~5~~	~~3~~	2	2 MP

Solution : 1 2 6 4

⓭

1	2	3	4	3 MP et 1 BP
1	2	4	~~5~~	1 MP et 2 BP
3	2	4	1	3 MP et 1 BP

Solution : 1 3 4 2

⓮

~~1~~	2	~~3~~	4	2 BP
~~1~~	2	5	4	3 BP
6	2	~~3~~	4	3 BP

Solution : 6 2 5 4

⓯

3	4	5	6	2 MP et 2 BP
5	4	6	3	2 MP et 2 BP
6	3	5	4	2 MP et 2 BP

Solution : 6 4 5 3

Corrigé n° 2

❶

P	~~A~~	~~I~~	T	R	E	4
~~R~~	O	U	~~G~~	~~E~~	~~S~~	2
~~M~~	~~A~~	U	~~V~~	~~E~~	~~S~~	1
P	~~R~~	~~I~~	~~S~~	~~O~~	~~N~~	1
~~M~~	~~A~~	~~I~~	~~S~~	~~O~~	~~N~~	0

Aucune des lettres du mot MAISON n'est à la bonne place, on peut donc barrer tous les M en 1re place, A en 2e place..., N en 6e place.
Dans le mot PAITRE, il nous reste 4 lettres qui sont bien placées : le P, le T, le R et le E.
Dans PRISON la lettre bien placée est donc le P et on peut barrer le R.
Il ne nous reste alors plus que le O et le U de ROUGES pour les 2e et 3e lettres.
Le mot à trouver est donc **POUTRE**.

❷

~~D~~	I	~~A~~	~~B~~	L	E	3
~~D~~	I	~~U~~	~~R~~	~~N~~	E	2
~~M~~	~~E~~	~~U~~	~~B~~	L	E	2
~~P~~	~~O~~	~~U~~	P	~~E~~	E	2
~~M~~	~~A~~	~~R~~	~~B~~	~~R~~	E	1
S	~~E~~	~~U~~	~~L~~	~~E~~	~~S~~	1
~~D~~	~~E~~	M	~~A~~	~~I~~	~~N~~	1
~~M~~	~~O~~	~~U~~	~~L~~	~~E~~	E	1
~~M~~	~~E~~	~~U~~	~~T~~	~~E~~	~~S~~	0

Solution : S I M P L E

2. Les séries logiques

Dans ce genre de tests, on vous donne une **série d'« objets »** (chiffres, lettres, figures, symboles, cartes à jouer...). Cette série suit une certaine **logique**. Le but de l'exercice est de compléter la série en suivant la même logique.

La première chose à faire quand vous êtes confronté à une telle série est d'identifier le genre d'« objets » auxquels vous avez affaire. Vous pourrez ensuite identifier le lien logique entre les différents termes de la série.

L'idéal est de vous présenter quelques exemples de séries sachant que vous pourrez toujours en rencontrer de nouvelles (il y en a une infinité…) et que la seule chose à faire est d'avoir les bons réflexes. Il faudra donc vous **entraîner** !

A. Les séries de nombres

Voici une série incomplète : 3 6 9 ♥ 15
On voit que les nombres vont de 3 en 3, le ♥ vaut donc **12**.
Voici une autre série : 5 6 8 11 15 ♥
On remarque que : $5 + 1 = 6$
$6 + 2 = 8$
$8 + 3 = 11$
$11 + 4 = 15$
D'où ♥ = 15 + 5 = **20**

Et une dernière : 4 9 18 23 46 ♥

On remarque que : $4 + 5 = 9$

$9 \times 2 = 18$

$18 + 5 = 23$

$23 \times 2 = 46$

D'où ♥ = 46 + 5 = **51**

B. Les séries de lettres

L'idéal, pour les séries impliquant des lettres, est de faire dans un petit coin de votre feuille un petit tableau d'une grande utilité :

A	B	C	D	E	F	G	H	I	J	K	L	M
1	2	3	4	5	6	7	8	9	10	11	12	13
N	O	P	Q	R	S	T	U	V	W	X	Y	Z
14	15	16	17	18	19	20	21	22	23	24	25	26

Voici une série incomplète : T Q N ♥ H.

On voit que l'on « remonte » l'alphabet en sautant 2 lettres à chaque fois, le ♥ est donc **K.**

Voici une autre série : A ZY F VU K RQ ♥

On remarque qu'il y a 2 séries imbriquées :

A F K ♥ et ZY VU RQ.

La 2e série ne nous intéresse pas, elle est complète.

Au sujet de la première, on voit qu'il y a un saut de 4 lettres entre A et F, F et K, donc ♥ = **P.**

Et une petite dernière : RA IZ UD F♥

On remarque que :

R = 18 et A = 1 alors $18 - 1 = 17$

I = 9 et Z = 26 alors $26 - 9 = 17$

U = 21 et D = 4 alors $21 - 4 = 17$

F = 6 donc ♥ = 17 + 6 = 23 = **W**

C. Les séries alphanumériques

Ces séries qui sont constituées de nombres et de lettres nécessitent **absolument** un tableau d'alphabet chiffré, comme celui que nous avons fait dans les exemples précédents.

Voici une série incomplète : A(3)B B(6)D D(9)E E(♥)G.

On voit que : A = 1, B = 2 et $1 + 2 = 3$

B = 2, D = 4 et $2 + 4 = 6$

D = 4, E = 5 et $4 + 5 = 9$

E = 5, G = 7 donc ♥ = 5 + 7 = **12.**

Voici une autre série :

3jaune5 2bleu4 3rouge5 3indigo6 ♥vert♥

On remarque que :

– jaune comporte 5 lettres dont 3 voyelles ;

– bleu comporte 4 lettres dont 2 voyelles ;
– rouge comporte 5 lettres dont 3 voyelles ;
– indigo comporte 6 lettres dont 3 voyelles ;
– vert comporte **4** lettres dont **1** voyelle.
La réponse est donc 1 et 4.

D. Les dominos

Il faut bien garder en tête que les dominos ne contiennent que les chiffres de 0 (blanc) à 6. Vous devez alors raisonner de la même façon que pour des séries de nombres.

Voici une série de dominos, vous devez remplacer les **?** par les valeurs qui conviennent :

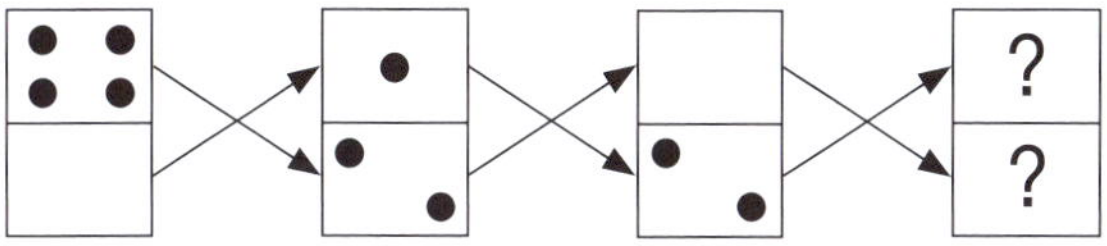

Les séries formées par chacune des parties des dominos sont indépendantes.
On voit qu'il a 2 séries imbriquées en zigzag.
La série partant du haut du premier domino est : 4 2 0 **?**
Elle va de 2 en 2, à l'envers. Le **?** vaut donc **5**.
La série partant du bas du premier domino est simple : 0 1 2 **?**
On cherche donc le **3**.

E. Les cartes

Dans ce genre d'exercice, vous ne trouverez que les cartes « chiffrées » (de 1 à 10). Il s'agit donc de la même logique que dans les séries numériques. Cependant, vous devez aussi trouver la couleur (cœur, carreau, trèfle, pique) de la carte manquante.

Il y a donc 2 logiques à découvrir !

Voici un ensemble de cartes. Vous devez trouver la carte manquante :

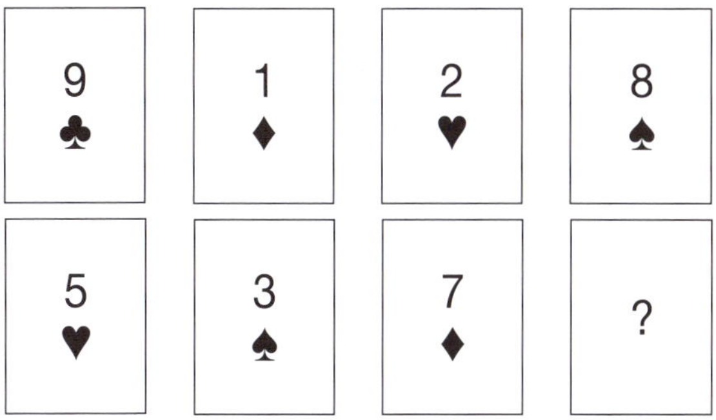

On remarque que toutes les couleurs sont présentes sur la première ligne, la carte manquante sera donc du trèfle.

On remarque également que 9 + 1 + 2 + 8 = 20.

La somme des valeurs des cartes de la 2e ligne doit donc être également de 20 : 5 + 3 + 7 = 15.

La carte manquante est donc un **5 de trèfle.**

Entraînement n° 3

Difficulté ✗✗✗ | Durée 5 min

Questions

Remplacez le symbole ♣ par la réponse de votre choix.

❶

quinze	deux cent six	cent quinze
deux cent douze	cent douze	douze
cent neuf	♣	deux cent neuf

❷

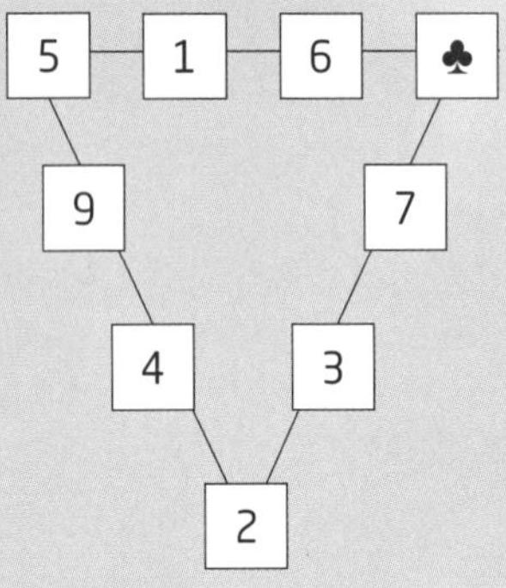

❸

2	4	8	Q
1	7	3	♣
6	5	9	V
N	S	V	

❹

F	V	J	R	N
X	H	T	♣	P

❺ C F A ♣ Y

❻ 4H 5J 7N 11♣

Corrigé n° 3

❶ C'est un carré magique : la somme de chaque ligne vaut
15 + 206 + 115 = 212 + 112 + 12 = 336.
Donc ♣ = 336 - 109 - 209 = 18 = **dix-huit**.

❷ La somme de chaque côté du triangle vaut :
5 + 9 + 4 + 2 = 20.
Donc ♣ = 20 - 7 - 3 - 2 = 20 - 6 - 1 - 5 = **8**.

❸ Si on fait la somme de la première colonne, on trouve 2 + 1 + 6 = 9 (d'où N comme **N**euf).
Si on fait la somme de la deuxième colonne, on trouve 4 + 7 + 5 = 16 (d'où S comme **S**eize).
Et ainsi de suite avec les autres lettres.
Donc si on fait la somme de la deuxième ligne, on trouve 1 + 7 + 3 = 11 (**O**nze).
Donc ♣ = **O**.

❹ C'est une série en zigzag qui part de F : on saute une lettre et on trouve H.
Donc ♣ = **L**.

❺ On a :

C	**F**		**A**	**♣**	**Y**
3 (+ 3) =	**6** (- 5)	=	**1** (+ 3) =	**4**	**25**

Donc ♣ est la 4e lettre de l'alphabet : **D**.

❻ On a : 4H 5J 7N 11♣
H est la 8e lettre de l'alphabet, J est la 10e lettre de l'alphabet, N est la 14e lettre de l'alphabet, ♣ est donc la 11 × 2 = 22e lettre de l'alphabet, le **V**.

3. La logique verbale

Le but de ces tests est de tester votre compréhension de textes simples mais aussi votre capacité à raisonner sur des mots (avec les syllogismes par exemple).

Il ne faut absolument pas interpréter les textes qui vous sont donnés mais les comprendre comme un ensemble de connexions logiques.

Nous allons voir quelques exemples qui ne constituent pas un ensemble exhaustif des exercices possibles mais une ligne de conduite dans le raisonnement à suivre.

A. Les syllogismes

Ne cherchez surtout pas à vous raccrocher à la réalité, il s'agit de logique pure.

On vous donne des phrases (les prémisses), à vous de voir quelle est la conclusion logique (parmi quelques propositions de conclusion).

La meilleure méthode est de raisonner sur un **schéma**.

Exemple 1 :

Tous les chats voient dans le noir.

Aucun animal gris ne voit la nuit.

Faisons un schéma :

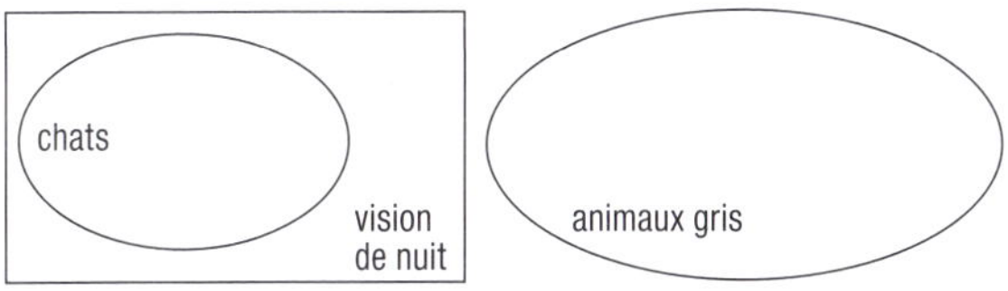

Donc aucun chat n'est gris.

Exemple 2 :

Tous les anges ont des ailes.

Quelques animaux ont des ailes.

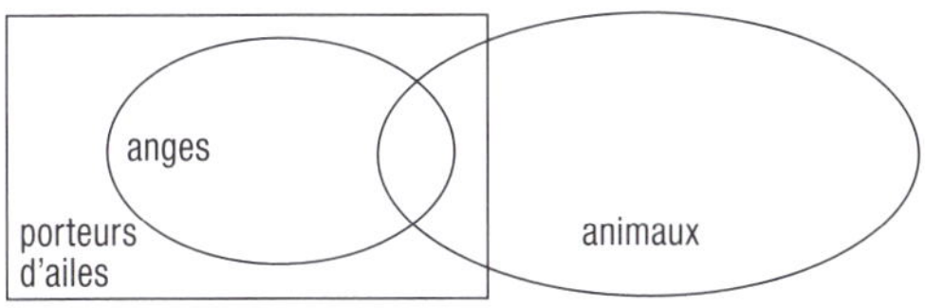

Certains animaux peuvent donc être des anges.

B. La compréhension de texte

On vous donne un texte simple. On vous pose des questions sur ce texte. Vous devez y répondre en vous **basant uniquement sur le texte**, sans **aucune interprétation**.

Voici un texte simple :

« La bibliothèque municipale est ouverte au public sous certaines conditions. Le lundi, aucune personne ne peut venir à la bibliothèque. Le mercredi les enfants de moins de 12 ans sont les seuls à pouvoir venir emprunter des livres. Le mardi et le jeudi il n'y a aucune restriction. »

Il faut répondre aux questions suivantes.

■ Sophie, le dimanche, prépare les livres qu'elle veut rapporter le lendemain à la bibliothèque. Elle le pourra.
a. vrai **b. faux** **c.** on ne peut se prononcer avec certitude
Ceci est faux, la bibliothèque étant fermée le lundi.

■ Jeanne voudrait aller à la bibliothèque le mardi, le jeudi et le vendredi. Elle le pourra.
a. vrai **b.** faux **c. on ne peut se prononcer avec certitude**
On ne peut rien dire, on ne connaît pas les conditions d'ouverture de la bibliothèque le vendredi.

■ Le mardi, Julien, 13 ans, se dit qu'il voudrait aller lire quelques livres à la bibliothèque le lendemain. Il le pourra.
a. vrai **b.** faux **c.** on ne peut se prononcer avec certitude
Le mercredi il peut aller consulter des ouvrages mais pas en emprunter.

C. La formation de mots

■ Quel mot forme deux nouveaux mots en complétant chacune des syllabes proposées ? Les verbes conjugués ne sont pas acceptés.
RE (_____) IF PIER (_____) AU
DI (_____) RON OR (_____) MENT
Les mots cherchés sont TARD (retard et tardif), RADE (pierrade et radeau), MANCHE (dimanche et mancheron), DURE (ordure et durement).

■ Trouvez le mot formé par l'association des deux mots ① et ②. Le nombre de tirets représente le nombre de lettres du mot :

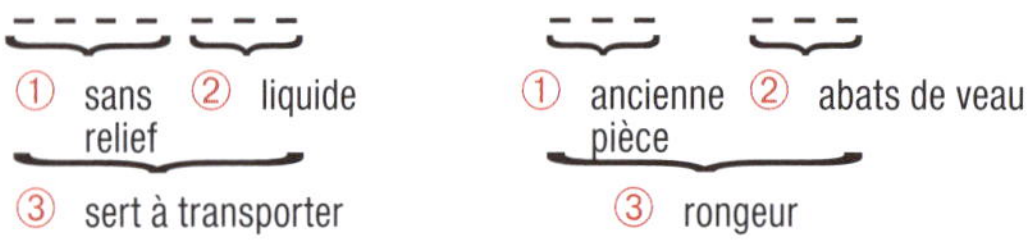

Les mots à trouver sont PLATEAU (plat et eau) et SOURIS (sou et ris).

■ Formez un mot nouveau à partir des lettres des deux mots proposés :
BAR + CE = CIL + LUNE = ERG + TOIT =
Ici, les mots à trouver sont CRABE, LINCEUL et GRIOTTE.

D. Les analogies verbales

Il faut trouver parmi les paires de mots proposées celle qui présente une analogie avec le couple écrit en majuscules.
MER est à EAU, ce que _______ est à _______ .
a. maison – cuisine
b. jardin – clôture
c. mur – brique
d. désert – oasis
La mer est formée d'eau, un mur est formé de briques (réponse c.).

ROSE est à ROUGE, ce que _____ est à _____ .

a. gris – noir

b. fleur – jaune

c. œillet – tulipe

d. fille – femme

Le rose est du rouge mélangé à du blanc, le gris est du noir mélangé à du blanc.

Entraînement n° 4

Difficulté XXX | Durée 5 min

Questions

Répondre aux questions de logique suivantes.

1 Sachant que :
- aucune fourmi n'a peur ;
- de nombreux diabétiques ont peur.

Laquelle (ou lesquelles) des conclusions suivantes découle(nt) directement de ces affirmations ?

a. Aucune fourmi n'est diabétique.

b. Certaines fourmis peuvent être diabétiques.

c. Tous les êtres qui ont peur sont diabétiques.

d. Un diabétique qui a peur ne peut être une fourmi.

2 Si on suppose que :
- aucun fermier n'est idiot ;
- les gens idiots sont adorables ;
- les gens adorables ne boivent pas de champagne.

Laquelle ou (lesquelles) des conclusions suivantes découle(nt) directement de ces affirmations ?

a. Les fermiers ne boivent pas de champagne.

b. Les buveurs de champagne ne sont pas idiots.

c. Les idiots ne boivent pas de champagne.

d. Les fermiers ne sont pas adorables.

3 Sachant que dans une ville :
- tous les chiens sont roux ;
- certains animaux roux ont une bonne vue.

Laquelle (ou lesquelles) des conclusions suivantes découle(nt) directement de ces affirmations ?

a. Aucun chien n'a une bonne vue.

b. Certains chiens peuvent avoir une bonne vue.

c. Aucun chien n'est roux.

d. Tous les animaux ayant une bonne vue sont roux.

Entraînement n° 5

Difficulté XXX | Durée 5 min

Questions

Quel mot forme deux nouveaux mots en complétant chacune des syllabes proposées ? Les verbes conjugués ne sont pas acceptés.

1. PAR —— OUT
2. A —— NÉE
3. DÉP —— ÈRE
4. CAR —— BUS
5. MER —— PRE
6. BOUT —— CE

Entraînement n° 6

Difficulté XXX | Durée 5 min

Questions

Vous devez trouver le mot de la deuxième série qui est, avec le mot donné, dans le même rapport que les deux mots de la première série.

1. DISPUTE réconciliation
   PROBLÈME ?
   a. fête **b.** mathématique **c.** solution **d.** facile
2. CAFÉ grains
   THÉ ?
   a. boisson **b.** théière **c.** sachet **d.** feuilles
3. OISEAU voler
   CHAT ?
   a. miauler **b.** poils **c.** marcher **d.** ronronner
4. BONNET tête
   ESCARPIN ?
   a. main **b.** pied **c.** danser **d.** rouge
5. ORANGE jaune
   VIOLET ?
   a. bleu **b.** secondaire **c.** jaune **d.** rouge

Corrigé n° 4

1. On a le schéma suivant :

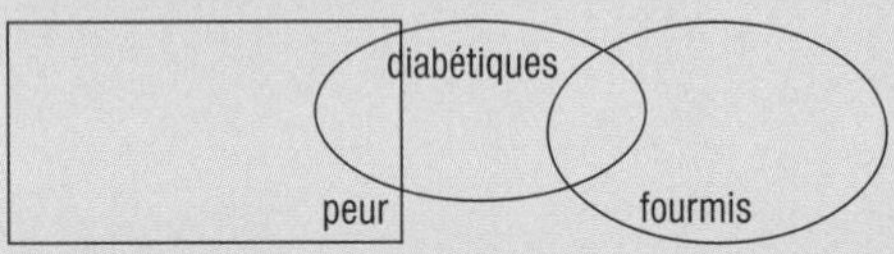

Alors « certaines fourmis peuvent être diabétiques » (réponse b.) et « un diabétique qui a peur ne peut être une fourmi » (réponse d.).

2. On a le schéma suivant :

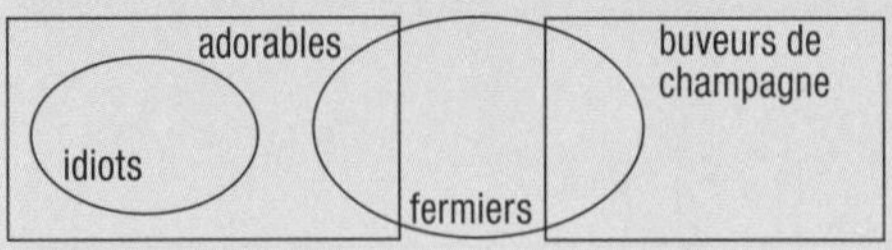

Alors « les buveurs de champagne ne sont pas idiots » (réponse b.) et « les idiots ne boivent pas de champagne » (réponse c.).

3. On a le schéma suivant :

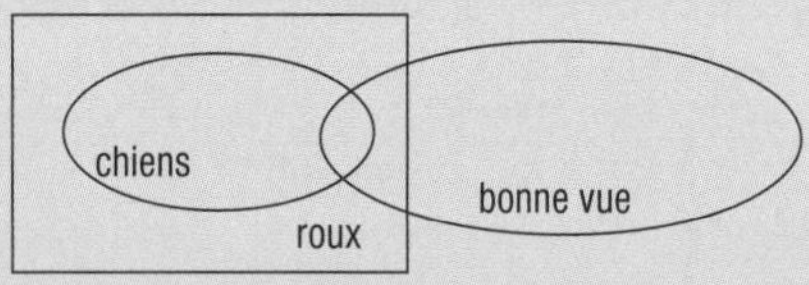

Alors « certains chiens peuvent avoir une bonne vue » (réponse b.).

Corrigé n° 5

1. PAR FAIT OUT
2. A JOUR NÉE
3. DÉP ART ÈRE
4. CAR RÉ BUS
5. MER LE PRE
6. BOUT ON CE

Corrigé n° 6

❶ dispute ≠ réconciliation / problème ≠ solution. Réponse **c**.
❷ on consomme les grains de café / les feuilles de thé. Réponse **d**.
❸ un oiseau vole / un chat marche. Réponse **c**.
❹ un bonnet va sur la tête / un escarpin va au pied. Réponse **b**.
❺ orange = jaune + rouge / violet = bleu + rouge. Réponse **a**.

4. La logique spatiale

Le but de ces tests est de tester votre aptitude à visualiser des figures dans l'espace et à les faire se déplacer, mentalement.

Si vous avez des difficultés à voir dans l'espace, tout n'est pas perdu pour vous, ne vous inquiétez pas ! On peut utiliser quelques trucs pour comprendre les mouvements des figures. Et après un bon entraînement, vous y parviendrez de plus en plus facilement !

Exemples :

- Quelle figure est différente des autres ?

A B C D

La figure C est inversée par rapport aux autres : c'est l'intrus.

Si vous n'arrivez pas à faire tourner les figures dans votre tête, vous pouvez tourner votre feuille ou plus discrètement repérer, par exemple, que la flèche indique le bas quand elle est à gauche dans la figure C, à droite dans les autres figures.

- Quelle figure complète la série ?

A B C

On remarque que le carré noir en haut à gauche semble ne pas bouger. Le deuxième carré « fait le tour » du grand carré dans le sens des aiguilles d'une montre, il avance d'un coin à chaque fois :

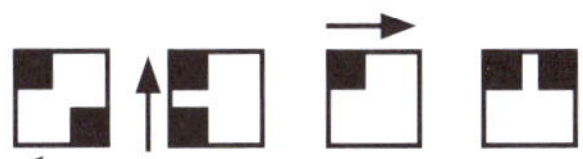

réponse B

- On plie une feuille de papier carrée de la manière suivante :

On découpe le papier plié selon une forme noire puis on déplie le papier. Vous devez trouver à quel carré déplié correspond le carré plié que l'on a découpé.

La bonne réponse est la C.

■ On vous propose un dé. Vous devez trouver quel est le patron (ou dé déplié) qui lui correspond.

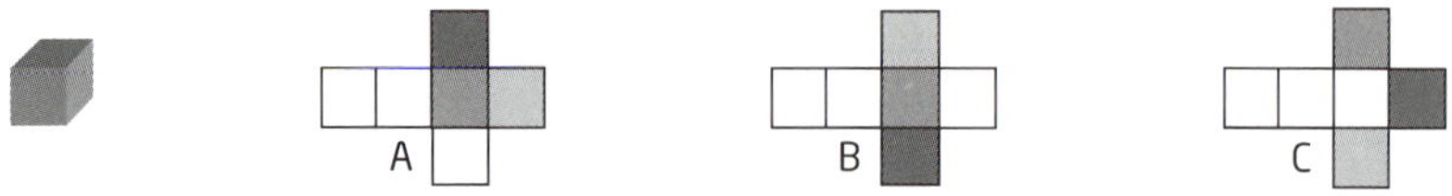

Le patron A correspond au dé proposé.

On peut essayer de « plier » les différents patrons mentalement.

On peut aussi raisonner par « positions relatives » : si la face foncée est au-dessus de la face moyenne, la face claire est à droite.

Et si la vision en 3D n'est vraiment pas votre truc, entraînez-vous à fabriquer des solides « réels » en papier. Mais, attention, le jour du concours ce sera impossible !

Entraînement n° 7	Difficulté XXX	Durée 2 min

Questions

Chaque ligne de dessins et de chiffres constitue une suite logique. Trouvez le symbole suivant.

❶

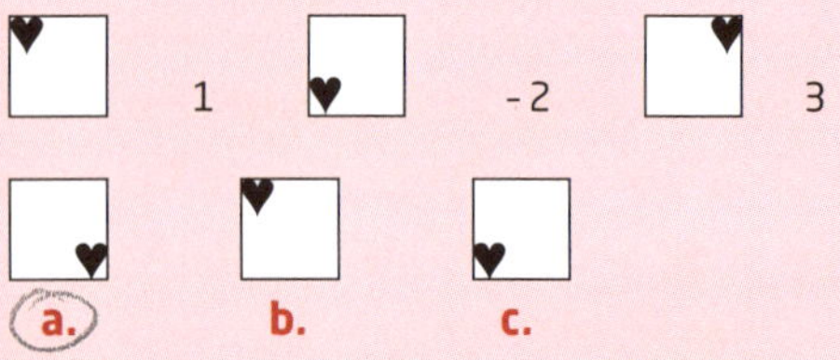

❷

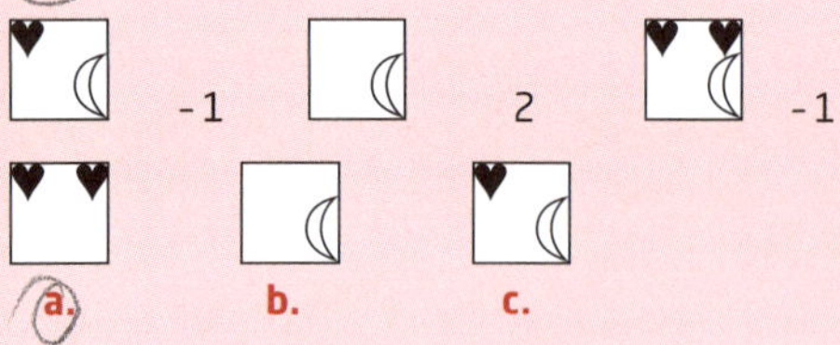

❸

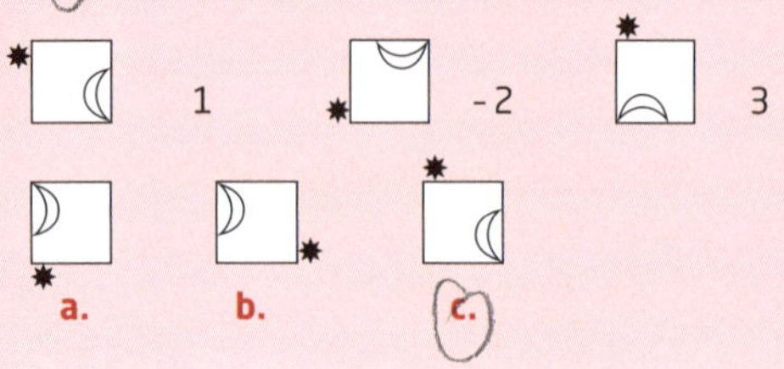

Entraînement n° 8

Difficulté ✗✗✗ | Durée 2 min

Questions

Quel dé déplié correspond au dé proposé ?

❶

❷

❸

Entraînement n° 9

Difficulté ✗✗✗ | Durée 2 min

Questions

Répondre aux questions suivantes en raisonnant par analogie. Vous devez donner la réponse qui vous semble convenir le mieux.

❶ ⦸ est à ○ ce que ⟐ est à :
a. ◈ b. ◊ c. ◇ d. ◈

❷ ✖○ est à ●✚ ce que ◇◇ est à :
a. ◆◆ b. ◆■ c. ◇□ d. ◆□

❸ ◓✱◒ est à ○★ ce que ◀+▶ est à :
a. ◇⅄ b. ◇★ c. ⅄◆ d. ◇+

Corrigé n° 7

❶ Réponse **a.**
❷ Réponse **c.**
❸ Réponse **a.**

Corrigé n° 8

❶ Réponse **b.**
❷ Réponse **a.**
❸ Réponse **c.**

Corrigé n° 9

❶ Réponse **c.**
❷ Réponse **d.**
❸ Réponse **a.**

5. Le codage

Il n'est pas besoin de vous expliquer ce qu'est un code. En revanche, vous expliquer de quelle façon les codes font partie des tests d'aptitude est probablement utile.

La plupart du temps, vous serez face à un texte dans une langue étrange, à vous de traduire. Parfois on vous donnera la clé, parfois non…

Exemples :

■ Chaque lettre de la phrase suivante a été décalée du même nombre de places dans l'alphabet. Décodez cet extrait de *Zadig* de Voltaire :

« Q SUJJU DEKLUBBU, YB JECRQ IQDI SEDDQYIIQDSU ; IQ TEKBUKH BU CYJ QK REHT TK JECRUQK ; YB VKJ BEDWJUCFI CQBQTU ; CQYI UDVYD BQ HQYIED B'UCFEHJQ IKH IED QVVBYSJYED, UJ B'QJHESYJU TU SU GK'YB UFHEKLQYJ IUHLYJ CUCU Q BU SEDIEBUH. »

On voit que la première lettre de la phrase (un Q) est seule, sans apostrophe, cela pourrait être un **A**.

On voit que le U se répète souvent, cela pourrait être le **E.**

On dresse un tableau en faisant correspondre le Q du code au **A** de l'alphabet, on voit bien que le U du code coïncide avec le **E** de l'alphabet :

Alphabet	**A**	**B**	**C**	**D**	**E**	**F**	**G**	**H**	**I**	**J**
Code	Q	R	S	T	U	V	W	X	Y	Z
Alphabet	**K**	**L**	**M**	**N**	**O**	**P**	**Q**	**R**	**S**	**T**
Code	A	B	C	D	E	F	G	H	I	J
Alphabet	**U**	**V**	**W**	**X**	**Y**	**Z**				
Code	K	L	M	N	O	P				

Si on commence à « traduire » la phrase, ça « colle » bien. On peut deviner quelques mots ou lettres au fur et à mesure de la traduction et on trouve :

« À CETTE NOUVELLE, IL TOMBA SANS CONNAISSANCE ; SA DOULEUR LE MIT AU BORD DU TOMBEAU ; IL FUT LONGTEMPS MALADE ; MAIS ENFIN LA RAISON L'EMPORTA SUR SON AFFLICTION, ET L'ATROCITÉ DE CE QU'IL ÉPROUVAIT SERVIT MÊME À LE CONSOLER. »

■ Voici la traduction de quelques expressions dans une langue fictive :

hoit lungi = cette lampe
hoit grunf = cette chaussure
hoit pjoul = ce vase

On voit donc que « hoit » signifie « cette / ce », « grunf » signifie « chaussure », « lungi » signifie « lampe » et « pjoul » signifie « vase ».

Entraînement n° 10

Difficulté ✗✗✗ | Durée 5 min

Question

Si SECONDAIRE = 1 8 6 2 3 5 4 7 9 8, que valent les mots suivants ?

SECOND 186235
AIRE 4798
DONNER 523389
SECONDER 18623589
SONNER 123389
CRI 697
RADIO 94572
ROND 9235
AIDE 4758
NAIN 3473

Entraînement n° 11

Difficulté ✗✗✗ | Durée 5 min

Question

Retrouver la phrase cachée : « Pjeytuitjàupeyutitljouisjeayufaujitsyojnunijd. »

Corrigé n° 10

SECOND = 1 8 6 2 3 5
AIRE = 4 7 9 8
DONNER = 5 2 3 3 8 9
SECONDER = 1 8 6 2 3 5 8 9
SONNER = 1 2 3 3 8 9

CRI = 6 9 7
RADIO = 9 4 5 7 2
ROND = 9 2 3 5
AIDE = 4 7 5 8
NAIN = 3 4 7 3

Corrigé n° 11

On a intégré des lettres « parasites » dans la phrase de départ : le u, le j et le y.

La phrase cachée est :
« Petit à petit, l'oiseau fait son nid. »

6. La logique numérique

Les exercices de logique numérique réussissent un mariage parfait entre les mathématiques et la logique. On se trouve en présence de problèmes qui mélangent le calcul et les séries logiques, les pourcentages et la logique verbale… N'est-ce pas un programme fort réjouissant ?

A. Les opérateurs

On pourrait presque classer ces exercices avec les séries : chaque symbole de la série suivante représente un opérateur mathématique simple (× 2, + 1, – 3, ÷ 2…), Il manque des chiffres dans la série, à vous de les trouver.

Exemples :

6 ♉ 3 ♋ 5 ♍ **A** ♋ 12 ♉ **B** ♍ 18

Il faut commencer par se demander ce que valent les différents opérateurs :

♉ = – 3 ou × 2
♋ = + 2
♍ = ?

La seule certitude que nous ayons est donc que ♋ = + 2. On trouve alors que **A** = 10.

La situation se débloque car on peut maintenant dire que ♍ = × 2.

Et finalement, on trouve que **B** = 9.

B. Le raisonnement sur un tableau à double entrée

Voici la situation : on vous donne des statistiques sur une population, vous devez répondre à des questions.

Exemples :

Dans une promotion de Master, les étudiants ont les yeux soit bleus, soit verts, soit marron. La promotion est composée de filles et de garçons.

On dispose des données suivantes :

– 60 % des étudiants ont les yeux marron ;

– il y a 8 % de filles aux yeux bleus ;

– il y a moitié moins d'étudiants aux yeux verts qu'aux yeux marron ;

– 40 % des étudiants aux yeux verts sont des filles ;

– il y a autant de filles aux yeux marron que de garçons aux yeux verts.

Avec toutes ces données, on peut remplir un tableau à double entrée de ce genre :

	Filles	Garçons	TOTAL
Yeux bleus	**8**	10 – 8 = **2**	100 – (30 + 60) = **10**
Yeux verts	40 % de 30 = (40 × 30)/100 = **12**	30 – 12 = **18**	60/2 = **30**
Yeux marron	**18**	60 – 18 = **42**	**60**
TOTAL	8 + 12 + 18 = **38**	2 + 18 + 42 = **62**	**100**

On lit une grande quantité d'informations dans un tel tableau. Par exemple :

– il y a 42 % de garçons aux yeux marron ;

– parmi les étudiants aux yeux bleus, il y a 2 garçons sur 10, soit 20 % des étudiants aux yeux bleus sont des garçons ;

– 90 % des étudiants n'ont pas les yeux bleus...

C. Les tableaux de chiffres

Les fous de jeux de logique reconnaîtront dans ces exercices des « jeux cérébraux » du type Sudoku© ou Kakuro©. Le but est effectivement de « ranger » des chiffres dans des cases en respectant certaines règles.

Exemple : on veut remplir la grille suivante de telle sorte que chaque ligne, chaque colonne et chaque surface de neuf cases (la forme des surfaces étant variable) contienne les chiffres de 1 à 9.

Pour cela, il faut essayer de placer les chiffres les uns après les autres en vérifiant qu'ils ne sont ni dans la ligne, ni dans la colonne, ni dans la surface.

	1	2	3	4	5	6	7	8	9
A	8			7	1	6	4	5	3
B	3	1		4	9	5	2	7	8
C	5		7	8	3	2	1	9	6
D	2			5	2	4	6	1	9
E	6	9		1	8	3	7	4	5
F	7	5	4	7	6	9	8	3	2
G	4	8	2	3	5	7	9	6	1
H	1	6	5	9	4	8	3	2	7
I	9	7	3	6	2	1	5	8	4

Par exemple, sur la première ligne, le **9** ne peut être ni en A9 ni en A8 car il y a déjà un **9** dans cette zone.

Le **9** ne peut pas non plus être en A7, A5, A4 car il y a déjà un **9** dans les colonnes 4, 5 et 7.

De même, le **9** ne peut pas être en A2 : il est donc dans la case **A3**. Essayons de placer le **9** dans la ligne F. Il ne peut pas être dans les cases F7, F8, F9 car un **9** est déjà présent dans cette zone.

Le **9** ne peut pas être non plus dans les cases F4 et F5 car il y a déjà un **9** dans les colonnes 4 et 5.

Le **9** est donc dans la case **F6**.

On procède ainsi avec tous les autres chiffres et on finit par remplir complètement le tableau…

Voici la correction :

	1	2	3	4	5	6	7	8	9
A	8	2	9	7	1	6	4	5	3
B	3	1	6	4	9	5	2	7	8
C	5	4	7	8	3	2	1	9	6
D	2	3	8	5	7	4	6	1	9
E	6	9	1	2	8	3	7	4	5
F	7	5	4	1	6	9	8	3	2
G	4	8	2	3	5	7	9	6	1
H	1	6	5	9	4	8	3	2	7
I	9	7	3	6	2	1	5	8	4

Entraînement n° 12

Difficulté XXX | Durée 5 min

Questions

Dans un hôtel, les chambres sont soit simples, soit doubles. De plus, elles sont équipées soit d'une douche, soit d'une baignoire.

Répondez aux questions suivantes :

❶ On sait que 20 % des chambres sont simples. Quel est le pourcentage de chambres doubles ?

❷ Parmi les chambres simples, un quart sont équipées d'une baignoire. Quel est le pourcentage de chambres simples équipées d'une douche ?

❸ On sait qu'il y a six fois plus de chambres doubles avec douche que de chambres simples avec baignoire. Quel est alors le pourcentage de chambres doubles équipées d'une douche ?

❹ Quel est le pourcentage de chambres équipées d'une baignoire ?

❺ Quel est le pourcentage de chambres simples parmi les chambres équipées d'une douche ?

Entraînement n° 13

Difficulté XXX | Durée 5 min

Question

Compléter le tableau suivant sachant que les chiffres indiqués dans la dernière colonne et sur la dernière ligne représentent la somme de chaque alignement.

5	4	-1	6	= 14
?	3	2	-7	= 6
9	1	-2	5	= 13
?	-3	**?**	2	= **?**
= 25	= 5	= 12	= 6	

Entraînement n° 14

Difficulté XXX | Durée 3 min

Question

Dans la série suivante, les symboles représentent des opérateurs simples (par exemple +1, ×2, ×3). Trouver les nombres qui remplacent les lettres A, B, C :

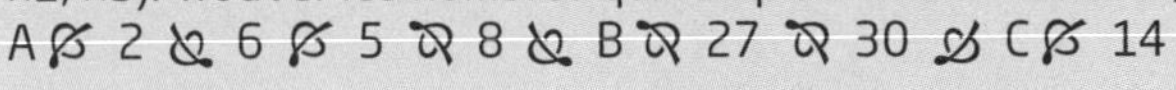

Corrigé n° 12

On peut dresser un tableau à double entrée résumant la situation :

	Simples	Doubles	TOTAL
Douche	20 - 5 = **15**	6 × 5 = **30**	15 + 30 = **45**
Baignoire	20 ÷ 4 = **5**	80 - 30 = **50**	5 + 50 = **55**
TOTAL	**20**	100 - 20 = **80**	**100**

❶ Il y a 80 % de chambres doubles.

❷ Il y a 15 % de chambres simples équipées d'une douche.

❸ Le pourcentage de chambres doubles équipées d'une douche est de 30 %.

❹ 55 % des chambres sont équipées d'une baignoire.

❺ Il y a 15 chambres simples équipées d'une douche parmi les 45 chambres équipées d'une douche, soit un pourcentage de (15 ÷ 45) × 100 = 100 ÷ 3 ≈ 33,3 %.

Corrigé n° 13

5	4	-1	6	= 14
8	3	2	-7	= 6
9	1	-2	5	= 13
3	-3	**13**	2	= **15**
= 25	= 5	= 12	= 6	

Corrigé n° 14

On remarque que  représente soit ×3 soit +4, 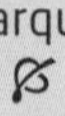 représente -1,  représente +3.
On a donc **A = 3**, **B = 24**, **C = 15**.

2 | Les tests d'aptitude numérique

1. Le calcul

Oubliez vos calculatrices et retournez au **calcul mental** ! Tout au long de ce chapitre, vous allez pouvoir réviser toutes les **règles** de calcul et quelques **astuces** de calcul « rapide ». Tout cela vous servira aussi bien pour répondre à des questions de calcul « pur » que pour résoudre des problèmes (que nous verrons plus loin).

Comme toujours, vous devez être rapide, donc **entraînez-vous** : tous les prétextes doivent être bons pour calculer de tête, quand vous faites vos courses, par exemple.

A. Les opérations

■ La **valeur absolue** d'un nombre n (notée $|n|$) est la valeur de ce nombre sans son signe.

Exemples :

$|-1| = 1$

$|1| = |+1| = 1$

■ Si on **additionne des nombres de même signe**, on additionne les valeurs absolues de ces nombres et le résultat a le signe commun aux deux nombres.

Exemples :

$1 + 2 = (+1) + (+2) = +(1 + 2) = +3 = 3$

$(-1) + (-2) = -(1 + 2) = -3$

■ **Additionner des nombres de signes contraires** revient à effectuer une soustraction : on soustrait le plus petit (en valeur absolue) au plus grand (en valeur absolue) et le résultat est du signe du plus grand.

Exemples :

$(-1) + 2 = (-1) + (+2) = +(2 - 1) = +1 = 1$

$1 + (-2) = (+1) + (-2) = -(2 - 1) = -1$

■ **Soustraire un nombre négatif**, c'est ajouter un nombre positif. De même, **soustraire un nombre positif**, c'est ajouter un nombre négatif.

Exemples :

$(-1) - (-2) = (-1) + (+2) = +(2 - 1) = +1 = 1$

$(-1) - (+2) = (-1) + (-2) = -(1 + 2) = -3$

■ Quand on multiplie ou divise des nombres de même signe, le résultat est positif ; quand on multiplie ou divise des nombres de signes contraires, le résultat est négatif.

Exemples :
$(-1) \times (-2) = +2 = 2$
$1 \times 2 = (+1) \times (+2) = +2 = 2$
$(-1) \times 2 = (-1) \times (+2) = -2$
$(-2) \div (-1) = +2 = 2$
$2 \div (-1) = (+2) \div (-1) = -2$

B. La priorité des opérations

■ **La multiplication et la division sont prioritaires sur l'addition et la soustraction** : vous devez toujours effectuer les multiplications et les divisions avant les additions et les soustractions.
Exemples :
$2 \times 3 + 1 = (2 \times 3) + 1 = 6 + 1 = 7$
$3 \div 1 - 2 = (3 \div 1) - 2 = 3 - 2 = 1$

■ Dans une suite de calculs comportant des parenthèses, il faut effectuer les calculs entre **parenthèses en priorité**.
Exemple :
$[(1 + 2) \times 3] - 4 = (3 \times 3) - 4 = 9 - 4 = 5$

■ Il y a **distributivité de la multiplication par rapport à l'addition et à la soustraction.**
Soit trois nombres m, n, p :
$m \times (n + p) = m\,(n + p) = m \times n + m \times p$
$m \times (n - p) = m\,(n - p) = m \times n - m \times p$
Exemples :
$13 \times 202 = 13 \times (200 + 2) = 13 \times 200 + 13 \times 2 = 2\,600 + 26 = 2\,626$
$13 \times 198 = 13 \times (200 - 2) = 13 \times 200 - 13 \times 2 = 2\,600 - 26 = 2\,574$
La distributivité est utilisée dans les calculs littéraux ou impliquant des racines carrées mais est aussi très utile pour gagner en rapidité dans certains calculs (par exemple pour multiplier par 303 = 300 + 3).

C. Les identités remarquables

Soit deux nombres m et n. On a :
$(m + n)^2 = (m + n)\,(m + n) = m^2 + 2mn + n^2$
$(m - n)^2 = (m - n)\,(m - n) = m^2 - 2mn + n^2$
$(m + n)(m - n) = m^2 - n^2$
Exemples :
$105 \times 105 = 105^2 = (100 + 5)^2 = 100^2 + 2 \times 100 \times 5 + 5^2 = 10\,000 + 1\,000 + 25$
$= 11\,025$
$99 \times 99 = 99^2 = (100 - 1)^2 = 100^2 - 2 \times 100 \times 1 + 1^2 = 10\,000 - 200 + 1 = 9\,801$
$203 \times 197 = (200 + 3) \times (200 - 3) = 200^2 - 3^2 = 40\,000 - 9 = 39\,991$

D. Astuces de calcul

Passons maintenant à une liste, non exhaustive, d'astuces pour le calcul rapide. Elles vous seront utiles uniquement si vous les intégrez parfaitement : si vous devez chercher pendant plusieurs minutes quelle est la meilleure à utiliser, vous en perdrez tout le bénéfice !

Vous pouvez aussi enrichir cette liste avec vos propres « trucs » en vous servant des propriétés des nombres. Par exemple, comme 5 = 10 ÷ 2, multiplier par 5 revient à multiplier par 10 et diviser par 2 !

- **Multiplier par 10 ; 100 ; 1 000...**

Décaler la virgule vers la **droite** autant de fois qu'il y a de 0.

- **Diviser par 10 ; 100 ; 1 000...**

Multiplier par 0,1 ; 0,01 ; 0,001 etc.

- **Multiplier par 0,1 ; 0,01 ; 0,001...**

Décaler la virgule vers la **gauche** autant de fois qu'il y a de 0.

- **Multiplier par 5 ; 50 ; 500...**

Diviser par 2 et multiplier par 10 ; 100 ; 1 000, etc.

- **Diviser par 5 ; 50 ; 500...**

Multiplier par 2 et diviser par 10 ; 100 ; 1 000, etc

- **Multiplier par 0,5**

Diviser par 2.

- **Diviser par 0,5**

Multiplier par 2.

- **Multiplier par 0,25**

Diviser par 4.

- **Diviser par 0,25**

Multiplier par 4.

- **Multiplier par 0,75**

Diviser par 4 et multiplier par 3.

- **Diviser par 0,75**

Diviser par 3 et multiplier par 4.

- **Multiplier par 1,25**

Diviser par 4 et multiplier par 5.

- **Diviser par 1,25**

Diviser par 5 et multiplier par 4.

Exemples :

390 × 100 = 390,00 × 100 = 39 000
1,3 × 100 = 130
24 ÷ 1 000 = 24 × 0,001 = 24,0 × 0,001 = 0,024
5,6 ÷ 10 = 5,6 × 0,1 = 0,56
8,2 × 5 = (8,2 ÷ 2) × 10 = (8,2 × 10) ÷ 2 = 82 ÷ 2 = 41
0,9 ÷ 50 = (0,9 × 2) ÷ 100 = 1,8 ÷ 100 = 0,018
778 × 0,5 = 778 ÷ 2 = 389
4,1 ÷ 0,5 = 4,1 × 2 = 8,2
64 × 0,25 = 64 ÷ 4 = 16
0,53 ÷ 0,25 = 0,53 × 4 = 2,12

$12 \times 0{,}75 = (12 \div 4) \times 3 = 3 \times 3 = 9$
$930 \div 0{,}75 = (930 \div 3) \times 4 = 310 \times 4 = 1\ 240$
$242 \times 1{,}25 = (242 \div 4) \times 5 = 60{,}5 \times 5 = 302{,}5$
$95 \div 1{,}25 = (95 \div 5) \times 4 = 19 \times 4 = 76$

Il faut vraiment que vous vous entraîniez au calcul pour que cela devienne naturel. Vous devez aussi prendre conscience des ordres de grandeur des résultats que vous devez obtenir. Par exemple, si je multiplie des centaines par des centaines, je dois obtenir un résultat qui comporte au moins 5 chiffres.

REMARQUE Quand on **divise par un nombre plus petit que 1** (et positif), on obtient un **résultat plus grand.**
Exemple : $0{,}4 \div 0{,}1 = 0{,}4 \times 10 = 4$ 4 est plus grand que 0,4

Entraînement n° 1

Difficulté ✗✗✗ | Durée 5 min

Questions

Effectuer les calculs suivants **sans calculatrice.**

❶ $-3 + 4 =$
❷ $67 - 14 =$
❸ $-7 + (-4) \times (-9) - (-2) + (+11) =$
❹ $97{,}3 \div 25 =$
❺ $0{,}003 \times 5{,}17 =$
❻ $6{,}54 \times 55 =$
❼ $1{,}26 \div 0{,}75 =$
❽ $8 + 0{,}01 \times 122 =$
❾ $301^2 - 1{,}2 \div 0{,}04 + 50 \times 6{,}048 =$
❿ $455 \times 98 =$
⓫ $2{,}5^2 =$
⓬ $3 \times 0{,}7 =$
⓭ $13 \times 7^2 \times 2 \times 5^2 =$
⓮ $2{,}4 \times 0{,}75 =$
⓯ $5\ 243 + 7\ 603 + 8\ 765 + 9\ 022 =$
⓰ $790 - 12 + 13 =$
⓱ $(32 + 12{,}3) \times 10 =$
⓲ $(0{,}036 \times 5\ 000) \div 30 =$
⓳ $3\ 678 \times 305 =$
⓴ $907 \times 893 =$
㉑ $805{,}127 \div 0{,}001 =$
㉒ $4{,}8 \times 1{,}25 =$
㉓ $250^2 =$
㉔ $32 \times 25 - 21 \times (-0{,}7) =$
㉕ $8 \div 0{,}01 - 25 \div 1{,}25 =$
㉖ $[(3 + 2 \times 5)(5 + 2 \times 3) + 1] \div [(2 \times 3 - 5)(5 - 3)] =$
㉗ $135 \times 65 =$
㉘ $(3^2 + 3) \times (3 - 3 \times 3) - (3 - 3 \div 3) =$
㉙ $(-5) \times (+6) \times (-3) =$
㉚ $72 \div (-4) =$

Entraînement n° 2

Difficulté ✗✗✗ | Durée 5 min

Questions

Répondre aux questions suivantes.

❶ $0{,}00412 \times 493$ vaut approximativement :
a. 1,9 **b.** 2 **c.** 2,5 **d.** 19,6 **e.** 20

❷ $0{,}31 \times 0{,}49 \times 0{,}52 \times 0{,}73$ vaut approximativement :
a. 0,042 **b.** 0,045 **c.** 0,0525 **d.** 0,06 **e.** 0,6

❸ $452{,}1 \div 0{,}9$ vaut approximativement :
a. 5 **b.** 50 **c.** 52 **d.** 500 **e.** 520

❹ 6,1 × 51 × 8,09 vaut approximativement :

a. 240 **b.** 270 **c.** 2 400 **d.** 2 700 **e.** 2 800

❺
```
    2 450
+   3 761
+     983
---------
    7 194
```
Cette opération est :
a. juste
b. fausse

❻
```
   2 456
×     38
--------
  93 228
```
Cette opération est :
a. juste
b. fausse

❼
```
   5 790
-  1 268
--------
   4 532
```
Cette opération est :
a. juste
b. fausse

❽ Par quelle valeur faut- il remplacer le symbole Λ pour que l'opération soit juste ?
```
   9 654
 ×    Λ8
--------
 77  Λ3Λ
193  08.
--------
Λ70  31Λ
```

❾ Par quelle valeur faut- il remplacer le symbole Λ pour que l'opération soit juste ?
```
6 3Λ5 | 15
  3Λ  |
  0Λ5 |
  0   |
```

❿ Par quelle valeur faut-il remplacer le symbole Λ pour que l'opération soit juste ?
```
  12 7Λ1
-  5 Λ72
--------
   6 81Λ
```

Corrigé n° 1

❶ $-3 + 4 = 4 - 3 = 1$

❷ $67 - 14 = 53$

❸ $-7 + (-4) \times (-9) - (-2) + (+11)$
$= -7 + (4 \times 9) + 2 + 11 = -7 + 36 + 13$
$= -7 + 49 = 49 - 7 = 42$

❹ $97,3 \div 25 = 97,3 \div (100 \times 0,25)$
$= (97,3 \times 4) \div 100 = 389,2 \div 100 = 3,892$

❺ $0,003 \times 5,17 = 0,01551$

❻ $6,54 \times 55 = 6,54 \times 5 \times 11 = 32,7 \times 11$
$= 32,7 \times (10 + 1) = 327 + 32,7 = 359,7$

❼ $1,26 \div 0,75 = (1,26 \div 3) \times 4$
$= 0,42 \times 4 = 1,68$

❽ $8 + 0,01 \times 122 = 8 + 1,22 = 9,22$

❾ $301^2 - 1,2 \div 0,04 + 50 \times 6,048$
$= (300 + 1)^2 - 1,2 \div (4 \times 0,01) + 6,048 \times (100 \div 2)$
$= 300^2 + 2 \times 300 \times 1 + 1^2 - 0,3 \div 0,01 + 604,8 \div 2$
$= 90\,000 + 600 + 1 - 0,3 \times 100 + 302,4$
$= 90\,601 - 30 + 302,4 = 90\,571 + 302,4$
$= 90\,873,4$

❿ $455 \times 98 = 455 \times (100 - 2)$
$= 455 \times 100 - 455 \times 2 = 45\,500 - 910$
$= 44\,590$

⓫ $2,5^2 = 2,5 \times 2,5 = 2,5 \times (2 + 0,5)$
$= 2,5 \times 2 + 2,5 \times 0,5 = 5 + 1,25 = 6,25$

⓬ $3 \times 0,7 = 2,1$

⓭ $13 \times 7^2 \times 2 \times 5^2 = 13 \times 49 \times 2 \times 25$
$= 13 \times 49 \times 50 = 49 \times (13 \times 50) = 49 \times 650$
$= (50 - 1) \times 650 = 650 \times 50 - 650$
$= 32\,500 - 650 = 31\,850$

14 $2{,}4 \times 0{,}75 = (2{,}4 \div 4) \times 3 = 0{,}6 \times 3 = 1{,}8$

15 $5\,243 + 7\,603 + 8\,765 + 9\,022$
$= 30\,633$

16 $790 - 12 + 13 = 790 + 13 - 12$
$= 790 + 1 = 791$

17 $(32 + 12{,}3) \times 10 = 44{,}3 \times 10 = 443$

18 $(0{,}036 \times 5\,000) \div 30 = (36 \times 5) \div 30$
$= 180 \div 30 = 6$

19 $3\,678 \times 305 = 3\,678 \times (300 + 5)$
$= 3\,678 \times 300 + 3\,678 \times 5$
$= 1\,103\,400 + (3\,678 \div 2) \times 10$
$= 1\,103\,400 + 18\,390$
$= 1\,121\,790$

20 $907 \times 893 = (900 + 7)\,(900 - 7)$
$= 900^2 - 7^2 = 810\,000 - 49 = 809\,951$

21 $805{,}127 \div 0{,}001 = 805{,}127 \times 1\,000$
$= 805\,127$

22 $4{,}8 \times 1{,}25 = (4{,}8 \div 4) \times 5 = 1{,}2 \times 5 = 6$

23 $250^2 = (200 + 50)^2$
$= 200^2 + 2 \times 200 \times 50 + 50^2$
$= 40\,000 + 20\,000 + 2\,500 = 62\,500$

24 $32 \times 25 - 21 \times (-0{,}7)$
$= 32 \times (100 \div 4) - [-(21 \times 0{,}7)]$
$= (32 \div 4) \times 100 + 14{,}7 = 800 + 14{,}7 = 814{,}7$

25 $8 \div 0{,}01 - 25 \div 1{,}25$
$= 8 \times 100 - (25 \div 5) \times 4$
$= 800 - 20 = 780$

26 $[(3 + 2 \times 5)(5 + 2 \times 3) + 1] \div [(2 \times 3 - 5)(5 - 3)]$
$= [(3 + 10)(5 + 6) + 1] \div [(6 - 5) \times 2]$
$= (13 \times 11 + 1) \div 2 = (143 + 1) \div 2$
$= 144 \div 2 = 72$

27 $135 \times 65 = (100 + 35) \times (100 - 35)$
$= 100^2 - 35^2 = 10\,000 - (30 \times 35 + 5 \times 35)$
$= 10\,000 - (1\,050 + 175) = 10\,000 - 1\,225$
$= 8\,775$

28 $(3^2 + 3) \times (3 - 3 \times 3) - (3 - 3 \div 3)$
$= (9 + 3) \times (3 - 9) - (3 - 1) = 12 \times (-6) - 2$
$= -72 - 2 = -74$

29 $(-5) \times (+6) \times (-3) = 5 \times 6 \times 3 = 90$

30 $72 \div (-4) = -(72 \div 4) = -18$

Corrigé n° 2

1 $0{,}00412 \times 493 \approx 0{,}004 \times 500 = 2$
(réponse **b.**)

2 $0{,}31 \times 0{,}49 \times 0{,}52 \times 0{,}73$
$\approx 0{,}3 \times 0{,}5 \times 0{,}5 \times 0{,}7$
$\approx 0{,}0525$ (réponse **c.**)

3 $452{,}1 \div 0{,}9 \approx 450 \div 0{,}9$
$\approx (450 \div 9) \times 10$
$\approx 50 \times 10 \approx 500$ (réponse **d.**)

4 $6{,}1 \times 51 \times 8{,}09 \approx 6 \times 50 \times 8 \approx 2\,400$
(réponse **c.**)

5

```
    2 450
 +  3 761
 +    983
 --------
    7 194
```

Cette opération est juste (réponse **a.**)

6

```
   2 456
 ×    38
 -------
  93 228   (2 barré, 3)
```

Cette opération est fausse (réponse **b.**)

7

```
    5 790
 -  1 268
 --------
    4 532   (3 barré, 2)
```

Cette opération est fausse (réponse **b.**)

8

```
     9 654
  ×     28
  --------
    77 232
   193 08.
  --------
   270 312
```

Λ **= 2**

9

```
  6 345 | 15
  -6 0  | 423
    34
    045
   - 45
      0
```

Λ **= 1** ou **4** ou **7**

10

```
   12 791
 -  5 972
 --------
    6 819
```

Λ **= 9**

2. Les critères de divisibilité, le PGCD et le PPCM

Les critères de divisibilité vous seront utiles aussi bien pour les calculs de base que pour les calculs impliquant des fractions. Et, derrière les acronymes PGCD et PPCM se cachent des outils très utiles pour les fractions et pour résoudre certains problèmes.

A. Les critères de divisibilité

■ On dit qu'un nombre est **divisible** par un autre si la division de l'un par l'autre est entière, c'est-à-dire s'il n'y a pas de reste.
Un nombre est donc divisible par un autre s'il est dans sa table de multiplication.
Exemples : 16 ÷ 2 = 8, donc 16 est divisible par 2.
16 ÷ 5 = 3,2, donc 16 n'est pas divisible par 5.

■ On appelle **nombre premier** un nombre qui n'est **divisible que par 1 et par lui-même** (à l'exception de 1 qui n'est pas un nombre premier).
En clair, un nombre premier n'est que dans sa propre table de multiplication.
Exemples : 11 est un nombre premier.
12 = 2 × 6 n'est pas un nombre premier.

■ Un nombre est **divisible par 2** s'il se **termine par un nombre pair** (0 ; 2 ; 4 ; 6 ; 8).
Exemples : 13<u>2</u> est divisible par 2.
13<u>3</u> n'est pas divisible par 2.

■ Un nombre est **divisible par 3** si la **somme de ses chiffres est un multiple de 3**.
Exemples : 231 est divisible par 3 car 2 + 3 + 1 = 6.
232 n'est pas divisible par 3 car 2 + 3 + 2 = 7.

■ Un nombre est **divisible par 5** s'il se **termine par 0 ou 5.**
Exemples : 31<u>5</u> est divisible par 5.
31<u>6</u> n'est pas divisible par 5.

■ Un nombre est **divisible par 6** s'il est **divisible par 2 et 3**.
Exemples : 13<u>2</u> est divisible par 2 et par 3 (car 1 + 3 + 2 = 6), donc divisible par 6.
13<u>3</u> n'est pas divisible par 2, donc n'est pas divisible par 6.
13<u>4</u> est divisible par 2 mais pas par 3 (car 1 + 3 + 4 =8), donc il n'est pas divisible par 6.

■ Un nombre est **divisible par 9** si la **somme de ses chiffres est un multiple de 9**.
Exemples : 423 est divisible par 9 car 4 + 2 + 3 = 9.
424 n'est pas divisible par 9 car 4 + 2 + 4 = 10.

■ Un nombre est **divisible par 10** s'il se **termine par un 0**.
Exemples : 31<u>0</u> est divisible par 10.
31<u>1</u> n'est pas divisible par 10.

■ Les critères de divisibilité sont une aide précieuse pour la **décomposition de nombres en facteurs premiers**.
Exemple : On veut décomposer le nombre 2 730.

Il est divisible par 2, commençons par le diviser par 2 : 2 730 ÷ 2 = 1 365
1 365 est divisible par 3 (car 1 + 3 + 6 + 5 = 15), divisons-le par 3 : 1 365 ÷ 3 = 455.
455 est divisible par 5 : 455 ÷ 5 = 91
91 est divisible par 7 : 91 ÷ 7 = 13
13 est un nombre premier.
On peut écrire ces calculs en colonne :

2 730	2
1 365	3
455	5
91	7
13	13
1	1

On a donc : 2 730 = 2 × 3 × 5 × 7 × 13

B. Le PPCM

Le **plus petit commun multiple** (PPCM) de plusieurs nombres est le plus petit nombre qui soit un multiple de chacun de ces nombres.

Il s'agit d'une définition plutôt triviale, le plus important est de connaître la méthode pour le calculer.

C'est une méthode simple :

– on décompose les nombres en facteurs premiers ;

– le PPCM est alors le produit de tous ces facteurs en ne comptant qu'une fois les facteurs qui se répètent dans plusieurs nombres.

Exemple : On veut calculer le PPCM de 320 et 264.

320	2
160	2
80	2
40	2
20	2
10	2
5	5
1	1

264	2
132	2
66	2
33	3
11	11
1	1

On a : 320 = 2 × 2 × 2 × **2** × **2** × **2** × **5**
264 = 2 × 2 × 2 × <u>**3**</u> × <u>**11**</u>

On a donc PPCM (320 ; 264)
= 2 × 2 × 2 × **2** × **2** × **2** × **5** × <u>**3**</u> × <u>**11**</u> = 10 560.

L'important avec le calcul du PPCM est de savoir quand s'en servir. Il peut être utile pour calculer le dénominateur commun à deux fractions mais aussi pour résoudre des problèmes, comme vous le verrez dans les exercices d'entraînement.

C. Le PGCD

■ Le **plus grand commun diviseur** (PGCD) de plusieurs nombres est le plus grand nombre qui les divise tous.
Comme pour le PPCM, l'important est la méthode de calcul.
On peut procéder de différentes façons.

■ Quand on a affaire à plus de 2 nombres, on peut procéder ainsi :
– on décompose les nombres en facteurs premiers ;
– le PGCD est alors le produit de tous ces facteurs se répétant dans tous les nombres.
Si les nombres n'ont pas de facteur en commun, le PGCD est alors égal à 1.

■ Quand on cherche le PGCD de 2 nombres, on procède par divisions successives :
– on divise le plus grand par le plus petit ;
– on divise alors le diviseur par le reste et on continue ainsi jusqu'à obtenir un reste égal à 0 ;
– le PGCD est le dernier reste non nul.

Exemples

■ On veut calculer le PGCD de 320, 264 et 168.

320	2	264	2	168	2
160	2	132	2	84	2
80	2	66	2	42	2
40	2	33	3	21	3
20	2	11	11	7	7
10	2	1	1	1	1
5	5				
1	1				

On a : $320 = \boxed{2 \times 2 \times 2} \times 2 \times 2 \times 2 \times 5$
$264 = \boxed{2 \times 2 \times 2} \times 3 \times 11$
$168 = \boxed{2 \times 2 \times 2} \times 3 \times 7$

On a donc PGCD (320 ; 264 ; 168)
$= \boxed{2 \times 2 \times 2} = 8$.

■ On veut calculer le PGCD de 320 et 264. On va procéder par divisions successives.

$$\begin{array}{r|l} 320 & 264 \leftarrow \text{diviseur} \\ -264 & 1 \\ \hline \text{reste} \rightarrow 56 & \end{array}$$

$$\begin{array}{r|l} 264 & 56 \\ -224 & 4 \\ \hline 40 & \end{array} \qquad \begin{array}{r|l} 56 & 40 \\ -40 & 1 \\ \hline 16 & \end{array} \qquad \begin{array}{r|l} 40 & 16 \\ -32 & 2 \\ \hline 8 & \end{array} \qquad \begin{array}{r|l} 16 & 8 \\ -16 & 2 \\ \hline 0 & \end{array}$$

On a donc PGCD (320 ; 264) = 8.

■ L'important est toujours de savoir à quoi cela peut bien servir de calculer un PGCD ! Et bien, par exemple, si vous avez 320 roses et 264 tulipes, le PGCD de 320 et 264 étant 8, vous pouvez former 8 bouquets identiques de 40 roses et 33 tulipes !

Entraînement n° 3

Difficulté ✗✗✗ | Durée 3 min

Question

Un commerçant désire écouler totalement son stock de 180 paquets de biscuits et 450 tablettes de chocolat. Pour cela, il confectionne des colis, tous identiques.
Il veut faire le plus grand nombre possible de colis.
Quelle sera la composition de chaque colis ?

Entraînement n° 4

Difficulté ✗✗✗ | Durée 4 min

Question

Trois enfants font des tours de la cour de l'école en courant. Ils partent tous du même point.
Le premier fait le tour en 2 min, le deuxième en 2 min 30 et le troisième en 3 min 20 s.
Au bout de combien de temps (au minimum) repasseront-ils tous les 3 ensemble par leur point de départ ?

Entraînement n° 5

Difficulté ✗✗✗ | Durée 4 min

Questions

Les nombres suivants sont-ils divisibles par 5 ? par 3 ? par 15 ? par 2 ?

❶ 258 ❷ 15 ❸ 560 ❹ 897 ❺ 1 234

❻ 780 ❼ 811 ❽ 9 870 ❾ 12 563 ❿ 25 600

Corrigé n° 3

Comme le commerçant veut faire **le plus grand nombre** possible de colis **tous identiques**, on veut savoir quel nombre de colis « divise » les 180 biscuits et les 450 tablettes de chocolat : on va calculer le PGCD de 450 et 180.

Calculons le PGCD par divisions successives :

450	180
- 360	2
90	

180	90
- 180	2
0	

Donc PGCD (450 ; 180) = 90.

Le commerçant pourra donc faire **90 colis** contenant chacun 450 ÷ 90 = 5 tablettes de chocolat et 180 ÷ 90 = 2 paquets de biscuits.

Corrigé n° 4

On va déjà convertir les temps mis par les enfants pour faire le tour de la cour dans la même unité :

1er → 2 min = 2 × 60 s = 120 s

2e → 2 min 30 s = 2 × 60 s + 30 s = 150 s

3e → 3 min 20 s = 3 × 60 s + 20 s = 200 s

On veut savoir au bout de combien de temps ils repasseront tous les trois ensemble par leur point de départ. On veut donc trouver un temps qui leur soit commun, c'est-à-dire un nombre de tours que chacun aurait faits dans le même temps que les autres.

On va donc calculer le plus petit commun multiple de leurs temps : 120 ; 150 ; 200.

On les décompose en facteurs premiers :

120	2	150	2	200	2
60	2	75	3	100	2
30	2	25	5	50	2
15	3	5	5	25	5
5	5	1	1	5	5
1	1			1	1

Donc : 120 = $\mathbf{2} \times 2 \times 2 \times \underline{3} \times 5$

150 = $\mathbf{2} \times \underline{3} \times 5 \times 5$

200 = $\mathbf{2} \times 2 \times 2 \times 5 \times 5$

D'où PPCM (120 ; 150 ; 200) = 2 × 2 × 2 × 3 × 5 × 5 = 600 s = 10 min.

Ils se retrouveront donc après 10 min de course, le premier aura fait 5 tours, le deuxième aura fait 4 tours, le troisième 3 tours.

Corrigé n° 5

❶ 25$\underline{8}$: - n'est pas divisible par 5
- est divisible par 3 (car 2 + 5 + 8 = 15)
- n'est donc pas divisible par 15 = 3 × 5
- est divisible par 2

❷ 15 : - est divisible par 5
- est divisible par 3
- est divisible par 15
- n'est pas divisible par 2

❸ 56$\underline{0}$: - est divisible par 5
- n'est pas divisible par 3
(car 5 + 6 + 0 = 11)
- n'est pas divisible par 15
- est divisible par 2

❹ 89$\underline{7}$: - n'est pas divisible par 5
- est divisible par 3 (car 8 + 9 + 7 = 24)
- n'est pas divisible par 15
- n'est pas divisible par 2

❺ 1 23<u>4</u> : - n'est pas divisible par 5
- n'est pas divisible par 3
(car 1 + 2 + 3 + 4 = 10)
- n'est pas divisible par 15
- est divisible par 2

❻ 78<u>0</u> : - est divisible par 5
- est divisible par 3 (car 7 + 8 + 0 = 15)
- est divisible par 15
- est divisible par 2

❼ 81<u>1</u> : - n'est pas divisible par 5
- n'est pas divisible par 3
(car 8 + 1 + 1 = 10)
- n'est pas divisible par 15
- n'est pas divisible par 2

❽ 9 87<u>0</u> : - est divisible par 5
- est divisible par 3 (car 9 + 8 + 7 + 0 = 24)
- est divisible par 15
- est divisible par 2

❾ 12 56<u>3</u> : - n'est pas divisible par 5
- n'est pas divisible par 3
(car 1 + 2 + 5 + 6 + 3 = 17)
- n'est pas divisible par 15
- n'est pas divisible par 2

❿ 25 60<u>0</u> : - est divisible par 5
- n'est pas divisible par 3
(car 2 + 5 + 6 + 0 + 0 = 13)
- n'est pas divisible par 15
- est divisible par 2

3. Les fractions

Il n'y a rien de sorcier dans les calculs de fractions, il n'y a que quelques petites règles à respecter ! Et, comme toujours, il faut bien connaître ses tables de multiplication !

■ Une **fraction** est le quotient de 2 nombres.

On l'écrit $\frac{N}{D}$, N est le numérateur et D est le dénominateur (il ne peut pas être nul).

Exemple : $\frac{3}{4} = 3 \div 4 = 0{,}75$

■ L'**inverse** d'une fraction est la fraction dans laquelle on permute le numérateur et le dénominateur.

Exemple : L'inverse de $\frac{3}{4}$ est $\frac{4}{3}$.

■ Deux fractions $\frac{A}{B}$ et $\frac{C}{D}$ sont égales si : $A \times D = B \times C$ (B et $D \neq 0$).

■ On peut **multiplier le numérateur et le dénominateur** d'une fraction par un **même nombre sans changer** la fraction.

Exemple : $\frac{3}{4} = \frac{3 \times 5}{4 \times 5} = \frac{15}{20}$

■ Inversement, si le numérateur et le dénominateur d'une fraction sont multipliés par un même nombre, on peut **simplifier la fraction** par ce nombre (c'est-à-dire le barrer). Quand on ne peut plus simplifier une fraction, on dit qu'elle est **irréductible**.

Exemple :

$\frac{90}{120} = \frac{9 \times \cancel{10}}{12 \times \cancel{10}} = \frac{9}{12} = \frac{3 \times \cancel{3}}{4 \times \cancel{3}} = \frac{3}{4}$ (fraction irréductible)

■ Pour **multiplier 2 fractions**, on **multiplie leurs numérateurs et leurs dénominateurs**.

Exemple : $\frac{3}{4} \times \frac{5}{2} = \frac{3 \times 5}{4 \times 2} = \frac{15}{8}$

- **Diviser par une fraction**, c'est **multiplier par l'inverse** de cette fraction.

Exemple : $\frac{3}{4} \div \frac{2}{5} = \frac{3}{4} \times \frac{5}{2} = \frac{15}{8}$

- Pour additionner (ou soustraire) deux fractions de même dénominateur, **on additionne (ou soustrait) leurs numérateurs.**

Pour additionner (ou soustraire) deux fractions de **dénominateurs différents**, on commence par les **réduire au même dénominateur.**

Exemples :

$\frac{3}{4} + \frac{5}{4} = \frac{3+5}{4} = \frac{8}{4} = 2$

$\frac{3}{4} - \frac{2}{5} = \frac{3 \times 5}{4 \times 5} - \frac{2 \times 4}{5 \times 4} = \frac{15}{20} - \frac{8}{20} = \frac{15-8}{20} = \frac{7}{20}$

Entraînement n° 6

Difficulté XXX | Durée 15 min

Questions

Effectuez les calculs suivants. Donnez toujours les résultats sous la forme de fractions irréductibles.

1. $\frac{1}{6} + \frac{1}{9} =$
2. $\frac{8}{7} \times \frac{15}{12} - \frac{4}{7} =$
3. $\frac{1}{\frac{7}{10} - \frac{9}{13}} =$
4. $\left(-\frac{5}{2}\right)^2 =$
5. $\frac{28}{1\,000} =$
6. $\frac{5}{3} + \frac{3}{5} \times \frac{25}{6} =$
7. $1 - \frac{3}{2} \times \frac{2}{9} =$
8. $5 \div \frac{35}{3} =$
9. $\left(\frac{4}{7}\right)^2 - \frac{5}{3} \times \frac{12}{7} =$
10. $\left(\frac{3}{4} - \frac{1}{3}\right) - \left(\frac{2}{3} - \frac{3}{2}\right) =$
11. $\frac{654}{15} =$
12. $\frac{\left(\frac{1}{4} - \frac{2}{5}\right) \times \left(\frac{3}{2} + \frac{7}{10}\right)}{\frac{1}{20}} =$

Corrigé n° 6

1. $\frac{1}{6} + \frac{1}{9} = \frac{3}{18} + \frac{2}{18} = \frac{5}{18}$
2. $\frac{8}{7} \times \frac{15}{12} - \frac{4}{7} = \frac{2 \times 5}{7} - \frac{4}{7} = \frac{6}{7}$
3. $\frac{1}{\frac{7}{10} - \frac{9}{13}} = \frac{1}{\frac{91}{130} - \frac{90}{130}} = \frac{1}{\frac{1}{130}} = 130$
4. $\left(-\frac{5}{2}\right)^2 = \frac{25}{4}$
5. $\frac{28}{1\,000} = \frac{4 \times 7}{4 \times 250} = \frac{7}{250}$
6. $\frac{5}{3} + \frac{3}{5} \times \frac{25}{6} = \frac{5}{3} + \frac{5}{2} = \frac{10}{6} + \frac{15}{6} = \frac{25}{6}$
7. $1 - \frac{3}{2} \times \frac{2}{9} = 1 - \frac{1}{3} = \frac{2}{3}$
8. $5 \div \frac{35}{3} = 5 \times \frac{3}{35} = \frac{3}{7}$

9
$$= \left(\frac{4}{7}\right)^2 - \frac{5}{3} \times \frac{12}{7} = \frac{16}{49} - \frac{5 \times 5 \times 3}{3 \times 7}$$
$$= \frac{16}{49} - \frac{20}{7} = \frac{16}{49} - \frac{140}{49} = -\frac{124}{49}$$

10
$$\left(\frac{3}{4} - \frac{1}{3}\right) - \left(\frac{2}{3} - \frac{3}{2}\right)$$
$$= \left(\frac{9}{12} - \frac{4}{12}\right) - \left(\frac{4}{6} - \frac{9}{6}\right)$$
$$= \frac{5}{12} - \left(-\frac{5}{6}\right) = \frac{5}{12} + \frac{5}{6}$$
$$= \frac{5}{12} + \frac{10}{12} = \frac{15}{12} = \frac{5 \times 3}{4 \times 3} = \frac{5}{4}$$

11
$$\frac{654}{15} = \frac{3 \times 218}{3 \times 5} = \frac{218}{5}$$

12
$$\frac{\left(\frac{1}{4} - \frac{2}{5}\right) \times \left(\frac{3}{2} + \frac{7}{10}\right)}{\frac{1}{20}}$$
$$= \frac{\left(\frac{1 \times 5}{4 \times 5} - \frac{2 \times 4}{5 \times 4}\right) \times \left(\frac{3 \times 5}{2 \times 5} + \frac{7}{10}\right)}{\frac{1}{20}}$$
$$= \frac{\left(\frac{5}{20} - \frac{8}{20}\right) \times \left(\frac{15}{10} + \frac{7}{10}\right)}{\frac{1}{20}} = \frac{\frac{-3}{20} \times \frac{22}{10}}{\frac{1}{20}}$$
$$= \frac{\frac{-66}{200}}{\frac{1}{20}} = -\frac{66}{200} \times \frac{20}{1} = -\frac{3 \times \cancel{2} \times 11 \times \cancel{20}}{5 \times \cancel{2} \times \cancel{20}}$$
$$= -\frac{33}{5}$$

4. Les puissances

Cette partie a pour sujet un outil bien utile en mathématiques : les puissances. Grâce à elles, on peut simplifier des écritures et calculer beaucoup plus vite (à condition de bien maîtriser leurs propriétés !).

A. Les puissances $n^{\text{ièmes}}$

La **puissance $n^{\text{ième}}$ d'un nombre N** est la notation simplifiée du produit de N par lui-même n fois :

$$N^n = \underbrace{N \times N \times \ldots \times N}_{n \text{ fois}}$$

On a : $N^0 = 1$

$N^1 = N$

Exemples : $5^4 = 5 \times 5 \times 5 \times 5 = 625$

$98^0 = 1$

$564^1 = 564$

Les puissances ont les propriétés suivantes :

$(N \times M)^n = N^n \times M^n$; $N^n \times N^m = N^{n+m}$

$(N^n)^m = N^{n \times m}$;

$\frac{1}{N} = N^{-1}$; $\frac{1}{N^n} = N^{-n}$ (M et $N \neq 0$)

$\left(\frac{N}{M}\right)^n = \frac{N^n}{M^n}$; $\frac{N^n}{N^m} = N^{n-m}$

Exemples : $(5 \times 3)^2 = 5^2 \times 3^2$

$5^2 \times 5^4 = 5^{2+4} = 5^6$

$(3^2)^3 = 3^{2 \times 3} = 3^6$

$\frac{1}{5^{-4}} = 5^{-(-4)} = 5^4$

$\left(\frac{3}{4}\right)^2 = \frac{3^2}{4^2}$

$\frac{3^7}{3^5} = 3^{7-5} = 3^2$

B. Les puissances de 10

Le nombre $\mathbf{10^n}$ représente le nombre :

$10^n = 100\ldots00$ avec n zéros (n positif)

Exemple : $10^2 = 100$

Le nombre $\mathbf{10^{-n}}$ représente le nombre :

$10^{-n} = \mathbf{0{,}0}0\ldots01$ avec n chiffres après la virgule (n positif)

Exemple : $10^{-3} = 0{,}001$

Les puissances de 10 ont les **mêmes propriétés que les puissances** $n^{\text{ièmes}}$:

$10^0 = 1$ $10^1 = 10$

$10^n \times 10^m = 10^{n+m}$ $(10^n)^m = 10^{n \times m}$

$\frac{1}{10^n} = 10^{-n}$ $\frac{10^n}{10^m} = 10^{n-m}$

Exemples : $10^2 \times 10^4 = 10^{2+4} = 10^6$

$(10^2)^3 = 10^{2 \times 3} = 10^6$

$\frac{1}{10^{-4}} = 10^{-(-4)} = 10^4$

$\frac{10^7}{10^5} = 10^{7-5} = 10^2$

L'écriture en **notation scientifique** est le fait d'écrire un nombre sous la forme $N \times 10^n$ avec $1 \leqslant N < 10$ et n nombre entier relatif.

Exemple : $2\,000 = 2 \times 1\,000 = 2 \times 10^3$ est la notation scientifique de 2 000.

Entraînement n° 7 | Difficulté XXX | Durée 5 min

Question

Effectuez les calculs suivants. Donnez les résultats en écriture scientifique.

❶ $(1 + 2)^2 =$

❷ $\frac{5 \times 10^5 \times 9 \times 10^3}{3 \times 10^9} =$

❸ $\frac{2{,}3 \times 10^2 - 0{,}17 \times 10^3}{0{,}5 \times 10^{-1}} =$

❹ $(2^2 \times 5 - 10)^2 - (2 - 5)^2 =$

Corrigé n° 7

❶ $(1 + 2)^2 = 3^2 = 9$

❷ $\frac{5 \times 10^5 \times 9 \times 10^3}{3 \times 10^9} = \frac{5 \times \cancel{3} \times 3 \times 10^{5+3}}{\cancel{3} \times 10^9}$

$= \frac{15 \times 10^8}{10^9} = 15 \times 10^{8-9} = 15 \times 10^{-1} = 1{,}5$

❸ $\frac{2{,}3 \times 10^2 - 0{,}17 \times 10^3}{0{,}5 \times 10^{-1}}$

$= \frac{23 \times 10 - 17 \times 10}{5 \times 10^{-2}} = \frac{(23 - 17) \times 10}{5 \times 10^{-2}}$

$= \frac{6 \times 10}{5 \times 10^{-2}} = \frac{6}{5} \times 10^{1-(-2)} = 1{,}2 \times 10^3$

❹ $(2^2 \times 5 - 10)^2 - (2\text{-}5)^2$
$= (4 \times 5 - 10)^2 - (-3)^2$
$= 10^2 - 9 = 100 - 9 = 91 = 9{,}1 \times 10^1$

5. Les racines

A. Les racines carrées

On appelle **racine carrée** d'un nombre positif N le nombre positif noté $\sqrt{N}$ qui vérifie $\left(\sqrt{N}\right)^2 = N$.

Autrement dit, la racine carrée et le carré s'« annulent » :

$$\sqrt{N^2} = \left(\sqrt{N}\right)^2 = N$$

On écrit également $\sqrt{N} = N^{1/2}$

Exemples : $\left(\sqrt{3}\right)^2 = 3$

$\sqrt{9} = \sqrt{3 \times 3} = \sqrt{3^2} = 3$

On peut **multiplier** ou **diviser** deux racines carrées.

$\sqrt{a} \times \sqrt{b} = \sqrt{a \times b}\ (a > 0 ; b > 0)$

$\frac{\sqrt{a}}{\sqrt{b}} = \sqrt{\frac{a}{b}}\ (a > 0 ; b > 0)$

Exemples : $\sqrt{2} \times \sqrt{3} = \sqrt{2 \times 3} = \sqrt{6}$

$\sqrt{18} = \sqrt{2 \times 9} = \sqrt{2 \times 3^2} = 3\sqrt{2}$

$\frac{\sqrt{4}}{\sqrt{2}} = \sqrt{\frac{4}{2}} = \sqrt{2}$

ATTENTION On ne peut pas additionner ou soustraire les racines carrées de deux nombres différents.

Exemples : $\sqrt{2} + \sqrt{3} \approx 1{,}4 + 1{,}73 \approx 3{,}14$
$\neq \sqrt{2 + 3} = \sqrt{5} \approx 2{,}24$

On peut additionner ou soustraire les racines carrées d'un **même nombre**.

Exemples : $3\sqrt{2} + 4\sqrt{2} = (3 + 4)\sqrt{2} = 7\sqrt{2}$
$4\sqrt{3} - 2\sqrt{3} = (4 - 2)\sqrt{3} = 2\sqrt{3}$

Il peut être utile de connaître les valeurs approchées de quelques racines carrées. En voici une petite liste non exhaustive :

$\sqrt{2} \simeq 1{,}41$ $\quad\sqrt{3} \simeq 1{,}73$

$\sqrt{5} \simeq 2{,}24$ $\quad\sqrt{7} \simeq 2{,}65$

B. Les racines $n^{\text{ièmes}}$

On appelle **racine $n^{\text{ième}}$** d'un nombre positif N le nombre positif noté $\sqrt[n]{N}$ qui vérifie :

$$\left(\sqrt[n]{N}\right)^n = N$$

Autrement dit, la racine $n^{\text{ième}}$ et la puissance n s'« annulent » : $\sqrt[n]{N^n} = \left(\sqrt[n]{N}\right)^n = N$
On écrit également $\sqrt[n]{N} = N^{1/n}$

Exemples : $\left(\sqrt[3]{4}\right)^3 = 4$

$\sqrt[4]{16} = \sqrt[4]{2 \times 2 \times 2 \times 2} = \sqrt[4]{2^4} = 2$

Ces racines ont les mêmes propriétés que les racines carrées pour la multiplication, la division, l'addition et la soustraction.

Entraînement n° 8

Difficulté XXX | Durée 10 min

Questions

Effectuez les calculs suivants. Donnez toujours les résultats sous la forme de racines carrées contenant des nombres les plus petits possible.

❶ $\sqrt{4+16} =$

❷ $\sqrt{8} - \sqrt{2}$

❸ $3\sqrt{75} - 7\sqrt{27} + 4\sqrt{48}$

❹ $(2 - \sqrt{11})(2 + \sqrt{11}) =$

❺ $(\sqrt{5} + 2)^2 =$

❻ $(2 - \sqrt{11}) + (2 + \sqrt{11})$

❼ $(\sqrt{2} - 1)(3\sqrt{2} + 1)$

❽ $7\sqrt{10} \times \sqrt{\dfrac{12}{5}} =$

❾ $3\sqrt{3} + 3\sqrt{12} - 2\sqrt{75}$

❿ $\dfrac{\sqrt{12}}{\sqrt{30}} =$

Corrigé n° 8

❶ $\sqrt{4+16} = \sqrt{20} = \sqrt{2^2 \times 5} = 2\sqrt{5}$

❷ $\sqrt{8} - \sqrt{2} = 2\sqrt{2} - \sqrt{2} = \sqrt{2}$

❸ $3\sqrt{75} - 7\sqrt{27} + 4\sqrt{48}$
$= 3\sqrt{5^2 \times 3} - 7\sqrt{3^2 \times 3} + 4\sqrt{4^2 \times 3}$
$= 3 \times 5\sqrt{3} - 7 \times 3\sqrt{3} + 4 \times 4\sqrt{3}$
$= 15\sqrt{3} - 21\sqrt{3} + 16\sqrt{3} = 10\sqrt{3}$

❹ $(2 - \sqrt{11})(2 + \sqrt{11}) = 2^2 - 11$
$= 4 - 11 = -7$

❺ $(\sqrt{5} + 2)^2 = \sqrt{5^2} + 2 \times 2\sqrt{5} + 2^2$
$= 5 + 4\sqrt{5} + 4 = 9 + 4\sqrt{5}$

❻ $(2 - \sqrt{11}) + (2 + \sqrt{11})$
$= 2 - \sqrt{11} + 2 + \sqrt{11} = 4$

❼ $(\sqrt{2} - 1)(3\sqrt{2} + 1)$
$= \sqrt{2} \times 3\sqrt{2} + \sqrt{2} \times 1 - 1 \times 3\sqrt{2} - 1 \times 1$
$= 3 \times \sqrt{2^2} + \sqrt{2} - 3\sqrt{2} - 1$
$= 6 - 2\sqrt{2} - 1$
$= 5 - 2\sqrt{2}$

❽
$7\sqrt{10} \times \sqrt{\dfrac{12}{5}} = 7\sqrt{\dfrac{10 \times 12}{5}} = 7\sqrt{24} = 14\sqrt{6}$

❾
$3\sqrt{3} + 3\sqrt{12} - 2\sqrt{75} = 3\sqrt{3} + 6\sqrt{3} - 10\sqrt{3}$
$= -\sqrt{3}$

❿ $\dfrac{\sqrt{12}}{\sqrt{30}} = \sqrt{\dfrac{12}{30}} = \sqrt{\dfrac{3 \times 2 \times 2}{3 \times 2 \times 5}} = \sqrt{\dfrac{2}{5}} = \dfrac{\sqrt{2}}{\sqrt{5}}$
$= \dfrac{\sqrt{2} \times \sqrt{5}}{\sqrt{5} \times \sqrt{5}} = \dfrac{\sqrt{10}}{5}$

6. Les unités de mesure

Il est important de connaître parfaitement les tableaux de conversions. En effet, dans certains exercices, vous pouvez être confronté à différentes unités qu'il faudra homogénéiser. De plus, dans votre futur métier, les conversions seront votre lot quotidien, alors dites-vous que vous prenez de l'avance sur vos études d'infirmier !

A. Les unités de longueur

L'unité de base est le **mètre** (m) et on a le tableau de conversions suivant :

km	hm	dam	m	dm	cm	mm

Exemple : 12 m = 120 dm = 1 200 cm
= 12 000 mm = 1,2 dam = 0,12 hm
= 0,012 km

B. Les unités d'aire

L'unité de base est le **mètre carré** (m^2) et on a le tableau de conversions suivant (les colonnes sont doubles) :

km^2		hm^2		dam^2		m^2		dm^2		cm^2		mm^2	
			ha		a		ca						

On associe des unités agraires aux unités d'aire : les hectares (ha) sont équivalents aux hm^2, les ares (a) équivalents aux dam^2 et les centiares (ca) équivalents aux m^2.

Exemple : 310 m^2 = 31 000 dm^2 = 3 100 000 cm^2 = 310 000 000 mm^2 = 3,1 dam^2
= 0,031 hm^2 = 0,00031 km^2 = 0,031 ha = 3,1 a = 310 ca

C. Les unités de volume

L'unité de base est le **mètre cube** (m^3) et on a le tableau de conversions suivant (les colonnes sont triples).

km^3			hm^3			dam^3			m^3			dm^3			cm^3			mm^3		
												hL	daL	L	dL	cL	mL			

On a le tableau de conversions des litres (L) qui est imbriqué dans ce tableau avec comme repère 1 L = 1 dm^3.

Exemple : 67 $m^3 = 67 \times 10^3$ $dm^3 = 67 \times 10^6$ cm^3
$= 67 \times 10^9$ $mm^3 = 67 \times 10^{-3}$ dam^3
$= 67 \times 10^{-6}$ $hm^3 = 67 \times 10^{-9}$ km^3
$= 67 \times 10^3$ L $= 67 \times 10^4$ dL

D. Les unités de masse

L'unité de base est le **gramme** (g) et on a le tableau de conversions suivant :

t	q	•	kg	hg	dag	g	dg	cg	mg

Les centaines de kilogrammes s'appellent les quintaux (q) et les milliers s'appellent les tonnes (t).

En revanche, les dizaines de kilogrammes n'ont pas de nom, d'où une colonne vide entre les quintaux et kilogrammes.

Exemple : 5 410 g = 54 100 dg = 541 000 cg
= 5 410 000 mg = 541 dag = 54,1 hg
= 5,41 kg = 0,0541 q = 0,00541 t

Entraînement n° 9 | Difficulté XXX | Durée 5 min

Questions

Effectuer les conversions suivantes.

1. 250 mg = ... kg = ... hg
2. 78,9 m³ = ... L = ... cm³
3. 25 ha = ... m² = ... mm²
4. 3,56 km = ... m = ... hm
5. 7 × 10^4 g = ... t = ... dag
6. 40 kg = ... q = ... dg
7. 12,5 × 10^{-1} cL = ... dm³ = ... mL
8. 75 × 10^2 a = ... ca = ... km²
9. 658 cm = ... m = ... mm
10. 0,0023 dam = ... dm = ... km

Entraînement n° 10 | Difficulté XXX | Durée 2 min

Question

Effectuer le calcul suivant et donner le résultat en hectares.
250 m² + 3 km² + 95 ha + 6 hm² + 321 a + 2 603 dam²

Corrigé n° 9

On peut dessiner les tableaux de conversions associés aux unites impliquées :

❶

t	q	•	kg	hg	dag	g	dg	cg	mg
			0,	**0**	**0**	**0**	2	5	0
				0,	**0**	**0**	2	5	0

On a donc : 250 mg = 0,00025 kg
= 2,5 × 10^{-4} kg
= 0,0025 hg = 2,5 × 10^{-3} hg

❷

km³			hm³			dam³			m³			dm³			cm³			mm³		
											kL	hL	daL	L	dL	cL	mL			
										7	8,	9	**0**	**0**						
										7	8,	9	**0**	**0**	**0**	**0**	**0**			

78,9 m³ = 78 900 L = 78 900 000 cm³
= 7,89 × 10^7 cm³

❸

km²		hm²		dam²		m²		dm²		cm²		mm²	
			ha		a		ca						
		2	5	**0**	**0**	**0**	**0**	**0**	0	0	0	0	0

25 ha = 250 000 m² = 2,5 × 10^5 m²
= 250 000 000 000 mm² = 2,5 × 10^{11} mm²

❹

km	hm	dam	m	dm	cm	mm
3,	5	6	**0**			
3,	5,	6				

3,56 km = 3 560 m = 35,6 hm

❺ 7 × 10^4 g = 0,07 t = 7 000 dag

❻ 40 kg = 0,4 q = 400 000 dg = 4 × 10^5 dg

❼ 12,5 × 10^{-1} cL = 0,0125 dm^3 = 12,5 mL

❽ 75 × 10^2 a = 750 000 ca = 7,5 × 10^5 ca = 0,75 km^2

❾ 658 cm = 6,58 m = 6 580 mm

❿ 0,0023 dam = 0,23 dm = 0,000 023 km = 2,3 × 10^{-5} km

Corrigé n° 10

L'idéal est d'effectuer ce calcul directement dans un tableau de conversions :

km²		hm²		dam²		m²		dm²		cm²		mm²	
			ha		a		ca						
			0,	**0**	2	5	0						
+	3	**0**	**0,**	**0**	**0**	**0**	**0**						
+		9	5,	0	0	0	0						
+			6,	**0**	**0**	**0**	**0**						
+			3,	2	1	**0**	**0**						
+		2	6,	0	3	**0**	**0**						
	4	3	0,	2	6	5	0						

250m²+3km²+95ha+6hm²+321a+2603dam² = 430,265 ha.

7. Les périmètres, aires et volumes

A. Le périmètre

Le **périmètre** d'une figure est la **longueur du contour** de cette figure : il correspond à la somme des longueurs des côtés de la figure.

Le périmètre d'un **carré** de côté C est : $4 \times C = C + C + C + C$.

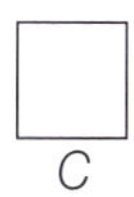

Le périmètre d'un **rectangle** de longueur L et de largeur l est : $2 \times (L + l) = L + L + l + l$.

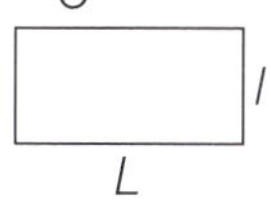

Le périmètre (ou circonférence) d'un **cercle** de rayon r (ou de diamètre D) est $2 \times \pi \times r = \pi \times D$ avec $\pi \approx 3{,}14$.

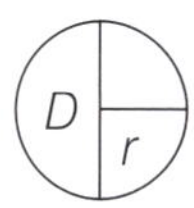

B. Les aires

L'**aire** d'une figure est la **mesure de la surface** de cette figure. L'unité est toujours une **unité d'aire** (km², m², cm²...).

L'aire d'un **carré** de côté C est : $C \times C = C^2$.

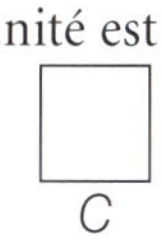

L'aire d'un **rectangle** de longueur L et de largeur l est $L \times l$.

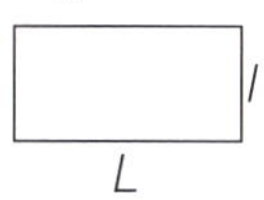

L'aire d'un **disque** de rayon r est : $\pi \times r^2$ avec $\pi \approx 3{,}14$.

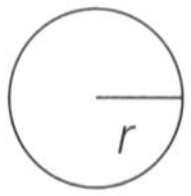

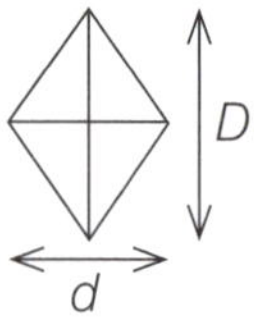

L'aire d'un **losange** de grande diagonale D et de petite diagonal d est : $(D \times d) \div 2$.

L'aire d'un **triangle** de base B et de hauteur h est $(B \times h) \div 2$.

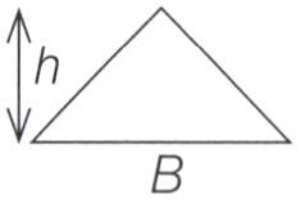

Si vous avez affaire à une figure qui n'est pas l'une de celles citées ci-dessus, il suffit de la « découper » en figures de base dont vous savez calculer les aires.

C. Les volumes

Le **volume** d'un solide représente sa **contenance**.

L'unité du volume est toujours une **unité de volume** (dm^3, m^3, L...).

Le volume d'un **solide droit** (cube, pavé droit, cylindre...) est toujours égal à l'aire A de sa base multipliée par la hauteur h du solide.

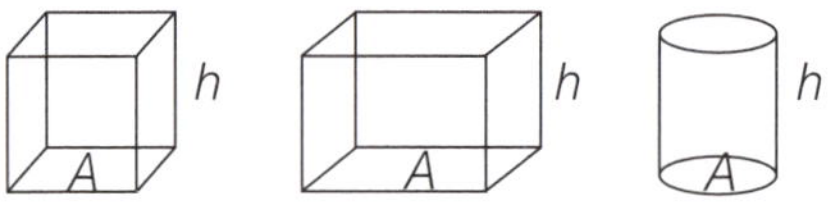

Volume = $A \times h$

Le volume d'un **solide « pointu »** (cône, pyramide...) est toujours égal à l'aire A de sa base multipliée par la hauteur h du solide, le tout divisé par 3.

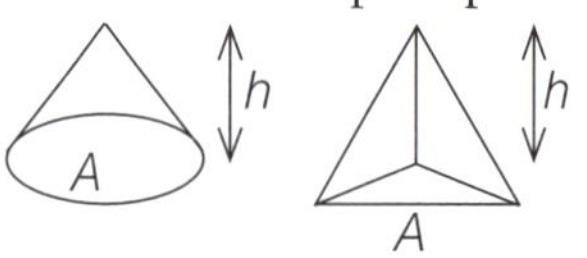

Volume = $(A \times h) \div 3$

Le volume d'une **sphère** de rayon r est $\frac{4}{3} \times \pi \times r^3$ avec $\pi \approx 3{,}14$.

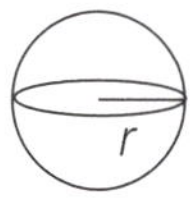

Entraînement n° 11

Difficulté ✗✗✗ | Durée 5 min

Questions

❶ Calculez l'aire d'un carré de côté 2,5 cm.
❷ Calculez l'aire d'un rectangle de longueur 4,1 m et de largeur 3,3 m.
❸ Calculez le volume d'un cylindre de hauteur 0,6 km et de base un disque de diamètre 200 m.
❹ Calculez le périmètre d'un triangle de côtés de longueurs 2 mm, 3,1 mm et 0,7 mm.
❺ Calculez le volume d'une pyramide à base carrée de côté 0,5 cm et de hauteur 30 mm.

Corrigé n° 11

❶ L'aire d'un carré de côté 2,5 cm est : $2{,}5 \times 2{,}5 = 6{,}25\ cm^2$.

❷ L'aire d'un rectangle de longueur 4,1 m et de largeur 3,3 m est : $4{,}1 \times 3{,}3 = 13{,}53\ m^2$.

❸ Le volume d'un cylindre de hauteur 0,6 km = 600 m et de base un disque de diamètre 200 m, donc de rayon 100 m, est $(\pi \times 100^2) \times 600 = \pi \times 10\,000 \times 600 \approx 3{,}14 \times 10\,000 \times 600 = 31\,400 \times 600 = 18\,840\,000\ m^3 = 18{,}84\ hm^3$.

❹ Le périmètre d'un triangle de côtés de longueurs 2 mm, 3,1 mm et 0,7 mm est : $2 + 3{,}1 + 0{,}7 = 5{,}8$ mm.

❺ Le volume d'une pyramide à base carrée de côté 0,5 cm = 5 mm et de hauteur 30 mm est :
$[(5 \times 5) \times 30] \div 3 = 250\ mm^3 = 0{,}25\ cm^3$.

8. La proportionnalité et les pourcentages

Nous abordons ici le sujet le plus présent dans les sujets de concours (sous toutes sortes de formes).

A. La proportionnalité

Deux grandeurs sont **proportionnelles** si on obtient les valeurs de l'une en multipliant les valeurs de l'autre par un même nombre (appelé le **coefficient de proportionnalité**).

Exemple : Le prix d'un kilogramme de fraises et le poids des fraises achetées sont proportionnels.

Si 1 kg de fraises coûte 10 €, 2 kg coûteront $2 \times 10 = 20$ € ; 0,5 kg coûteront $0{,}5 \times 10 = 5$ €.

Pour obtenir le prix d'un certain poids de fraises, on multiplie ce poids par 10 ; 10 est donc le coefficient de proportionnalité.

Si on a deux grandeurs proportionnelles, elles vérifient le produit en croix (ou règle de 3) :

Si A correspond à B
Et C correspond à D
Alors $A \times D = B \times C$

ou

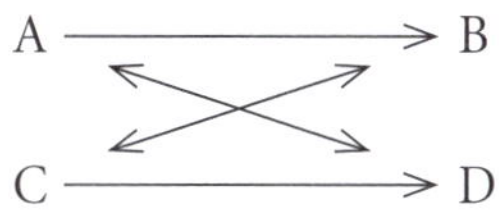

$A \times D = B \times C$

Cette règle est utile quand on connaît 3 valeurs et qu'on aimerait connaître la 4ᵉ.
Exemple : 1 kg de fraises coûte 10 €, combien coûtent 350 g de fraises ?
Tout d'abord, attention aux unités, elles doivent être homogènes : 350 g = 0,35 kg
On a alors : 10 € pour 1 kg X € pour 0,35 kg
D'où, d'après le produit en croix : $10 \times 0{,}35 = X \times 1$
Soit $X = 3{,}5$ €.

La proportionnalité a de multiples applications : les échelles, les pourcentages, les vitesses...

Dans les sujets de concours, vous rencontrerez également souvent des situations de **double proportionnalité**.

Exemple : Un chat mange 2 souris en 6 heures. Dans les mêmes conditions, on voudrait savoir combien de souris 2 chats mangeront en 12 heures.

Ce qu'il faut bien voir, c'est que vous êtes devant 2 situations de proportionnalité imbriquées :

– le nombre de souris mangées est proportionnel au nombre de chats : plus il y a de chats, plus de souris seront mangées ;

– le nombre de souris mangées est proportionnel au temps nécessaire pour les manger : plus il y a de temps, plus le nombre de souris sera grand !

ATTENTION Plus il y a de chats, moins il leur faut de temps pour manger un certain nombre de souris : nombre de chats et temps ne sont pas proportionnels.

L'important dans ce genre de situation est de ne faire bouger les quantités que deux par deux (et donc d'en laisser une constante).

On peut écrire que :

1 chat	→ 2 souris	→ 6 heures
2 chats	→ $2 \times 2 = 4$ souris	→ 6 heures
2 chats	→ $2 \times 4 = 8$ souris	→ $2 \times 6 = 12$ heures

B. L'échelle

Une **échelle** est le rapport entre la mesure d'une représentation de la réalité (une maquette, une carte...) et la mesure de la réalité. Ces mesures sont exprimées dans la même unité.

Si l'échelle est plus grande que 1, la représentation est un agrandissement de la réalité.

Si l'échelle est plus petite que 1, la représentation est une réduction de la réalité.

Exemples :

- L'échelle d'une carte est de un millionième.

Un millionième correspond à la fraction $\frac{1}{1\,000\,000}$.

Cette échelle signifie que 1 cm de la carte représente 1 000 000 cm = 10 km de la réalité.

- Un insecte mesure 0,5 mm. Il est photographié agrandi 200 fois. Cela signifie qu'il est photographié à une échelle de 200.

La taille de l'insecte sur la photographie sera donc de $0{,}5 \times 200 = 100$ mm = 10 cm.

C. Les pourcentages

Un **pourcentage** est une situation de proportionnalité ramenée à 100 : un pourcentage de P % d'un élément dans un autre signifie qu'il y a P éléments par rapport à 100 autres éléments.

Exemple : Une boisson contient 30 % de pur jus d'orange revient à dire, par exemple, que dans 100 mL de boisson il y a 30mL de pur jus d'orange. Dans 200mL de boisson, il y a donc $2 \times 30 = 60$mL de pur jus d'orange.

Pour calculer ***P* % d'un nombre *N***, il suffit donc de multiplier N par $\frac{P}{100}$:

P % de $N = \frac{P \times N}{100}$.

Exemple : 8 % de $55 = \frac{8 \times 55}{100} = 4{,}4$

Pour augmenter un nombre N de P %, il suffit donc de le multiplier par $\left(1 + \frac{P}{100}\right)$:

N augmenté de P % $= N \times \left(1 + \frac{P}{100}\right)$

Exemple :

55 augmenté de 8 % $= 55 + \frac{8 \times 55}{100} = 55 \times \left(1 + \frac{8}{100}\right) = 55 \times 1{,}08 = 59{,}4$

Pour diminuer un nombre N de P %, il suffit donc de le multiplier par $\left(1 - \frac{P}{100}\right)$:

N diminué de P % $= N \times \left(1 - \frac{P}{100}\right)$

Exemple :

55 diminué de 8 % $= 55 - \frac{8 \times 55}{100} = 55 \times \left(1 - \frac{8}{100}\right) = 55 \times 0{,}92 = 50{,}6$

D. Les taux d'intérêt

L'une des applications la plus courante des pourcentages est le calcul des intérêts produits par une somme placée sur un compte. On peut vous demander de calculer deux sortes d'intérêts : les **intérêts simples** qui sont toujours calculés sur la somme placée initialement, les **intérêts composés** qui sont calculés sur la somme placée augmentée des intérêts « gagnés » pendant les années précédentes. Pour effectuer ces calculs rapidement, voici deux formules simples.

Une somme S placée pendant n années à un taux d'intérêt de P % devient :

– en intérêts **simples** :

$S \times \left(1 + \frac{P}{100} \times n\right)$ au bout de n années

– en intérêts **composés** :

$S \times \left(1 + \frac{P}{100}\right)^n$ au bout de n années

Exemples :

Si vous placez 1 000 € à un taux de 3 % en intérêts **simples**, vous avez :

– Au bout d'un an : $1\,000 \times \left(1 + \frac{3}{100} \times 1\right) = 1\,000 \times 1{,}03 = 1\,030$ €.

– Au bout de 10 ans : $1\,000 \times \left(1 + \frac{3}{100} \times 10\right) = 1\,000 \times 1{,}3 = 1\,300$ €.

Si vous placez 1 000 € à un taux de 3 % en intérêts **composés**, vous avez :

– Au bout d'un an : $1\,000 \times \left(1 + \frac{3}{100}\right)^1 = 1\,000 \times 1{,}03 = 1\,030$ €.

– Au bout de 10 ans : $1\,000 \times \left(1 + \frac{3}{100}\right)^{10} = 1\,000 \times 1{,}03^{10} \approx 1\,344$ €.

Entraînement n° 12

Difficulté ✗✗✗ | Durée 10 min

Questions

❶ Trois pommes pèsent 480 g. Combien pèsent 7 pommes ?
❷ Un pull qui coûtait 56 € est soldé à moins 30 %. Quel est son prix soldé ?
❸ Avec une bombonne d'eau, on remplit 4 bouteilles. Avec 2 bouteilles on remplit 10 verres. Quel est le nombre de verres remplis avec 3 bombonnes ?
❹ Sur un plan à l'échelle 1/100e, quelle sera la hauteur d'un bâtiment mesurant en réalité 9 m de haut ?
❺ Trois éléphants mangent ensemble 2 tonnes de cacahuètes en 5 jours. Quel poids de cacahuètes mangeront 15 éléphants en 10 jours ?

Corrigé n° 12

❶ Si 3 pommes pèsent 480 g, 7 pommes pèsent :
(7 × 480) ÷ 3 = 7 × (480 ÷ 3) = 7 × 160 = 1 120 g = 1,12 kg.

❷ Un pull qui coûtait 56 € est soldé à moins 30 %. Son prix soldé représente donc 70 % de son prix de départ, soit :
(56 × 70) ÷ 100 = 56 × 0,7 = 39,2 €.

❸ Avec une bombonne d'eau, on remplit 4 bouteilles. Avec 2 bouteilles on remplit 10 verres.
Avec une bombonne on remplit donc 2 × 10 verres = 20 verres.
Avec 3 bombonnes on remplit donc 3 × 20 = 60 verres.

❹ Sur un plan à l'échelle 1/100e, 1 cm du plan représente 100 cm = 1 m de la réalité. La hauteur d'un bâtiment mesurant en réalité 9 m de haut sera donc de 9 cm sur le plan.

❺ Trois éléphants mangent ensemble 2 tonnes de cacahuètes en 5 jours.
Il s'agit d'une situation de double proportionnalité qui peut être écrite ainsi :

3 éléphants	→ 2 t de cacahuètes	→ 5 jours
5 × 3 = 15 éléphants	→ 5 × 2 = 10 t de cacahuètes	→ 5 jours
15 éléphants	→ 2 × 10 = 20 t de cacahuètes	→ 2 × 5 = 10 jours

5 éléphants mangeront 20 tonnes de cacahuètes en 10 jours.

9. Les problèmes de temps et de vitesse

A. Les unités de mesure du temps

Le temps est compté en base sexagésimale : plus simplement en base 60. Voici ce qu'il faut savoir :
1 an = 365 jours
1 mois = 30 jours
1 jour = 24 h
1 heure = 60 minutes = 3 600 secondes
1 minute = 60 secondes
On voit donc que :
– pour passer des **heures aux minutes** ⇒ on multiplie par 60 ;
– pour passer des **minutes aux secondes** ⇒ on multiplie par 60 ;
– pour passer des **heures aux secondes** ⇒ on multiplie par 3 600 ;
– pour passer des **secondes aux heures** ⇒ on divise par 3 600 ;
– pour passer des **secondes aux minutes** ⇒ on divise par 60 ;
– pour passer des **minutes aux heures** ⇒ on divise par 60.

B. Les calculs sur les mesures du temps

Additionner des temps (exprimés en heures, minutes, secondes) revient à **additionner** les quantités de **même unité** et à convertir les unités pour obtenir un résultat réaliste.

Exemple :

	2 h	46 min	19 s
+	1 h	38 min	50 s
	3 h	84 min	69 s

3 h 84 min 69 s n'est pas un temps très courant… Il va falloir remédier à cela.
84 min = 60 min + 24 min = 1 h 24 min
69 s = 60 s + 9 s = 1 min 09 s
On peut donc écrire de façon plus réaliste :
4 h 25 min 09 s.

Soustraire des temps (exprimés en heures, minutes, secondes) revient à **soustraire** les quantités de **même unité**.

Si ce n'est pas possible (par exemple retirer 4 min à 1 min…), il faut « prendre » des sortes de retenues dans l'unité juste supérieure. Le plus simple est de voir la méthode sur un exemple.

Exemple :

	2 h	46 min	19 s
–	1 h	58 min	50 s

On ne peut pas retirer 50 s à 19 s. On va alors prendre 1 min à 46 min et l'injecter dans les 19 s, on aura alors 45 min et 19 s + 60 s = 79 s.

On procède de la même façon pour les minutes et les heures :

	1 h	105 min	
		~~45 min~~	79 s
	~~2 h~~	~~46 min~~	~~19 s~~
–	1 h	58 min	50 s
	0 h	47 min	29 s

Multiplier un temps (exprimé en heures, minutes, secondes) par un nombre revient à **multiplier** chaque unité par le nombre et à convertir les unités pour obtenir un résultat réaliste.

Exemple :

	2 h	46 min	19 s
×			3
	6 h	138 min	57 s

6 h 138 min 57 s n'est pas extrêmement réaliste :
138 min = 120 min + 18 min = 2 h 18 min.
Le résultat est alors 8 h 18 min 57 s.

Diviser un temps (exprimé en heures, minutes, secondes) par un nombre revient à **diviser** chaque unité par le nombre en commençant par les heures et à convertir les restes dans l'unité suivante.

Exemple :

3 h	59 min	50 s	2
– 2 h			1 h 59 min 55 s
1 h →	60 min		
	119 min		
	– 118 min		
	1 min →	60 s	
		110 s	
		– 110 s	
		0	

C. La vitesse

La **vitesse** d'un objet (ou d'une personne) est la distance parcourue par cet objet en un temps donné :

$V = \frac{d}{t}$ avec d la distance parcourue et t le temps mis pour la parcourir.

L'unité de la vitesse dépend des unités de la distance et du temps : elle est en km/h si la distance est en km et le temps en heures, elle est en m/s si la distance est en m et le temps en secondes...

La vitesse traduit une situation de proportionnalité : la distance et le temps sont proportionnels et on passe du temps à la distance en multipliant par la vitesse.

Exemples :

- Une voiture qui parcourt 500 km en 4 h a une vitesse de 500 ÷ 4 = 125 km/h.
- Si un piéton marche à une vitesse de 70 m/min, il fait 70 m en 1 min.

Il fait donc 2 × 70 = 140 m en 2 min, 60 × 70 = 4 200 m en 60 min = 1 h.

Entraînement n° 13

Difficulté ✗✗✗ | Durée 10 min

Questions

❶ Un TGV parcourt 52 km en 12 min. Quelle est sa vitesse en km/h ?

❷ Marie part de Brest vers Paris le mardi 16 février à 8 h. Elle roule en moyenne à 100 km/h. Le même jour, Pierre part de Paris vers Brest à 8 h 30 en suivant le même trajet. Il roule en moyenne à 110 km/h.
La distance de Brest à Paris est d'environ 575 km.
À quelle heure vont-ils se croiser ?

Corrigé n° 13

❶ Le TGV parcourt 52 km en 12 min.
En 1 h = 60 min, il parcourra donc (52 × 60) ÷ 12 = 52 × (60 ÷ 12) = 52 × 5 = 260 km.
La vitesse du TGV est donc de 260 km/h.

❷ On peut faire un schéma résumant la situation :

575 km

Paris ———————————— Brest

Pierre → ← Marie

8 h 30 110 km/h 100 km/h 8 h

La toute première chose à faire est de se ramener à la même heure de départ : à 8 h 30, Marie aura déjà roulé 30 min = 0,5 h à 100 km/h, elle aura donc parcouru 50 km.
Ils ne seront donc plus séparés que par 575 - 50 = 525 km. Ils se croiseront donc sur ces 525 km.
En 1 h, Marie parcourt 100 km et Pierre parcourt 110 km : à eux deux, ils parcourent donc 210 km en 1 h.
Avant de se croiser, il faut qu'ils aient parcouru à eux deux les 525 km les séparant.
On est donc dans une situation de proportionnalité :
210 km → 1 h
525 km → ?
Il leur faudra donc (525 × 1) ÷ 210 = 2,5 h = 2 h 30 min.
Ils se croiseront donc 2 h 30 min après 8 h 30, soit à 11 h.

10. Les équations

De nombreux exercices du concours vous amèneront à écrire des équations et à les résoudre. Ces exercices pourraient se résoudre sans faire appel aux équations, simplement en tâtonnant, en faisant des essais avec différentes valeurs, mais les équations sont vraiment pratiques. Une fois l'outil maîtrisé, vous irez très vite et les résultats obtenus seront sans ambiguïté.

A. Les équations du 1er degré à une inconnue

Ce sont des équations de la forme $\boldsymbol{ax + b = c}$ où a, b, c sont des nombres connus et x est l'inconnue.

Résoudre une telle équation, c'est **trouver la valeur de x**.

Il faut alors isoler x d'un côté du signe =. Pour cela, on passe le reste de l'autre côté du signe = : ce qui est ajouté d'un côté est soustrait de l'autre, ce qui est soustrait est ajouté, ce qui est multiplié est divisé, ce qui est divisé est multiplié.

Exemples :

- Soit l'équation : $3x + 4 = 16$
  $\Leftrightarrow 3x = 16 - 4$
  $\Leftrightarrow 3x = 12$
  $\Leftrightarrow x = \frac{12}{3}$
  $\Leftrightarrow x = 4$

- Soit l'équation : $5x - 4 = 16$
  $\Leftrightarrow 5x = 16 + 4$
  $\Leftrightarrow 5x = 20$
  $\Leftrightarrow x = \frac{20}{5}$
  $\Leftrightarrow x = 4$

- Soit l'équation : $\frac{x}{7} + 9 = 8$
  $\Leftrightarrow \frac{x}{7} = 8 - 9$
  $\Leftrightarrow \frac{x}{7} = -1$
  $\Leftrightarrow x = -1 \times 7$
  $\Leftrightarrow x = -7$

B. Les systèmes d'équations

Les systèmes de **2 équations à 2 inconnues** sont de la forme :

$\begin{cases} ax + by = c \\ a'x + b'y = c' \end{cases}$ où a, b, c, a', b', c' sont des nombres connus et x, y sont les inconnues.

Résoudre un tel système d'équations, c'est **trouver les valeurs de x et y**.

On peut utiliser deux méthodes : soit la combinaison linéaire, soit la substitution.

Exemples :

■ Utilisons la **méthode par combinaison linéaire** pour résoudre le système suivant :

$$\begin{cases} 2x + 5y = 7 & (1) \\ 3x - 2y = 1 & (2) \end{cases}$$

Le but est d'éliminer une des deux inconnues. Pour cela, on peut multiplier l'une ou l'autre des équations (ou les deux) pour que le coefficient d'une des inconnues soit le même dans les 2 équations.

Plus clairement : si on veut éliminer x, on multiplie l'équation (1) par 3 et l'équation (2) par 2, c'est-à-dire qu'on multiplie chaque terme de l'équation par le chiffre choisi.

$$\begin{matrix} 3 \times \\ 2 \times \end{matrix}\begin{cases} 2x + 5y = 7 & (1) \\ 3x - 2y = 1 & (2) \end{cases} \Leftrightarrow \begin{cases} 6x + 15y = 21 & (1) \\ 6x - 4y = 2 & (2) \end{cases}$$

Pour éliminer x, on va maintenant soustraire l'équation (2) à la (1) :

$$- \begin{cases} 6x + 15y = 21 & (1) \\ 6x - 4y = 2 & (2) \end{cases}$$

$$(6x - 6x) + \left[15y - (-4y)\right] = 21 - 2$$

$\Leftrightarrow$ $15y + 4y = 19$

$\Leftrightarrow$ $19y = 19$

$\Leftrightarrow$ $y = \frac{19}{19}$

$\Leftrightarrow$ $y = 1$

Pour trouver x, on remplace y par 1 dans l'une des équations de départ, la (1) par exemple :

$2x + 5 \times 1 = 7$

$\Leftrightarrow$ $2x = 7 - 5$

$\Leftrightarrow$ $2x = 2$ $\Leftrightarrow$ $x = 1$

La solution du système est donc le couple (1 ; 1).

■ Utilisons la **méthode par substitution** pour résoudre le système suivant :

$$\begin{cases} x + 6y = 5 & (1) \\ 3x - 5y = 1 & (2) \end{cases}$$

Le but est toujours d'éliminer une des deux inconnues. Pour cela, on va exprimer une des inconnues en fonction de l'autre.

En pratique, on va choisir d'utiliser l'équation (1) pour écrire x = quelque chose et y.

$x + 6y = 5$

$\Leftrightarrow$ $x = 5 - 6y$

On va pouvoir injecter x dans l'équation (2), c'est-à-dire remplacer x par $(5 - 6y)$ dans l'équation (2) :

$3x - 5y = 1$

$\Leftrightarrow$ $3 \times (5 - 6y) - 5y = 1$

$\Leftrightarrow$ $15 - 18y - 5y = 1$

$\Leftrightarrow$ $15 - 23y = 1$

$\Leftrightarrow$ $-23y = 1 - 15$

$\Leftrightarrow$ $-23y = -14$

$\Leftrightarrow$ $y = \frac{-14}{-23} = \frac{14}{23}$

On peut maintenant calculer x :

$x = 5 - 6y$

$\Leftrightarrow x = 5 - 6 \times \frac{14}{23}$

$\Leftrightarrow x = \frac{5 \times 23}{23} - \frac{84}{23} = \frac{115}{23} - \frac{84}{23}$

$\Leftrightarrow x = \frac{31}{23}$

La solution du système est le couple $\left(\frac{31}{23} ; \frac{14}{23}\right)$.

Dans le cas d'un système à **plus de 2 équations et plus de 2 inconnues**, on se ramène à un système de 2 équations à 2 inconnues en éliminant des inconnues (par combinaison ou substitution). Il ne reste plus alors qu'à résoudre le système à 2 équations.

C. Les équations du second degré

Ce sont des équations de la forme $\boldsymbol{ax^2 + bx + c = 0}$ où a, b, c sont des nombres connus et x est l'inconnue.

Résoudre une telle équation, c'est **trouver les valeurs de x** qui la vérifient.

Pour cela, on calcule une quantité (appelée discriminant) notée Δ :

$\Delta = b^2 - 4 \times a \times c$

Selon la valeur de Δ, l'équation admet une, deux solutions ou aucune :

→ si $\Delta < 0$ $\Rightarrow$ pas de solution

→ si $\Delta = 0$ $\Rightarrow$ une solution $\frac{-b}{2a}$

→ si $\Delta > 0$ $\Rightarrow$ deux solutions $x_1 = \frac{-b + \sqrt{\Delta}}{2a}$ et $x_2 = \frac{-b - \sqrt{\Delta}}{2a}$

Exemples :

- Soit l'équation : $3x^2 + 4x + 16 = 0$

$\Delta = 4^2 - 4 \times 3 \times 16 = 16 - 192 = -176 < 0$

L'équation n'a donc pas de solution.

- Soit l'équation : $x^2 - 12x + 11 = 0$

$\Delta = (-12)^2 - 4 \times 1 \times 11 = 144 - 44 = 100 > 0$

L'équation admet 2 solutions :

$x_1 = \frac{-(-12) + \sqrt{100}}{2} = \frac{12 + 10}{2} = 11$

$x_2 = \frac{-(-12) - \sqrt{100}}{2} = \frac{12 - 10}{2} = 1$

Entraînement n° 14

Difficulté XXX | Durée 15 min

Questions

❶ Trois pains au chocolat et cinq croissants coûtent ensemble 7,5 €.
Quatre pains au chocolat et un croissant coûtent ensemble 4,9 €.
Quel est le prix d'un croissant ?

❷ Quel nombre entier est tel que, si on retranche 3 à son double, on obtient 11 ?

❸ Dans une animalerie ne vendant que des canaris et des chats (persans), on compte 37 têtes et 98 pattes. Combien y a-t-il de canaris dans l'animalerie ?

Corrigé n° 14

❶ Si on pose P le nombre de pains au chocolat et N le nombre de croissants, on a le système d'équations suivant :

$$\begin{cases} 3P + 5C = 7,5 & (1) \\ 4P + C = 4,9 & (2) \end{cases}$$

Si on multiplie l'équation (2) par 5, on obtient :

$$\begin{cases} 3P + 5C = 7,5 & (1) \\ 20P + 5C = 24,9 & (2) \end{cases}$$

En faisant (2) - (1), on obtient :
$17\ P = 17 \Leftrightarrow P = 1$ €
Un croissant coûte donc :
$C = 4,9 - 4 = 0,90$ €.

❷ Soit n le nombre entier cherché. On a l'équation :
$2n - 3 = 11$
$\Leftrightarrow 2n = 14$
$\Leftrightarrow n = 14 \div 2 = 7$
Le nombre cherché est 7.

❸ Si C est le nombre de canaris et P le nombre de chats (persans), les chats et les canaris ayant chacun une seule tête (!), les canaris ayant 2 pattes et les chats 4, on a le système suivant :

$$\begin{cases} C + P = 37 & (1) \\ 2C + 4P = 98 & (2) \end{cases}$$

De l'équation (1), on obtient : $P = 37 - C$.
En remplaçant P par cette valeur dans l'équation (2), on obtient :
$2C + 4 \times (37 - C) = 98$
$\Leftrightarrow 2C + 148 - 4C = 98$
$\Leftrightarrow -2C = 98 - 148$
$\Leftrightarrow 2C = 50$
$\Leftrightarrow C = 25$
Il y a donc 25 canaris dans l'animalerie.

11 Le dénombrement et les probabilités

A. Les factorielles

On appelle factorielle de n, n nombre entier, le nombre noté $n!$ qui vaut :
$n! = n \times (n - 1) \times (n - 2) \times \ldots \times 2 \times 1$
Exemple : $6! = 6 \times 5 \times 4 \times 3 \times 2 \times 1 = 720$

L'utilité d'une telle formule est qu'elle permet de compter rapidement le nombre de permutations d'un ensemble.

B. Le nombre de permutations

On appelle permutations d'un ensemble les différentes façons de ranger cet ensemble.

Si l'ensemble compte n éléments, il y a $n!$ permutations.

Exemple : On a les lettres A, B, C. Les permutations de ces 3 lettres sont ABC, ACB, BAC, BCA, CAB, CBA. Elles sont $3! = 3 \times 2 \times 1 = 6$.

Vous allez me dire que vous savez compter : je les ai toutes écrites ! Mais heureusement je n'avais que 3 lettres, sinon il m'aurait fallu une très grande feuille et beaucoup de temps !

C. Le nombre de combinaisons

On appelle combinaisons à m éléments d'un ensemble à n éléments les paquets de m éléments de l'ensemble.

On peut accepter de prendre plusieurs fois les mêmes éléments, il y a alors n^m combinaisons.

On peut ne vouloir prendre qu'une fois chaque élément, il y a alors $n \times (n - 1) \times (n - 2) \times \ldots \times (n - m + 1)$ combinaisons.

Exemple : On a les chiffres 0 ; 1 ; 2 ; 3.

Si on crée un code de 3 de ces chiffres, les chiffres pouvant se répéter, il y a $4^3 = 48$ codes possibles : 012 ; 011 ; 323 ; 230 ; 132 ; 221...

Si on crée un code de 3 de ces chiffres, les chiffres ne pouvant pas se répéter, il y a $4 \times 3 \times 2 = 24$ codes possibles : 012 ; 013 ; 123 ; 230 ; 132...

Le dénombrement (que nous venons de voir) a un intérêt propre mais peut aussi servir au calcul de probabilités.

D. Les probabilités

La probabilité d'un événement est le quotient du nombre de cas favorables à cet événement par le nombre de cas possibles.

Une probabilité ne peut jamais être plus grande que 1.

Exemple : On dispose d'un sac contenant 10 boules : 3 boules noires, 6 boules rouges et 1 boule blanche.

Il n'y a qu'une manière de tirer une boule blanche sur les 10 boules du sac. La probabilité de tirer une boule blanche est donc de $\frac{1}{10}$.

De même, la probabilité de tirer une boule noire est $\frac{3}{10}$, celle de tirer une boule rouge est $\frac{6}{10} = \frac{3}{5}$.

Entraînement n° 15

Difficulté ✗✗✗ | Durée 12 min

Questions

❶ Un code de blocage de téléphone portable est composé de 4 chiffres (entre 0 et 9). Combien y a-t-il de codes possibles ?

❷ Quelqu'un vous a offert un sachet de bonbons contenant 50 bonbons. Ces bonbons sont à la fraise, au citron, à la menthe, à l'anis et à la pomme. Il y a autant de bonbons de chacun des parfums.
À cause d'une coupure de courant, vous ne pouvez pas voir quel bonbon vous « piochez ». Combien devez-vous sortir de bonbons du sachet pour être sûr d'en avoir au moins un à la menthe ?

❸ Vous avez joué à une tombola et avez rempli 20 tickets.
Sachant qu'il y a eu 1 000 participants et qu'il n'y a qu'un seul gagnant, quelle est la probabilité que vous gagniez ? Vous donnerez le résultat sous la forme d'une fraction irréductible.

Corrigé n° 15

❶ Pour chacun des 4 chiffres du code, on a le choix entre 10 chiffres.
Il y a donc $10 \times 10 \times 10 \times 10 = 10^4 = 1\,000$ codes possibles.

❷ Il y a 50 bonbons de 5 parfums, donc 10 bonbons de chaque parfum.
Dans le pire des cas, vous ne prenez aucun bonbon à la menthe avant d'avoir sorti les 40 autres. Donc, pour être sûr d'en obtenir au moins un, vous devez prendre 41 bonbons !

❸ Vous avez 20 chances sur 1 000 d'être le gagnant, soit une probabilité de $\frac{20}{1\,000} = \frac{2}{100} = \frac{1}{50}$ d'être le gagnant.

3 | Les tests d'organisation

1. Les plateaux d'infirmières

On vous donne des informations sur le nombre de cases noircies sur les lignes et les colonnes et vous devez colorier les cases adéquates. L'exercice n'est pas très complexe, mais vous avez souvent peu de temps pour remplir beaucoup de plateaux : après un bon entraînement, vous n'aurez plus de problèmes de rapidité !

Exemple : On veut remplir une grille de 3 lignes et 3 colonnes dont la description est la suivante :

ligne 1 = 1 colonne 1 = 1 – 1
ligne 2 = 2 colonne 2 = 2
ligne 3 = 2 colonne 3 = 1

L'information « 1 » signifie qu'il y a une case noircie sur la ligne ou la colonne.

L'information « 1 – 1 » signifie qu'il y a 2 cases noircies, séparées par une ou plusieurs cases blanches.

Dans un tableau de 3 cases de côté, il n'y a qu'une seule façon de remplir une ligne ou une colonne en suivant cette indication. On obtient ainsi la grille suivante :

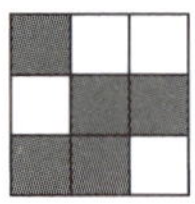

Entraînement n° 1 | Difficulté ✗✗✗ | Durée 5 min

Questions

Remplissez les plateaux d'infirmières correspondant aux descriptions suivantes.

❶

ligne 1 : 1 - 1 colonne 1 : 2
ligne 2 : 2 colonne 2 : 1
ligne 3 : 1 colonne 3 : 1 - 1

❷

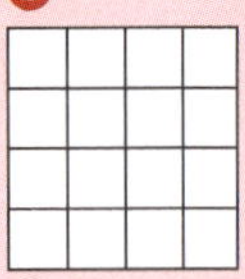

ligne 1 : 2 colonne 1 : 1
ligne 2 : 1 - 1 colonne 2 : 1 - 2
ligne 3 : 2 colonne 3 : 1 - 1
ligne 4 : 1 - 1 colonne 4 : 1 - 1

❸

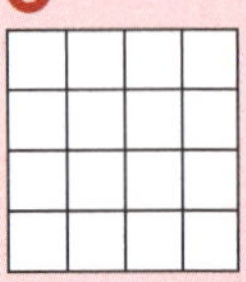

ligne 1 : 3 colonne 1 : 1 - 1
ligne 2 : 1 colonne 2 : 3
ligne 3 : 1 - 1 colonne 3 : 1
ligne 4 : 1 - 1 colonne 4 : 2

4

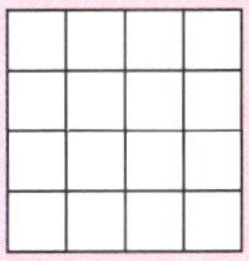

ligne 1 : 3
ligne 2 : 1
ligne 3 : 2
ligne 4 : 1 - 2

colonne 1 : 2
colonne 2 : 1 - 1
colonne 3 : 1 - 1
colonne 4 : 2 - 1

5

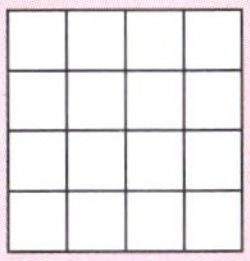

ligne 1 : 1 - 1
ligne 2 : 2
ligne 3 : 3
ligne 4 : 1 - 1

colonne 1 : 1 - 1
colonne 2 : 3
colonne 3 : 1
colonne 4 : 1 - 2

6

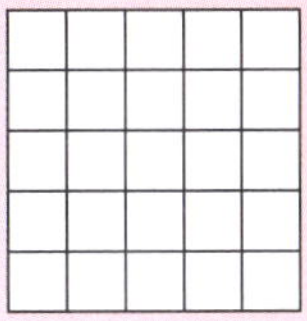

ligne 1 : 1 - 2
ligne 2 : 2 - 1
ligne 3 : 1 - 1 - 1
ligne 4 : 2
ligne 5 : 2 - 2

colonne 1 : 1 - 1 - 1
colonne 2 : 1 - 2
colonne 3 : 3
colonne 4 : 1 - 1
colonne 5 : 3 - 1

Corrigé n° 1

1

2

3

4

5

6

2. Les logigrammes

Les logigrammes sont des exercices qui demandent de la méthode et de la rigueur mais aussi une bonne compréhension des indications données : il s'agit de découvrir un ensemble d'informations en s'appuyant sur des indices. Pour vous aider, on peut vous fournir un tableau, mais il arrive parfois que les informations soient placées sous forme de liste.

Exemple : Le but de cet exemple est de remplir le tableau (1) en fonction des indices qui vont vous être donnés. Pour vous y aider, le tableau (2) vous permettra de noter les informations positives ou négatives apportées par vos déductions.

Quatre amis, Fred, Gabriel, Juliette et Emma, ont passé la journée au musée. Retrouver l'œuvre que chacun a préférée et le nombre de fois qu'il est allé la voir.

Voici les trois indices :

– Juliette adore le tableau *La Nef des fous*, mais elle est allée le regarder moins souvent que la personne qui aime *La Joconde* n'a admiré cette peinture ;

– la femme qui est allée regarder *La Naissance de Vénus* n'y est pas retournée ;

– ce n'est pas à *La Joconde* que Gabriel s'est rendu quatre fois.

Tableau 1

Prénoms	Œuvres	Nombre de visites
Fred		
Gabriel		
Juliette		
Emma		

On va remplir le tableau 2 en s'aidant des indices.

Tableau 2

		Œuvres				Nombre de visites			
		La Nef des fous	*La Vénus de Milo*	*La Joconde*	*La Naissance de Vénus*	Une	Deux	Trois	Quatre
Prénoms	Fred								
	Gabriel								
	Juliette								
	Emma								
Nombre de visites	Une								
	Deux								
	Trois								
	Quatre								

On va mettre une croix dans les cases « impossibles » et un rond dans les cases « certaines ».

L'indice (1) nous dit que Juliette adore *La Nef des fous* : on peut donc mettre un rond dans la case à l'intersection de Juliette et *La Nef des fous* et des croix dans les cases de la ligne et de la colonne (Juliette ne peut aimer un autre tableau et les autres ne peuvent aimer le même tableau qu'elle). On apprend aussi qu'elle est allée regarder ce tableau moins souvent que la personne qui a regardé *La Joconde* : Juliette n'a donc pas regardé « son » tableau quatre fois et *La Joconde* n'a pas été regardée une seule fois.

On obtient alors :

		Œuvres				Nombre de visites			
		La Nef des fous	*La Vénus de Milo*	*La Joconde*	*La Naissance de Vénus*	Une	Deux	Trois	Quatre
Prénoms	Fred	×							
	Gabriel	×							
	Juliette	O	×	×	×				×
	Emma	×							
Nombre de visites	Une			×					
	Deux								
	Trois								
	Quatre	×							

On se sert des autres indices pour remplir le reste du tableau.

		Œuvres				Nombre de visites			
		La Nef des fous	*La Vénus de Milo*	*La Joconde*	*La Naissance de Vénus*	Une	Deux	Trois	Quatre
Prénoms	Fred	×	×	O	×	×			×
	Gabriel	×	O	×	×	×	×	×	O
	Juliette	O	×	×	×	×			×
	Emma	×	×	×	O	O	×	×	×
Nombre de visites	Une	×	×	×	O				
	Deux		×		×				
	Trois		×		×				
	Quatre	×	O	×	×				

On arrive à un dilemme : Juliette est-elle allée 2 ou 3 fois voir *La Nef des fous* ? Il ne faut surtout pas oublier de relire les indices pour répondre à cette question : elle s'y est rendue moins souvent que la personne qui est allée voir *La Joconde* (c'est-à-dire Fred) d'après l'indice (1).

On en conclut :

Prénom	Œuvres	Nombre de visites
Fred	*La Joconde*	*Trois*
Gabriel	*La Vénus de Milo*	*Quatre*
Juliette	*La Nef des fous*	*Deux*
Emma	*La Naissance de Vénus*	*Une*

Entraînement n° 2

Difficulté XXX | Durée 10 min

Question

Quatre jeunes femmes, Agnès, Florence, Ingrid et Caroline, ont commandé chacune un gâteau différent (charlotte, fraisier, opéra, tarte) chez le pâtissier. Elles sont venues le chercher à des moments différents (9 h 30, 10 h, 11 h 30, 12 h).

À l'aide des indices, retrouvez le nom du gâteau que chacune a choisi et l'heure à laquelle elle est venue le chercher.

Indices :

- Caroline a commandé une charlotte aux poires mais elle n'est pas allée la chercher à 9 h 30.
- La personne qui a commandé la tarte au citron est arrivée deux heures après la jeune femme qui se prénomme Florence.
- La jeune femme qui a commandé un fraisier est passée le chercher à midi pile.
- Agnès a récupéré son gâteau avant Ingrid.

Remplir le tableau suivant.

	Gâteau	Heure
Agnès		
Florence		
Ingrid		
Caroline		

Corrigé n° 2

	Gâteau	Heure
Agnès	Tarte au citron	11 h 30
Florence	Opéra	9 h 30
Ingrid	Fraisier	12 h
Caroline	Charlotte aux poires	10 h

3. L'organisation de données

Dans ce genre d'exercices, vous êtes confronté à un ensemble de données qu'il faut organiser en suivant **scrupuleusement les consignes** fournies. Ces données peuvent être celles d'un planning, d'un stock, de l'organigramme d'un service...

Il s'agit aussi bien de faire appel à votre sens de l'organisation qu'à vos capacités de concentration et de respect des consignes.

Comme toujours, le mieux est de s'**entraîner**…

Entraînement n° 3

Difficulté ✗✗✗ | Durée 30 min

Question

Voici différentes informations concernant les patients soignés dans une clinique.

Nom	Prénom	Date de naissance	Date d'admission	Mutuelle	Soins	Spécialité
CORTET	Brigitte	12/09/1946	09/03	M	Biopsie	Pneumologie
PELARD	André	14/02/1928	13/03	M	Observation	Médecine
MAROT	Séverine	15/12/1969	25/02	M	Examens	Oncologie
GOURIN	Michel	03/07/1948	01/03	M	Opération	Chirurgie
ROBIN	Pascal	08/10/1988	04/03	NM	Examens	Médecine
LOUIS	Gilles	11/04/1953	12/02	NM	Examens	Oncologie
LAURENT	Renée	31/06/1991	01/03	M	Biopsie	ORL
HAURAY	Thérèse	17/03/1965	05/03	NM	Observation	Médecine
LUCAS	Alice	13/12/1999	28/02	M	Biopsie	Pédiatrie
PICARD	Denise	22/09/1970	04/03	M	Opération	Chirurgie
LOUVET	Véronique	13/04/1968	12/03	M	Biopsie	ORL
JAMET	Marie	19/10/1989	09/03	M	Examens	Chirurgie
AVRIL	Fabienne	23/05/1998	23/02	NM	Biopsie	Pédiatrie
PRIVAT	Gaëlle	16/02/1937	24/02	M	Opération	ORL
ROGER	Danièle	07/07/1975	10/03	M	Observation	Médecine
GAUDIN	Étienne	27/01/1989	05/03	NM	Opération	Chirurgie
BARBIER	Odette	25/09/1990	09/03	M	Opération	Pneumologie
ELOR	Sophie	30/03/1955	20/02	M	Biopsie	Médecine
DRION	Thierry	27/07/1959	07/03	M	Observation	Oncologie
DARIDE	Cécile	16/08/1970	08/03	NM	Examens	Oncologie

Vous devez classer ces patients dans un tableau composé des colonnes suivantes selon leur code d'admission (vous noterez l'intitulé de chaque colonne sur la première ligne du tableau) :

Première, deuxième, troisième et quatrième colonnes :

Composez les codes à 7 chiffres pour chaque patient et classez-les par ordre décroissant :

_ _	_ _	_ _	_
mois d'admission	jour d'admission	année de naissance	sexe (1 masculin 2 féminin)

Cinquième colonne :
Inscrivez le nom de famille du patient

Sixième colonne :
Inscrivez le code du soin prévu :

Biopsie	*BI*
Opération	*OP*
Observation	*OB*
Examens	*SC*

Septième colonne :
Inscrivez le code de la spécialité dont le patient dépend :

Médecine	*MG*
Chirurgie	*CH*
Oncologie	*CA*
ORL	*OR*
Pédiatrie	*EN*
Pneumologie	*PO*

Huitième colonne :
Inscrivez le code « mutuelle » :

Prise en charge mutuelle (M)	*50*
Pas de mutuelle (NM)	*95*

Voici le tableau à remplir :

Corrigé n° 3

Mois d'admission	Jour d'admission	Année de naissance	Sexe	Nom	Soin	Spécialité	Mutuelle
03	13	28	1	PELARD	OB	MG	50
03	12	68	2	LOUVET	BI	OR	50
03	10	75	2	ROGER	OB	MG	50
03	09	90	2	BARBIER	OP	PO	50
03	09	89	2	JAMET	SC	CH	50
03	09	46	2	CORTET	BI	PO	50
03	08	70	2	DARIDE	SC	CA	95
03	07	59	1	DRION	OB	CA	50
03	05	89	1	GAUDIN	OP	CH	95
03	05	65	2	HAURAY	OB	MG	95
03	04	88	1	ROBIN	SC	MG	95
03	04	70	2	PICARD	OP	CH	50
03	01	91	2	LAURENT	BI	OR	50
03	01	48	1	GOURIN	OP	CH	50
02	28	99	2	LUCAS	BI	EN	50
02	25	69	2	MAROT	SC	CA	50
02	24	37	2	PRIVAT	OP	OR	50
02	23	98	2	AVRIL	BI	EN	95
02	20	55	2	ELOR	BI	MG	50
02	12	53	1	LOUIS	SC	CA	95

4 | Les tests d'attention et d'observation

Comme leur nom l'indique, ces tests ont pour but de tester votre aptitude à rester attentif et concentré.

Il existe un nombre incalculable de sujets de ce type. Pour les réussir, il faut que vous travailliez votre concentration : vous pouvez compter les mots d'un texte donné, essayer de compter les différences entre deux images... L'important est de vous chronométrer et de bien rester **concentré** !

Entraînement | Difficulté ✗✗✗ | Durée 8 min

Questions

Voici un extrait en allemand du livre *Das Buch von der Armut und vom Tode* de Rainer Maria Rilke. Le but de cet exercice est de répondre à des questions portant sur les mots de ce texte.

Vielleicht, daß ich durch schwere Berge gehe in harten Adern, wie ein Erz allein; und bin so tief, daß ich kein Ende sehe und keine Ferne: alles wurde Nähe und alle Nähe wurde Stein.

Ich bin ja noch kein Wissender im Wehe, so macht mich dieses große Dunkel klein; bist Du es aber: mach dich schwer, brich ein: daß deine ganze Hand an mir geschehe und ich an dir mit meinem ganzen Schrein.

Du Berg, der blieb da die Gebirge kamen, Hang ohne Hütten, Gipfel ohne Namen, ewiger Schnee, in dem die Sterne lahmen, und Träger jener Tale der Cyclamen, aus denen aller Duft der Erde geht; du, aller Berge Mund und Minaret (von dem noch nie der Abendruf erschallte):

Geh ich in dir jetzt? Bin ich im Basalte wie ein noch ungefundenes Metall? Ehrfürchtig füll ich deine Felsenfalte, und deine Härte fühl ich überall.

Oder ist das die Angst, in der ich bin? die tiefe Angst der übergroßen Städte, in die du mich gestellt hast bis ans Kinn?

❶ Combien de fois le mot **daß** apparaît-il dans ce texte ?
a. 3 **b.** 4 **c.** 5 **d.** autre réponse

❷ Combien de fois le mot **ich** apparaît-il dans ce texte ?
a. 8 **b.** 9 **c.** 10 **d.** autre réponse

❸ Combien de fois le mot **der** apparaît-il dans ce texte ?
a. 5 **b.** 6 **c.** 7 **d.** autre réponse

❹ Combien de fois le mot **kein** apparaît-il dans ce texte ?
a. 1 **b.** 2 **c.** 3 **d.** autre réponse

❺ Combien de fois le mot **und** apparaît-il dans ce texte ?
a. 6 **b.** 7 **c.** 8 **d.** autre réponse

❻ Combien de fois les mots **das** et *die* apparaissent-ils dans ce texte ?
a. 6 **b.** 7 **c.** 8 **d.** autre réponse

❼ Combien de fois le mot **du** apparaît-il dans ce texte ?
a. 4 **b.** 5 **c.** 6 **d.** autre réponse

❽ Combien de fois les mots **bin**, **ist**, **bist** et **sind** apparaissent-ils dans ce texte ?
a. 5 **b.** 6 **c.** 7 **d.** autre réponse

❾ Combien de fois les mots **ohne** et **jetzt** apparaissent-ils dans ce texte ?
a. 3 **b.** 4 **c.** 5 **d.** autre réponse

❿ Combien de fois les mots **bis**, **da** et **an** apparaissent-ils dans ce texte ?
a. 4 **b.** 5 **c.** 6 **d.** autre réponse

Corrigé

❶ réponse a. ❷ réponse b. ❸ réponse b. ❹ réponse b. ❺ réponse b. ❻ réponse d. (4 fois) ❼ réponse a. ❽ réponse b. ❾ réponse a. ❿ réponse a.

Sujets inédits
corrigés

Sujet n°1

Inédit

Difficulté ✘✘✘	Durée 2 heures

REMARQUE Les épreuves thématiques de ce test sont indépendantes et chronométrées de façon précise. Le temps imparti pour chaque épreuve est indiqué au début de celle-ci. Chaque épreuve peut comprendre plusieurs exercices que vous pouvez traiter dans l'ordre souhaité. Vous ne pouvez pas passer à l'épreuve suivante avant la fin du temps imparti pour cette épreuve. Vous ne pouvez pas revenir sur les épreuves précédentes.

Test d'attention 1 10 min

On a confié à une personne la copie de différentes listes de symboles.

❶ Comparez la copie à l'original de la liste 1. Combien d'erreurs ont-elles été commises lors de la copie ?

ORIGINAL

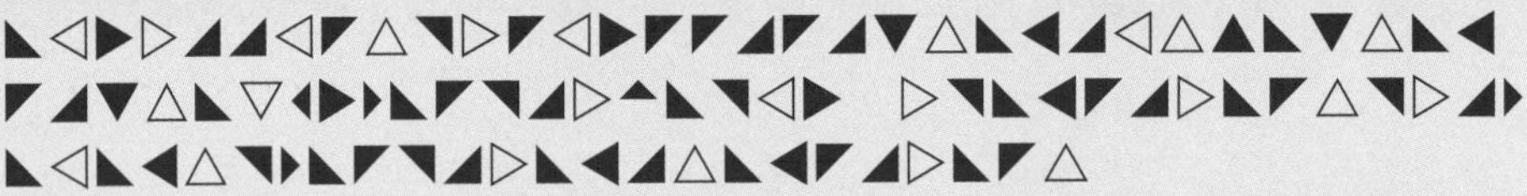

COPIE

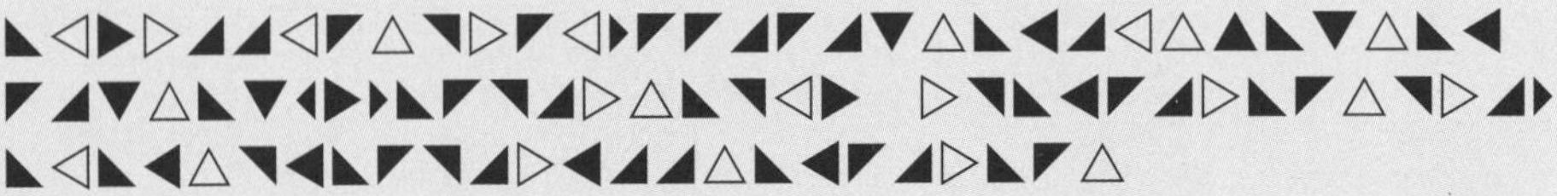

a. 5 **b.** 6 **c.** 7 **d.** 8 **e.** 9

❷ Comparez la copie à l'original de la liste 2. Combien d'erreurs ont-elles été commises lors de la copie ?

ORIGINAL

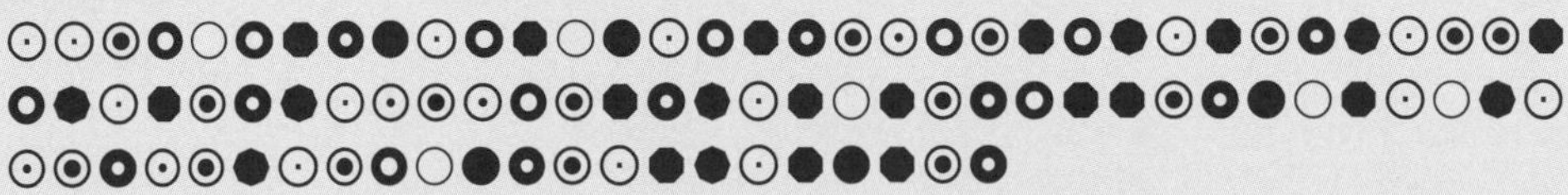

COPIE

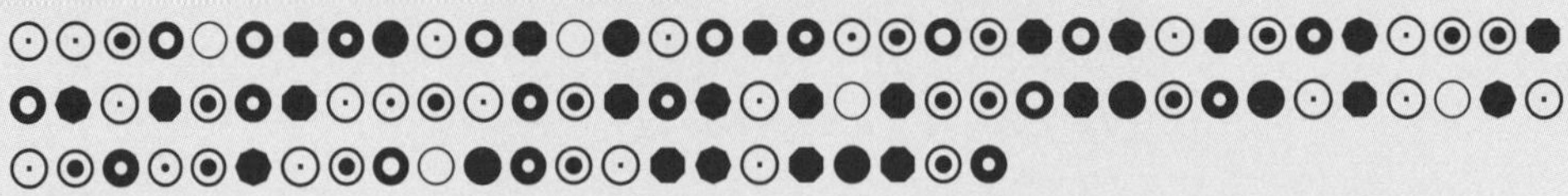

a. 7 **b.** 8 **c.** 9 **d.** 10 **e.** 11

❸ Comparez la copie à l'original de la liste 3. Combien d'erreurs ont-elles été commises lors de la copie ?

ORIGINAL

βπαεχβγθϖσλυδωρνξτχδοιηθφϕζμελχωψβϖϕαδχγξπυτκεηγημδεφρδοβ
νιζφρδεκφϕχλμσηψωγβζτξυνθϖμκιψϕδαχοεβπσβϖθτνμδεοακβπβγθχδ
οϖσλτγθωψρξβαχησδφνλχυϖϕμκωιρζχγτηψωγετυχσβϖεοακβπωιψθτν
μδεφρλξωψιζχγκνψβϖϕφηζαχυϖσδτψζπιμεωιρτθγϕϖβγθϖρλβπσξ

COPIE

βπαεχβγθϖσλυδωρνξτχδοιηθφϕζρελχωϕβϖϕαδχγζπυτκεηγημδεφρδοβ
νιζφρδεκφϕχλμσηψωγβζτξυνθϖμκιψϕδαχοεβπσβϖθτνμδεοακβπβγθχδ
οϖολτγθωψρξβαχησδφνλχνϖϕμκωιρζχγτηψωγειυχσβϖεοκαβπωιψθτν
μδεφφλξωψιζχγκνψβϖϕφηζαχυϖσδτψζπιμεϖιρτθγϕϖβγθϖρλβπσξ

a. 6 **b.** 7 **c.** 8 **d.** 9 **e.** 10

❹ Comparez la copie à l'original de la liste 4. Combien d'erreurs ont-elles été commises lors de la copie ?

ORIGINAL

COPIE

a. 8 **b.** 9 **c.** 10 **d.** 11 **e.** 12

❺ Comparez la copie à l'original de la liste 5. Combien d'erreurs ont-elles été commises lors de la copie ?

ORIGINAL

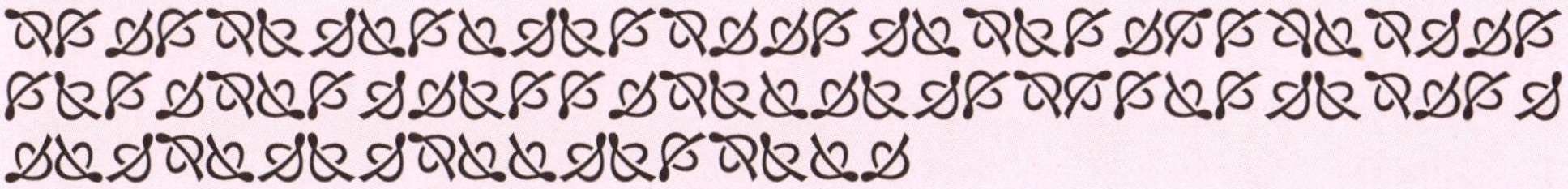

COPIE

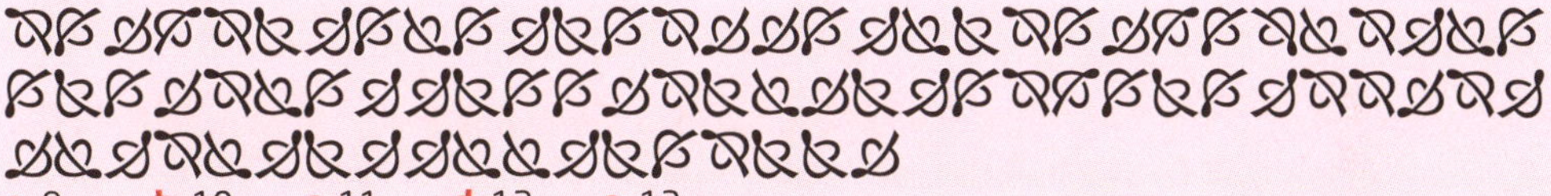

a. 9 **b.** 10 **c.** 11 **d.** 12 **e.** 13

Test d'attention 2 **10 min**

1re partie

Pour chacune des questions suivantes, vous devez observer chaque liste de lettres ou de chiffres et indiquer laquelle ou lequel apparaît le plus souvent dans la liste.

❶ EOIAEIUAOIUOAEAUAIOEAOIUEAIEOIUOAEIUAOEIOUIAOUIEUOI
❷ 0969390669903096099603999063906393060393603969360630636 30
❸ WZXNZZNXSZSZXZNSZSWZNZSZNZWSNZSNWZSNSXWWXSWNWXSXWNWN
❹ 714215712121714251271541747257127142417517424514175424517541412 5251
❺ OUQPQUGQOUQUQPQOQPOUQGPOGQOGQPGOQPOGQGUPGUOPQOGQPUGOUPQOUPQUPUOQ
GUOPGUPGUPUPGQOGUPQPQUGQUGQUPUGQGUQP

2e partie

Pour chacune des questions suivantes, vous devez observer chaque liste de lettres ou de chiffres et indiquer laquelle ou lequel apparaît le moins souvent dans la liste.

❻ 3809380390639086960938096398063809639803683096036

❼ DBCFBCBCBDBFCBDCBFCDFBDFBCFBCBFDCDFBCDFBDFCBFDCB

❽ 81216182216118226161812628161268281618282616281826821626818218

❾ JHJLIKIHKLJIHIKLHJIKLHIHLLILHLIKJHJKHJHIKHJKIJLHKLKILHJHKILHJHLKIKJHJKIHIKHJKLIHKJLIHIIHL JHIHLKIHILJILJLIKIJLKIJLKIKLIJLKIJKLIJIJKLLIJKILJKIL

❿ 547845084740408470484540870448074847584748547485407840847485487488554708 58077840587045807570840870845807478544087470887587085754754574

Test d'attention 3 **10 min**

Voici un extrait du roman *Métaphysique des tubes* d'Amélie Nothomb.

> « C'était un jour ordinaire. Il ne s'était rien passé de spécial. Les parents exerçaient leur métier de parents, les enfants exécutaient leur mission d'enfants, le tube se concentrait sur sa vocation cylindrique.
>
> Ce fut pourtant le jour le plus important de son histoire. Comme tel, on n'en a gardé aucune trace. Semblablement, on n'a conservé aucune archive du jour où un homme s'est mis debout pour la première fois, ni du jour où un homme a enfin compris la mort. Les évènements les plus fondamentaux de l'humanité sont passés presque inaperçus.
>
> Soudain, la maison se mit à retentir de hurlements. La mère et la gouvernante, d'abord pétrifiées, cherchèrent l'origine de ces cris. Un singe s'était-il introduit dans la demeure ? Un fou s'était-il échappé d'un asile ?
>
> En désespoir de cause, la mère alla regarder dans sa chambre. Ce qu'elle y vit la stupéfia : Dieu était assis dans son lit-cage et hurlait autant qu'un bébé de deux ans peut hurler.
>
> La mère s'approcha de la scène mythologique : elle ne reconnaissait plus ce qui pendant deux années avait constitué un spectacle si apaisant. Il avait toujours eu ses yeux grands ouverts et fixes, de sorte que la couleur gris-vert en avait été facile à identifier ; à présent, ses pupilles étaient entièrement noires, d'un noir de paysage incendié.
>
> Qu'avait-il pu y avoir d'assez fort pour brûler ces yeux pâles et les rendre noirs comme du charbon ? Qu'avait-il pu se passer d'assez terrible pour le réveiller d'un si long sommeil et le transformer en cette machine à crier ? »

❶ Combien de fois le mot « jour » apparaît-il dans cet extrait ?
a. 1 **b.** 2 **c.** 3 **d.** 4 **e.** 5

❷ Combien de fois les mots « le », « la », « les » apparaissent-ils dans cet extrait ?
a. 21 **b.** 22 **c.** 23 **d.** 24 **e.** 25

❸ Combien de fois les mots « c' », « ce », « ces » apparaissent-ils dans cet extrait ?
a. 4 **b.** 5 **c.** 6 **d.** 7 **e.** 8

❹ Combien de fois le groupement de lettres « qu » apparaît-il dans cet extrait ?
a. 8 **b.** 9 **c.** 10 **d.** 11 **e.** 12

❺ Combien de fois les mots « et » et « en » apparaissent-ils dans cet extrait ?
a. 6 **b.** 7 **c.** 8 **d.** 9 **e.** 10

❻ Combien de fois les groupements de lettres « pas » et « an » apparaissent-ils dans cet extrait ?
a. 19 **b.** 20 **c.** 21 **d.** 22 **e.** 23

❼ Combien de fois la lettre « s » apparaît-elle juste à côté de la lettre « i » dans cet extrait ?
a. 13 b. 14 c. 15 d. 16 e. 17

❽ Combien de fois retrouve-t-on le mot « de » à côte du mot « la » dans cet extrait ?
a. 0 b. 1 c. 2 d. 3 e. 4

❾ Combien de fois retrouve-t-on la lettre « y » dans cet extrait ?
a. 5 b. 6 c. 7 d. 8 e. 9

❿ Combien de fois les groupements de lettres « un », « in » et « en » apparaissent-ils dans cet extrait ?
a. 45 b. 46 c. 47 d. 48 e. 49

Test d'organisation **20 min**

Gilbert a acheté différents cadeaux de Noël. À l'aide des indices et du tableau qui suivent, vous devez retrouver quels cadeaux, à quel prix, quel jour et pour quelle personne, Gilbert a acheté ces cadeaux. Vous remplirez alors le tableau-réponse.

Voici les trois indices :

a. La broche a coûté plus de 20 €, mais Gilbert ne l'a achetée ni jeudi, ni pour Zélie.
b. Le cadeau acheté mercredi pour Adrien, qui n'était pas une broche, a coûté 15 € de plus que le collier.
c. Le cadeau d'Aurore a coûté plus de 25 €, a été acheté la veille du bougeoir et deux jours après le cadeau de Félicie.

Tableau 1	Jour	Prix	Personne
Livre	Mercredi	15 €	Zélie
	Jeudi	20 €	Félicie
	Vendredi	25 €	Adrien
	Samedi	30 €	Nicole
	Dimanche	40 €	Aurore
Collier	Mercredi	15 €	Zélie
	Jeudi	20 €	Félicie
	Vendredi	25 €	Adrien
	Samedi	30 €	Nicole
	Dimanche	40 €	Aurore
T-shirt	Mercredi	15 €	Zélie
	Jeudi	20 €	Félicie
	Vendredi	25 €	Adrien
	Samedi	30 €	Nicole
	Dimanche	40 €	Aurore
Broche	Mercredi	15 €	Zélie
	Jeudi	20 €	Félicie
	Vendredi	25 €	Adrien
	Samedi	30 €	Nicole
	Dimanche	40 €	Aurore
Bougeoir	Mercredi	15 €	Zélie
	Jeudi	20 €	Félicie
	Vendredi	25 €	Adrien
	Samedi	30 €	Nicole
	Dimanche	40 €	Aurore

Tableau réponse :

Cadeau	Jour	Prix	Personne
Livre			
Collier			
T-shirt			
Broche			
Bougeoir			

Aptitude numérique **40 min**

Répondez aux questions d'aptitude numérique suivantes. Pour chaque question, vous devez trouver la bonne réponse parmi les réponses proposées ou donner la réponse qui vous semble appropriée.

❶ Quelle est la valeur en heures d'une durée de 1 jour, 8 heures, 6 minutes et 36 secondes ?

❷ À quel pourcentage de 47,5 correspond 19 ?

❸ À 28 % de quelle durée (en minutes et secondes) correspondent 3 minutes et 30 secondes ?

❹ Un automobiliste a parcouru 891 km à une vitesse moyenne de 108 km/h. Combien de temps (en heures et minutes) a duré le trajet de cet automobiliste ?

❺ Cet automobiliste a parcouru une partie du trajet sur une autoroute pendant 5 heures et 15 minutes à une vitesse moyenne de 126 km/h. Quelle a été la vitesse moyenne (en km/h) de cet automobiliste sur le reste du trajet ?

❻ Un carton contenant 54 livres identiques a une masse de 64,8 kg. Quelle est la masse (en kilogrammes) d'un carton contenant 9 de ces livres ?

❼ Si on a : $X = (Y + Z^2 - Y^2 \times Z) \div (Y + Z)$
$Y = 2$
$Z = 5$

Alors la valeur numérique de X est :

a. 7 **b.** $-\frac{3}{7}$ **c.** 1 **d.** $\frac{17}{7}$ **e.** 49

❽ Pour préparer un quatre-quarts, on utilise trois œufs (chaque œuf pesant 60 g), 180 g de farine, un sachet de 10 g de levure, 180 g de beurre et 90 g de sucre. Après cuisson, le gâteau pèse 560 g. En pourcentage, quel poids le quatre-quarts a-t-il perdu à la cuisson ?

Les deux questions suivantes sont liées.

❾ Trois ouvriers travaillent à la rénovation d'une pièce. Ils commencent à travailler à 9 heures. Le premier des ouvriers effectue les trois huitièmes de la rénovation. Le deuxième travaille pendant 3 heures et 15 minutes. Le troisième effectue le quart de la rénovation.
Combien de temps (en heures, minutes) sera nécessaire au total pour rénover cette pièce ?

❿ Si ces mêmes trois ouvriers commencent à rénover la pièce en même temps, à quelle heure cette rénovation sera-t-elle terminée ?

⓫ Une coupe de glace a la forme d'une pyramide de base carrée, inversée et posée sur un socle rond. La base de la pyramide mesure 3 cm de côté, la hauteur de la pyramide est de 9 cm. Chaque coupe est remplie de glace aux deux tiers de sa contenance. On dispose d'un bac de glace à la vanille de 1 ℓ. Combien pourra-t-on servir de coupes de glace à l'aide de ce bac ?

⓬ Que vaut 25 × 1,36 ?

a. 3,4 **b.** 136 **c.** $13{,}6 \times 10^1$ **d.** $3{,}4 \times 10^1$ **e.** 25,9

⓭ Des nombres suivants, lequel est le plus grand ?

a. 3,04 **b.** $\frac{13}{4}$ **c.** $\sqrt{13}$ **d.** 4 × 0,8 **e.** $\left(\frac{\sqrt{12}}{2}\right)^2$

⓮ Des nombres suivants, lequel est le plus petit ?

a. 3,04 **b.** $\frac{13}{4}$ **c.** $\sqrt{13}$ **d.** 4 × 0,8 **e.** $\left(\frac{\sqrt{12}}{2}\right)^2$

⓯ Anna a 38 ans. Clara a deux fois l'âge de Jane moins 16 ans. Jane a l'âge d'Anna moins 5 ans. Quel âge Clara a-t-elle ?

⓰ Quelle est la valeur de T sachant que $T=\frac{(3W-V)(2V+W)-5}{(V+2W)(V-W)}$, V = 8 et W = 6 ?

Vous donnerez votre réponse sous la forme d'une fraction irréductible.

Les deux questions suivantes sont liées.

⓱ La taille moyenne de trois frères est de 1,76 m. Sachant que la taille du plus grand est de 1,80 m, quelle est la somme des tailles des deux autres ?

a. 3,56 m **b.** 348 cm **c.** 178 cm **d.** 35,8 m **e.** 352 cm

⓲ Le plus petit de ces trois frères mesure 1,72 m. Quelle est la taille du troisième frère ?

a. 1,76 m **b.** 1,78 m **c.** 1,80 m **d.** 1,72 m **e.** 1,70 m

⓳ Un ballon d'eau chaude a la forme d'un cylindre de 80 cm de haut et de 50 cm de diamètre. Un robinet permet de vider ce ballon d'eau à raison de 6 litres par minute. Sachant que le ballon est rempli d'eau, combien de temps (en minutes) faudra-t-il pour le vider ? (On prendra $\pi \approx 3$.)

⓴ Dans une école, 25 % des élèves ont les yeux bleus, 20 % ont les yeux verts, 341 ont les yeux marron. Combien y a-t-il d'élèves dans cette école ?

㉑ Dans un hôpital, il y a des chambres pour une personne et des chambres pour deux personnes. Il y a 147 patients dans cet hôpital dont 55 qui sont seuls dans leur chambre. Quel est le nombre minimum de chambres pour deux personnes ?

㉒ La consommation en eau d'une famille est de 175 m^3 par an. En supposant que celle-ci n'évolue pas, quelle sera la consommation d'eau de cette famille pour les 9 prochains mois ? Vous donnerez votre réponse en m^3.

Les deux questions suivantes sont liées.

㉓ Un boulanger vend deux types de sachets de mini-viennoiseries contenant des croissants et des pains au chocolat. Le sachet « Gargantua » contient 5 croissants et 3 pains au chocolat, il coûte 3 €. Le sachet « Pantagruel » contient 8 croissants et 8 pains au chocolat, il coûte 6,40 €. Quel est le prix d'un mini-croissant à l'unité ?

㉔ Chez le même boulanger, quel est le prix d'un mini-pain au chocolat à l'unité ?

㉕ À quel pourcentage de 35 m³ un volume de 770 l correspond-il ?

㉖ Que vaut $9{,}9^2$?

㉗ Dans un restaurant scolaire servant 320 repas, on souhaite servir 80 g d'ananas frais par personne. Il faut prévoir un déchet de 20 % lors de la préparation de l'ananas. Quelle quantité d'ananas (en kilogrammes) le restaurant devra-t-il acheter ?

Les deux questions suivantes sont liées.
㉘ Lors d'un test de médicaments organisé pendant 15 jours, 35 cobayes prennent 3 comprimés par jour. Combien de boîtes de 20 comprimés doivent être commandées ?

㉙ Une partie de ces cobayes teste un autre médicament en parallèle. Pour cet autre test, il faut 80 boîtes de cet autre médicament, chaque boîte contenant 25 comprimés et chacun des cobayes en double test en prenant 6 comprimés. Combien de personnes étaient en double test ?

㉚ Un fleuriste a acheté 72 tiges de lys, 180 tiges de tulipes et 144 tiges de roses. Il veut effectuer un maximum de bouquets, tous identiques, en utilisant toutes les fleurs qu'il a achetées. Combien pourra-t-il confectionner de bouquets ?

Aptitude logique **30 min**

1re partie

Pour chacune des questions suivantes, vous devez compléter l'analogie.

❶ Patient est à médecin ce que élève est à ______________.

a. école **b.** université **c.** professeur **d.** infirmière **e.** apprentissage

❷ Vacances est à travail ce que sombre est à ______________.

a. difficile **b.** pluvieux **c.** nuit **d.** éclat **e.** lumineux

❸ Poisson est à bar ce que fleur est à ______________.

a. café **b.** anémone **c.** plante **d.** parfum **e.** colin

❹ Bleu est à bruit ce que tard est à ______________.

a. nuit **b.** truite **c.** noir **d.** table **e.** silence

❺ ABC est à ZYX ce que MNO est à ______________.

a. NML **b.** XYZ **c.** WVU **d.** PQR **e.** LKJ

❻  est à  ce que  est à ______________.

a.  **b.**  **c.**  **d.**  **e.** 

❼ ★ est à ✱ ce que ◆ est à ______________.

a. ◊ **b.** ⬢ **c.** ⬟ **d.** ✹ **e.** □

❽ Chocolat est à pain ce que pommes est à ______________.

a. carotte **b.** pommier **c.** compote **d.** enfant **e.** chausson

❾ Sanglier est à marcassin ce que phoque est à ______________.

a. pingouin **b.** blanchon **c.** bébé **d.** mer **e.** animal

❿ ○■ est à □⊙ ce que ■◇ est à ______________.

a. ◆◘ **b.** ◈□ **c.** ■◈ **d.** ⊡◇ **e.** ◆⊡

2e partie

Répondez aux questions de logique suivantes :

⓫ Si on suppose que :

- aucun poisson n'est bleu ;
- les animaux bleus sont petits ;
- les petits animaux ne mangent pas de légumes.

Laquelle (ou lesquelles) des conclusions suivantes découle(nt) directement de ces affirmations ?

a. Les poissons ne mangent pas de légumes. **b.** Les mangeurs de légumes ne sont pas bleus. **c.** Les poissons ne sont jamais petits. **d.** Les animaux bleus mangent des légumes. **e.** Les mangeurs de légumes ne sont pas des poissons.

⓬ Si on suppose que :

- toutes les amandes sont croquantes ;
- aucune pomme n'est croquante.

Laquelle (ou lesquelles) des conclusions suivantes découle(nt) directement de ces affirmations ?

a. Aucune amande n'est une pomme croquante. **b.** Aucune amande n'est une pomme. **c.** Certains fruits croquants ne sont pas des pommes.

⓭ Si on suppose que :

- aucun chariot n'est confortable ;
- quelques lits sont des chariots.

Laquelle (ou lesquelles) des conclusions suivantes découle(nt) directement de ces affirmations ?

a. Quelques lits ne sont pas confortables. **b.** Aucun chariot n'est un lit confortable. **c.** Quelques lits confortables ne sont pas des chariots.

⓮ Si on suppose que :

- aucun chien n'est bilingue ;
- tous les animaux roux sont des chiens.

Laquelle (ou lesquelles) des conclusions suivantes découle(nt) directement de ces affirmations ?

a. Tous les animaux roux ne sont pas bilingues. **b.** Certains animaux bilingues sont roux. **c.** Aucun animal roux n'est bilingue.

⓯ Si on suppose que :

- toutes les maisons sont en bois ;
- les maisons sont grandes ;
- les choses en bois ne sont pas belles.

a. Les maisons ne sont jamais belles. **b.** Les grandes choses ne sont pas belles. **c.** Les choses en bois sont toutes grandes. **d.** Les maisons en bois sont belles.

3e partie

Le but de cette partie est de noircir les cases dans différents tableaux en fonction des informations fournies sur les lignes et les colonnes. Chaque chiffre indique le nombre de cases noires consécutives situées sur la ligne ou la colonne. Si les groupes de cases noires sont séparés par une ou plusieurs cases blanches, les chiffres sont séparés par un tiret.
Remplissez les tableaux dont les descriptions sont les suivantes.

16

Ligne 1 = **1**
Ligne 2 = **1**
Ligne 3 = **1 - 1**

Colonne 1 = **1**
Colonne 2 = **2**
Colonne 3 = **1**

17

Ligne 1 = **1 - 1**
Ligne 2 = **2**
Ligne 3 = **2**
Ligne 4 = **3**

Colonne 1 = **1 - 1**
Colonne 2 = **3**
Colonne 3 = **2 - 1**
Colonne 4 = **1**

18

Ligne 1 = **1 - 1 - 1**
Ligne 2 = **3**
Ligne 3 = **2 - 2**
Ligne 4 = **1**
Ligne 5 = **4**

Colonne 1 = **1 - 1**
Colonne 2 = **2 - 1**
Colonne 3 = **2 - 2**
Colonne 4 = **2 - 1**
Colonne 5 = **1 - 1 - 1**

19

Ligne 1 = **2 - 2**
Ligne 2 = **1 - 1**
Ligne 3 = **3 - 2**
Ligne 4 = **1**
Ligne 5 = **2 - 2**
Ligne 6 = **4**

Colonne 1 = **1 - 1 - 1**
Colonne 2 = **1 - 1 - 2**
Colonne 3 = **2 - 1**
Colonne 4 = **1 - 1 - 1**
Colonne 5 = **1 - 1 - 2**
Colonne 6 = **2 - 1**

20

Ligne 1 = **3 - 2**
Ligne 2 = **3 - 1**
Ligne 3 = **3 - 3**
Ligne 4 = **3**
Ligne 5 = **1 - 1 - 1 - 1**
Ligne 6 = **2 - 2**
Ligne 7 = **3 - 1 - 1**

Colonne 1 = **1 - 1 - 1 - 1**
Colonne 2 = **3 - 2**
Colonne 3 = **7**
Colonne 4 = **1 - 1**
Colonne 5 = **1 - 5**
Colonne 6 = **3 - 1**
Colonne 7 = **2 - 1 - 1**

20

Ligne 1 = **3 - 2**
Ligne 2 = **3 - 2**
Ligne 3 = **3 - 3**
Ligne 4 = **3**
Ligne 5 = **1 - 1 - 1 - 1**
Ligne 6 = **2 - 2**
Ligne 7 = **3 - 1 - 1**

Colonne 1 = **1 - 1 - 1 - 1**
Colonne 2 = **3 - 2**
Colonne 3 = **7**
Colonne 4 = **1 - 1**
Colonne 5 = **1 - 5**
Colonne 6 = **3 - 1**
Colonne 7 = **2 - 1 - 1**

2e partie

Remplacez le symbole Ů par les réponses qui conviennent.

21 2 4 8 16 32 Ů

22 5 10 13 26 29 Ů

23 C E H L Q Ů

24 A 1 E 4 I 16 M Ů Ů

25 A(5)E F(54)I J(130) Ů

26

			132		
			264		
			682		
353	343	313	Ů	323	333
			572		

27

		ACE			
CDH	JDL	Ů	NDP	DSW	UDY
		RTV			
		GIK			
		MOQ			

28 V VI XII XIII Ů

29 SD PH ML JP GT Ů Ů

30 4 5 9 18 27 54 81 Ů

Corrigé

Test d'attention 1

1 b. 2 c. 3 e. 4 d. 5 e.

Test d'attention 2

1 La lettre I apparaît le plus souvent dans la liste (12 fois).

2 Le chiffre 9 apparaît le plus souvent dans la liste (16 fois).

3 La lettre Z apparaît le plus souvent dans la liste (13 fois).

4 Le chiffre 1 apparaît le plus souvent dans la liste (19 fois).

5 La lettre Q apparaît le plus souvent dans la liste (24 fois).

6 Le chiffre 8 apparaît le moins souvent dans la liste (8 fois).

7 La lettre D apparaît le moins souvent dans la liste (10 fois).

8 Le chiffre 6 apparaît le moins souvent dans la liste (13 fois).

9 La lettre H apparaît le moins souvent dans la liste (25 fois).

10 Le chiffre 5 apparaît le moins souvent dans la liste (20 fois).

Test d'attention 3

❶ d. ❷ a. ❸ c. ❹ b. ❺ d.
❻ a. ❼ e. ❽ b. ❾ c. ❿ e.

Test d'organisation

Cadeau	Jour	Prix	Personne
Livre	Samedi	40 €	Aurore
Collier	Jeudi	15 €	Félicie
T-shirt	Mercredi	30 €	Adrien
Broche	Vendredi	25 €	Nicole
Bougeoir	Dimanche	20 €	Zélie

Aptitude numérique

❶ 32,11 heures
❷ 40 %
❸ 12 min 30 s
❹ 8 h 15 min
❺ 76,5 km/h
❻ 10,8 kg
❼ X = 1 (réponse **c.**)
❽ 12,5 %
❾ 8 h 40
❿ 12 h 15
⓫ 55 coupes
⓬ $34 = 3{,}4 \times 10^1$ (réponse **d.**)
⓭ $\sqrt{13} \approx 3{,}5$ (réponse **c.**)
⓮ $\left(\frac{\sqrt{12}}{2}\right)^2$ 3 (réponse **e.**)
⓯ 50 ans
⓰ $\frac{43}{8}$
⓱ 348 cm (réponse **b.**)
⓲ 1,76 m (réponse **a.**)
⓳ 25 minutes
⓴ 620 élèves
㉑ 46
㉒ 131,25 m^3
㉓ 0,3 €
㉔ 0,5 €
㉕ 2,2 %
㉖ 98,01 %
㉗ 32 Kg
㉘ 79 boîtes
㉙ 22 personnes
㉚ 36 bouquets

Aptitude logique

❶ c. ❷ e. ❸ b. ❹ d. ❺ a.
❻ c. ❼ c. ❽ e. ❾ b. ❿ a.
⓫ b. ⓬ b. ⓭ b. ⓮ c. ⓯ a.

⓰

⓱

⓲

⓳

⓴

㉑ 64 ㉒ 58 ㉓ W ㉔ 64Q ㉕ M
㉖ 363 ㉗ BDF ㉘ XXVI ㉙ DX ㉚ 162

Sujet n°2

Inédit

Difficulté ✗✗✗	Durée 2 heures

Aptitude logique

1re partie

Voici une série une série de six lettres : A, E, I, O, U, Y.

Vous devez découvrir des figures de 2, 3, ou 4 lettres dont l'identité et la place se déduisent par raisonnement à partir des informations données :

1	A E	a une lettre commune mal placée
	E I	a une lettre commune mal placée
2	U Y	a une lettre commune bien placée
	O Y	a une lettre commune mal placée
3	A Y	a une lettre commune bien placée
	E A	a une lettre commune bien placée
4	Y E	a une lettre commune mal placée
	A U	a une lettre commune mal placée
	A Y	a une lettre commune mal placée
5	A E I	a deux lettres communes mal placées
	E I A	a deux lettres communes mal placées
	Y I E	a deux lettres communes mal placées
6	Y O E	a une lettre commune mal placée
	Y A I	a deux lettres communes mal placées
	A Y E	a une lettre commune mal placée
7	E O A	a deux lettres communes bien placées
	E A Y	a une lettre commune bien placée
	O U I	a deux lettres communes mal placées
8	A E I	a deux lettres communes mal placées
	O U A	a deux lettres communes mal placées
	Y I A	a deux lettres communes mal placées
	A O Y	a deux lettres communes mal placées
9	Y U O	a deux lettres communes mal placées
	U O Y	a deux lettres communes mal placées
	I E Y	a deux lettres communes mal placées
	A I Y	a deux lettres communes mal placées
10	A Y E U	a trois lettres communes bien placées
	E Y O U	a trois lettres communes bien placées
11	I A Y U	a trois lettres communes mal placées
	Y I A U	a trois lettres communes mal placées
	O U I A	a trois lettres communes mal placées
	U O Y I	a trois lettres communes mal placées
12	E O U Y	a quatre lettres communes mal placées
	O Y E U	a quatre lettres communes mal placées
	U E Y O	a quatre lettres communes mal placées

⑬ A O E U	a deux lettres communes bien placées
I U A Y	a deux lettres communes bien placées
U O E A	a deux lettres communes bien placées
I A U Y	a deux lettres communes bien placées
⑭ A O E I	a deux lettres communes bien placées
E I A O	a deux lettres communes mal placées
U Y E I	a deux lettres communes mal placées
E I Y U	a deux lettres communes mal placées
⑮ E O U I	a deux lettres communes bien placées
E O I U	a deux lettres communes bien placées
E O U Y	a deux lettres communes bien placées et une lettre commune mal placée
⑯ U O Y I	a deux lettres communes bien placées et une lettre commune mal placée
U O Y E	a deux lettres communes bien placées et une lettre commune mal placée
U O I Y	a trois lettres communes bien placées
⑰ U E A Y	a trois lettres communes mal placées
Y U O A	a deux lettres communes mal placées
A I Y O	a deux lettres communes bien placées
A I O U	a trois lettres communes bien placées
⑱ U E A I	a deux lettres communes bien placées
E U Y O	a quatre lettres communes mal placées
Y O U E	a quatre lettres communes mal placées
⑲ O U A Y	a deux lettres communes mal placées
U O E I	a deux lettres communes mal placées
O U Y E	a deux lettres communes mal placées
A I U O	a deux lettres communes mal placées
Y E O U	a deux lettres communes mal placées
⑳ U O A Y	a trois lettres communes bien placées
E O A Y	a deux lettres communes bien placées
E O I Y	a trois lettres communes bien placées

2e partie

Voici une série une série de sept lettres : B, F, J, P, S, V, Z .

Vous devez découvrir des figures de 5 lettres dont l'identité et la place se déduisent par raisonnement à partir des informations données :

㉑ B F J P S	a cinq lettres communes mal placées
F J P S B	a cinq lettres communes mal placées
J P S B F	a cinq lettres communes mal placées
P S B F J	a cinq lettres communes mal placées
㉒ Z V B F P	a quatre lettres communes mal placées
P Z V S B	a quatre lettres communes mal placées
F P Z V S	a quatre lettres communes mal placées
S F P Z V	a quatre lettres communes mal placées
B S F V Z	a quatre lettres communes mal placées
㉓ B Z F V P	a trois lettres communes mal placées
V B Z S F	a trois lettres communes mal placées
P J B Z S	a trois lettres communes mal placées
F S P B Z	a trois lettres communes mal placées
Z V J F B	a trois lettres communes mal placées
J V P B Z	a trois lettres communes mal placées

24 F P V Z S — a trois lettres communes mal placées
P F B J V — a cinq lettres communes mal placées
J B F P V — a cinq lettres communes mal placées
B V J P F — a cinq lettres communes mal placées

3e partie

Voici un tableau de codage :

	A	B	C	D	E	F	G	H	I	J	K	L	M	N	O	P	Q	R	S	T	U	V	W	X	Y	Z
1	W	0	i	N	B	T	G	J	S	P	E	K	A	C	V	Q	F	Z	H	L	D	Y	R	M	X	U
2	V	P	L	Y	K	J	A	Z	B	W	D	X	C	U	E	T	G	I	M	F	O	H	Q	S	R	N

On vous donne l'exemple : Q1E2B2H1M2V1U2 donne POISSON.

Décoder les mots suivants :

25 F2Z2V1U2
26 I1E2X2B2C1
27 H1V2O2A1V1U2
28 L2V2I2Z1B1X2B1L1
29 N1V2O2Z1V2Y2B1
30 M2V1K1K2
31 B1G1X2K2T1S1U2
32 K1S1C2V2C1N1K2
33 L1I2D1B2F2B1
34 I1W1I2T2K2

4e partie

Quel est l'élément A, B, C ou D qui complète logiquement la série de gauche ?

35

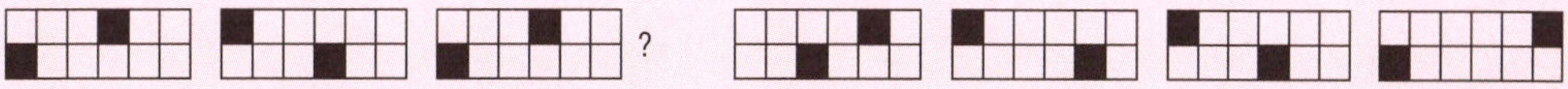

A B C D

36

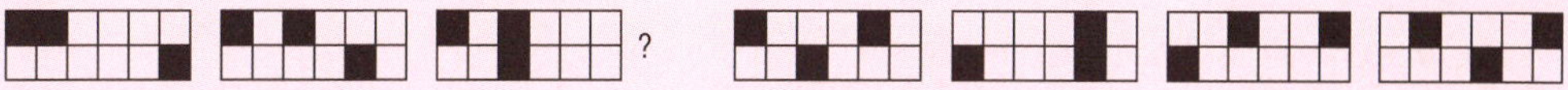

A B C D

37

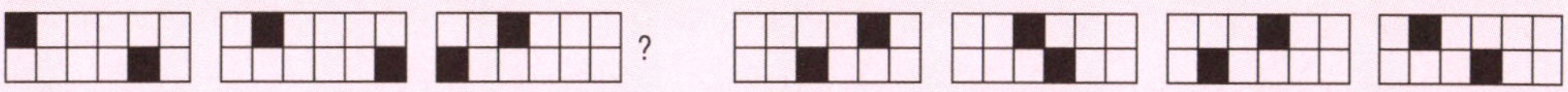

A B C D

38

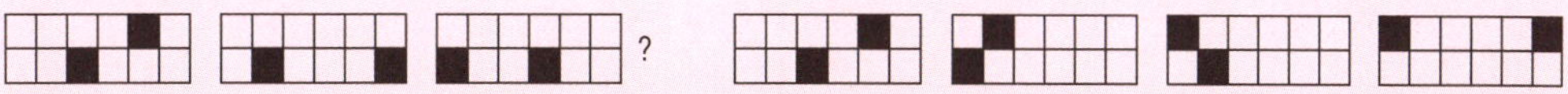

A B C D

39

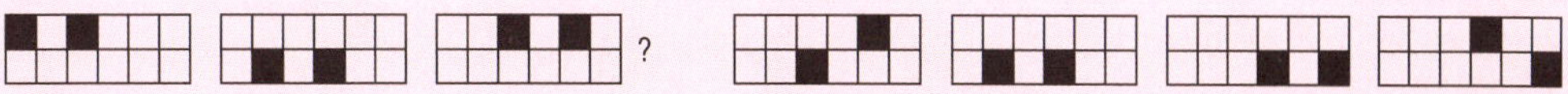

A B C D

40

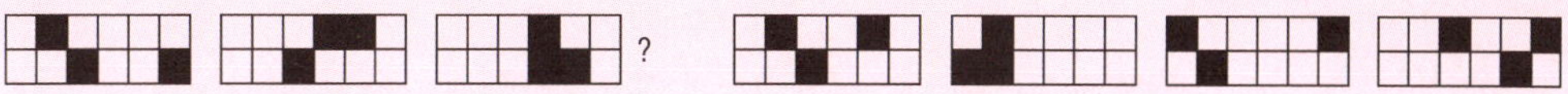

A B C D

5e partie

Dans 20 enveloppes différentes (nommées E1, E2, E3, E4, E5, ... E18, E19, E20), on a placé une étiquette portant un nombre formé par les chiffres de 1 à 8.

En utilisant ces huit chiffres, on peut obtenir au moins 20 nombres différents.

Vous devez vous servir des informations fournies dans l'exercice pour trouver le nombre contenu dans chacune des 20 enveloppes.

Il y a dans ces nombres au moins un nombre de l'enveloppe E1 :
1458 2457 1368 2468 2457

Mais il n'y en a pas ici :
1368 2468 1458 1234 2468

Certains des nombres suivants sont ceux de l'enveloppe E2 :
1368 2378 2368 1368 2378

Mais aucun de ceux-ci :
2378 2368 3468 7645 2368

Il y a dans cette liste un seul nombre de l'enveloppe E3 :
1368 2468 5631 2368 2457

Mais il n'y en a pas dans celle-ci :
2468 1368 2368 5631 6128

Il n'y a ici aucun nombre de l'enveloppe E4 :
1368 2457 5428 2457 2468

Mais il y en a au moins un dans cette liste :
7412 2457 5428 7412 2468

Il y a le nombre contenu dans l'enveloppe E5 dans cette liste :
2468 3857 7412 2457 1368

Il y a au moins une fois le nombre contenu dans l'enveloppe E6 ici :
4235 1368 2468 1368 4235

Dans la liste suivante, il y a plus de nombres de l'enveloppe E7 que de E3 :
1368 5123 2457 5123 1368

Il y a autant de nombres de l'enveloppe E2 que de l'enveloppe E8 :
1368 6541 7412 1368 6541 7412

Il y a dans cette liste des nombres de l'enveloppe E9 :
1268 8674 8674 2384 8674

Mais il n'y en a pas ici :
3521 2384 1268 2468 7412

Certains des nombres de cette liste sont ceux de l'enveloppe E10 :
1786 2384 3521 1786 2384

Mais aucuns de ceux-ci :
3857 6541 4376 2384 3521

Dans cette liste, il y a un seul nombre de l'enveloppe E11 :
4235 3812 2756 1587 5238

Mais il n'y en a aucun ici :
1587 2756 4235 5238 2468

Il n'y a aucun nombre de l'enveloppe E12 :
3812 1786 6541 2475 8521

Mais il y en a au moins un ici :
6541 4158 6541 4158 5123

Il y a un nombre de l'enveloppe E13 dans cette liste :
8674 8357 4158 3812 1786

Et au moins un nombre de l'enveloppe E14 ici :
3812 6541 5378 3812 6541

Il y a autant de nombres de l'enveloppe E15 que de l'enveloppe E6 :
4235 7286 6123 4235 6123 7286

Il y a autant de nombres de l'enveloppe E8 que de l'enveloppe E16 :
7286 3857 6541 3857 6541 7286

Il y a plus de nombres de l'enveloppe E17 que de l'enveloppe E18 :
1457 4158 2468 1457 2368 2468

Il y a moins de nombres de l'enveloppe E20 que de l'enveloppe E19 :
5468 3456 3456 6541 3456 6541

Répondez aux questions suivantes :

41 Le nombre contenu dans l'enveloppe E1 est :
a. 1458 **b.** 2457 **c.** 1368 **d.** 2468

42 Le nombre contenu dans l'enveloppe E2 est :
a. 1368 **b.** 2378 **c.** 2368 **d.** 2457

43 Le nombre contenu dans l'enveloppe E3 est :
a. 2368 **b.** 2457 **c.** 1368 **d.** 2468

44 Le nombre contenu dans l'enveloppe E4 est :
a. 7412 **b.** 2457 **c.** 5428 **d.** 2468

45 Le nombre contenu dans l'enveloppe E5 est :
a. 2468 **b.** 3857 **c.** 1368 **d.** 7412

46 Le nombre contenu dans l'enveloppe E6 est :
a. 4235 **b.** 2468 **c.** 1368 **d.** 3857

47 Le nombre contenu dans l'enveloppe E7 est :
a. 1458 **b.** 2457 **c.** 1368 **d.** 5123

48 Le nombre contenu dans l'enveloppe E8 est :
a. 1368 **b.** 6541 **c.** 7412 **d.** 2468

49 Le nombre contenu dans l'enveloppe E9 est :
a. 1268 **b.** 8674 **c.** 2384 **d.** 2468

50 Le nombre contenu dans l'enveloppe E10 est :
a. 1786 **b.** 2384 **c.** 3521 **d.** 2468

51 Le nombre contenu dans l'enveloppe E11 est :
a. 4235 **b.** 3812 **c.** 2756 **d.** 1587

52 Le nombre contenu dans l'enveloppe E12 est :
a. 6541 **b.** 4158 **c.** 6541 **d.** 5123

53 Le nombre contenu dans l'enveloppe E13 est :
a. 8674 **b.** 8357 **c.** 4158 **d.** 3812

54 Le nombre contenu dans l'enveloppe E14 est :
a. 6541 **b.** 3812 **c.** 5378 **d.** 1587

55 Le nombre contenu dans l'enveloppe E15 est :
a. 4235 b. 7286 c. 6123 d. 5123

56 Le nombre contenu dans l'enveloppe E16 est :
a. 7286 b. 3857 c. 6541 d. 3812

57 Le nombre contenu dans l'enveloppe E17 est :
a. 1457 b. 4158 c. 2468 d. 2368

58 Le nombre contenu dans l'enveloppe E18 est :
a. 1457 b. 4158 c. 2468 d. 2368

59 Le nombre contenu dans l'enveloppe E19 est :
a. 5468 b. 3456 c. 6541 d. 5123

60 Le nombre contenu dans l'enveloppe E20 est :
a. 5468 b. 3456 c. 6541 d. 5123

Test d'organisation

Quatre amis, Charles, Michaël, Géraldine et Annie, se retrouvent à l'aéroport pour partir en voyage.

Ces quatre amis emportent chacun une valise et un bagage à main différents.

Le but de cet exercice est de remplir le tableau 1 en fonction des indices qui vont vous être donnés. Pour vous y aider, le tableau 2 vous permettra de noter les informations positives ou négatives amenées par vos déductions.

Voici les quatre indices :

a. Charles a une valise rouge mais pas de valise cabine.

b. La personne qui a pris une besace emmène également une valise verte.

c. Michaël a pris comme bagage à main son sac à dos tout neuf.

d. La personne qui a une valise bleue se prénomme Annie.

Tableau 1	Valise	Bagage à main
Annie	61	62
Charles	63	64
Géraldine	65	66
Michaël	67	68

Tableau 2		Valise				Bagage à main			
		Bleue	Noire	Rouge	Verte	Besace	Sac à dos	Sac de sport	Valise cabine
Prénom	Annie								
	Charles								
	Géraldine								
	Michaël								
Baggage à main	Besace								
	Sac à dos								
	Sac de sport								
	Valise cabine								

Aptitude numérique

Répondre aux questions d'aptitude numérique suivantes. Il n'y a qu'une bonne réponse pour chaque question.

69 Une boîte et son couvercle pèsent 50 g. La boîte pèse 35 g de plus que son couvercle. Combien pèse le couvercle ?

a. 15 g **b.** 10 g **c.** 7,5 g **d.** 5 g

70 335 cL valent aussi :

a. 33,5 L **b.** 3,35 m3 **c.** 3,35 dm3 **d.** 33,5 mL

71 Un goutte à goutte administre une dose de médicament à un patient toutes les 1h45 min. Combien de doses lui auront-elles été administrées au bout de 7 heures ?

a. 6 **b.** 5 **c.** 4 **d.** 3

72 Une valise pèse 9,5 kg de plus que sa moitié. Combien 10,5 valises pèseraient-elles ?

a. 1 q **b.** 149 kg **c.** 199,5 kg **d.** 2 q

Les quatre questions suivantes sont liées :

73 Bernard, Bertrand et Gertrude ont hérité d'une somme de 32 000 € d'un lointain parent. Ils se partagent l'héritage de la façon suivante : Bernard reçoit 3/8 de la somme, Bertrand reçoit 3/4 de la somme perçue par Bernard et Gertrude reçoit le reste. Quelle somme Bernard a-t-il reçue ?

a. 4 000 € **b.** 8 000 € **c.** 12 000 € **d.** 16 000€

74 Quelle somme bertrand a-t-il reçue ?

a. 24 000 € **b.** 9 000 € **c.** 8 000 € **d.** 4 000 €

75 Quelle somme Gertrude a-t-elle reçue ?

a. 0 € **b.** 11 000 € **c.** 21 000€ **d.** 24 000 €

76 Quel pourcentage approximatif de l'héritage la somme reçue par bertrand représente-t-elle ?

a. 75 % **b.** 50 % **c.** 37 % **d.** 28 %

77 Un guépard parcourt 65 m en 5 s. Quelle est sa vitesse en km/h ?

a. 13 km/h **b.** 7,8 km/h **c.** 46,8 km/h **d.** 325 km/h

78 Le prix d'un meuble augmente de 25%. Quelle remise doit-on appliquer au nouveau prix de ce meuble pour revenir à son prix initial ?

a. 25 % **b.** 20 % **c.** 10 % **d.** 5 %

79 2,32 quintaux valent aussi :

a. 23,2 t **b.** 0,232 kg **c.** 232 t **d.** 232 kg

80 Un flacon contient 250 mL d'une solution concentrée à 90 % en glucose. Quel volume d'eau faut-il ajouter à cette solution pour que la concentration soit de 25 % ?

a. 900 mL **b.** 750 mL **c.** 650 mL **d.** 225 mL

81 Un randonneur marche sur une distance de 3 km à 6 km/h puis 7,5 km à 5 km/h. Quelle est sa vitesse moyenne sur l'ensemble du parcours ?

a. 5,25 km/h **b.** 10,5 km/h **c.** 5,5 km/h **d.** 11 km/h

82 Trois singes mangent quinze bananes en deux jours. En trois jours, combien de bananes quatre singes mangeront-ils ?

a. 40 bananes **b.** 30 bananes **c.** 20 bananes **d.** 15 bananes

83 10 personnes dinent ensemble pour célébrer un événement et trinquent les unes avec les autres une seule fois et sans exception. Combien de tintements de verre va-t-on entendre ?

a. 100 **b.** 90 **c.** 50 **d.** 45

84 Un digicode est formé de 3 lettres distinctes choisies parmi a, b, c et d et d'un chiffre choisi parmi les chiffres de 0 à 9. Combien de digicodes différents existe-t-il ?
a. 120 **b.** 40 **c.** 360 **d.** 240

85 Le salaire d'une personne était de 1860 € en 2007. Il est de 2139 € en 2014. Quel est le pourcentage d'augmentation du salaire de cette personne ?
a. 15 % **b.** 87 % **c.** 13 % **d.** 25 %

86 Un garagiste effectue une réparation sur une voiture. Il travaille 5 h 15 min. Les pièces utilisées coûtent 246,70 € et l'heure de main d'œuvre est facturée 30 €. Quel sera le montant de la facture ?
a. 246,70 € **b.** 157,5 € **c.** 396,70 € **d.** 404,20 €

87 Une robe est vendue 99 € TTC avec une TVA à 20 %. Quel est le prix HT de cette robe ?
a. 79,2 € **b.** 79 € **c.** 82,5 € **d.** 19,8 €

88 Rachel possède 6 stylos de plus que Lison. Cette dernière en a 4 de moins que Andrew. Andrew a un nombre total de stylo égal aux 8/9 de celui de Rachel. Quel est le nombre total de stylos détenus par ces trois enfants ?
a. 18 **b.** 28 **c.** 30 **d.** 46

Les deux questions suivantes sont liées :

89 Pour remplir une piscine, on utilise deux robinets de débits différents. Le premier robinet remplirait à lui seul la piscine en 21 h. Le deuxième robinet la remplirait en 14 h. Combien de temps faudrait-il pour remplir la piscine en utilisant les deux robinets ?
a. 35 h **b.** 7 h 04 min **c.** 8 h 04 min **d.** 8 h 24 min

90 Malheureusement, la piscine fuit. Sachant que la piscine se viderait en 42 h, combien de temps faudra-t-il pour la remplir avec les deux robinets ?
a. 10 h 30 min **b.** 7 h **c.** 10 h 50 min **d.** 7 h 50 min

Test d'attention

Voici une liste de boîtes. Chaque boîte contient un mot vous indiquant la couleur de la boîte. Le code est le suivant :

s'il est inscrit « BLEU », la boîte est verte.
s'il est inscrit « JAUNE », la boîte est rouge.
s'il est inscrit « NOIR », la boîte est jaune.
s'il est inscrit « ROUGE », la boîte est bleue.
s'il est inscrit « VERT », la boîte est rose.
s'il est inscrit « ORANGE », la boîte est blanche.
s'il est inscrit « VIOLET », la boîte est grise.
s'il est inscrit « BLANC », la boîte est marron.
s'il est inscrit « ROSE », la boîte est noire.
s'il est inscrit « GRIS », la boîte est violette.

VIOLET	ORANGE	BLANC	ROSE	ROUGE	NOIR	BLEU	ROUGE	ROSE	ORANGE
GRIS	JAUNE	NOIR	ROUGE	GRIS	VIOLET	GRIS	VERT	GRIS	VIOLET
BLEU	NOIR	BLANC	VIOLET	NOIR	ROSE	BLEU	NOIR	NOIR	GRIS
ROUGE	VERT	VERT	ROUGE	ORANGE	GRIS	NOIR	ROSE	BLEU	VERT
JAUNE	NOIR	JAUNE	JAUNE	GRIS	ROUGE	ROSE	JAUNE	BLEU	JAUNE
BLANC	ROSE	ORANGE	GRIS	ROUGE	VIOLET	GRIS	BLANC	GRIS	NOIR
BLEU	ROUGE	VERT	BLEU	ROSE	ORANGE	VERT	ORANGE	ORANGE	VERT
NOIR	GRIS	GRIS	BLANC	GRIS	BLANC	ROUGE	ROSE	NOIR	BLEU
ROSE	ROSE	VIOLET	ROUGE	BLEU	NOIR	ORANGE	BLEU	JAUNE	ROSE
BLANC	GRIS	NOIR	ROSE	ROUGE	VIOLET	ROUGE	VERT	GRIS	ORANGE

Répondre aux questions suivantes qui concernent la liste de boîtes :

91 Combien y a-t-il de boîtes grises ?
a. 6 b. 7 c. 8 d. 9

92 Combien y a-t-il de boîtes roses ?
a. 6 b. 7 c. 8 d. 9

93 Combien y a-t-il de boîtes vertes ?
a. 7 b. 8 c. 9 d. 10

94 Combien y a-t-il de boîtes blanches ?
a. 7 b. 8 c. 9 d. 10

95 Combien y a-t-il de boîtes noires ?
a. 12 b. 13 c. 14 d. 15

96 Combien y a-t-il de boîtes rouges ?
a. 6 b. 7 c. 8 d. 9

97 Combien y a-t-il de boîtes marron ?
a. 7 b. 8 c. 9 d. 10

98 Combien y a-t-il de boîtes violettes ?
a. 12 b. 13 c. 14 d. 15

99 Combien y a-t-il de boîtes bleues ?
a. 11 b. 12 c. 13 d. 14

100 Combien y a-t-il de boîtes jaunes ?
a. 11 b. 12 c. 13 d. 14

Corrigé

1 I A
2 U O
3 E Y
4 E A
5 I A Y
6 U I Y ou I U Y ou O I A
7 E O U
8 I A O
9 O Y I
10 A Y O U
11 A Y U O
12 Y U O E
13 I O E Y
14 A O U Y
15 E O Y A
16 U O A Y
17 A I E U
18 U E O Y
19 E Y I A
20 U O I Y
21 S B F J P
22 V B S P F
23 S F V P J
24 V J P F B
25 THON
26 COLIN
27 SAUMON
28 CARRELET
29 DAURADE
30 SOLE
31 EGLEFIN
32 LIMANDE
33 TRUITE
34 CARPE
35 réponse c
36 réponse a
37 réponse c
38 réponse c

39 réponse c
40 réponse d
41 Le nombre contenu dans l'enveloppe E1 est 2468 (réponse d).
42 Le nombre contenu dans l'enveloppe E2 est 1368 (réponse a).
43 Le nombre contenu dans l'enveloppe E3 est 2457 (réponse b).
44 Le nombre contenu dans l'enveloppe E4 est 7412 (réponse a).
45 Le nombre contenu dans l'enveloppe E5 est 3857 (réponse b).
46 Le nombre contenu dans l'enveloppe E6 est 4235 (réponse a).
47 Le nombre contenu dans l'enveloppe E7 est 5123 (réponse d).
48 Le nombre contenu dans l'enveloppe E8 est 6541 (réponse b).
49 Le nombre contenu dans l'enveloppe E9 est 8674 (réponse b).
50 Le nombre contenu dans l'enveloppe E10 est 1786 (réponse a).
51 Le nombre contenu dans l'enveloppe E11 est 3812 (réponse b).
52 Le nombre contenu dans l'enveloppe E12 est 4158 (réponse b).
53 Le nombre contenu dans l'enveloppe E13 est 8357 (réponse b).
54 Le nombre contenu dans l'enveloppe E14 est 5378 (réponse c).
55 Le nombre contenu dans l'enveloppe E15 est 6123 (réponse c).
56 Le nombre contenu dans l'enveloppe E16 est 7286 (réponse a).
57 Le nombre contenu dans l'enveloppe E17 est 1457 (réponse a).
58 Le nombre contenu dans l'enveloppe E18 est 2368 (réponse d).
59 Le nombre contenu dans l'enveloppe E19 est 3456 (réponse b).
60 Le nombre contenu dans l'enveloppe E20 est 5468 (réponse a).
61 Bleue
62 Valise cabine
63 Rouge
64 Sac de sport
65 Verte
66 Besace
67 Noire
68 Sac à dos
69 7,5 g (réponse c)
70 3,35 dm3 (réponse c)
71 5 (réponse b)
72 199,5 kg (réponse c)
73 12000 € (réponse c)
74 9000 € (réponse b)
75 11000 € (réponse b)
76 28 % (réponse d)
77 46,8 km/h (réponse c)
78 20 % (réponse b)
79 232 kg (réponse d)
80 650 mL (réponse c)
81 5,25 km/h (réponse a)
82 30 bananes (réponse b)
83 45 (réponse d)
84 240 (réponse d)
85 15 % (réponse a)
86 404,20 € (réponse d)
87 82,5 € (réponse c)
88 46 (réponse d)
89 8 h 24 min (réponse d)
90 10 h 30 min (réponse a)
91 Il y a 7 boîtes grises (réponse b).
92 Il y a 8 boîtes roses (réponse c).
93 Il y a 10 boîtes vertes (réponse d).
94 Il y a 9 boîtes blanches (réponse c).
95 Il y a 12 boîtes noires (réponse a).
96 Il y a 7 boîtes rouges (réponse b).
97 Il y a 7 boîtes marron (réponse a).
98 Il y a 15 boîtes violettes (réponse d).
99 Il y a 12 boîtes bleues (réponse b).
100 Il y a 13 boîtes jaunes (réponse c).

PARTIE 2

Épreuve d'admission

➲ Entretien avec le jury 281

Entretien avec le jury

COEFFICIENT 1

DURÉE 30 minutes

➲ Planning de révision 282

➲ Méthodologie et conseils 284

➲ Sujets inédits corrigés 342

Planning de révision

PÉRIODE	DURÉE	CONTENU DES RÉVISIONS
PÉRIODE 1	1 semaine	**Métier :** Commencez à vous informer sur le métier. **Motivations :** Lisez les questions sur les motivations. **Sujet :** Méthodologie du sujet-texte. **Expression :** Écoutes analytique, synthétique, critique.
PÉRIODE 2	1 semaine	**Métier :** Commencez à contacter des professionnels et rapprochez-vous des terrains de stages ou de bénévolat. **Motivations :** Demandez aux autres la façon dont ils vous voient. **Sujet :** Méthodologie du sujet-phrase. **Expression :** Exercice « Émotions et sentiments ».
PÉRIODE 3	1 semaine	**Métier :** Rédigez un tout premier jet de votre projet professionnel. **Motivations :** Faites des exercices « apprendre à se connaître ». **Sujet :** Méthodologie du sujet-thème. **Expression :** Exercice « Jeux de mimes ».
PÉRIODE 4	1 semaine	**Métier :** Concrétisez vos contacts, allez sur le terrain. **Motivations :** Regardez, analysez et élaborez un premier portrait du professionnel de santé. **Sujet :** Méthodologie du sujet-image. **Expression :** Exercices d'improvisations.
PÉRIODE 5	1 semaine	**Métier :** Rencontrez des professionnels, observez-les, questionnez-les, écoutez-les. **Motivations :** Faites des exercices « se connaître ». **Sujet :** Documentez-vous, utilisez la revue de presse élaborée pour la culture générale. **Expression :** Exercice « La présentation d'un thème ».
PÉRIODE 6	1 semaine	**Métier :** Faites le bilan de vos observations et expériences, prenez du recul, analysez vos observations et vos échanges. **Motivations :** Faites des exercices « se connaître ». **Sujet :** Faites une première simulation d'entretien avec un sujet au choix (10 minutes de préparation, 10 minutes de présentation face à quelqu'un ou un miroir ; enregistrez-vous et écoutez-vous). **Expression :** Exercice « Inspirez, expirez ! ».

PÉRIODE 7	1 semaine	**Métier :** Rédigez un deuxième jet de votre projet professionnel. **Motivations :** Faites des exercices « se connaître ». **Sujet :** Faites un sujet-texte et un sujet-thème. **Expression :** Exercices d' « écoute créatrice » et « apprendre à écouter ».
PÉRIODE 8	1 semaine	**Métier :** Lisez le référentiel métier infirmier. **Motivations :** Travaillez la pyramide des besoins selon Maslow. **Sujet :** Travaillez un sujet-phrase et un sujet-image. **Expression :** Exercices de prononciation.
PÉRIODE 9	1 semaine	**Métier :** Lisez le chapitre sur la formation infirmière. **Motivations :** Présentez vos motivations sous la forme d'un cheminement. **Sujet :** Faites une deuxième simulation d'entretien avec un sujet au choix (10 minutes de préparation et 10 minutes de présentation face à quelqu'un ou un miroir ; enregistrez-vous et écoutez-vous). **Expression :** On articule, encore et encore !
PÉRIODE 10	1 semaine	**Métier :** Répondez à la question : « Que fait un infirmier ? » **Motivations :** Exprimez vos motivations face à un mur (10 minutes maximum : enregistrez-vous et écoutez-vous). **Sujet :** Lisez l'actualité, réfléchissez aux problématiques sanitaires et sociales, échangez, débattez avec d'autres personnes. **Expression :** Exercices « Injures et cris » et « chuchotements ».
PÉRIODE 11	1 semaine	**Métier :** Répondez à la question : « Où peut travailler un infirmier ? » **Motivations :** Exprimez vos motivations face à quelqu'un (ami, proche...), demandez-lui si vous êtes cohérent et convaincant. **Sujet :** Travaillez un sujet de chaque type. **Expression :** Exercices « le ton » et phrases d'articulation. N'oubliez pas « inspirez, expirez ! »
PÉRIODE 12	1 semaine	**Métier :** Répondez à la question : « Que veut dire pour vous : aider, accompagner, soigner, écouter ? » et relisez vos observations et analyses de vos rencontres, stages, échanges... **Motivations et sujet :** Faites une simulation « complète » sujet et motivations (10 minutes de préparation et 20-25 minutes de présentation devant quelqu'un ou un miroir ; enregistrez-vous et écoutez-vous). **Expression :** Travaillez ce qui vous pose encore problème pour être fin prêt !

Méthodologie et conseils

Un entretien est un échange, un dialogue, une forme de communication. Il est important pour vous d'en être acteur, de ne pas le subir mais bien de le conduire là où vous le souhaitez, c'est-à-dire convaincre un jury de professionnels que vous êtes prêt à intégrer cette profession.

Cela signifie aussi donner envie à ce même jury de travailler avec vous dans un futur proche. Pour ce faire, il semble déterminant de vous préparer.

Connaître la profession bien sûr, mais aussi savoir qui vous êtes et ce qui vous donne l'énergie et la volonté d'embrasser une carrière de soignant. Quant à la notion de vocation elle vaut surtout par son étymologie. Ce choix n'est pas anodin, ce métier n'est pas toujours facile, vous l'avez compris aux dires des professionnels ou au fil de vos lectures. Il demande des aptitudes humaines, techniques et physiques pour lesquelles il vous faudra vérifier qu'elles ne sont pas en contradiction avec votre personnalité.

Ce moment d'introspection est aussi un moment de rencontre ou de retrouvailles avec vous-même, savourez-le, même s'ils vous semblent parfois délicats, ces moments-là font grandir.

Posez-vous des questions

Ci-après, nous vous proposons un ensemble de questions que vous pourrez trouver disséminées dans tout le livre. Si nous les avons rassemblées ici, c'est pour vous permettre, d'un coup d'œil, de réaliser le travail à faire quant à vos motivations. Elles n'ont qu'un seul but : vous préparer à l'entretien. Elles vous permettront de clarifier non seulement vos motivations mais aussi vos qualités et difficultés personnelles.

Bien sûr, cette liste n'est pas exhaustive. Il y aura aussi et sûrement toutes les questions que vous vous poserez. Il n'y a bien sûr aucune question idiote.

Un principe : si une question vous vient à l'esprit, c'est qu'elle peut vous être posée à l'oral.

- Quels sont les différents lieux d'exercice du métier d'infirmier ?
- Un IDE fait-il les toilettes ?
- En quoi consiste le métier d'infirmier ?
- Ai-je les facultés requises ?
- En quoi consistent les études en IFSI ?
- Quel regard sur la mort ?
- Quel regard je porte sur la vieillesse ?
- Quel regard je porte sur l'accompagnement ?
- Que signifie aider ?
- Que vais-je mettre en place pour répondre à mes fragilités ?

– Comment puis-je exploiter mes atouts ?
– Suis-je prêt à organiser les années à venir pour le financement et le déroulement de mes études ?
– Quelles différences entre bénévolat et métier dans le domaine sanitaire et social ?
– Qu'est-ce que j'attends du métier d'infirmier ?
– Que puis-je apporter au métier d'infirmier ?
– Pouvez-vous nous parler de votre parcours ?
– Qu'est-ce qui vous a conduit à vous diriger vers ce métier ?
– Vous avez évoqué le geste technique, quelle qualité cela demande ?
– J'ai à peine 18 ans, je suis trop jeune, c'est sûr ?
– Avec deux enfants en bas âge, est-ce que je pourrai faire mes études ?
– Quel sujet d'actualité vous a marqué et pourquoi ?
– Quel sens donnez-vous au mot équipe ? Cela s'apprend-il ?

1 | Préparer son projet professionnel

1. Connaître le métier

Si votre objectif est de convaincre le jury de votre volonté d'entrer dans cette filière qui vous préparera à devenir un professionnel infirmier, il semble essentiel que votre désir repose sur un projet auquel vous avez réfléchi, dans lequel vous vous êtes investi. Pour ce faire, la première démarche est de vous immerger dans cet univers afin de mieux le connaître, d'en appréhender les rouages, les exigences et la diversité. La première phase de l'élaboration de ce projet est de connaître le métier vers lequel vous vous dirigez.

A. Le milieu ne vous est pas familier

Avant de partir à la découverte du métier, faites le point sur votre connaissance de cette profession. Ensuite, plusieurs attitudes sont possibles.

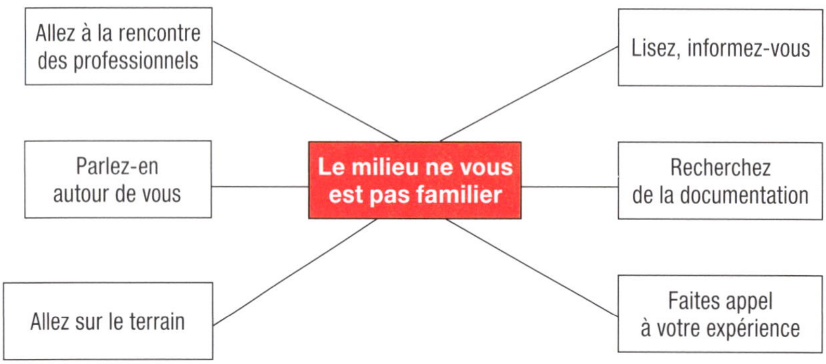

a. Lisez, informez-vous

La presse, les revues spécialisées, les sites Internet (*cf.* bibliographie et webographie) peuvent vous apporter énormément d'informations tant sur la profession que sur le milieu médical ou encore la formation. N'hésitez pas non plus à suivre les émissions à la radio ou à la télévision : elles vous offriront reportages et témoignages qui vous plongeront dans l'univers du métier. Enfin, référez-vous à cet ouvrage qui vous apportera des informations sur la profession et la formation.

b. Recherchez de la documentation

Déplacez-vous, rendez-vous dans les antennes du Pôle Emploi, les CIO (centre d'information et d'orientation), les CIDJ (centre d'information et de documentation pour la jeunesse), ou encore auprès de votre mairie pour y glaner toutes les informations dont vous avez besoin. Profitez également des salons étudiants qui vous proposeront de rencontrer des professionnels ou /et des formateurs.

c. Faites appel à vos expériences

Peut-être avez-vous été hospitalisé, soigné dans un établissement. Peut-être s'agit-il d'un proche, d'un grand-parent en maison de retraite ou qui reçoit la visite d'un infirmier libéral… Rassemblez vos souvenirs, discutez-en avec les personnes concernées, observez autour de vous si vous rendez visite à un parent ou un ami.

d. Parlez-en autour de vous

Vos amis, vos parents, vos relations peuvent vous permettre un contact ou une première approche avec le métier. Peut-être sont-ils professionnels de santé, ou travaillent-ils en milieu scolaire, en structure de garde collective pour les enfants... Échangez, partagez, cela vous permettra également de rencontrer des regards différents d'un même métier, des lieux d'exercice divers...

e. Rencontrez des professionnels

Régulièrement, des structures hospitalières ouvrent leurs portes à l'occasion de manifestations lors des journées nationales d'information sur les problèmes de santé publique (les IST, le sida...). N'hésitez pas à vous y rendre, hormis la documentation que vous pourrez rapporter vous rencontrerez des soignants et aurez la possibilité d'échanger avec eux. Certains salons professionnels peuvent être également riches d'apports de connaissances et de rencontres (par exemple le salon de l'infirmière à Paris, *cf.* webographie). Enfin, rendez-vous dans les instituts de formation en soins infirmiers (Ifsi), la plupart organisent des journées portes ouvertes chaque année. Outre les réunions d'information organisées avant les concours, vous pourrez requérir un rendez-vous avec des formateurs, échanger avec des étudiants...

f. Allez sur le terrain

Si vous êtes dans un centre de formation, vous avez certainement la possibilité d'avoir une convention de stage et ainsi de faire un stage d'observation dans le milieu hospitalier, en maison de retraite, en crèche ou encore en libéral. Si tel n'est pas le cas, alors dirigez-vous vers certaines associations : en tant que bénévole vous pourrez apporter réconfort aux malades mais aussi vérifier que ce milieu correspond à vos aspirations, que la réalité ne vous effraie pas...

Peut-être côtoyez-vous des personnes qui exercent dans un environnement médical ou paramédical, famille ou amis. Prenez le temps de les écouter, d'échanger avec eux et surtout de porter un regard nouveau sur le métier et l'environnement dans lequel ils exercent. Peut-être occupez-vous un emploi dans le milieu de la santé comme ASH, aide-soignant... Essayez de prendre du recul par rapport à la structure dans laquelle vous travaillez, par rapport aux collègues, de même que précédemment, portez un regard neuf, observez et analysez le résultat de vos observations, de vos échanges.

g. Renseignez-vous sur le contenu de la formation

Vous pouvez lire la partie de ce livre consacrée aux études infirmières ainsi que le référentiel d'activités du métier infirmier (voir schéma).

Le référentiel d'activités vous accompagnera lorsque vous serez infirmier et au cours de votre formation. C'est pourquoi il figure dans cet ouvrage. Il est une base solide sur laquelle vous appuyer pour mieux approcher le métier. De manière à « l'apprivoiser », voici des questions possibles autour de chaque activité référencée. Pour y répondre, cherchez mais aussi sortez, allez voir des professionnels, rencontrez-les, écoutez-les. Bien entendu, vous pouvez y ajouter vos propres questions.

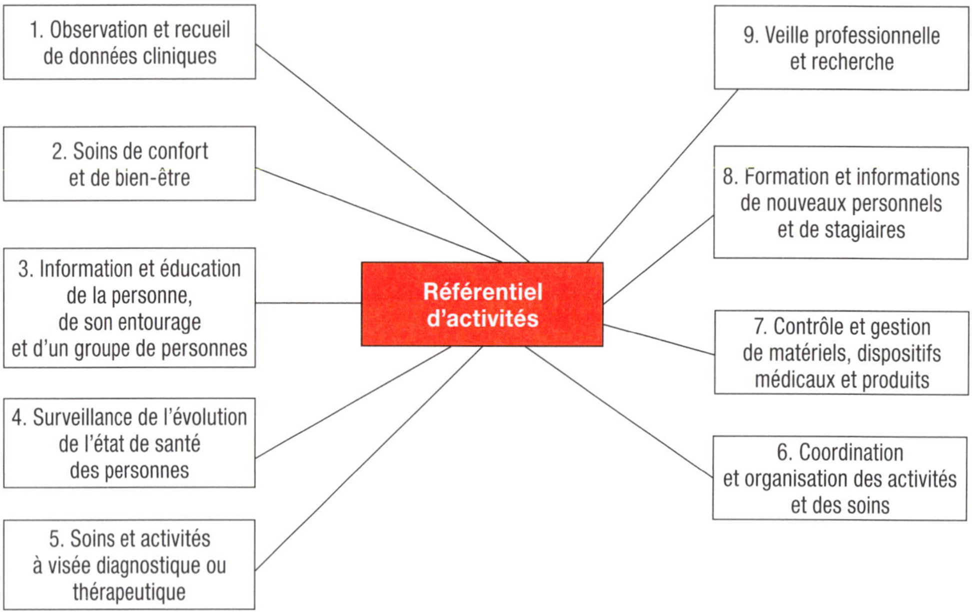

- **Que comprenez-vous par « données cliniques » ?**

Quelles compétences supposent « l'observation » ?

- **Que comprennent les termes « soins de confort et de bien-être » ?**

Comment fait-on un soin de confort ? Quelles compétences cela demande-t-il ? Est-ce difficile la première fois ? Comment vaincre l'appréhension ?

- **Éduquer une personne adulte, c'est-à-dire ?**

Quel est l'intérêt « d'éduquer » ? Et à quoi ?
À quoi sert l'information ?
Donnez un exemple concret de domaine d'information en lien avec la notion de santé publique.

- **Quels sont les indicateurs de l'état de santé d'un individu ? d'un patient ? d'une population ?**

Quels sont les facteurs d'influence qui favorisent ou au contraire nuisent à la santé des personnes ?

- **Qu'est-ce qu'un soin ?**

Qu'entend-on par geste technique ? Qu'est-ce qui distingue le diagnostic de la thérapie ?

Quelles sont les activités à visée thérapeutique ? Quelles compétences cela suppose-t-il ?

■ **À quoi se réfère cette activité ?**

Quelles sont les satisfactions mais aussi les difficultés à coordonner et organiser des activités et des soins ? Quel sens donnez-vous au mot équipe ? Cela s'apprend-il ? (de coordonner...)

■ **Quelles qualités demande cette activité ?**

Quel lien entre cette activité et les autres présentées ?

■ **Qui sont les formateurs en Ifsi ?**

Quel est leur rôle ? À quoi forment-ils ? Comment accompagnent-ils les stagiaires ? Quelle organisation cela suppose-t-il ?

Transmettre oui, mais quoi ? Oui, mais pourquoi ? Oui, mais comment ?

■ **Que mettez-vous derrière ces mots ?**

En quoi la veille professionnelle et la recherche s'inscrivent-elles dans une démarche de santé ? Donnez des exemples concrets et précis.

B. Le milieu vous est familier

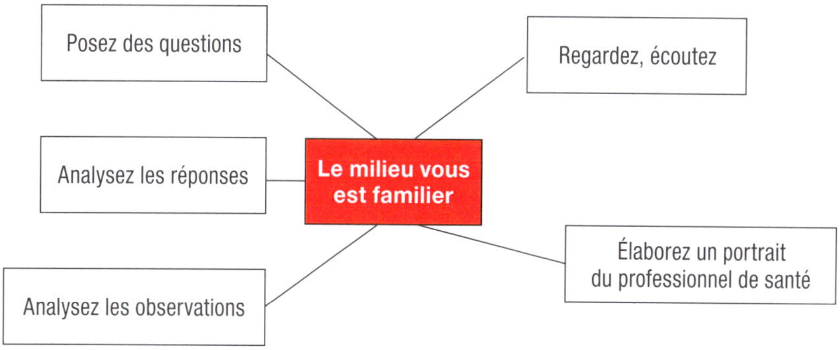

a. Regardez, écoutez

Placez-vous autant que possible en observateur, sans *a priori*. Cela suppose de prendre du recul, de se décentrer. Écouter les professionnels, les cadres, les patients ou les résidents. Les mots, vous l'avez compris, sont importants dans cette profession.

b. Analysez les observations

Par écrit, dressez un tableau dans lequel vous noterez vos observations, vous les décrirez. Dans ce même tableau vous en ferez l'analyse (vous connaissez désormais la méthode !) (voir le tableau p. 274 comme exemple).

c. Posez des questions

N'hésitez pas à demander une entrevue avec un collègue, un professionnel, un cadre, et élaborez une liste des questions qui vous semblent essentielles pour cerner le métier. Réfléchissez-y, évaluez leur intérêt, leur fondement (voir le tableau p. 274).

d. Analysez les réponses

De la même manière qu'avec vos observations, lisez et relisez les réponses aux questions posées et analysez la diversité des réponses, de façon à avoir la vision la plus globale possible et en même temps précise sur la profession.

e. Élaborez un portrait du professionnel de santé

Vous avez une référence dans ce métier : c'est important. Interrogez cette personne et, par écrit, dites qui elle est, ses motivations... Cela vous aidera à trouver vos propres mots pour vos motivations.

Exemples d'observations	Ressenti personnel	Analyse de l'observation
Avant de faire un soin, l'IDE a expliqué calmement au patient en quoi il consistait, il lui souriait. Le patient avait le visage fermé et on y lisait l'inquiétude. Le soin s'est déroulé sans problème, le patient s'est détendu.	Comment gérer la nervosité du patient ? Son angoisse ? [...] L'IDE montrait de l'assurance dans le geste et de la douceur dans les mots.	Importance de la parole qui rassure, réconforte et informe ; elle accompagne le geste et favorise ainsi plus de sérénité dans le soin ; importance de la maîtrise du geste.
Stage aux urgences (description détaillée)	Idéal pour apprendre la technique (pose KT, GDS, prise de sang...) En revanche, frustré de ne pas savoir ce que deviennent les patients qui sont transférés dans les services... Et puis, pas le temps de discuter ! Avoir aussi le cœur accroché.	Très enrichissant du point de vue technique mais aussi personnel ; connaître ses limites, gérer son stress, avoir confiance en soi…
Stage aux urgences (description détaillée)	Les urgences, ça ne m'a pas plu. Très peu de réelles urgences, principalement des demandes de consultations rapides sans rendez-vous [...] leur niveau d'exigence est inversement proportionnel au degré d'urgence. Les patients qui transitaient étaient bien pris en charge par les médecins qui voulaient les récupérer, mais on avait aussi des patients dont personne ne voulait et qui y stagnaient, que peu de monde venait voir...	Ne pas oublier la différence parfois entre l'image « idéale » du métier ou du service que l'on a et sa réalité. Capacité d'adaptation, importance de l'autre (patient ou équipe), de sa dignité, de son intégrité. Quelles solutions pour améliorer certaines situations délicates ou difficiles techniquement et humainement ?

Exemples de questions	Exemples de réponses	Analyse personnelle
Quels sont les différents lieux d'exercice ?	Hôpital, maison de retraite, scolaire, entreprises, libéral...	Métier qui offre une grande diversité d'exercice, permet de ne pas installer une forme de routine, permet d'acquérir plusieurs compétences…
Un IDE fait-il les toilettes ?	Oui, soins de confort, soins de *nursing*, notion de *care et cure*, même si la plupart du temps ce sont les aides-soignants, cela fait partie des soins apportés par l'IDE.	Réflexion sur la notion de « soins », « soigner », les toilettes ne relèvent pas seulement des actes de l'aide-soignant, réflexion sur la fonction de chacun et la complémentarité.

Combien de patients un IDE a-t-il sous sa responsabilité ?	Cela dépend des services et des lieux, parfois cela va jusqu'à 30 ou 40 résidents (voire plus) en maison de retraite, par exemple.	Réflexion sur la réalité et les difficultés d'une profession, sur la pénibilité physique et psychologique, sur les capacités d'autonomie dans le travail, l'importance de l'équipe...

2. Se connaître

Quelques pages d'un ouvrage ou encore quelques exercices ne suffisent pas à découvrir tout ce que l'on doit savoir de soi. Toutefois, ils sont là pour vous accompagner sur cette route qui conduit à soi. Ils se veulent un « moteur à énergie », celle de vous amener jusqu'à vous dans la confiance et l'estime. Les exercices qui suivent vous proposent de mieux cerner votre personnalité, vos facultés physiques, relationnelles, mentales ... Ils vous invitent à jouer, vous conduisent à vous regarder, à vous écouter, pour vous permettre de mieux vous décentrer ensuite, puisque c'est vers les autres que vous avez choisi de vous tourner au travers de la profession de soignant :

- Prenez quelques minutes, seul, dans le calme, un miroir en face de vous. Regardez-vous, et présentez-vous à vous-même. Simplement votre nom, votre prénom et votre âge dans un premier temps. Essayez d'oublier l'image que vous avez de vous. Cela n'est pas simple mais l'entraînement régulier vous y aidera. Au fur et à mesure des jours, parlez de vous, dites qui vous êtes, vos études, vos expériences, vos motivations, toujours face au miroir.

Ce genre d'exercice vous permettra de prendre davantage confiance en vous et de vous regarder sous un autre angle.

- Demandez à des personnes qui vous connaissent de faire une liste ou une description (écrite) de vous le plus honnêtement possible. Lisez leurs remarques, échangez avec eux, pensez-y et voyez si vous vous retrouvez dans ce qui est dit à votre encontre. Faites le même exercice avec des personnes qui vous connaissent moins, afin de savoir l'impression que vous donnez, ce que vous dégagez. Même analyse ensuite.

Cet exercice vous permettra de prendre du recul par rapport à vous-même et vous incitera à découvrir des aspects de votre personnalité que vous ignorez ou que vous ne voulez pas toujours voir. Ce travail d'introspection ouvre à la connaissance de soi, ce qui est toujours bénéfique pour un entretien, mais pas seulement...

- De temps en temps, faites quelques tests de personnalité afin de mieux vous cerner. Choisissez-les en fonction de leur diversité, de la variété des thématiques et tenez compte des aspects de vous-même que vous connaissez peu.

C'est un autre moyen de découvrir des facettes de votre personnalité. Cet exercice a le mérite d'être simple, et surtout ludique. N'hésitez pas !

- Recherchez les événements importants qui ont eu lieu en France, en Europe et dans le monde l'année de votre naissance dans tous les domaines possibles :

– faits historiques (changement de gouvernement, nouvelles lois, coup d'État, accords, guerre...) ;
– faits de société (découvertes scientifiques, chômage et emploi, prix Nobel...) ;
– événements culturels (chansons, cinéma, livres...) ;

– catastrophes (naturelles ou autres…).

Cet exercice permet de se décentrer et de se situer dans le temps, dans une collectivité, de trouver sa place.

■ Choisissez les propositions qui vous correspondent.
– Contact avec le public (travailler avec le public).
– Tranquillité (travailler dans un environnement calme).
– Reconnaissance (être reconnu pour ce que vous faites).
– Collaboration (faire partie d'une équipe).
– Connaissance (en apprendre et en savoir davantage).
– Créativité (faire un travail artistique ou faire preuve d'innovation).
– Leadership (être la personne qui donne la direction).
– Respect de soi (vous sentir bien par rapport à vous-même).
– Famille (valoriser la famille).
– Bonheur (vous sentir bien).
– Loyauté (travailler au bénéfice de l'organisation ou de la compagnie).
– Amitié (valoriser les amis).
– Argent (posséder de l'argent).
– Supervision (superviser des personnes).
– Santé (être en bonne santé).
– Perfectionnement personnel (acquérir de nouvelles habiletés).
– Souplesse (pouvoir faire ce que vous voulez quand vous le voulez).
– Aventure (curiosité et goût pour l'imprévu, les « coups de tête »).
– Défi (vous lancer dans un projet totalement nouveau).
– Écoute (intérêt pour autrui, lui venir en aide).

■ Citez une réalisation dont vous êtes fier et un rêve que vous souhaitez réaliser.

■ Nommez des attitudes qui favorisent :
– le sentiment de sécurité et de confiance ;
– le sentiment d'identité positive ;
– le sentiment d'appartenance ;
– le sentiment de compétence.

■ Nommez une qualité ou une force et une limite ou une fragilité pour chacun des domaines suivants :
– activités physiques et manuelles ;
– productions intellectuelles ;
– relations sociales ;
– résolution de problèmes quotidiens ;
– activités de bénévolat ;
– activités professionnelles ;
– gestion des émotions ;
– élaboration de projets.

■ Selon René L'Écuyer[1] (*Le Développement du concept de soi de l'enfance à la vieillesse*, Presse de l'université de Montréal, 1994), six stades caractérisent le développement du concept de soi au cours de l'existence dans une société occidentale :
– l'émergence de soi (entre 0 et 2 ans) ;

1. René L'écuyer était professeur titulaire au département de psychologie de l'université de Sherbrooke et directeur du laboratoire de recherches sur le concept de soi.

– la confirmation du soi (entre 2 et 5 ans) ;
– l'expansion du soi (entre 6 et 10 ans) ;
– la réorganisation du soi (entre 10-12 et 21-23 ans) ;
– la maturation du soi (entre 24-25 et 55-57 ans) ;
– la permanence du soi (entre 58-60 et 100 ans et plus).

Le soi désigne l'ensemble des perceptions, sentiments et représentations qu'une personne se fait d'elle-même.

Cette notion renvoie également à l'image de soi, c'est-à-dire au sentiment d'identité, à l'estime de soi qui est la conviction d'avoir une valeur en tant qu'être humain et enfin à la confiance en soi, qui renvoie à la capacité à se projeter dans l'avenir avec succès.

■ Sur une feuille blanche, répondez à cette question sous la forme choisie (récit, autobiographie, fable, conte, dessin, poésie...) : **qui suis-je ?**

3. Faire le point sur ses motivations

A. Le moteur à énergie de nos actions

Qu'elles échappent ou non à notre conscience, qu'elles soient claires ou pas, nos motivations n'en sont pas moins le moteur de toutes nos actions. Nous ne faisons rien sans être mus par une motivation. Elles dictent chacun de nos actes. Et si ces dernières viennent à manquer ou sont fragiles, nos actes risquent de ne pas avoir l'énergie et l'élan nécessaires pour atteindre leur but.

La motivation repose sur la perception que nous avons de nous-mêmes, des autres, du travail, de l'argent et de la vie dans son ensemble. Notre perception de ce qui est possible ou non, de ce qui est acceptable ou non, de ce qui est sécurisant ou insécurisant, de ce que nous sommes capables ou ne sommes pas capables de faire repose sur la confiance que nous avons en nous, l'estime de soi. C'est la réponse à un certain nombre de nos besoins.

B. La pyramide des besoins selon Maslow

Selon Maslow[1], les motivations d'une personne résultent de l'insatisfaction de certains de ses besoins. Les travaux de Maslow permettent de classer les besoins humains par ordre d'importance en cinq niveaux. Ce classement correspond à l'ordre dans lequel ils apparaissent à l'individu : la satisfaction des besoins d'un niveau engendrant les besoins du niveau suivant.

L'idée est que c'est la satisfaction des besoins inférieurs qui permet à l'être humain d'être motivé par les besoins supérieurs. Et c'est la satisfaction de certains besoins supérieurs (amour, appartenance, estime) qui permet à la personne de

1. Abraham Maslow (1er avril 1908 - 8 juin 1970) est un psychologue célèbre considéré comme le principal meneur de l'approche humaniste, surtout connu pour son explication de la motivation par la hiérarchie des besoins, qui est souvent représentée par une pyramide des besoins.

chercher à s'actualiser, à se développer personnellement. La frustration devant ces besoins la conduit au contraire à en rester à ses besoins inférieurs :
– les besoins physiologiques ;
– le besoin de sécurité ;
– le besoin d'appartenance ;
– le besoin d'estime ;
– le besoin d'auto-accomplissement.

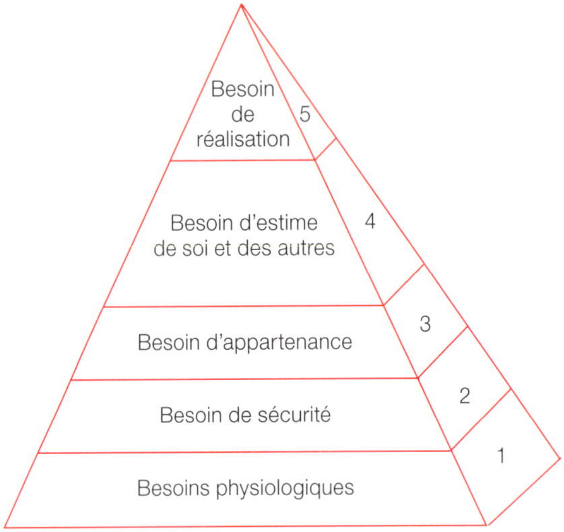

Les **besoins physiologiques** sont des besoins fondamentaux liés à la nature humaine, comme respirer, se nourrir, dormir, se loger… Chacun n'accorde pas la même importance ni la même priorité à ces besoins. C'est ce qui fera la différence de motivations entre les individus.

Le **besoin de sécurité** répond au désir de chacun d'entre nous d'être protégé physiquement et moralement. Il englobe tant notre sécurité et celle de notre famille que nos peurs et nos appréhensions, qu'elles soient rationnelles ou non.

Le **besoin d'appartenance** est un besoin d'amour et de relation avec des personnes. Il correspond au besoin d'appartenir à un groupe quel qu'il soit. Le premier sentiment d'appartenance est lié à la famille.

Les **besoins sociaux** sont les besoins d'intégration à un groupe. Chacun se retrouve dans le groupe qui lui correspond à un moment donné.

Le **besoin d'estime** englobe les besoins de considération, de reconnaissance, de gloire. Il représente ce que l'on est dans le regard des autres. C'est aussi le besoin d'avoir confiance en soi et d'être respecté.

Le **besoin d'auto-accomplissement** est le besoin de se réaliser, de valoriser son potentiel personnel dans différents domaines. Ce besoin peut prendre des formes différentes selon les individus. Cela peut se manifester par le besoin de création, par le besoin de connaissances, de spiritualité, de donner un sens à ses actes et à sa vie…

■ Dans la pyramide des besoins, il semble nécessaire d'établir des priorités. Dans l'ordre des besoins, le plaisir tient une place déterminante. Les besoins physiologiques relèvent davantage de l'instinct de survie. Toutefois, certains semblent liés à des tentations qui n'ont plus leur aspect prioritaire.

Préparez cinq boîtes sur lesquelles seront inscrits les quatre besoins ci-dessous :
- besoins physiologiques primaires ;
- besoin d'appartenance ;
- besoin d'estime ;
- besoin de réalisation personnelle.

Découpez dans journaux et revues textes et images qui correspondent aux différents besoins ; vous pouvez également y déposer vos propres écrits. Déposez-les dans les boîtes en fonction de chaque besoin. Faites-le régulièrement. Puis, de temps en temps, tirez un texte ou une image au hasard et réfléchissez à la priorité que vous lui donnez en lien avec votre future profession.

Cet exercice vise à favoriser le développement personnel et à cerner ses motivations.

C. Une rencontre entre un métier et soi

Bâtir ses motivations, c'est raconter une rencontre, celle de votre personnalité, de vos facultés, de vos désirs, de vos valeurs avec les singularités d'un métier. C'est comprendre une alchimie, expliquer un cheminement. Quel que soit votre parcours, quels que soient les méandres parfois de votre route pour finalement arriver à vous présenter à ce concours, ce qui compte pour un jury, c'est votre capacité à lui faire partager cette rencontre... Chaque candidat a ses motivations propres, toutefois il est des caractéristiques récurrentes :
- le concours, une évidence ;
- le concours, un changement de cap ;
- le concours, la réponse à des valeurs ;
- les motivations, un cheminement.

a. Le concours : une évidence

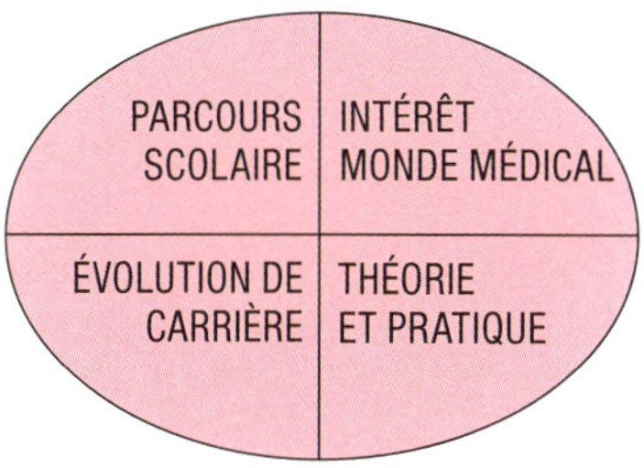

■ **Un parcours scolaire**

Votre scolarité ou vos activités vont ont conduit tout naturellement vers ce métier : un bac ST2S (sciences et technologies de la santé et du social), un BEP sanitaire et social, une implication dans des activités de bénévolat, des remplacements en maison de retraite, structure de soins...

Un intérêt pour le monde médical

Les problèmes sociaux, les sciences humaines, le monde médical, la biologie, la santé, l'hygiène sont des domaines et des sujets qui vous passionnent et vous souhaitez évoluer dans une profession qui s'y réfère.

Théorie et pratique

Vous recherchez un métier qui allie connaissances et pratiques, rapports humains et technicité, vous avez le sentiment d'avoir effectué des études trop « théoriques », éloignées d'une certaine réalité, vous ne souhaitez pas un cursus trop long ou encore vous vous définissez comme une personne à l'esprit ouvert allié à un certain pragmatisme.

Évolution de carrière

Vous désirez évoluer dans votre carrière, vous travaillez dans le milieu médical ou paramédical, vous souhaitez progresser, prendre en charge des patients d'une manière différente ; vous désirez élargir vos connaissances en matière de pathologies, de démarche de soins...

b. Le concours : un changement de cap

Un nouveau départ

Vous avez vécu un licenciement, vous avez consacré ces dernières années à l'éducation de vos enfants. Vous changez de région et avez quitté votre emploi... Soyez certain que vos compétences et connaissances peuvent être exploitées et peuvent vous aider dans ce nouveau départ.

Une reconversion

Votre profession actuelle ne répond plus à vos attentes et à vos aspirations, vous avez décidé de mettre en place un projet qui vous tient à cœur depuis longtemps et l'opportunité vous est donnée ; vous savez que votre métier ne vous apporte pas l'épanouissement que vous en attendiez...

c. Le concours : la réponse à des valeurs

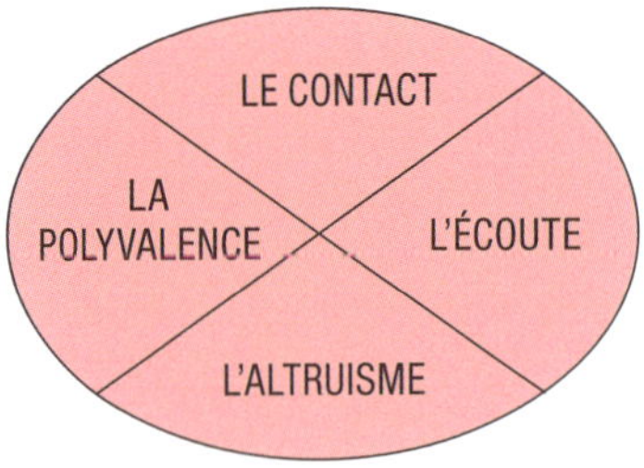

Le contact

Vous attachez beaucoup d'importance à l'aspect relationnel. Le travail en équipe, l'échange sont des données importantes pour vous. Vous avez besoin de communiquer, peut-être n'était-ce pas le cas dans votre (ou vos) activité(s) précédente(s).

■ **L'écoute**

Écouter, c'est se mettre à disposition de l'autre, dans ce qu'on appelle une neutralité bienveillante, en évitant tout jugement préalable, toute classification, tout *a priori* concernant ce qui se dit, ce qui se vit et ce qui se voit. Parmi les obstacles, il y a d'une part notre propre émotion par rapport à ce qui se dit, parce que ce qui s'expérimente chez l'autre a un écho en soi. Et donc, il est nécessaire d'avoir pris le temps de réfléchir auparavant à ce que l'on a vécu, à ce qui nous fait souffrir et ce qui nous est supportable par rapport à la souffrance de l'autre. La rapidité de la pensée, l'effort à fournir pour écouter, les préoccupations personnelles, assimiler des messages à ses attentes, fonctionner par dichotomie : ami, ennemi... sont autant d'obstacles à l'écoute auxquels il convient de réfléchir.

■ **L'altruisme**

Généralement, le terme *altruisme* qualifie une attitude morale concrète qui, par-delà toute crainte, même toute norme, privilégie autrui. Donner 5 euros au SDF du coin de la rue, aller faire la lecture aux aveugles, accompagner les mourants dans un service de soins palliatifs, aider aux devoirs dans les quartiers difficiles, partir comme chauffeur pour acheminer des médicaments en Haïti, militer contre l'exclusion des sans-papiers... Les formes d'altruisme dans nos sociétés modernes portent différents visages. Empathie, morale, normes sociales et culturelles ? Là aussi il convient de se poser et de comprendre ce qu'on met derrière ce mot et ce qu'il représente dans le métier de soignant.

■ **La polyvalence**

Aptitude d'une personne à occuper plusieurs emplois ou activités différents au sein d'une structure, la polyvalence peut prendre différentes formes : lieux d'exercice variés, mobilité géographique, mobilité également dans les différents services. La polyvalence suppose le dynamisme, un sens de l'adaptation et de l'évolution constante.

d. Les motivations : un cheminement

Construire ses motivations, cela signifie en quelque sorte dessiner le parcours effectué qui vous a conduit à vouloir entrer dans la profession infirmière. Chaque candidat a son parcours ou, autrement dit, autant de candidats autant de parcours. Pour élaborer votre itinéraire, plusieurs ressources sont envisageables.

Votre histoire et… une rencontre

Votre histoire…	Départ	En cours de route	Arrivée
UNE RENCONTRE	• Un professionnel au cours d'un forum, d'un salon d'orientation, d'une porte ouverte…	**Des questions** • En quoi consiste le métier d'infirmier ? • Quels en sont les avantages, les inconvénients ? • Suis-je prêt ? Ai-je les dispositions ? Les facultés requises ? Qu'ai-je retenu de cette conversation ? Pourquoi ses propos m'ont-ils marqué ? … • En quoi consistent les études en Ifsi ?	**Un bilan** • Ce métier correspond à mes attentes intellectuelles, humaines, techniques • Il y a cohérence entre ma personnalité et les qualités exigées pour cette profession • Je suis prêt à organiser les années à venir pour le financement et le déroulement de mes études
	• Un membre de sa famille • Le fruit d'une conversation avec des personnes qui exercent dans le milieu de la santé	**Des réflexions** • Je me souviens très bien de ce moment (ou de cette personne), il (elle) a été un détonateur, m'a permis de me projeter dans un métier • J'ai éprouvé du plaisir à l'écouter parler, j'avais envie d'en savoir davantage…	**Un projet professionnel** • J'analyse les remarques, actes, démarches, techniques… que j'ai pu observer, entendre, comprendre, retenir, lire… • Je rédige mon projet pour le structurer et l'intégrer dans mon parcours de vie • J'en parle autour de moi, je partage mon projet pour en évaluer la solidité et répondre aux questions
	• Lors d'un stage, une expérience professionnelle	**Des actions** • J'ai choisi mon orientation scolaire en fonction de ce choix • J'ai cherché des livres, je me suis documenté sur le métier, les études, j'ai suivi des émissions, cherché à rencontrer d'autres professionnels • J'ai pu effectuer un stage…	**Un entraînement** • Je l'exprime oralement sous la forme d'exercices, de monologues • Je m'enregistre ou je me filme (ou vous travaillez avec quelqu'un en qui vous avez confiance) de manière à me donner de l'assurance en expression orale et à canaliser ma gestuelle, mes émotions

Votre histoire et… un événement

Votre histoire…	Départ	En cours de route	Arrivée
UN ÉVÉNEMENT	• L'hospitalisation d'un proche, d'un parent, de soi-même... • L'entrée d'un parent en maison de retraite, en EPHAD... • La mort d'un proche, d'un ami, d'un patient, d'un résident… • Un moment marquant lors d'un stage ou d'une expérience professionnelle si vous évoluez dans le milieu	**Des questions et une réflexion** • Qu'ai-je ressenti ? Peur, tristesse, appréhension, colère, incompréhension, plaisir… • Qu'ai-je observé ? Actes, soins, gestes techniques, relation au sein de l'équipe, coordination, comportement à l'égard du patient, attitude du patient envers les soignants, expression des visages... • Qu'ai-je entendu ? Échanges avec le patient, échanges entre les personnels, paroles qui expliquent, qui rassurent, qui apaisent, qui agressent, qui commentent... • Étais-je à l'aise ? Ai-je su faire face ? M'adapter ? Comprendre ? Expliquer ? • Quel regard sur la mort ? Celle d'un proche, celle d'un patient • Quel regard sur la douleur ? Sur la vieillesse ? La maladie ? Le sens de la vie ? L'accompagnement ? • Que signifie AIDER ?	**Un bilan** • Je me suis senti à l'aise • J'ai à apprendre davantage à canaliser mes émotions ou/et mon stress ou j'ai le sentiment d'avoir géré cet aspect du métier • Je fais la distinction entre les rôles et les fonctions de chacun (infirmier, aide-soignant, assistant social, psychologue...) • J'ai envie d'apprendre les techniques de soins, les pathologies... • J'ai besoin de m'informer, de me documenter • J'ai besoin d'être rassuré • Que vais-je mettre en place pour répondre à mes besoins, mes carences, mes fragilités, mes questions ? • Comment puis-je exploiter mes forces, mes atouts, mes compétences ? • Ce métier correspond à mes attentes intellectuelles, humaines, techniques • Il y a cohérence entre ma personnalité et les qualités exigées pour cette profession • Je suis prêt à organiser les années à venir pour le financement et le déroulement de mes études
	• Une aide apportée à un proche pendant son rétablissement	**Des actions** • J'ai pris des notes pour ne pas oublier (petit carnet dans la poche ou dans le sac !) • J'ai noté mes remarques « à chaud » pour les analyser avec plus de recul ensuite • Je m'adonne à mes activités ou à mon sport pour gérer mes émotions et maintenir mon équilibre de vie • J'ai choisi mon orientation scolaire en fonction de ce choix • J'ai cherché des livres, je me suis documenté(e) sur le métier, les études • J'ai suivi des émissions, cherché à rencontrer d'autres professionnels • J'ai pu effectuer un stage (ou un stage dans un autre service ou une autre structure)	**Un projet professionnel** • J'analyse et je commente « à froid » les remarques, actes, démarches, techniques... que j'ai pu observer et entendre, de façon à prendre du recul, à me décentrer • Je rédige mes commentaires pour les structurer et les intégrer à mon projet professionnel **Un entraînement** • Exercice du mur • Jeux des questions-réponses • Je l'exprime oralement sous la forme d'exercices, de monologues • Je m'enregistre ou je me filme (ou vous travaillez avec quelqu'un en qui vous avez confiance) de manière à me donner de l'assurance en expression orale et à canaliser ma gestuelle et mes émotions

Votre histoire et… une prise de conscience

Votre histoire…	Départ	En cours de route	Arrivée
UNE PRISE DE CONSCIENCE	• Je suis très impliqué dans le milieu associatif, mais c'est insuffisant, j'ai besoin de me professionnaliser • Je souhaite mettre mon énergie au service de l'humain • Je fais le point sur ma vie et je sais quelles sont mes priorités en matière professionnelle et relationnelle • J'hésite entre les métiers du social et du médical • Je peux réaliser un projet que je gardais dans le coin de ma tête	**Des questions et une réflexion** • Quelles démarches pour devenir un professionnel de santé ? • Quelles différences entre bénévolat et métier dans le domaine sanitaire et social ? • Quelles sont les différentes professions dans la santé ? Dans le social ? • Quelles sont les rôles et fonctions des différents professionnels ? • Qu'est-ce que j'attends du métier d'infirmier ? • Que puis-je apporter au métier d'infirmier ? • Pourquoi suis-je prêt pour concrétiser ce projet ? • Que puis-je apporter à un patient, à un résident, à une équipe ?	**Un bilan** • Je mesure l'implication, les qualités et les compétences inhérentes à ce métier • Je veux me diriger vers les études infirmières (et non dans le social) dont je connais le cursus et les acquis • Je connais mes priorités en matière de choix professionnel, financier, familial… **Mon projet professionnel** • Je mets par écrit le bilan de ma réflexion afin de le structurer, d'en prendre pleinement conscience et de me familiariser avec • J'en fais part à mes proches, à ma famille ou au moins aux personnes de mon entourage qui seront impliquées d'une manière ou d'une autre (conjoint, enfants…) **Un entraînement** • Je passe une simulation si j'en ai la possibilité (avec un proche, ami, parent dans le milieu médical) • Je travaille les exercices d'expression orale pour gérer le stress et m'exprimer avec aisance • Je pratique des activités de respiration, de relaxation, je me fais du bien et j'apprends à me détendre !

Les exercices qui suivent ont pour objectif de vous aider à exprimer le résultat de votre cheminement. Une fois que vous avez pris le temps d'élaborer votre itinéraire, étape par étape, à vous d'exprimer oralement vos motivations. Si vous le faites seul, vous pouvez vous enregistrer ou vous filmer pour vous regarder ensuite, de manière à prendre du recul par rapport à vous-même et atteindre un des objectifs essentiels de cette épreuve : vous décentrer. En effet, prenez conscience dès maintenant que c'est le patient qui sera au cœur de votre fonction....

■ Installez-vous seul dans un endroit au calme, où vous ne risquez pas d'être dérangé.

Mettez-vous face à un mur, une fenêtre, une porte, bref face à l'inanimé qui, *a priori*, ne devrait pas manifester une quelconque émotion ou réaction.

Puis, relâchez-vous, trouvez le calme et commencez à expliquer au mur (ou à la porte, à la fenêtre !) les raisons pour lesquelles vous souhaitez être infirmier, votre parcours, ce qui a motivé ce souhait, les caractéristiques du métier et votre personnalité…

Exprimez les raisons de votre choix avec sincérité, sans retenue, lâchez prise.

Cet exercice peut être éprouvant. Ne craignez pas de vous laisser submerger par vos émotions, l'enthousiasme, le dépit ou encore un fou rire !

Et puis vous verrez qu'au bout d'un moment (parfois court) vous oublierez la situation et serez concentré sur vos propos, sur votre démarche. Vous pouvez réitérer cet exercice afin de vous améliorer, toutefois évitez de le faire trop souvent afin de ne pas vous enfermer dans un discours qui serait toujours le même.

La sincérité et une part de spontanéité sont toujours les bienvenues lors d'un entretien de concours.

- Installez-vous seul dans un endroit au calme, où vous ne risquez pas d'être dérangé. Prenez une feuille blanche que vous découpez en petits morceaux, un crayon. Le plus spontanément possible et sur la base de votre travail de préparation, notez sur les morceaux de papier toutes les questions qui pourraient vous être posées (un papier, une question) : votre parcours scolaire, professionnel, vos activités, loisirs, votre personnalité, forces, fragilités, les études, le métier...

Pensez également à noter toutes les questions qui peuvent être posées dans cet ouvrage ou encore à toutes celles que vous ne souhaiteriez pas que l'on vous pose !

Ensuite, pliez les petits papiers et glissez-les dans une boîte, une enveloppe, un chapeau, ce que vous voudrez !... et régulièrement, au cours de votre préparation, tirez-en un au hasard et répondez à la question posée. Si vous n'y parvenez pas, c'est que le sujet demande encore réflexion ou doit être approfondi en connaissances.

Remettez-le avec les autres et ainsi de suite... Si certaines questions vous posent de réelles difficultés, ne restez pas seul ! Demandez à un proche de vous aider, à un professionnel de santé, sur un forum…

- Installez-vous dans un endroit calme avec une personne en qui vous avez confiance.

Mettez-vous en face à face. La personne en face de vous prend de quoi écrire. Elle a pour mission de vous écouter, de noter vos propos, sans intervenir.

Quant à vous, imaginez que l'on vous demande de raconter votre parcours et les raisons qui vous ont conduit à vous présenter au concours infirmier.

Parlez lentement, clairement.

La personne en face de vous prend en note ce qu'elle juge essentiel dans votre récit.

À l'issue, la personne qui a pris les notes reformule votre discours, ce qu'elle a compris ou interprété.

Une variante de cet exercice consiste à demander à la personne qui est avec vous de vous poser des questions comme le ferait un journaliste, c'est-à-dire dans le but d'informer.

2 | Travailler son expression

« Il ne suffit pas de parler, il faut parler juste », écrivait William Shakespeare dans *Le Songe d'une nuit d'été.*

S'exprimer oralement engendre beaucoup d'appréhension chez bon nombre de candidats. La plupart ne sont pas rodés à cet exercice et pensent, à tort la plupart du temps, ne pas parler « juste », pour reprendre le mot du dramaturge anglais. L'entretien est un échange ; cela suppose donc de transmettre des messages, et dans ce cas précis, transmettre sa réflexion et ses motivations. Le tout devant un jury de concours. Cette démarche est source d'inquiétudes parce qu'elle met en place un certain nombre de relations :

– relation que l'on entretient avec le langage ;
– relation que l'on entretient avec les autres ;
– relation que l'on entretient avec son environnement ;
– relation que l'on entretient avec soi-même.

La relation au langage, c'est votre capacité à utiliser une langue pour exprimer des idées, des ressentis, des pensées... Mais ce rapport au langage est aussi fonction de votre éducation, de votre instruction, de votre mémoire affective, de l'image que vous en avez, de l'interprétation que vous en faites. C'est ce qui explique souvent cette relation parfois compliquée.

La relation que l'on entretient avec les autres est souvent prédominante. Indéniablement liée au langage, s'y ajoute la peur de ce que les autres vont dire, penser, comprendre, de vous.

Parler, c'est communiquer.

En fonction de la personne en face de vous, vous adaptez votre langage, votre façon de vous exprimer. Tapie dans l'ombre, il y a toujours cette crainte de la manière dont l'autre va interpréter vos propos. C'est parfois si présent chez certains individus qu'ils font le choix de peu parler : « Je préfère ne rien dire plutôt que de se retourner contre moi ! » Vous imaginez bien qu'à un entretien de concours cette attitude est peu stratégique.

La relation que l'on entretient avec son environnement nous rappelle que l'homme est un être social. Il vit en collectivité, établit une certaine relation avec les structures politiques, économiques, sociales. Ainsi, cela peut conduire à l'acceptation comme à la révolte, au combat comme à la négociation...

Enfin, la relation à soi-même, peut-être la plus complexe mais aussi largement influencée par les précédentes, renvoie aux caractéristiques de sa personnalité. Si l'on est plutôt spontané, impulsif, réservé, introverti, extraverti... mais aussi la voix comme instrument physiologique, sa tonalité, sa musicalité, et l'acte physique de parler, c'est-à-dire l'articulation, la respiration, la relaxation, la gestuelle, le regard.

Oser s'exprimer

Oser s'exprimer signifie accepter la situation d'expression. Tout être humain est capable de s'exprimer.

Ce ne sont pas les difficultés d'expression qui vous ennuient, voire vous pèsent, c'est plutôt que l'entretien est, comme d'autres circonstances, une situation inhabituelle de prise de parole.

Oser s'exprimer, c'est ressentir le désir de le faire mais aussi la maîtrise de la fluidité mentale et verbale : en clair mobiliser ses idées ou ses connaissances et trouver les mots pour le dire.

Vos expériences, vos connaissances ainsi que le travail de développement personnel, d'élaboration des motivations et de connaissance du métier vont vous aider à faire face aux difficultés liées au contenu de vos propos. De même, la pratique d'un sport, d'un loisir, d'une activité associative vous permet de développer une plus grande confiance en vous, une « vue positive de soi-même ».

Les exercices qui suivent ont pour objectif de favoriser l'action, le désir, la volonté de communiquer, de vaincre certains blocages, mais aussi de vous détendre !

Faites-les comme une gymnastique quotidienne. Et, si vous n'en faisiez pas jusque-là, alors c'est peut-être le moment de commencer !

A. Les exercices de gestuelle

La parole est un élément de l'expression, le geste souvent l'accompagne. Veillez à ce que vos gestes ne trahissent pas votre pensée, ils peuvent parfois ne pas être en accord avec vos mots.

a. Les émotions et les sentiments

Pour travailler vos émotions, placez-vous devant un miroir. L'objectif est d'utiliser la palette d'émotions et de sentiments pour faire fonctionner les muscles de votre visage et en contrôler les traits.

Face au miroir, essayez de simuler les attitudes suivantes : la peine, la colère, le dégoût, la tristesse, l'anxiété, l'indifférence, l'étonnement, l'intérêt, la joie, l'enthousiasme, la sincérité, la tendresse.

b. Les jeux de mimes

Ce jeu peut se faire collectivement. Pensez à une scène et essayez de la mimer. Choisissez un scénario, faites-le évoluer au gré de votre inspiration. Le geste relève davantage du domaine affectif et peut signifier autant, voire plus que certaines paroles ou certains discours.

Dans les différents scénari possibles, vous pouvez imaginer votre entretien devant un jury, mais cette fois avec les gestes et uniquement les gestes.

Par exemple, vous attendez derrière la porte de la salle des entretiens. Vous êtes nerveux. La porte s'ouvre, une personne sort, elle a les joues rouges, le regard vif, elle vous sourit. Vous répondez par un sourire un peu crispé. La porte se referme. Vous attendez. L'impatience et la peur en même temps. La porte s'ouvre à nouveau. Un membre du jury vous invite à entrer. Vous entrez d'un pas décidé. On vous tend un texte. Vous le prenez. On vous tend du brouillon et on vous convie à aller dans une salle. Vous prenez les feuilles de brouillon, vous suivez la personne qui vous conduit dans la salle, en marchant vous jetez un œil au sujet. Vous êtes ému. Vous vous asseyez. Vous lisez le texte. Vous êtes dans l'anxiété. Votre visage se détend, vous prenez un crayon, vous soulignez, entourez sur le texte. Vous écrivez sur votre feuille de brouillon. Vous regardez votre montre. Une personne arrive, vous levez la tête, souriez. On vous demande de vous lever et de venir. Vous tremblez un peu, vos mains sont moites, vous respirez profondément. Vous entrez dans une autre salle, regardez les trois membres du jury, les saluez, leur souriez. Vous vous asseyez, respirez, commencez à vous détendre, vous regardez le jury et vous vous adressez à lui. Vous avez confiance en vous.

B. Les exercices avec les mots

a. L'improvisation

Les exercices d'improvisation doivent vous inciter à améliorer votre qualité d'expression, votre richesse de vocabulaire. C'est un apprentissage à la parole.
Exemple : Improviser en 1 minute
Décrivez un événement en 1 minute. Voici quelques sujets possibles :
– le jour où vous avez été reçu au baccalauréat ;
– un repas avec des amis ;
– un moment précis d'une expérience professionnelle ;
– votre premier salaire ;
– une activité passionnante ;
– un échec à un examen ou à une épreuve sportive ;
– un souvenir heureux...

Vous pouvez aussi vous exercer à décrire ce même événement en 2 minutes, en 5 minutes.

b. La présentation d'un thème

■ Choisissez un thème (de préférence d'actualité sanitaire ou sociale) et présentez-le en 2 minutes.

■ Choisissez un autre thème et présentez-le en 5 minutes.

■ Choisissez un troisième thème, prenez quelques notes et présentez-le pendant 10 minutes.
Si vous le pouvez, enregistrez-vous et écoutez-vous de manière à relever tics de langage, maladresses, silences, enchaînement des propos et respiration.

■ Choisissez toujours un thème de l'actualité sanitaire et sociale, décidez d'un point de vue que vous allez défendre (par exemple : comment faire pour lutter contre l'usage du tabac chez les adolescents) et imaginez que vous deviez l'exposer à :
– un ami ;
– un auditoire de 10 personnes ;
– une salle de 200 collégiens ;
– un jury de concours.

En dehors du contenu de votre discours et du choix des mots, pensez également à adapter la tonalité de votre voix qui n'est pas la même devant un ami ou une assemblée de 200 personnes !

C. Inspirez, expirez !

Le stress et l'émotion aidant, il n'est pas rare de voir des candidats faire leur entretien quasiment en apnée.

Alors pensez à respirer lorsque vous vous exprimez ! Sinon, vous risquez d'avoir le souffle court et le jury aussi !

Ces quelques techniques vont vous y entraîner.

a. Je respire

Mettez-vous devant une glace en pied et prenez une grande respiration, puis expirez. Avez-vous observé ce qui se passait au niveau de votre corps ? Recommencez, encore une fois. Alors ? Les épaules se soulèvent, la cage thoracique se gonfle, le diaphragme se soulève (vous le visualisez ? C'est mieux pour un futur infirmier !). Cette respiration n'est pas avantageuse pour permettre à votre voix de porter. Votre respiration est trop haute.

b. Je respire par le ventre

Allongez-vous sur le dos maintenant. Détendez-vous, tout votre corps doit être relâché, vos membres se font lourds. Vous avez le sentiment de vous enfoncer dans le sol. Restez ainsi quelques instants puis respirez profondément de la manière suivante : gonflez le ventre tout en inspirant, laissez monter l'inspiration du ventre vers l'estomac, puis vers les poumons (on en profite pour faire un peu de biologie !). Ensuite, expirez par la bouche, en laissant l'air vibrer, ce qui produit un petit sifflement ou ronflement !

Réitérez cet exercice régulièrement.

c. Je respire en rythme

Une fois la respiration par le ventre maîtrisée, entraînez-vous à contrôler le rythme de votre souffle. Ainsi, commencez par la respiration ventrale puis respirez selon ce rythme :

– j'inspire en 4 temps (vous comptez mentalement et calmement) ;
– je bloque ma respiration pendant 8 temps ;
– j'expire en 8 temps.

N'hésitez pas à pratiquer régulièrement cette respiration.

D. Exercices de prononciation

Maintenant que vous êtes bien détendu, vous allez pouvoir pratiquer différents exercices bien connus dans le monde du théâtre car ils ont pour but de vous faire correctement entendre et comprendre par ceux qui vous écoutent. Les phrases qui, parfois, n'ont pas de sens, n'ont qu'une caractéristique : leur prononciation. Si vous

vous entraînez régulièrement à ces exercices d'articulation, le résultat sera sans conteste impressionnant.

Le principe est simple. Vous devez lire les phrases suivantes, ou mieux les apprendre par cœur, puis les énoncer à haute voix, d'abord lentement, en articulant et en prononçant chaque syllabe, puis de plus en plus vite en fonction de votre progression. L'articulation est le plus important, ce n'est pas la rapidité de prononciation.

Pour les plus courageux, faites le même exercice mais avec un crayon octogonal (section à huit côtés) serré entre les dents ! Succès garanti !

- **Le chasseur :**

Un chasseur sachant chasser doit savoir chasser sans son chien.

- **Les cinq chiens :**

Cinq chiens chassent six chats.

- **Le gros gras grain d'orge :**

Dis-moi gros gras grand grain d'orge, quand te dé-gros-gras-grand-grain-d'orgiseras-tu ?
Je me dé-gros-gras-grand-grain-d'orgeriserai quand tous les gros gras grands grains d'orge se seront dé-gros-gras-grand-grain-d'orgerisés.

- **Les alliés :**

Pourquoi les alliés ne se désolidariseraient-ils pas ?

- **Les jacinthes :**

Seize jacinthes sèchent dans seize sachets secs.

- **Les trois gros rats :**

Trois gros rats gris dans trois gros trous ronds rongent trois gros croûtons ronds.

- **Le cordier cordant :**

Quand un cordier cordant doit accorder sa corde,
Pour sa corde accorder six cordons il accorde,
Mais si l'un des cordons de la corde décorde,
Le cordon décordé fait décorder la corde,
Que le cordier cordant avait mal accordée.

- **Didon :**

Didon dîna, dit-on, de dix dos dodus de dix dodus dindons.

- **Les six scies :**

Si six scies scient six cyprès,
Six cent six scies scient six cent six cyprès.

- **Les jeux de mots laids :**

Les jeux de mots laids sont pour les gens bêtes.
Les jeux de mollets sont pour les jambettes.

- **Monotone :**

Étonnamment monotone et lasse
est ton âme en mon automne, hélas !

- **Les laitues :**

Vos laitues naissent-elles ?

Oui, mes laitues naissent.
Si vos laitues naissent,
Mes laitues naîtront.

- **Panier, piano :**
Panier, piano...
- **Pruneau cuit :**
Pruneau cuit, pruneau cru...
- **Poche plate :**
Poche plate, plate poche...
- **Je veux... :**
Je veux et j'exige d'exquises excuses...
- ***Les truites crues :***
Trois petites truites crues...
- **Tahiti :**
As-tu été à Tahiti ?
- **Les fruits :**
Fruits frais, fruits frits, fruits cuits, fruits crus.
- **Les chaussettes de l'archiduchesse :**
Les chaussettes de l'archiduchesse sont-elles sèches ? Archi-sèches !

E. Donner de la voix

Vous avez compris que pour oser s'exprimer oralement, il vous faut vaincre la peur du regard de l'autre, ce qui signifie pour beaucoup vaincre un sentiment de timidité qui conduit parfois à perdre tous ses moyens, à ne plus avoir la maîtrise de son corps et parfois à perdre sa voix... Les conseils qui suivent vont vous aider dans cette volonté de ne pas vous laisser terrasser par votre timidité !

a. Injures et cris

Mettez-vous dans un endroit calme, sans risque d'être dérangé et, surtout, un endroit où on ne vous entendra pas. Commencez à injurier en pensée puis à voix haute ce qui vous fait peur, vous pouvez crier, taper des pieds...

b. Chuchotements

Toujours seul et dans un endroit calme, pensez à un mot, imprégnez-vous de ce mot puis chuchotez-le, dites-le à voix basse, à voix haute, de plus en plus fort et sur une diversité de tons.

c. Le ton

Écrivez une phrase simple (par exemple, le fils de la voisine a perdu une dent), puis dites-la en pleurant, en riant, en criant, en hurlant, en souffrant, en sautant, en marchant, en courant, en lisant...

F. Être à l'écoute

Dans le dictionnaire, l'écoute se définit comme étant l'action d'écouter une communication téléphonique, une émission de radio, par exemple, mais aussi comme le fait d'être être attentif à ce qui se dit. Toutefois, au-delà de ces définitions, l'écoute, vous le savez, est une démarche essentielle dans le métier de soignant comme dans d'autres professions d'ailleurs. « Écouter, c'est accueillir l'autre tel qu'il est. Derrière la banalité de cette affirmation, se cache une pratique hautement délicate et coûteuse pour celui qui l'exerce. Délicate parce qu'écouter semble la chose la plus naturelle au monde, or l'écoute recèle de nombreux pièges et travers. Entendre vraiment la souffrance et les besoins d'un être exige de l'expérience, une certaine maturité et une bonne connaissance de soi. Elle est coûteuse, parce que personne ne ressort indemne d'une pratique de l'écoute orientée vers la relation d'aide », comme le souligne Bruno Crozat, un professionnel.[1]

Le jour de l'entretien, le jury vous posera des questions, il est donc important d'y répondre précisément, en rapport avec ce qui est demandé. Pour cela, l'écoute est importante. Elle peut être active, et dans ce cas exige concentration, attention et donc des efforts. L'écoute passive (entendre des paroles sans réellement les prendre en considération) est vivement déconseillée dans ce cadre, vous l'imaginez bien !

Afin de vous aider à cerner cette notion, quelques exercices vous sont proposés. Ils viennent illustrer différentes caractéristiques de l'écoute et vous accompagnent dans votre préparation à l'entretien du concours où, cela va de soi, l'écoute est évaluée.

a. L'écoute analytique

Cette écoute exige, tout d'abord, d'être très attentif à la parole orale, dite, lue ou chantée. Elle consiste à remarquer les détails, à les retenir, à les agencer pour ensuite arriver à une synthèse.

■ Le mot nouveau

Pour vous exercer, enregistrez un texte (article de culture générale sanitaire ou sociale), écoutez-le et interrompez votre écoute quand vous entendez un mot nouveau.

■ Donner un titre

Suivez une émission culinaire (ou mettez en route votre GPS !) et appliquez les directives ou autres conseils donnés.

b. L'écoute synthétique

Cette écoute, ensuite, suppose qu'on sache rassembler les détails pour parvenir à une vue d'ensemble, à une idée principale. Elle aide à résumer, à schématiser, à conclure. L'écoute synthétique suit normalement l'écoute analytique. Les deux sont nécessaires pour arriver à un raisonnement par induction (l'induction se propose de chercher des lois générales à partir de l'observation de faits particuliers).

1. Bruno Crozat, *Lien social* n° 864 du 6 décembre 2007.

■ **Résumer les infos**

Vous pouvez écouter une émission à la radio, ou un extrait et, à l'issue, résumer en quelques lignes les propos écoutés.

Le même exercice peut être réalisé en suivant une émission, un journal et en résumant en une phrase le contenu de l'un ou l'autre.

c. L'écoute critique

Cette écoute, également, consiste à évaluer, à juger, à comparer, à déduire, à faire des suppositions. Elle aide à distinguer le possible et l'impossible, le virtuel et le réel, le vrai et le faux, le fait et l'opinion.

■ **Comparer**

Par exemple, suivez deux reportages sur un sujet sur deux chaînes de télévision différentes ou sur deux stations de radio, puis établissez une comparaison.

■ **Deviner la fin**

Par exemple, suivez un film, un téléfilm ou un récit à la radio (enregistrez-le) et, avant la fin, arrêtez votre téléviseur ou votre radio et essayez de deviner la fin, la conclusion d'une histoire sur la base de vos observations, de votre écoute.

d. L'écoute créatrice

Cette écoute consiste à utiliser les éléments entendus, compris et interprétés pour inventer une solution nouvelle et originale à un problème quelconque.

■ **Imaginer la suite**

Vous pouvez par exemple écouter un livre audio (histoire lue) et arrêter régulièrement l'histoire (avant la fin de certains chapitres par exemple) pour envisagez la suite, la construire sur la base des éléments que vous avez écoutés, compris et interprétés.

e. Apprendre à écouter

Écouter peut s'apprendre. Différents facteurs peuvent venir entraver une écoute active. Le premier de ces facteurs peut être soi-même ! Certains se qualifient de bavards, d'autres de « sanguins » ou « réactifs » pour ne pas dire impulsifs, d'aucuns encore se laissent submerger par leurs émotions...

■ **Ne pas intervenir**

Écoutez une conversation sans intervenir. Pour ceux qui ne savent pas toujours se taire et écouter, faites ce test assez concluant !

Suivez une conversation (vos amis, vos proches, vos collègues de travail) et essayez de ne pas intervenir (du tout) pendant 15 minutes. Renouvelez l'expérience en allongeant le temps (30 minutes, 45 minutes...).

Toutefois, suivez la discussion attentivement, de manière à pouvoir la résumer ensuite !

■ **Ce que je dis**

Autre exercice parfois délicat, écoutez-vous parler ! Lorsque vous participez à un débat, une conversation, même téléphonique, soyez attentif à la façon dont vous vous exprimez, à l'intonation de votre voix, aux mots que vous utilisez, au rythme de votre débit de paroles. Faites régulièrement cet exercice, on apprend beaucoup sur soi et cela favorise la situation d'écoute.

Prendre la parole

De temps à autre, essayez de prendre la parole, de mener une conversation dans des situations plus délicates.

Ainsi, discutez dans un endroit bruyant, sombre, très éclairé, petit, chaud ou froid... Écouter, c'est aussi savoir être interrompu et pouvoir faire face à ce genre de désagrément (qui peut se rencontrer en entretien de concours).

3 | Exposer son sujet

1. Se documenter

Comme vous le savez, la première partie de l'entretien consiste à s'exprimer sur un sujet de culture générale sanitaire et sociale. Il peut s'agir d'un texte, d'une question, d'un thème ou encore d'une image.

L'objectif ici est moins d'évaluer vos connaissances (qui l'ont déjà été lors de l'épreuve écrite de culture générale sanitaire et sociale d'admissibilité) que de vous fournir un moyen d'évaluer votre personnalité et surtout vos motivations.

Cependant, cette première partie n'est pas à négliger.

En ce qui concerne la recherche de documents, d'informations, de connaissances, la démarche est la même que pour l'écrit et toutes les sources d'information sont les bienvenues (voir schéma).

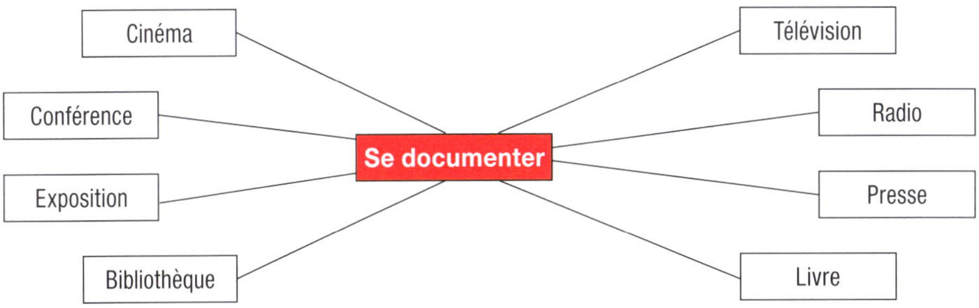

ATTENTION il est essentiel pour vous de rester au fait de l'actualité et de la suivre quotidiennement. Pour vous y aider, bâtissez une revue de presse. Relevez, imprimez, découpez régulièrement dans journaux, revues... des articles abordant les domaines sanitaires et sociaux. Gardez-les. Classez-les. Comparez le traitement qui est fait de l'information pour un même sujet ou une même thématique.
La diversité des sources d'information favorise (hormis les connaissances) l'esprit critique et un regard plus ouvert sur les phénomènes de société. Cette initiative vous sera d'une grande utilité.

2. Aborder le sujet, comprendre la consigne

Plusieurs types de sujets peuvent vous être proposé : un petit texte, une phrase, une image, un thème.

Le sujet se présente ainsi : **sujet + consigne**.

À ce moment-là, lisez **tout**, de la première lettre du sujet jusqu'au point final de la consigne… Le but est de comprendre le sujet et ce que l'on vous demande de faire.

A. Le sujet peut être un texte court

Votre brouillon comportera le plan de votre présentation, c'est-à-dire l'introduction, votre prise de position si la consigne l'exige, ainsi que les arguments essentiels du développement. Ne notifiez que les idées clés de façon à ne pas avoir la tentation de lire. Précisez les liens logiques entre les parties de façon à avoir une présentation structurée.

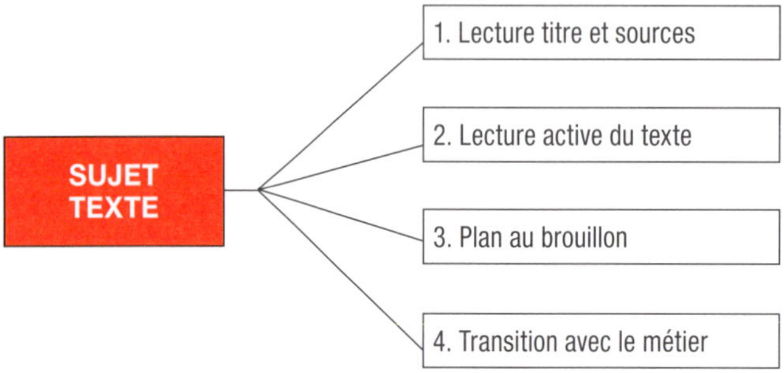

B. Le sujet peut être une question

La démarche est identique à la précédente, si ce n'est qu'il vous faut rassembler vos idées sur la thématique de la question. Bien entendu, il est important de répondre à la question de façon cohérente et argumentée. N'oubliez pas, sur le brouillon : idées clés et liens logiques uniquement.

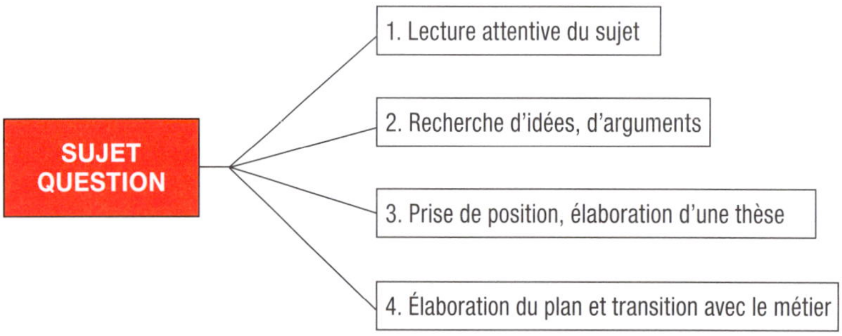

Exemple : Quelles sont les conséquences possibles de la violence conjugale sur les plans individuel et familial ?

Votre réponse sera illustrée d'exemples.

C. Le sujet peut être un thème

Lorsque vous avez un thème, il est important de réunir vos idées autour de ce thème pour ensuite en dégager un plan construit (ex. : causes/conséquences ou causes/solutions...). Même remarque que précédemment, idées clés et liens logiques pour ne pas lire votre réponse devant le jury.

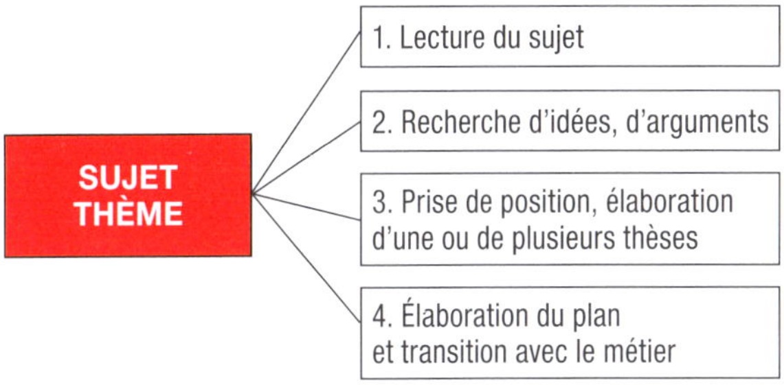

La consigne pour un thème est généralement implicite, c'est-à-dire qu'il n'y en a pas. Le sujet se suffit à lui-même.
Exemple : Le tabac

D. Le sujet peut être une image

Face à une image, il est important de décrire, d'expliquer brièvement ce qu'elle représente pour ensuite évoquer ce qu'elle symbolise afin d'aborder la thématique à laquelle elle se réfère. Votre présentation sera à l'image des sujets précédents : introduction au cours de laquelle vous dites en quoi consiste votre sujet ainsi que votre plan. Ensuite, le développement où vous exposez la représentation de l'image et sa symbolique. Enfin, la conclusion qui vous permet de faire un bilan ainsi que la transition avec le métier infirmier et donc vos motivations.

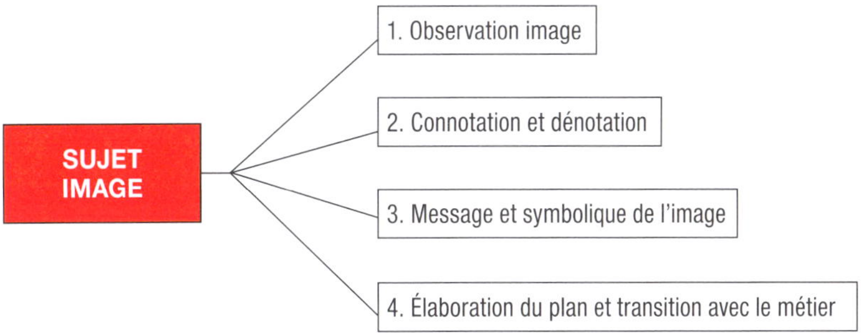

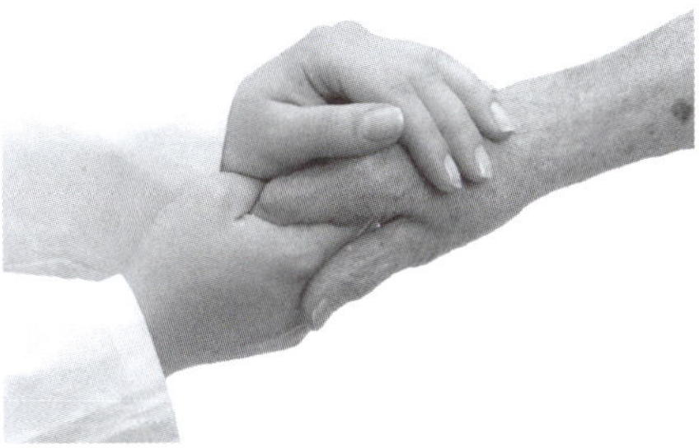

Helping the needy © Sandor Kacso – Fotolia.com

Exemple : Quelle interprétation feriez-vous de cette image ? Faites le lien avec la profession infirmière.

3. Comprendre le sujet et la question

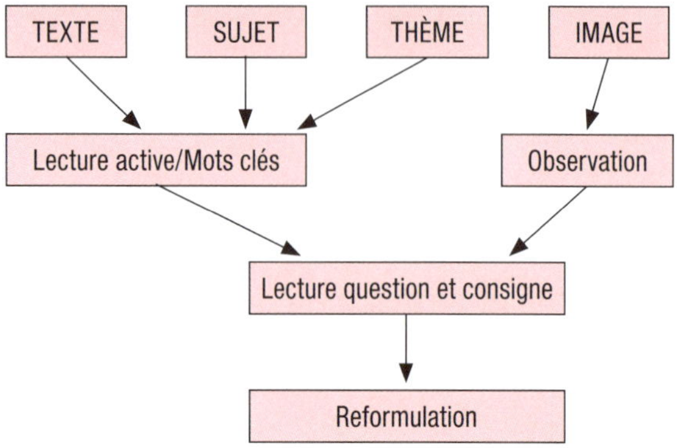

Quel que soit le type de sujet, votre première démarche est similaire à celle que vous appliquez à l'écrit : lecture active, relevé des mots clés, lecture de la question et de la consigne et enfin reformulation.

Cette étape vous permet de prendre connaissance du sujet et de le comprendre.

Veillez surtout à ne pas rester sur vos premières impressions, surtout si elles sont désagréables !

Faites confiance à vos connaissances ainsi qu'à votre entraînement assidu !

La technique et la pratique sont des outils fiables et efficaces...

La reformulation est un moyen pour vous d'éviter toute fausse route et tout malentendu. Reformuler consiste à dire avec d'autres mots ce que vous avez compris de la question. C'est une façon pour vous de vérifier votre compréhension du sujet. Soyez vigilant à la consigne « que pensez-vous ? » car le jury n'attend pas le même type de réponse que pour « vous expliquerez... ».

Que me demande-t-on ?

Un moyen très simple de reformuler, une fois la question et la consigne lues, est de se poser des questions du type :

– Que me demande-t-on ?
– Quelle idée essentielle dois-je aborder ?
– Sur quel domaine cherche-t-on à avoir mon avis ?
– Quel est l'objectif à atteindre ?
– Qu'attend-on de moi ?

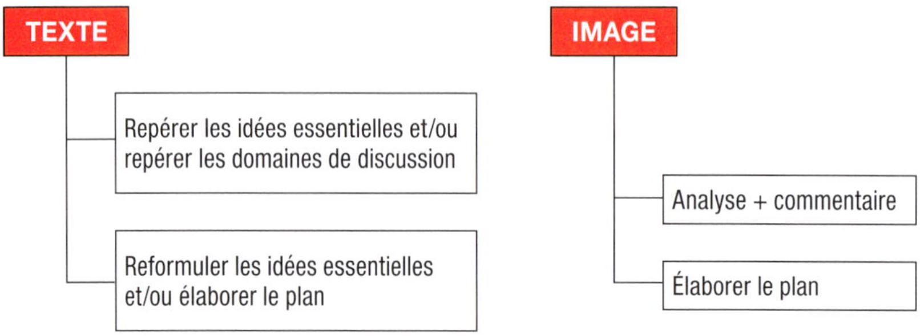

SUJET
- Repérer le domaine de discussion : thèse + argumentation
- Élaborer le plan

THÈME
- Repérer le domaine de discussion : thèse + argumentation et/ou exposé, commentaire
- Élaborer le plan

4. Traiter le sujet

La lecture effectuée ainsi que la reformulation, il est temps désormais d'y répondre (voir schéma de la page précédente).

Votre méthode de travail à l'oral répond aux mêmes critères et exigences qu'à l'écrit.

La différence est dans votre rapport au temps, puisque vous n'avez que 10 minutes pour préparer la première partie de votre entretien.

Plus que jamais, aller à l'essentiel et rester clair et concis sont des attitudes déterminantes.

Encore une fois, votre réussite à cet exercice dépend principalement de votre entraînement : c'est une gymnastique quasi quotidienne qui, par ailleurs, vous sera très utile une fois en formation mais aussi dans la profession.

ATTENTION Lorsque vous vous entraînez à la préparation des sujets présentés lors de l'entretien, ayez toujours à côté de vous une montre pour vous rappeler le temps qui passe et l'échéance des 10 minutes accordées.

5. Le brouillon

Votre plan, les mots clés, les liens logiques, les idées clés composent votre brouillon. Pour faire de votre brouillon un outil efficace, veillez à respecter certaines règles.

Ainsi, il est vivement recommandé de n'écrire que sur un côté de la feuille de manière à ne pas avoir à la retourner, ce qui est déstabilisant pour vous et parfois gênant pour le jury.

Aussi, n'écrivez que l'essentiel sous la forme d'un **plan** et non d'un paragraphe. Cela vous évitera de céder à la tentation de la lecture.

Un entretien, ce n'est pas une lecture à haute voix devant trois personnes. On attend de votre part l'instauration d'un échange. Donc, bannissez le « paragraphe-rédigé-qui-rassure », cela vous évitera quelques désagréments.

Enfin, pour aller dans le même sens, notez en marge de votre plan les liens logiques que vous utiliserez afin de donner cohérence et clarté à votre présentation.

Pour illustrer ces propos, nous vous proposons des brouillons de sujets :

■ « La violence » : le brouillon type sujet-texte « en plan » (voir sujet p. 296)
Introduction : présentation du sujet et reformulation
Domaine : la violence
Thème : les conséquences de la violence conjugale sur l'individu et la famille
I. Conséquences sur l'individu
– **physiques** : coups, parfois hospitalisation ou incapacité temporaire de travail
– **psychologiques** : sentiment de honte, humiliation, baisse de l'estime de soi, repli sur soi, dépression, tentatives de suicide, psychoses
– **sociales** : perte emploi, perte liens sociaux, difficulté à formuler la souffrance, modification comportement.
II. Conséquences sur la famille
– **destruction des liens familiaux** : divorce, rupture, abandon domicile
– **éloignement ou difficultés avec les proches**, l'environnement familial : incompréhension, ingérence
– **traumatismes sur les enfants** : témoins, « objets de chantage » ou maltraités aussi
Conclusion
Violences conjugales : impact lourd de conséquences tant sur l'individu que sur la famille, médiatisation + importante et évolution de la législation
Transition avec motivations : importance respect, écoute, absence de jugement et prévention chez les professionnels de santé confrontés aux victimes de violences conjugales
Introduction possible : « Le sujet sur lequel vous m'avez demandé de réfléchir porte sur la violence conjugale et plus précisément sur les répercussions de cette violence sur la personne mais aussi sur son entourage familial. Cette problématique est aujourd'hui davantage médiatisée et le sujet devient donc moins tabou qu'auparavant. Les violences conjugales peuvent être d'ordre physique, mental, psychologique ou sexuel. Les conséquences sont nombreuses, c'est ce que je vais vous exposer. »
Conclusion possible : « La violence conjugale est lourde de conséquences tant sur l'individu que sur la famille. Cela est cause de ruptures tant du lien social que de l'environnement familial. Ces violences peuvent détruire un individu et ses proches, principalement les enfants. La législation a évolué et désormais les victimes de ces violences ont des recours juridiques. De nombreuses associations leur viennent également en aide et les campagnes de prévention se succèdent pour informer, sensibiliser et prévenir la population. Pour un professionnel de santé, face à des victimes de violences conjugales, l'écoute, le respect, l'absence de jugement de valeur dans la démarche de soin sont des attitudes fondamentales. »

■ « Le tabac » : le brouillon type sujet-thème « en plan » (voir sujet p. 280)
Introduction
Thème : le tabac
Partie I : une drogue légale
Partie II : conséquences sanitaires
Partie III : prévention
I. Le tabac, une drogue légale
– toxicité du produit (par exemple : nicotine, ammoniac, acétone, phénol...)

– dépendance (dépendance physique et psychologique, état de manque…)
– enjeux économiques (apports financiers conséquents pour les entreprises et l'État)

II. Conséquences sanitaires

– répercussions physiques : perte du souffle, du goût, bronchite chronique, cancer des poumons
– répercussions psychologiques : palliatif, coupe-faim, nervosité, agressivité…
– répercussions sanitaires et écologiques : dépenses de santé importantes
– répercussions sociales : tabagisme passif

III. Prévention

– augmentation des prix : coût élevé = fumer moins, voire arrêter
– loi Evin + interdiction de fumer dans les lieux publics
– campagnes d'information et de prévention (collèges, lycées, médias...)

Conclusion

L'image du tabac a changé. Effets néfastes reconnus et démontrés, prévention importante.

Transition : rôle de prévention du professionnel de santé.

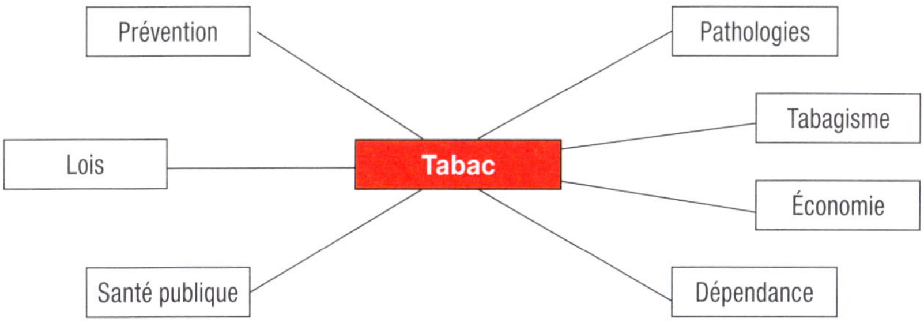

Introduction possible : « Vous m'avez donné à réfléchir sur la thématique du tabac. Depuis de nombreuses années, désormais, le tabac fait l'objet de nombreuses campagnes de prévention afin de lutter contre ce qui s'avère être un fléau de santé publique. Le tabac est considéré comme une drogue, en vente légale, aux conséquences néfastes pour la santé de l'individu et de son entourage. Voilà pourquoi il existe une médiatisation et une prévention importante et dès le plus jeune âge. »
Conclusion possible : « Le tabac aujourd'hui ne renvoie plus l'image de l'émancipation, de la virilité ou de la liberté. Les conséquences de ce produit sur la santé sont importantes en termes de santé publique et de dépenses de santé. L'enjeu de la prévention repose aujourd'hui essentiellement sur la sensibilisation des plus jeunes afin de les inciter à ne pas commencer. Ainsi, l'infirmier scolaire a un rôle important dans l'approche de la problématique avec les adolescents. »

■ « La main » : le brouillon type sujet-image « en plan » (voir sujet p. 297)

Introduction

Présentation et description de l'image
Partie I : symbolique main
Partie II : symbolique main milieu médical

I. Le symbole de la main

– un des cinq sens : le toucher

– lien social (se saluer, se serrer la main...)
– communication (gestuelle)
– protection ou violence (tenir la main/frapper)
– fonction : activité manuelle (être habile de ses mains...)
– don (offrande...)

II. La main dans le milieu médical

– le toucher, la caresse qui rassure, réconforte
– le contact, entrer en communication (avec les proches ou le patient...)
– le soin (geste technique)
– le soin de confort (toilette, massages...)
– hygiène (lavage des mains, maladies nosocomiales...)
– chaleur (langage, humanité...)

Conclusion

La main : une symbolique importante, lien entre les individus. Symbolique tant positive que négative, culturelle, éthique, sociale...

Transition : la main dans le métier de soignant est un outil de soin, un moyen de communiquer, un lien entre soignants et soignés...

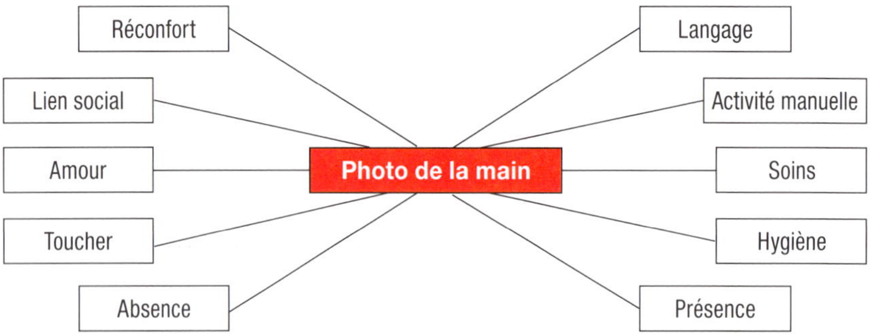

Introduction possible : « Le sujet qui m'a été donné est une image et plus particulièrement une photographie. Elle est en noir et blanc comme pour en indiquer l'intemporalité (elle appartient à toutes les époques). Cette photo représente deux mains qui se touchent. Elles sont au premier plan, comme pour insister sur l'importance de ce qu'elles représentent. Dans un premier temps, j'évoquerai ce que représente la main dans notre culture, puis j'expliquerai en quoi la main, ou les mains, ont une représentation symbolique très forte dans le milieu médical. »

Conclusion possible : « Le symbole de la main est donc important tant de par son aspect social que culturel. Elle renvoie au toucher, à la chaleur humaine, mais aussi à une forme de langage entre les êtres humains. Dans le domaine de la santé, la main est outil et langage, réconfort et présence. Cette photographie vient rappeler l'importance de ce sens et la place à lui accorder dans la fonction d'infirmier. »

4 | Passer l'entretien

Pour illustrer et commenter cette phase décisive de votre concours, nous avons choisi de vous « raconter » deux entretiens représentatifs de la manière dont l'entretien se déroule la plupart du temps. Toutefois, à chaque candidat son entretien. C'est vous qui l'élaborez, qui le mettez en place, qui lui donnez l'énergie et l'envergure qu'il suppose. Vous êtes **acteur** de ces 20 minutes de présentation, d'échanges entre des professionnels et vous-même, futur collègue du jury qui vous écoute avec attention et qui n'attend qu'une chose : une attitude convaincue et convaincante qui repose sur des motivations sincères.

Nous voulons juste savoir qui vous êtes, tout simplement.

1. Entretien n° 1 : tout va bien

Pour vous aider à visualiser la scène de votre entretien, nous vous proposons un découpage type d'un entretien de concours infirmier. Bien sûr, tout peut se passer différemment. Toutefois, vous pourrez repérer les grandes étapes. Nous avons, dans le texte, ajouté d'autres repères pour vous faire comprendre l'importance du « format » concours, qui n'est absolument pas un formatage. Notez bien la différence.

A. Étape 1 : l'arrivée à l'entretien, l'installation...

Cette première prendra le temps qu'il faut... Nous dirons pour cet entretien-là, 30 minutes.

Il est 8 h 30. Vous venez d'arriver à l'Ifsi de...[1] Vous vous garez, vous sentez le stress vous envahir. Dehors, il fait bon, le printemps est là. Vous êtes un peu en avance. Un dernier coup d'œil sur vos documents.[2] C'est bon, vous avez tout ! Vous fermez votre voiture et vous dirigez vers l'entrée. Une grande respiration, courage ! C'est votre premier « vrai » entretien, enfin celui-ci vous y tenez plus qu'à tout, vous aimeriez tant entrer à l'institut de formation en soins infirmiers, vous vous sentez prêt.[3] Vous montez tranquillement les marches, vous entendez du bruit, d'autres voix, d'autres candidats sont déjà là. Comme vous, ils attendent, fébriles.	1. Veillez à la ponctualité, c'est important ! Mieux vaut arriver en avance qu'en retard, essoufflé et énervé ! 2. On vous demandera votre convocation et une pièce d'identité. Préparez-les la veille pour ne pas les oublier. 3. Être stressé est tout à fait normal, cela peut même être générateur d'énergie. Toutefois, faites de petits exercices de respiration qui vous permettront de canaliser ce stress et de ne pas vous laisser submerger.

ÉPREUVE D'ADMISSION
Entretien avec le jury

Vous êtes convoquée à 9 h. Cela vous laisse le temps de vous concentrer, de faire quelques exercices de relaxation. Vous vous asseyez, vous n'avez pas envie de parler avec les autres candidats présents. Il y a quelques revues sur la table, vous en prenez une.	

B. Étape 2 : la préparation du sujet de culture générale

Vous aurez dix minutes. Pensez à votre méthodologie de travail qui sera essentielle pour cette étape.

Une porte s'ouvre. Une femme se tourne vers vous le visage souriant.[1] – Mademoiselle J. ? – Oui ! – Bonjour, c'est à vous ! – Bonjour ! Cette fois, ça y est ! Des semaines, des mois de préparation et le moment est arrivé. Vous vous levez, les jambes un peu tremblantes. Vous vous ressaisissez, vous tenez droite, le regard assuré.	1. Votre entretien « commence » dès votre arrivée à l'accueil. Votre attitude est importante. Le stress ne doit pas vous faire oublier d'être cordial (vous saluez la personne), il ne doit pas non plus vous faire oublier la maîtrise de votre corps (maintien, regard franc et direct, démarche assurée...).
– Voici votre sujet, Mademoiselle J. , vous avez dix minutes pour le préparer. Il y a du brouillon à disposition. À tout à l'heure ![2] Vous vous asseyez, enlevez votre veste, posez le sujet devant vous, prenez un crayon et un brouillon. Vous posez votre montre sur la table. C'est un texte. Rapidement vous regardez le titre, la source. Le texte aborde l'obésité et des mesures prises pour lutter contre ce phénomène. Vous éprouvez comme une sorte de soulagement, vous vous sentez presque contente. Vous avez déjà réfléchi sur cette thématique. Vous lisez attentivement les deux questions, la consigne. Vous élabo rez votre réponse au brouillon. Mots clés, plan, liens logiques... vous vous rendez compte qu'en 10 minutes, on n'a vraiment pas le temps de rédiger ![3]	2. C'est le moment d'appliquer ce que vous avez appris. Rapidité, précision, attention, bon sens, concentration... Attention à votre ressenti, et à ses manifestations ! Les « ouf » ou « oh non pas ça ! » ou les grimaces risquent de vous mettre en disposition désobligeante, observée par le jury, et de donner lieu à des questions, ensuite. 3. Veillez à surveiller l'heure !

C. Étape 3 : l'entrée en entretien, un moment clé

Ce moment est très très important, ne le banalisez-pas. Il peut durer 15 secondes ou plus…

Les dix minutes sont passées. Un membre du jury vient vous chercher.[1] Vous le suivez dans la pièce où se déroule l'entretien. Vous sentez le stress, l'émotion vous saisir. Vous essayez de gérer ces sensations. Vous marchez avec assurance, entrez dans la pièce avec le sourire. On vous convie à vous asseoir. Vous vous asseyez. En face de vous trois personnes.	1. C'est le moment d'appliquer ce que vous avez appris. Gardez une attitude correcte, naturelle et simple. Pensez à sourire (un vrai sourire, pas une grimace !), c'est un premier contact.
– Bonjour Mademoiselle J. , je suis Madame G., cadre infirmière. – Bonjour, je suis infirmier psychiatrique au CHU de... – Bonjour, moi je suis infirmière au CHU de...[2] – Bonjour, je m'appelle Lisa J., j'ai 19 ans.[3]	2. Souvent (pas toujours) le jury se présente et vous vous présentez ensuite, c'est une « règle du jeu ». Respectez le « protocole ». 3. À votre tour déclinez votre identité.
Vous avez du mal à gérer votre émotion, c'est plus impressionnant que vous ne l'imaginiez. Et la présentation de l'infirmier psychiatrique vous a déstabilisée.[4] Vous respirez profondément, vous adoptez une posture correcte, posez les mains sur la table, de part et d'autre de votre brouillon, vous saisissez votre crayon.	4. Ne vous laissez pas déstabiliser par la fonction de certains ! Cela peut vous mettre dans des dispositions difficiles et gêner également le jury concerné ! N'oubliez pas que vous avez en face de vous peut-être de futurs collègues !

D. Étape 4 : le début de l'entretien, l'exposé de culture générale

La présentation de votre sujet de culture générale permettra au jury de voir comment vous mettez en forme vos idées, *via* un plan. Il ne s'agit pas de voir toutes vos connaissances. Il s'agit de voir comment, avec le texte et la consigne, vous construisez vos idées.
Durée : 15 minutes environ.

– Nous vous écoutons Mademoiselle ! dit le jury – Le texte sur lequel je devais travailler aborde un sujet récurrent dans l'actua lité ces dernières années : l'obésité. Par ce	

terme, on entend un excès de masse adipeuse dans l'organisme. Généralement, on considère comme obèse l'individu dont l'indice de masse corporelle (IMC) est égal ou supérieur à 25-27. Les facteurs responsables de l'obésité sont essentiellement liés à l'hygiène alimentaire et notamment aux produits hypercaloriques. C'est le point évoqué par le texte. Je vais tout d'abord en donner les idées essentielles puis j'expliquerai pourquoi je pense que la prévention reste une démarche plus efficace que l'augmentation des taxes sur les produits hypercaloriques.[1]	1. Souvenez-vous, l'introduction c'est votre manière d'entrer dans le sujet, c'est votre carte de visite. Soignez-la et surtout ne la lisez pas !
– Tout d'abord, dans ce texte extrait d'un article du *monde.fr*, le journaliste fait référence à des mesures proposées pour lutter contre le phénomène d'obésité. Ces mesures consistent essentiellement dans l'augmentation des taxes sur les produits gras et sucrés ainsi que des propositions pour inciter la population à consommer davantage de fruits et légumes avec, entre autres, la création d'un « conseiller nutritionnel ». Ces mesures visent à réduire les dépenses de santé à venir liées à l'obésité. Enfin, face à ces mesures, certains considèrent plus efficace de baisser la TVA sur les produits frais de manière à en consommer davantage.[2]	2. Vos mots viennent assez aisément, vous pensez aux liens logiques pour la structure de votre exposé, c'est le résultat d'un travail soutenu et d'un entraînement régulier.
Vous respirez lentement, profondément.[3] Vous vous sentez plus détendue. Le jury vous écoute avec attention et ne vous interrompt pas. Vous prenez confiance.	3. Pensez à respirer lorsque vous vous exprimez ! Tant de candidats sont en apnée parfois ! !
– Après avoir énoncé les idées essentielles de ce texte, je vais répondre à la question qui m'était posée et qui cherchait à savoir ce que je pensais des mesures énoncées dans le texte.[4]	4. Vous reformulez la question posée afin d'annoncer votre travail, de faire une transition, de mettre en place vos idées.

Cette problématique est d'actualité.[5] Depuis plusieurs années maintenant, les campagnes de prévention soulignent l'importance croissante de l'obésité en France à l'image d'autres pays industrialisés. On peut effectivement noter au travers d'études et de statistiques que l'obésité est en augmentation et cela pose de nombreux problèmes tant pour l'individu, la société que les dépenses de santé. Pour y faire face, plusieurs mesures ont été proposées. Parmi celles-ci l'augmentation de la TVA sur les produits hypercaloriques et dans le même temps on incite les personnes à consommer davantage de fruits et de légumes notamment par le biais de professionnels qui seraient là pour nous conseiller dans notre manière de nous nourrir. En ce qui me concerne, j'estime que l'augmentation des taxes n'a pas forcément l'efficacité recherchée dans la mesure où celles-ci n'empêcheront pas les individus de consommer ce type de produit car le coût reste de toute manière inférieur au coût des produits frais. Par exemple, certains fruits de consommation courante comme les pommes sont souvent plus chers que certains produits sucrés. Peu d'efficacité aussi car le prix ne modifiera pas forcément le comportement des individus. Je pense aux plats cuisinés souvent trop salés ou trop gras qui sont utilisés pour permettre de gagner du temps dans l'emploi du temps par exemple. Enfin, les familles dans la précarité, dont les revenus sont parmi les plus faibles, consomment la plupart du temps des produits que leur budget leur permet de consommer et ce sont souvent ces pro duits hypercaloriques. Voilà les raisons essentielles pour lesquelles cette mesure	5. Votre exposé est fluide, clair. Vous vous sentez de plus en plus à l'aise. Le jury vous laisse parler. Cela peut signifier qu'il vous donne le temps de vous exprimer, qu'il ne ressent pas le besoin d'intervenir. Pensez à le regarder, à ne pas trop lire vos notes.

ne me convainc pas. D'autre part, je reste convaincue que la prévention reste la mesure la plus efficace. Donc inciter la population à consommer davantage de fruits et légumes, par un conseiller nutritionnel ou une réglementation plus rigoureuse est certainement plus probant. En effet, cela permet d'informer et de limiter les produits hypercaloriques sur le marché. Moins de choix peut-être pour le consommateur mais aussi une qualité meilleure et une démarche plus avertie. De même, c'est une façon de responsabiliser les individus, tant le consommateur que l'industriel, qui a sa part de responsabilité au regard de la santé de l'individu. L'économie et la notion de rendement ne peuvent plus négliger l'aspect sanitaire.	
Enfin[6], prévenir, c'est aussi sensibiliser et réguler les dépenses de santé. Prendre soin de sa santé, éviter les pathologies liées à l'obésité, c'est réduire les coûts et investir davantage dans la recherche de traitements d'autres pathologies.	6. Vos arguments s'enchaînent avec cohérence grâce aux connecteurs logiques (notés sur votre brouillon et qui sont des repères pendant votre exposé).
Pour terminer[7], je dirai que ces mesures sont plus ou moins efficaces en fonction de leur caractéristique et du but recherché. D'autres sont prises, notamment des activités au sein des écoles telles que la semaine du goût. Dans cette démarche, la place du professionnel de santé est importante. Une de ses fonctions est la prévention auprès, en autres, des adolescents, lorsqu'il s'agit d'un infirmier scolaire par exemple.	7. Avec « pour terminer », le jury comprend que vous arrivez au bout de votre première partie d'entretien. C'est mieux qu'un « voilà ! » ou « c'est tout ! ».
Vous parlez en regardant le jury. Vous respirez lentement. Le jury vous écoute. Il ne dit pas un mot ! Deux des membres prennent des notes, beaucoup à votre goût ! Qu'est-ce que cela signifie ? Il est temps de conclure pour vous.[8]	8. Si le jury prend des notes (ce qui est très souvent le cas), ne devenez pas paranoïaque (du type « ça y est, c'est sûr, ils notent les bêtises que je raconte ! » ou « ils n'ont pas l'air d'accord ! » ou encore plus définitif « j'suis foutu ! ça ne doit pas être ça, je me suis planté ! » Le jury prend simplement en note ce que vous expliquez pour garder trace de vos propos et éventuellement y revenir ensuite.

E. Étape 5 : l'exposé de culture générale, de possibles questions

Il ne s'agit pas d'un contrôle de connaissances, pas du tout. Le jury entame le dialogue avec vous. Pensez déjà à faire le lien entre vos motivations et le métier. Durée : environ 5 minutes

Silence… Vous soufflez. Puis, le jury intervient[1] : – Mademoiselle, pourriez-vous nous dire pourquoi la prévention est importante chez les jeunes ?	1. Le jury peut, s'il le souhaite, revenir sur l'exposé que vous avez fait. Et, surtout, n'oubliez pas de répondre à la question.

F. Étape 6 : le dialogue avec le jury sur les motivations

Voyez cette étape non comme un examen, même s'il s'agit d'un « jury », mais comme un dialogue. Durée : 20 minutes

– Merci Mademoiselle ! Vos propos étaient assez clairs ! Nous allons passer à vos motivations.[1] Vous parliez justement des professionnels de santé qui ont un rôle de prévention, quelles sont leurs autres rôles ?	1. Le jury vous indique qu'il passe à la deuxième partie de l'entretien. Restez concentré et à l'écoute, de manière à répondre précisément aux questions.
– Les infirmiers ont pour fonction…[2]	2. Vous vous référez à vos connaissances, cela peut vous sembler paradoxal, mais avant même d'apprendre le métier, on vous demande de le connaître, cela permet au jury de vérifier que votre choix est réfléchi et que votre personnalité est en cohérence avec les spécificités de cette profession.
– Bien. Pouvez-vous nous parler de votre parcours ? Qu'est-ce qui vous a conduite à vous diriger vers ce métier ?[3] – Tout d'abord, j'ai passé un bac… puis par la suite...	3. Cette question est inévitable ! « **Pourquoi voulez-vous être infirmier ?** » est la question que vous ne pouvez manquer. Sa formulation est variable mais elle attend une seule et même démarche : les raisons de votre choix.
– Vous dites être une personne qui sait écouter, qu'est-ce que cela signifie ?[4]	4. Cette question « rebondit » sur vos propos. Dites-vous bien que ce que vous expliquez peut faire l'objet de questions. Regardez le jury qui vous l'a posée afin de lui répondre, il s'agit d'un échange...

– Cela signifie que j'ai de l'intérêt pour les personnes qui m'entourent tant dans ma vie privée que dans mes activités. Je suis attentive à elles.[5] Par exemple[6], l'hiver je travaille comme bénévole aux Restos du cœur. Souvent, les personnes qui viennent se sentent mal à l'aise, gênées de devoir demander de la nourriture pour elles et leur famille. Alors, quelquefois, elles osent à peine entrer et venir vers nous. Il est important d'être attentif, d'observer leur comportement. C'est aussi une forme d'écoute. Comprendre qu'une personne est mal à l'aise, qu'elle a honte ou qu'elle souffre, cela permet d'adapter son attitude. Dans ce cas précis, je vais vers la personne avec le sourire, je lui parle, j'essaie de la mettre à l'aise, de lui faire comprendre qu'il s'agit ici de venir en aide à des personnes démunies, c'est une forme de solidarité et non de charité. Ce n'est pas toujours facile, surtout au début, mais ça s'apprend ! Et puis on n'est pas tout seul, il y a les autres bénévoles !	5. Répondez en reformulant la question, cela vous laisse le temps de construire votre réponse. 6. La référence à des exemples concrets est déterminante. Tout le monde peut dire qu'il est capable d'écoute ! Être convaincant c'est démontrer que dans la réalité du quotidien, certains mots ont un sens. Et puis, évoquer son expérience, c'est sous-entendre qu'on a analysé ses actes et ses paroles et pris du recul par rapport ce que l'on a vécu. Voilà pourquoi la préparation est essentielle. C'est un « cheminement » comme il est précisé précédemment.
L'entretien se poursuit, les questions se succèdent, vous y répondez. À l'extérieur, il y a des travaux dont le bruit est parfois gênant.[7]	7. Veillez à ne pas vous déconcentrer. Il peut y avoir du bruit à l'extérieur, dans le couloir... restez concentré, adaptez le ton de la voix afin que le jury vous entende.
– Avez-vous pensé à votre organisation par la suite et au financement de vos études ?[8]	8. Question assez classique, surtout si vous passez votre concours dans des villes importantes et où le coût de la vie est élevé. La question n'est pas de la pure curiosité mais simplement une façon de s'assurer pour le jury que vous n'abandonnerez pas pour des raisons matérielles. De plus, cela fait partie de votre « projet professionnel ».

– Bien entendu ![9] Quand j'ai décidé de passer le concours dans cette région, je savais que je m'éloignais de ma famille et qu'il fallait m'organiser. Cette année, j'ai travaillé de façon à mettre de l'argent de côté, je travaille également cet été, cela me permettra de participer au financement de mes études. Mes parents soutiennent mon projet et m'aideront également financièrement. Je me suis également renseignée pour les différentes allocations, pour le logement... La ville offre plusieurs possibilités. L'entretien arrive à son terme. Tout semble bien se dérouler.[10] – Donnez- nous une raison de vous admettre à l'Ifsi.[11] Cette question vous déroute. Vous n'y avez pas vraiment pensé comme ça. Vous restez concentrée.[12] – La raison que je peux vous donner pour m'admettre à l'Ifsi est que je travaille ce concours depuis plusieurs mois, sans relâche. Les professionnels que j'ai rencontrés, les observations que j'ai faites, mes lectures, mes réflexions m'ont appris beaucoup sur moi, sur le métier d'infirmier et m'ont donné l'envie d'aller plus loin et de concrétiser ce projet.[13]	9. Expliquez brièvement. Toutes les actions que vous avez mises en place attestent de votre motivation, de plus la capacité de se projeter dans l'avenir de façon concrète témoigne de votre maturité et de votre autonomie. De plus, d'un point de vue pratique, il serait compliqué pour vous ensuite d'avoir attendu la dernière minute pour y penser ! 10. Veillez à ne pas trop vous fier aux différentes attitudes ou réactions du jury. Elles ne sont pas forcément en lien avec votre entretien. Gardez confiance en vous. 11. Question qui vise à vous recentrer sur l'essentiel de vos motivations. 12. Vous ne pouvez faire une liste exhaustive des questions posées par un jury ! Apprenez plutôt à réagir de façon improvisée. 13. Afin de prendre le temps de bâtir votre réponse, commencez par reformuler la question. La réponse à cette question est très personnelle. Il n'y a pas de réponse clé, parfaite ou idéale ! Encore une fois c'est votre motivation et votre capacité à rester vous-même qui feront la différence. Évitez toutefois les réponses « vides » du type « parce que je suis motivé ! » ou « parce que j'en ai vraiment envie » ! Pensez toujours à accorder vos paroles et vos actes : soyez cohérent.

G. Étape 7 : la fin de l'entretien

Votre attitude est importante jusqu'à la fin de l'entretien, c'est-à-dire jusqu'au moment où vous avez quitté le lieu de concours.

– Merci, Mademoiselle ! Au revoir. – Au revoir, Messieurs Dames.[1]	1. N'oubliez pas de saluer votre jury et de quitter la pièce sans courir, évitez de vous « lâcher » dans le couloir, de donner vos impressions à ceux qui attendent...

Vous quittez la salle, la démarche toujours assurée. Vous vous retrouvez dans le couloir, à l'accueil où d'autres attendent. Vous passez la porte, rejoignez votre voiture. Ce que vous ressentez est ambigu hormis un certain soulagement ![2] Vous vous asseyez au volant, vous soufflez, vous vous relâchez, l'entretien est terminé, au prochain !	2. Le ressenti après un entretien est compliqué. On peut être satisfait, puis plus on y repense, plus on doute ! Ou on peut être déçu, avoir le sentiment d'avoir échoué... C'est un concours, il est donc très difficile d'en évaluer le résultat, d'autant que vous n'êtes pas seul à intervenir. Essayez plutôt d'analyser votre travail de manière à l'améliorer ou le recadrer pour les entretiens suivants si c'est le cas.

2. Entretien n° 2 : rien ne se passe comme prévu

A. Étape 1 : l'arrivée à l'entretien, l'installation

Vous arrivez à l'adresse indiquée sur votre convocation. Vous n'êtes pas en retard[1], heureusement que vous avez regardé sur un plan la veille ! Vous vérifiez l'heure de votre bus et de votre train de retour.[2] C'est bon, vous aurez le temps de vous rendre à la gare tranquillement. Si ce n'est la pluie, il fait doux. Vous pressez le pas, vous dirigez vers l'accueil. D'autres candidats attendent.[3] Vous les saluez, vous vous asseyez et vérifiez que vous avez tous vos documents, vos crayons. Certains candidats discutent entre eux, il y en a une assise dans un coin, elle est pâle et semble inquiète. À votre droite, une femme patiente. Elle doit avoir une quarantaine d'années.[4] Vous vous demandez si elle est également venue pour l'entretien.	1. La ponctualité, bien sûr, encore et toujours ! S'il vous arrivait d'être en retard, appelez le centre où vous passez votre entretien et prévenez-le. Parfois, il accepte de décaler votre horaire mais ça n'est pas obligatoire, cela reste une faveur... 2. Si vous vous rendez à votre entretien en transport en commun, pensez à vous laisser de la marge au niveau des horaires. 3. Vous pouvez être plusieurs candidats à attendre parce que convoqués à la même heure. Dans ce cas-là, essayez de rester concentré, évitez de participer à la pression générale si c'est le cas ! 4. Les candidats à ce concours ne sont pas tous « bacheliers tout frais ! », pour certains c'est une reconversion ou la réalisation plus tardive d'un projet. Cela demande un travail conséquent et une organisation, notamment familiale, financière ou/et affective parfois conséquente. C'est déjà une motivation en soi...

Voilà trois quarts d'heure que vous attendez, vous commencez à vous impatienter, et la pression monte pour tout le monde.[5] Une des candidates est ressortie en larmes, un autre avait le sourire, la femme d'une quarantaine d'années vient de terminer, elle a quitté le lieu en vous adressant un « Courage ! Ça va aller ! » La porte s'ouvre à nouveau.[6] – Monsieur, s'il vous plaît !	5. L'attente fait partie de l'épreuve. Parfois, le jury prend du retard. Parfois, il prend plus de temps avec un candidat, à vous de vous adapter. 6. Veillez également à ce que les doutes et les questions des autres candidats ne soient pas une source d'angoisse supplémentaire !

B. Étape 2 : la préparation du sujet de culture générale

C'est à votre tour. Enfin. L'attente vous a permis de vous libérer d'une partie de votre stress. Désormais, il faut y aller. Vous arrivez dans la pièce, tirez un sujet au hasard et vous installez.[1] C'est une phrase. Vous lisez rapidement. Ça va. Ce n'est pas forcément le sujet que vous auriez choisi mais bon vous avez des connaissances sur cette problématique, à vous de les exploiter. Les dix minutes sont passées.[2] Votre plan est au brouillon. Vous vous relisez rapidement, faites le point. On vient vous chercher.	1. Lors de l'entretien, soit on vous donne un sujet, soit vous le tirez au hasard. Dans de rares cas on peut également vous demander de choisir. Si le sujet n'est pas un de vos thèmes favoris, aucune importance : ne vous en inquiétez pas, vous avez plus de connaissances que vous ne voulez le croire. Concentrez-vous sur les mots, mobilisez votre énergie, utilisez les astuces que nous vous avons conseillées. 2. Dix minutes, ça peut être très long mais aussi très court ! L'entraînement en temps limité peut vous permettre de gérer cet aspect important de l'épreuve. Avant de quitter la salle, n'oubliez pas vos affaires !

C. Étape 3 : l'entrée en entretien, un moment clé

Vous entrez dans la pièce, attendez que l'on vous convie à vous asseoir, ce que fait le jury.[1] Vous vous asseyez correctement, le dos droit[2], vos yeux se posent sur le jury.[3] Ils sont trois. Trois femmes. L'une est un peu en retrait.	1. Restez calme et concentré. Votre posture doit traduire votre détermination et une certaine assurance. 2. Ne soyez ni avachi sur votre siège, ni immobile. Si vous n'arrivez pas à regarder le jury dans les yeux, il y a cette technique (bien connue !) du « troisième œil » ! 3. Regardez entre les deux yeux de votre interlocuteur, vous lui donnez l'impression de le regarder en face et de votre côté vous n'êtes pas « gêné » par les expressions du visage.

D. Étape 4 : le début de l'entretien, l'exposé de culture générale

– Bonjour, Monsieur J. ! Je m'appelle A.P. et je suis formatrice à l'Ifsi de la Croix-Rouge française à…[1] – Bonjour, N.C., psychologue, j'interviens à... – Bonjour, F.P., infirmière au centre hospitalier de… – Bonjour mesdames, je m'appelle Bastien J., j'ai 25 ans et je viens de… – Très bien Monsieur J., nous vous écoutons ! – Le sujet que j'ai travaillé porte sur une, euh, problématique, euh, qui est souvent d'actualité dernièrement[2] : les violences conjugales. La question portait, donc, sur les conséquences de la violence conjugale sur l'individu et la famille. – Bien, alors quelles sont-elles selon vous ?[3] – Avant tout, si vous permettez, je souhaiterais expliquer ce qu'on entend par violences conjugales.[4] – Je vous en prie, allez-y !, répond un membre en souriant. – Bien, donc on entend par violences conjugales les violences physiques, psychologiques, dites aussi mentales, et sexuelles. Les conséquences peuvent être, euh, graves.[5]	1. Parmi le jury, il peut y avoir des professionnels de santé bien sûr, des formateurs ou encore un psychologue (voir les instructions officielles). Les candidats appréhendent souvent le ou la psychologue. Il n'y a aucune raison à cela. La délibération et l'attribution de votre note sont collégiales (décision des trois membres du jury). 2. Il est parfois difficile de commencer. La pression, l'envie de faire un entretien sans problème, l'enjeu peuvent vous conduire à quelques hésitations ou difficultés (« euh ») alors que vous vous êtes préparé à l'épreuve. C'est normal ! Le jury tient compte de ce stress lié à l'épreuve, cependant cela peut devenir problématique si vous ne réussissez pas à le canaliser.. Le futur infirmier que vous êtes devra être capable de réagir dans les situations les plus complexes et délicates parfois, pensez-y, il s'agit ici d'un apprentissage... 3. Si le jury remarque votre difficulté à commencer, il peut vous aider en vous posant des questions. Mais là encore ce n'est pas automatique, tout dépend des jurys. 4. N'hésitez pas à faire certaines précisions que vous jugez utiles. Encore une fois c'est VOTRE entretien 5. Vous vous sentez un peu désarçonné par le sourire du jury. Vous avez une appréhension sur l'image que vous renvoyez. Apprenez à vous décentrer, à ne pas donner à cette interrogation (votre image) plus de place qu'elle ne doit en prendre.
Vous avez du mal à trouver vos mots, vous vous sentez maladroit. Pourtant vous vous êtes bien préparé et ne vous êtes pas donné droit à l'erreur.[6]	6. Soyez vous-même. L'entraînement, seul ou dans un établissement, ne vous « donne » pas le concours. Cela vous donne des outils qu'il vous faut comprendre, faire vôtres pour ensuite les utiliser si vous le souhaitez. Attention, soyez

	plus indulgent avec vous-même, ne cherchez pas à prouver quoi que ce soit au jury. Pensez simplement à lui expliquer le plus sincèrement possible les raisons de votre choix.
– Détendez-vous Monsieur J. ! Tout va bien, prenez votre temps ![7]	7. La plupart du temps, le jury vous met à l'aise (mais pas toujours, il faut aussi l'envisager !).
Vous souriez, vous vous reprenez.[8]	8. N'oubliez pas toutefois qu'il n'est pas là pour vous materner et vous rassurer ! Ou alors il vous faudra revenir l'année suivante...!
– En ce qui concerne les conséquences sur l'individu, tout d'abord celles-ci sont d'ordre physique. En effet, les coups portés peuvent conduire la victime à être hospitalisée, parfois même ils sont fatals et engendrent la mort, plus précisément une femme tous les trois jours, comme le précise le dernier observatoire des violences en France. Ensuite… Pour conclure, je dirai que les violences conjugales font l'objet d'une plus grande médiatisation et de campagnes de prévention importantes. Cela permet aux personnes qui en sont victimes, pour la plupart des femmes, de se sentir moins seules, de vaincre le sentiment de honte pour faire valoir leurs droits et le respect de leur intégrité. De plus, en parler, c'est rendre le sujet moins tabou et favoriser la prévention.[9]	9. Vous avez retrouvé votre calme et votre sérénité, le déroulement de l'exposé se passe bien, vous enchaînez les idées, donnez des exemples, pensez aux liens logiques, avez un vocabulaire riche et varié. Cela vous redonne confiance en vous !

E. Étape 5 : l'exposé de culture générale, les questions

– Pourriez-vous préciser ce que vous entendez par respect de leur intégrité ?[1] – Oui, il s'agit de ne pas porter atteinte aussi bien au corps qu'à l'individualité de ces personnes.	1. Les questions du jury peuvent porter dans un premier temps sur vos propos.
– Et selon vous, ce respect de l'intégrité de la personne est vrai aussi dans le métier infirmier ?[2]	2. C'est aussi une manière de vous conduire sur le terrain des motivations.

– Oui tout à fait ! Les soins, les gestes techniques se font dans le respect de la personne. – Et quelles sont selon vous les autres attitudes fondamentales dans ce métier et ce que vous en connaissez ? – L'écoute, le respect des croyances et des cultures, la compétence technique bien sûr, le désir de soigner…	

F. Étape 6 : le dialogue avec le jury sur les motivations

– Vous pensez avoir ces qualités ?[1] – Oui, je crois ! J'ai eu la possibilité de faire deux stages dont un avec un infirmier libéral.[2] Et j'ai pu observer à quel point il était important d'être attentif à la personne. En libéral, on rentre chez le patient, dans l'intimité de sa vie. Je me souviens d'un monsieur de 78 ans. Il ne m'avait jamais vu, alors il n'était pas à l'aise. L'infirmier m'a présenté puis a commencé ses soins. Pendant ce temps-là, j'ai proposé à la personne de lui lire le journal. Je savais qu'elle avait des problèmes de vue. La personne a semblé plus à l'aise et m'a chaleureusement remercié avant de partir. Ce n'était pas grand-chose mais j'ai compris que pour ce monsieur c'était déjà beaucoup. En effet l'infirmier m'a précisé ensuite qu'il était quasiment sa seule visite de la journée...	1. La connaissance du métier bien sûr et surtout en lien avec votre personnalité, vos aptitudes, vos forces et fragilités. 2. Si vous avez eu quelques expériences (même une ou deux journées) dans le milieu médical (stages, emplois comme ASH, aide-soignant ou faisant fonction...) exploitez bien entendu l'analyse que vous en avez faite pour répondre de façon concrète à votre jury. Ce sera toujours apprécié. Le jury n'a que faire de candidats qui récitent la fiche métier à longueur d'entretien !
– Vous avez évoqué le geste technique, quelle qualité cela demande ? – De la précision, de la minutie, de la rapidité, de la rigueur... Ce sont un peu les qualités que l'on retrouve pour le dessin... Il faut être précis, patient.[3] – Vous dessinez ? – Oui, depuis longtemps. C'est une passion !	3. Pensez à illustrer certaines réponses aux questions en évoquant vos activités, sports... cela témoigne également chez vous de certaines aptitudes et qualités que vous pouvez valoriser par ce biais.

L'entretien se déroule sans difficultés particulières. Vous remarquez qu'un des membres du jury intervient peu et a une attitude assez distante.[4] – Que faites-vous si vous échouez cette année ?, demande un membre.[5] Vous avez pensé à cette question.[6] – Je recommence. Je souhaite vraiment faire ce métier. Je me préparerai à nouveau en tenant compte de ce qui peut expliquer mon échec, j'essaierai de faire des stages ou de trouver un emploi dans le milieu médical et je repasserai le concours. Bien entendu, je préférerais l'obtenir cette année mais si je ne vous croise pas dans les couloirs de l'Ifsi ou de l'hôpital cette année, vous me reverrez l'année prochaine !	4. Chaque jury est différent. Certains sont chaleureux et bavards, d'autres froids et distants, d'autres encore interviennent peu. Cependant, la plupart mettent à l'aise et peuvent même être sympathiques !! 5. Cette question doit se poser à un moment donné. Il n'est pas question d'être superstitieux ou pessimiste. Encore une fois, cela rentre dans votre préparation. 6. Votre réponse doit être sincère (comme toutes d'ailleurs !) et n'oubliez pas que l'humour n'est pas interdit ! Si vous le pratiquez avec aisance et si cela fait partie de votre personnalité, ne vous en privez pas !

G. Étape 7 : la fin de l'entretien

– Bien, nous vous remercions monsieur J. Au revoir et bon retour. – C'est moi qui vous remercie. Au revoir mesdames. L'entretien est terminé. Vous quittez les lieux, fatigué mais plutôt confiant. Vous devez retravailler certains points avant le prochain qui a lieu dans deux jours ![1]	1. Chaque entretien est différent. De par le sujet, le jury et vous-même. Chaque entretien est une nouvelle aventure, considérez-le ainsi, peut-être même y trouverez-vous du plaisir !

3. Les points clés de l'entretien

Voici les points clés qui vous guideront vers la réussite de l'oral du concours infirmier :
- la ponctualité ;
- vos papiers d'identité ;
- une tenue vestimentaire plutôt « neutre » mais qui vous représente vraiment ;
- les exercices de respiration ;
- l'attitude cordiale et ouverte envers le jury ;
- la concentration et la méthode ;
- le respect du timing (notamment lors de la préparation du texte) ;

– le sourire sincère (même s'il peut être pincé compte tenu du stress) ;
– la lecture des consignes ;
– l'écoute du jury ;
– le soin de vos introduction, conclusion, plan et l'utilisation de liens logiques ;
– la respiration ;
– le fait de ne pas trop lire vos notes ;
– le fait d'être concret et explicite dans vos réponses ;
– l'entretien ne se finit pas quand vous passez la porte : ne hurlez pas de joie ou de peine juste derrière cette porte, on vous entend…

4. Quelques petits secrets

– Pensez toujours à cette question fondamentale : pourquoi voulez-vous faire ce métier ?
– Privilégiez le dialogue avec le jury.
– Ne sous-estimez pas votre vie quotidienne car c'est la vôtre.
– Venez donc avec qui vous êtes.

5 | La grille d'évaluation de l'entretien

REMARQUE Cette grille d'évaluation est purement indicative. Chaque institut de formation en soins infirmiers a la sienne. Toutefois, les compétences et autres qualités attendues sont résumées dans le tableau ci-dessous. C'est un moyen pour vous de vous situer dans votre préparation. Cette grille d'évaluation est un outil de travail, au même titre que les cours, la méthodologie, les exercices et autres outils que vous mettrez en place afin d'être prêt pour les épreuves.

Compétences évaluées	À valoriser	À éviter
Compétences à exposer des idées / 5 points	• Cohérence du raisonnement • Richesse des idées • Qualité argumentative • Tolérance • Implication personnelle	• Incohérences dans le propos • Hors-sujet • Méconnaissance du sujet • Pas ou peu d'implication • Pas d'argumentation
Compétences à s'exprimer oralement / 5 points	• Capacité d'écoute • Aisance dans l'expression • Ouverture d'esprit • Richesse du vocabulaire • Sociabilité • Aptitude à l'échange	• Pas d'écoute • Expression familière • Peu de vocabulaire • Propos maladroits liés au stress • Articulation et/ou ton de la voix inaudibles
Compétences à exposer son projet professionnel / 10 points	• Intérêt pour le milieu professionnel • Connaissance du métier • Prise de contact avec des professionnels • Connaissance des réalités du métier • Connaissance de la formation • Justification du choix professionnel • Connaissance de soi • Capacité à exploiter ses expériences	• Peu d'exploitation des connaissances • Lieux communs, clichés dans la connaissance du métier et de la formation • Difficultés à exprimer les raisons de son choix • Peu ou pas d'exploitation des expériences professionnelles et/ou individuelles

6 | Des sujets d'entraînement à l'entretien

Et maintenant, à vous de jouer ! Entraînez-vous, choisissez parmi les sujets proposés, prenez 10 minutes de préparation pour chacun, faites un plan au brouillon puis exposez votre réflexion à un proche, un ami ou votre miroir, webcam... sans excéder 10 minutes également puisque la dernière partie de l'entretien est consacrée aux motivations.

1. Travailler sur des textes

ATTENTION Vous ne trouverez que le corrigé des idées essentielles de chaque texte. La deuxième partie de la consigne exige un point de vue personnel et argumenté. Pour y répondre, et vous corriger, exploitez vos connaissances et les cours présents dans cet ouvrage.

Eh bien, voilà. Vous y êtes. La première année n'a jamais été aussi proche. Vous allez bientôt entrer en formation.

Entraînement n° 1

Difficulté ✗✗✗ | Durée 20 min

Dis-moi où tu habites, je te dirai qui tu es !

« La maison est un symbole féminin, lieu de protection des plus démunis, l'enveloppe, le foyer et l'intérieur nourricier », selon Gilles Bachelard.

Pour ce philosophe, la maison signifie l'être intérieur. Ses étages, sa cave et le grenier qui échappe au public, sont des lieux dont l'homme a besoin pour épanouir son intimité. La cave est la réserve pour le futur (on y range le vin, les conserves...). Le grenier est la réserve pour le passé (on y entasse les objets dont on n'a plus besoin). Sans parler des meubles eux-mêmes tels que les tiroirs, coffres, armoires, buffets... lieux plus privés que les lieux privés. À domicile, les habitudes de vie, les habitudes culturelles sont très présentes dans le quotidien de chacun, que l'on soit jeune ou âgé, malade ou bien portant. Chacun de nous est comme enraciné dans son cadre familier. Chez soi, l'être humain garde sa manière « d'être » et de « faire », et il est parfois difficile d'accepter de changer ses habitudes, même si les résultats ne nous semblent pas satisfaisants ou néfastes pour la santé [...]

Frédérique Lacour, « Dis-moi où tu habites, je te dirai qui tu es », *Soins aides-soignantes* n° 1, décembre 2004 © Elsevier Masson.

Question

Dégagez les idées essentielles du texte et apportez un point de vue personnel.

Entraînement n° 2

Difficulté ✗✗✗ | Durée 20 min

La communication joue [...], sans aucun doute, un rôle primordial dans l'humanisation des soins. Observons que si, à l'école, on apprend à lire, à écrire ou à parler, on apprend peu à écouter les autres. Solidarité, respect, justice, honnêteté, dialogue..., ces valeurs fondamentales pour la réalisation de chacun d'entre nous ne figurent pas dans les manuels scolaires. D'où la difficulté, parfois, d'établir une relation de proximité avec l'autre, en tant que moi sujet, comme le dit Carl Rogers. Il est urgent d'humaniser la santé. Comme le préconise Walter Osswald, humaniser c'est accueillir avec courtoisie et bienveillance, c'est renforcer le climat humain d'interaction. Dans la perspective de Feytor Pinto, humaniser c'est rendre humain, c'est prendre soin de la personne comme d'une entité, c'est lui accorder l'attention qu'elle mérite. Quant à Milton Mayeroff, il souligne que prendre soin, « c'est permettre la croissance de l'autre et la satisfaction de ses besoins ». Enfin, Serrano n'est pas loin de ces idées quand il nous dit que le droit de l'usager, premier et fondamental, est « d'être traité avec dignité et respect ».

Marie de Lourdes Oliviera, « Relever le défi de l'humanisation des soins », *Soins cadres* n° 53, février 2005 © Elsevier Masson.

Question

Après avoir dégagé les idées essentielles de ce texte, vous direz ce que vous en pensez.

Corrigé n° 1

Relevé des idées essentielles :
- Analogie maison / être intérieur
- Pièces d'une maison révélatrices d'une histoire et d'une intimité
- Maison : témoin d'une culture, de mœurs
- Maison : repères et habitudes où l'individu est ancré avec difficultés parfois d'en changer

Corrigé n° 2

Relevé des idées essentielles :
- Rôle de la communication dans la notion d'humanisation
- Valeurs humaines pas apprises à l'école = difficultés dans relation à l'autre
- Humaniser la santé = urgence
- Prendre soin = bienveillance et reconnaissance de l'individu

2. Travailler sur des sujets

ATTENTION Pour vous corriger, référez-vous (pour les connaissances) aux cours de culture générale. Cela vous permettra d'utiliser vos connaissances et de les vérifier ou les revoir. N'oubliez pas qu'il s'agit d'exposer un point de vue, donc il vous faut donner des arguments et des exemples. Veillez également à présenter votre réponse sous une forme concise (plan, schéma...).

Exemples :

– Quels troubles le travail peut-il développer et pourquoi ?

– « Les vieillards sont-ils des hommes ? À voir ce que l'on en fait, on a du mal à y croire. » (Simone de Beauvoir, 1970) Commentez cette phrase.

– Le don d'organes est gratuit en France, contrairement à d'autres pays. Qu'en pensez-vous ?

– Doit-on contraindre un malade atteint de maladie respiratoire d'arrêter de fumer ?

3. Travailler sur des thèmes

ATTENTION Pour vous corriger, référez-vous (pour les connaissances) aux cours de culture générale. Cela vous permettra d'utiliser vos connaissances et de les vérifier ou les revoir. Veillez à présenter votre brouillon de façon concise (plan, schéma...).

Exemples :

– La maltraitance, en parler c'est déjà agir

– Le cannabis et les jeunes

– Le tabac

– Travail et équilibre personnel

4. Travailler sur des images

ATTENTION Pour vous corriger, référez-vous (pour les connaissances) aux cours de culture générale. Cela vous permettra d'utiliser vos connaissances et de les vérifier ou les revoir. Veillez à présenter votre brouillon de façon concise (plan, schéma...). N'oubliez pas d'envisager l'image sous son angle connotatif et dénotatif (ce qu'elle représente et ce qu'elle symbolise).

Exemples :

Teenager with depression © Surpasspro - Fotolia.com.

Retraite paisible © Corinne Matusiak - Fotolia.com.

7 | Vers la première année

1. La finalité de la formation

Petit rappel, relatif à la finalité de la formation, tiré du décret paru au *Journal officiel* du 7 août 2009, le nouveau texte de référence de la profession infirmière (voir schéma 1).

Pour être concret, les formateurs présents dans le jury de l'entretien, s'ils n'ont pas exactement les mots parus dans le décret en tête, savent bien vers quoi, quand vous serez en formation, ils veulent vous emmener.

N'oubliez pas, vous allez bientôt entrer en formation. Réussissez-vous à vous projeter en première année ? À « oublier » l'enjeu du concours en ne vous concentrant que sur la toute première des questions : pourquoi est-ce que je veux faire ce métier ?

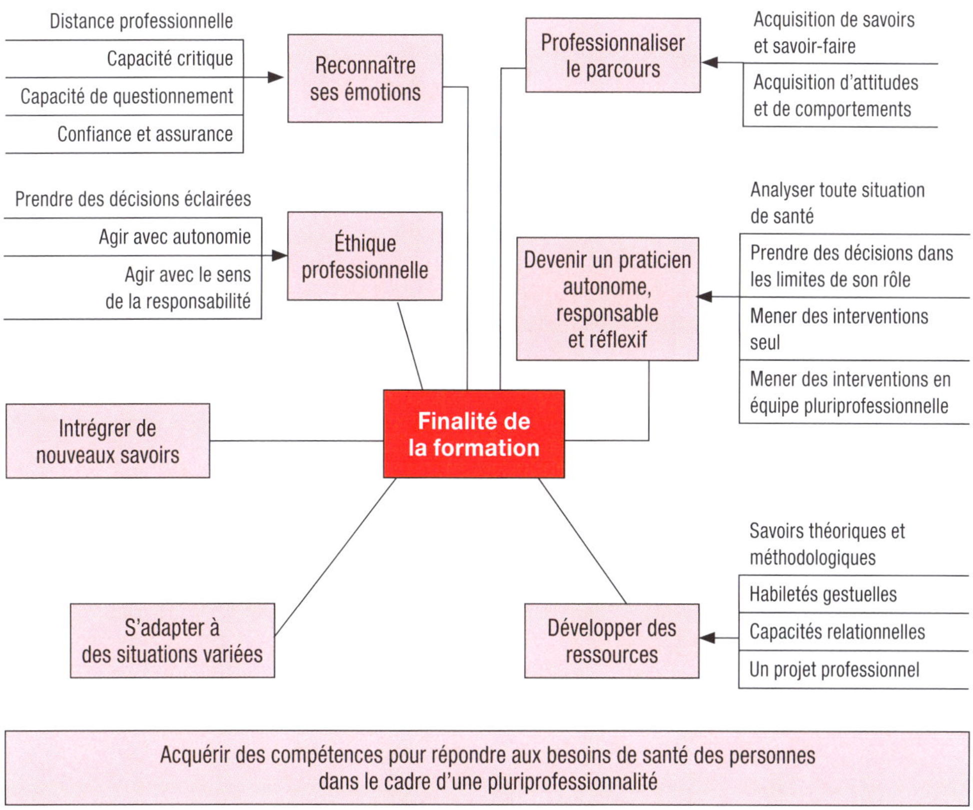

2. Paroles d'étudiants infirmiers

« Témoignage

Après 5 semaines de cours nous y voilà, j'avais pris soin avant d'arriver à la clinique (un hôpital en mode privé) de prévenir la cadre de mon service (la cardiologie) de mon arrivée. Rendez-vous pris en ce froid matin de novembre.

Moi qui ai déjà bossé depuis quelques années (10 ans dans un secteur totalement opposé à celui de la santé), me voilà avec ma blouse, mon portfolio et mes quelques connaissances en anatomie, les bases en hygiène infectiologie et les TP sur les toilettes ou le lavage des mains ou encore la surveillance des constantes. Face à cette grande maison, je suis un petit garçon... Le service m'est alors rapidement présenté. On me désigne une aide-soignante qui sera ma référente en attendant qu'une infirmière revienne de congés.

Très vite je fais connaissance avec mes premiers patients (trop content de pratiquer la prise de constante, première tâche le tour des tensions), puis ma première toilette complète au lit. Je vois l'équipe, qui me propose d'assister dès le lendemain à une intervention : pose d'un Pace maker. Les 5 semaines qui suivirent s'enchaînèrent à un rythme fou...

J'ai eu l'impression que jamais on ne me ferait confiance et qu'on ne me montrerait rien de ce qui serait un jour mon futur métier (au mieux on me laisserait prendre toutes les glycémies) et on ne me validerait pas le geste (il fallait mettre des gants ! personne ne le fait dans le service...). « Vous êtes curieux et attentif » furent les derniers mots de ma tutrice (présentée entre deux portes lors de ma dernière semaine de stage), « mais il vous faudra apprendre à être humble » !

Durant ces 5 semaines, j'ai fait ce que l'on me demandait de faire, j'ai posé des questions parfois gênantes, parfois pertinentes et souvent restées sans réponses...

Je me suis senti seul et abandonné, loin de l'Ifsi et de mes collègues de promotion avec lesquels il est toujours si simple d'échanger, où tout est sujet à discussion.

J'ai regretté d'avoir si bien lu le cahier de l'infirmière « cardiologie » qui me permettait de ne pas être étonné de tout et de me sentir parfois prêt si elles me l'avaient demandé à les aider un peu plus…

J'ai tant aimé ces patients.

Je fus aussi confronté par deux fois à la mort, mais jamais personne n'a su ce que cela a provoqué en moi.

Et encore aujourd'hui il m'arrive de me demander comment eux ont perçu mon travail. »

Arnaud,
32 ans, stagiaire en service de cardiologie

Témoignage

« Je vais juste dire que ce stage m'a changée, intérieurement et extérieurement : j'ai pris 10 ans de maturité, et je suis maintenant glorieusement couverte d'eczéma de stress.

Je ne me souviens même plus de qui j'étais avant de me rendre compte réellement de ce que ça faisait d'être dans sa blouse, face à une personne qui a besoin de vous, et qui la plupart du temps est en souffrance physique et/ou morale.

Il a déjà fallu accuser le choc que c'était à mon tour d'être à cette place et que j'avais plutôt intérêt à assumer mon rôle si je voulais survivre dans cet hôpital.

Le pire pour moi a été de comprendre que toutes mes bonnes intentions, toutes les raisons pour lesquelles j'avais voulu faire ce métier, c'était du vent. Je n'étais pas vraiment là pour aider les autres, je n'étais pas là pour apporter quoi que ce soit, plutôt pour suivre, accepter, encaisser et me taire. J'étais là pour aider des gens qui ne voulaient pas vivre, à vivre ; les forcer à faire certaines choses, se laver, boire, manger.

J'étais là pour la vie et je me voyais pousser des gens vers la mort. Au bout de quelques jours j'ai arrêté d'angoisser à ce sujet, j'ai accepté, je me suis protégée.

Ensuite, l'équipe. Me plier à, faire comme eux, me taire, toujours, encaisser, faire le dos rond.

L'angoisse ?

En tout cas je suis plus motivée que jamais, mais les raisons pour lesquelles j'étais venue ne sont plus d'actualité. Maintenant je suis là pour des raisons viables, réelles et tangibles : je suis là parce que je veux soigner, je veux prendre soin, je veux être là parce que j'aime plus que tout les êtres humains, les comportements humains, et je n'existe que quand je m'occupe des autres, et parce que la blouse me confère un statut qui me donne l'impression d'exister.

Accessoirement, je veux être là parce que j'aime bien faire des soins techniques, c'est tellement chouette de faire des prises de sang !

Je suis là parce que c'est infiniment valorisant d'aider les autres, ça me donne l'impression d'exister, disons-le : je me cache derrière ma blouse blanche. Le réaliser ça m'a valu plusieurs nuits blanches. Maintenant je continue, comme si je marchais sur des œufs. »

Eydis,
22 ans, stagiaire en service de gériatrie

Sujets inédits corrigés

Sujet n° 1

Difficulté ✗✗✗	Durée 20 min

Question

Nous avons tous besoin de sommeil.
Quels conseils donneriez-vous à un adolescent ?

Comment aborder le sujet ?

Si ce thème est récurrent au concours infirmier, le sujet a toutefois la particularité de l'aborder par le biais de l'information et de la prévention à destination des adolescents. Cela suppose qu'il vous faut tenir compte du public auquel vous vous adressez tant dans la manière d'aborder le sujet que dans la connaissance de cette population. Il est important d'adapter vos éléments de réponse, en tenant compte de l'approche à avoir à l'égard d'un jeune.

■ Point méthode

Il est important, lors de la préparation à ce concours, de consulter le référentiel métier. En effet, ce document permet de connaître précisément les compétences à acquérir durant la formation et ainsi de mieux cerner le métier. Cette démarche facilite l'application des consignes qui demandent de faire un lien entre le sujet et votre future profession d'infirmier. Le référentiel métier est l'outil fondamental de la formation.

Corrigé

■ Plan possible

Partie I. Importance du sommeil

a. Favorise la croissance.
b. Permet une hygiène de vie équilibrée
c. Existence de risques et de troubles liés au manque de sommeil (surpoids, diabète, baisse des défenses immunitaires...).
d. Le manque de sommeil peut avoir des conséquences sur la scolarité (inattention, endormissement, baisse des résultats...).

Partie II. Conseils pour les adolescents

a. Informer et prévenir (hygiène de vie, plaisir de dormir, bon usage des TIC, risques pour la santé...).
b. Recommander une activité physique (en journée, elle favorise le relâchement, la détente...).
c. Conseiller de réguler l'usage des écrans (éviter le soir, limiter le temps d'utilisation...).
d. Inviter le jeune à consulter si l'anxiété est importante (médecin, psychologue, acupuncteur...).

Partie III : Moyens d'information et de prévention

a. Ateliers, discussions, tables rondes.
b. Témoignages
c. Outils vidéo, audio
d. Débats, échanges

Zoom sur …

Le sommeil de l'adolescent

« Les rythmes veille-sommeil de l'adolescent sont soumis à de nombreuses contraintes : scolaires, environnementales. L'adolescent aime sortir, il aime regarder la télévision, il aime se coucher tard et bavarder toute une nuit.
Or, à ce stade, intervient un premier phénomène essentiel : l'allégement du sommeil profond. Le début de nuit est plus instable, le sommeil plus léger. Il entend pour la première fois depuis des années ses parents venir lui dire bonsoir au moment de leur coucher. Ce sommeil plus léger s'accompagne souvent de difficultés d'endormissement, donc d'un retard du coucher, favorisé de plus par de nouvelles habitudes sociales.
Il s'ensuit une réduction du sommeil nocturne qui atteindra près de 2 heures entre 12 et 20 ans. Or les besoins physiologiques réels en sommeil ne diminuent pas. Il y a donc déficit chronique en sommeil. […]
Le deuxième point caractéristique de l'adolescence est la réapparition épisodique des siestes qui, nous l'avons dit, avaient totalement disparu dans la tranche d'âge précédente. Ces siestes ne sont pas seulement liées à un déficit social en sommeil. Pour Simonds, 22,7 % des jeunes entre 15 et 18 ans font la sieste, et ce besoin de sieste persiste, même quand ils ont pu dormir aussi longtemps qu'ils le voulaient. »

M.-J. Challamel, M. Thirion, « Le sommeil, le rêve et l'enfant »,
https://sommeil.univ-lyon1.fr/articles/challamel/sommenf/adolescent.php

Sujets inédits

corrigés

Sujet n° 2

Difficulté ✗✗✗	Durée 20 min

« Je me suis couchée auprès de lui comme tous les soirs, il m'a dit : "Madame, que faites-vous dans mon lit ?" Il se lève la nuit, sort de la maison en pyjama, et disparaît. »
« Le soir ça devient infernal, elle ne sait plus où elle, et ne tient plus en place. » Ces quelques témoignages de proches de malades d'Alzheimer témoignent de la difficulté d'assurer ce rôle d'aidant.

Sciences humaines, n° 235, mars 2012.

Question

Quelles réflexions vous inspire ce texte ? Vos propos seront argumentés et vous ferez le lien avec votre future profession.

Comment aborder le sujet ?

Ce texte retrace des témoignages de proches de patients atteints de la maladie d'Alzheimer et souffrant notamment de l'un de ses symptômes : la perte des repères spatio-temporels. Le candidat devra s'appuyer sur le texte de manière à faire part non seulement de ses connaissances, mais aussi de ses réflexions concernant la maladie et ses conséquences sur la personne et son entourage. La compréhension et l'empathie sont des qualités attendues dans la manière d'appréhender ce sujet et dans l'attitude à adopter en entretien. Ces aspects permettent au jury de comprendre la démarche et la personnalité du candidat au regard de la profession vers laquelle il se dirige.

Point méthode

Il est pertinent d'appuyer ses réflexions sur les propos du texte. En effet, lorsque le sujet porte à une réflexion sur une pathologie et ses manifestations, il serait incomplet de s'en tenir à un exposé « scolaire » sur la problématique sanitaire et sociale évoquée. Il semble judicieux d'appuyer ses remarques sur les mots du texte (ici des témoignages) ou de les utiliser pour illustrer sa réflexion.

Corrigé

Plan possible

Partie I. Alzheimer, une maladie de plus en plus présente

a. Augmentation du nombre de personnes touchées par la maladie, liée au vieillissement de la population

b. À partir de 85 ans, une femme sur quatre et un homme sur cinq sont touchés par la maladie d'Alzheimer

c. Les formes les plus courantes de la maladie d'Alzheimer peuvent impliquer des facteurs génétiques

d. Toute personne touchée par la maladie perd progressivement toute notion de communication avec l'entourage : les repères spatio-temporels disparaissent ; perte de mémoire, perte d'autonomie

Partie II. La difficulté des aidants

a. Grandes difficultés psychologiques pour le conjoint ou le proche, qui n'est plus reconnu

b. Le retentissement des effets de la maladie se fait sur tout l'entourage, il est très important

c. Épuisement physique et psychologique : 40 % des conjoints aidants décèdent avant la personne atteinte de la maladie d'Alzheimer

d. Actions destinées aux aidants (ex : France Alzheimer, plan Alzheimer 2008-2012), groupes de parole, entretiens, aide-ménagère, service de soins infirmiers à domicile (SSIAD)

e. Importance des professionnels de santé pour la prise en soin des malades et l'accompagnement des aidants

Partie III : Le rôle de l'infirmier

a. Prise en soin de la personne âgée

b. Compétence d'informations et de prévention auprès de la personne et de sa famille

c. Accompagnement de la personne dans la vie quotidienne

d. Soigner et prendre soin

e. Dans les unités de vie Alzheimer (structures d'hospitalisation, EHPAD), admission des résidents, projet de vie et de soins spécifiques

f. Communiquer, rassurer, écouter

Zoom sur …

Extrait d'une interview du docteur Jean Maisondieu, psychiatre des hôpitaux et auteur du livre *Le Crépuscule de la raison.*

« Est-ce que cela signifie que le malade d'Alzheimer, inconsciemment, détruit lui-même sa mémoire immédiate ?

Dr Jean Maisondieu : Dans le modèle médical, ce sont seulement des atteintes du cerveau qui provoquent les troubles de la mémoire dans l'Alzheimer. Or Freud a découvert qu'on ne pouvait pas relier les symptômes des hystériques à des lésions cérébrales, mais qu'il fallait les comprendre comme traduisant un refus de penser à certaines choses et un désir de ne pas se souvenir de certains événements. Il me semble qu'il se passe à peu près la même chose dans Alzheimer. Parler de la mort est tabou. Aussi, il se produit un double phénomène. Le malade est exclu par la société parce que, vu son âge, il évoque la mort. Du coup, il s'exclut parce qu'il ne supporte pas d'être rejeté. D'où un trouble de la communication. Nous sommes les seuls mammifères capables d'influer sur notre mémoire pour chasser de notre esprit idées et souvenirs désagréables. Au risque, si on fait trop le vide, de paraître perdre l'esprit et de ne plus pouvoir communiquer avec autrui.

Votre approche est donc celle d'une analyse systémique ?

Dr Jean Maisondieu : Oui, pour une part […]. Au-delà de la dimension organique de la maladie et de ses mécanismes psychiques, il y a une dimension sociale, une construction de notre société. Autrefois, on mourait jeune : de maladie, d'accidents. Le vieux et surtout le très vieux pouvait être un "vénérable vieillard" respecté pour son expérience et comme détenteur de la mémoire collective. Aujourd'hui, à l'ère informatique, ce dernier rôle lui échappe. D'autre part, nous avons gagné 30 ans d'espérance de vie grâce aux prouesses de la médecine… Quand on meurt, c'est qu'on est au bout du rouleau. Résultat : la vieillesse est devenue synonyme de la mort qui fait peur. Dans une maison de retraite, on se dit : "Mon Dieu, quelle horreur ! Pourvu que je ne finisse pas comme cela !" On rejette la personne âgée qui nous renvoie à notre mortalité. »

Reunion-alzheimer.org,
http://www.reunion-alzheimer.org/article/7/25/interview-de-jean-maisondieu.htm

Sujets inédits corrigés

Sujet n° 3

Difficulté ✗✗✗	Durée 20 min

Les femmes ignorent quand prendre la contraception d'urgence

« Dix ans après son lancement, la pilule du lendemain reste sous-utilisée au regard du nombre d'IVG pratiquées chaque année en France. […] La contraception d'urgence n'est pas suffisamment employée lors des prises de risque. Les femmes ignorent quand la prendre : elles sont nombreuses à penser que l'on ne peut tomber enceinte qu'autour du 14e jour du cycle – alors qu'en réalité le risque est présent à n'importe quel moment. »

Laura Thouny, *Lexpress.fr*, 20 septembre 2010.

Question

Quels sont les autres facteurs qui peuvent expliquer ce constat ? Vous ferez le lien avec votre futur métier.

Comment aborder le sujet ?

Cet extrait de texte évoque une problématique régulièrement évoquée et bien souvent rencontrée dans l'exercice du métier d'infirmier. Ce sujet vous demande non seulement des connaissances mais surtout une approche du métier sous l'angle informatif et préventif ainsi que sous l'angle des notions d'échange, d'écoute et de dialogue.

Point méthode

Écouter le jury fait partie de l'épreuve d'entretien. En effet, votre présentation peut être interrompue par une ou plusieurs questions du jury. Veillez à noter sur votre brouillon l'endroit où vous vous êtes arrêté et écoutez attentivement la question posée de manière à y répondre avec précision. Vous pourrez ensuite reprendre le fil de votre discours.

Corrigé

Plan possible

Partie I. Les différents facteurs explicatifs de l'échec de la pilule du lendemain

a. Connaissances erronées du corps et du cycle menstruel.

b. Manque de relais dans l'information sur la contraception (démocratiser et généraliser l'information).

c. Sexualité : sujet encore tabou.

d. Manque d'implication masculine.

e. Difficulté d'accéder à la contraception.

Partie II. Le rôle de l'infirmier

a. Informer (plannings familiaux, établissements scolaires, dispensaires, etc.).

b. Expliquer (crédibilité du professionnel de santé).

c. Renouveler l'ordonnance de la pilule (mesure de juin 2010) = éviter la rupture de pilule avant la consultation et donc éviter toute interruption volontaire de grossesse (IVG).

d. Écouter = aller au devant des usagers, les rassurer.

Zoom sur ...

4 mois, 3 semaines et 2 jours, film de Cristian Mungiu, avec Anamaria Marinca et Laura Vasiliu, 2007.
Année 1987, Roumanie, quelques années avant la chute du communisme. Ottila et Gabita partagent une chambre dans la cité universitaire d'une petite ville. Gabita est enceinte et l'avortement est un crime. Les deux jeunes femmes font donc appel à un certain M. Bébé pour résoudre le problème. Mais elles n'étaient pas préparées à une telle épreuve…

Sujets inédits

corrigés

Sujet n° 4

Difficulté ✗✗✗	Durée 20 min

« […] Contre les drogues, chacun peut agir. »
(Campagne de sensibilisation réalisée par la Mission interministérielle de lutte contre la drogue et la toxicomanie et par l'Institut national de prévention et d'éducation pour la santé. Extrait de L'Aide-Soignante, n° 124, février 2011.)

Question

Quelles réflexions ce constat vous suggère-t-il ? Argumentez vos réponses.

Comment aborder le sujet ?

Les campagnes de prévention font souvent l'objet de sujets à l'entretien du concours d'infirmier. Ici, il s'agit d'aborder une thématique assez courante mais sous un angle très précis puisque la consigne demande un point de vue sur le slogan lancé par cette campagne. Veillez à bien justifier vos propos par des arguments (idées) et des exemples (empruntés au concret).

■ Élaborer un plan

Au brouillon, le plan est un élément important. Il permet de structurer sa pensée (élément d'évaluation), d'aller à l'essentiel, de donner des points de repères pendant l'entretien. Évitez de rédiger car cela conduit souvent à lire et ce n'est pas ce qu'attend le jury.

Corrigé

■ Plan possible

Prise de position

La lutte contre les drogues est de la responsabilité tant de la santé publique que de l'individu.

Partie I : Le gouvernement, la santé publique peuvent agir

a. Lois, réglementations (sanctions pénales pour usage ou commerce de certaines drogues).

b. Informer la population (campagnes, articles, témoignages, etc.).

c. Prévention (en milieu scolaire, photos chocs sur les paquets de cigarettes, etc.).

d. Prendre des mesures (distribution de seringues stériles, méthadone, prise en charge médicale, etc.).

Partie II : Contre les drogues, chacun peut agir

a. L'école (collèges et lycées) comme lieu d'information et d'échanges (rôle de l'infirmière scolaire, etc.).

b. Les médias, la culture (films, livres, musique peuvent sensibiliser et prévenir).

c. La famille (exemple, échanges, etc.).

d. L'individu (liens sociaux et amicaux, soutien, etc.).

e. Les soignants (prévention, information, proximité avec individu et connaissance de la problématique).

Zoom sur …

« Créée en 1982, la Mission interministérielle de lutte contre la drogue et la toxicomanie (MILDT), placée sous l'autorité du Premier ministre, anime et coordonne les actions de l'État en matière de lutte contre les drogues et les toxicomanies, en particulier dans les domaines de l'observation et de la prévention de la toxicomanie, de l'accueil, des soins et de la réinsertion des toxicomanes, de la formation des personnes intervenant dans la lutte contre la drogue et la toxicomanie, de la recherche et de l'information. La mission prépare les délibérations du comité interministériel et veille à leur exécution. Pour ce faire, la MILDT prépare les plans gouvernementaux de lutte contre les drogues et les toxicomanies et veille à leur application. »

Source : http://www.drogues.gouv.fr

Annexe 1

Les dix compétences du référentiel en détail

Les cinq compétences « cœur de métier »

1. Évaluer une situation clinique et établir un diagnostic dans le domaine infirmier

Évaluer les besoins de santé et les attentes d'une personne ou d'un groupe de personnes en utilisant un raisonnement clinique.

Rechercher et sélectionner les informations utiles à la prise en charge de la personne dans le respect des droits du patient (dossier, outils de soins...).

Identifier les signes et symptômes liés à la pathologie, à l'état de santé de la personne et à leur évolution.

Conduire un entretien de recueil de données.

Repérer les ressources et les potentialités d'une personne ou d'un groupe, notamment dans la prise en charge de sa santé.

Analyser une situation de santé et de soins et poser des hypothèses interprétatives.

Élaborer un diagnostic de situation clinique et/ou un diagnostic infirmier à partir des réactions aux problèmes de santé d'une personne, d'un groupe ou d'une collectivité et identifier les interventions infirmières nécessaires.

Évaluer les risques dans une situation d'urgence, de violence, de maltraitance ou d'aggravation et déterminer les mesures prioritaires.

2. Concevoir et conduire un projet de soins infirmiers

Élaborer un projet de soins dans un contexte de pluriprofessionnalité.

Hiérarchiser et planifier les objectifs et les activités de soins en fonction des paramètres du contexte et de l'urgence des situations.

Mettre en œuvre des soins en appliquant les règles, les procédures et les outils de la qualité de la sécurité (hygiène, asepsie, vigilances...) et de la traçabilité.

Adapter les soins et les protocoles de soins infirmiers aux personnes, aux situations et aux contextes, anticiper les modifications dans l'organisation des soins et réagir avec efficacité en prenant des mesures adaptées.

Organiser et répartir les activités avec et dans l'équipe de soins en fonction des compétences des collaborateurs et du contexte quotidien.

Accompagner et guider la personne dans son parcours de soins.

Identifier les risques liés aux situations de soins et déterminer les mesures préventives et/ou correctives adaptées.

Prévoir et mettre en œuvre les mesures appropriées en situation d'urgence ou de crise en référence aux protocoles existants.

Argumenter le projet de soins et la démarche clinique lors de réunions professionnelles et interprofessionnelles (transmission, staff professionnel...).

Évaluer la mise en œuvre du projet de soins avec la personne et son entourage et identifier les réajustements nécessaires.

3. Accompagner une personne dans la réalisation de ses soins quotidiens

Apprécier la capacité de la personne à réaliser les activités de la vie quotidienne et l'accompagner dans les soins en favorisant sa participation et celle de son entourage.

Adapter les soins quotidiens aux besoins de la personne, en tenant compte de ses ressources, ses déficiences ou ses handicaps.

Évaluer, anticiper et prévenir les risques liés à la diminution ou la perte de l'autonomie et à l'altération de la mobilité.

Adapter et sécuriser l'environnement de la personne.

Identifier des activités contribuant à mobiliser les ressources de la personne en vue d'améliorer ou de maintenir son état physique et psychique.

Évaluer l'évolution de la personne dans sa capacité à réaliser ses soins.

4. Mettre en œuvre des actions à visée diagnostique et thérapeutique

Analyser les éléments de la prescription médicale en repérant les interactions et toute anomalie manifeste.

Préparer et mettre en œuvre les thérapeutiques médicamenteuses et les examens selon les règles de sécurité, d'hygiène et d'asepsie.

---

1. La notion de soin s'entend ici comme « action ou ensemble d'actions qu'une personne accomplit pour se soigner ». Il s'agit des soins liés aux besoins de la vie quotidienne, en lien avec la notion d'auto-soin : « action ou ensemble d'actions qu'une personne décide et accomplit pour elle-même en vue de maintenir, protéger, restaurer et promouvoir la santé ». (*Dictionnaire des soins infirmiers*, Masson, 2005)

Organiser l'administration des médicaments selon la prescription médicale, en veillant à l'observance et à la continuité des traitements.

Mettre en œuvre les protocoles thérapeutiques adaptés à la situation clinique d'une personne.

Initier et adapter l'administration des antalgiques dans le cadre des protocoles médicaux.

Conduire une relation d'aide thérapeutique.

Utiliser, dans le cadre d'une équipe pluridisciplinaire, des techniques à visée thérapeutique et psychothérapique.

Prévoir, installer et utiliser les appareils et dispositifs médicaux opérationnels nécessaires aux soins et au confort de la personne.

Anticiper et accompagner les gestes médicaux dans les situations d'aide technique.

Prescrire des dispositifs médicaux selon les règles de bonne pratique.

Identifier les risques liés aux thérapeutiques et aux examens et déterminer les mesures préventives et/ou correctives adaptées.

Synthétiser les informations afin d'en assurer la traçabilité sur les différents outils appropriés (dossier de soins, résumé de soins, comptes rendus infirmiers, transmissions...).

5. Initier et mettre en œuvre des soins éducatifs et préventifs

Repérer les besoins et les demandes des personnes et des populations en lien avec les problématiques de santé publique.

Accompagner une personne, ou un groupe de personnes, dans un processus d'apprentissage pour la prise en charge de sa santé et de son traitement.

Accompagner une personne dans un processus décisionnel concernant sa santé : consentement aux soins, comportement vis-à-vis de la santé...

Concevoir et mettre en œuvre des actions de conseil, de promotion de la santé et de prévention répondant aux besoins de populations ciblées.

Conduire une démarche d'éducation pour la santé et de prévention par des actions pédagogiques individuelles et collectives.

Concevoir, formaliser et mettre en œuvre une démarche et un projet d'éducation thérapeutique pour une ou plusieurs personnes.

Choisir et utiliser des techniques et des outils pédagogiques qui facilitent et soutiennent l'acquisition des compétences en éducation et prévention pour les patients.

Les cinq compétences « transverses »

6. Communiquer et conduire une relation dans un contexte de soins

Définir, établir et créer les conditions et les modalités de la communication propices à l'intervention soignante, en tenant compte du niveau de la compréhension de la personne.

Accueillir et écouter une personne en situation de demande de santé ou de soin en prenant en compte son histoire de vie et son contexte.

Instaurer et maintenir une communication verbale et non verbale avec les personnes en tenant compte des altérations de communication.

Rechercher et instaurer un climat de confiance avec la personne soignée et son entourage en vue d'une alliance thérapeutique.

Informer une personne sur les soins en recherchant son consentement.

Identifier les besoins spécifiques de relation et de communication en situation de détresse, de fin de vie, de deuil, de déni, de refus, de conflit et d'agressivité.

Conduire une démarche de communication adaptée aux personnes et à leur entourage en fonction des situations identifiées.

7. Analyser la qualité et améliorer sa pratique professionnelle

Observer, formaliser et expliciter les éléments de sa pratique professionnelle.

Confronter sa pratique à celle de ses pairs ou d'autres professionnels.

Évaluer les soins, les prestations et la mise en œuvre des protocoles de soins infirmiers au regard des valeurs professionnelles, des principes de qualité, de sécurité, d'ergonomie et de satisfaction de la personne soignée.

Analyser et adapter sa pratique professionnelle au regard de la réglementation, de la déontologie, de l'éthique et de l'évolution des sciences et des techniques.

Évaluer l'application des règles de traçabilité et des règles liées aux circuits d'entrée et de sortie des matériels et dispositifs médicaux (stérilisation, gestion des stocks, circuits des déchets, circulation des personnes...) et identifier toute non-conformité.

Apprécier la fonctionnalité des dispositifs médicaux utilisés dans les soins et dans l'urgence.

Identifier les améliorations possibles et les mesures de réajustement de sa pratique.

8. Rechercher et traiter des données professionnelles et scientifiques

Questionner, traiter, analyser des données scientifiques et/ou profession-nelles.

Identifier une problématique professionnelle et formuler un questionnement.

Identifier les ressources documentaires, les travaux de recherche et utiliser des bases de données actualisées.

Utiliser les données contenues dans des publications scientifiques et/ou professionnelles.

Choisir des méthodes et des outils d'investigation adaptés au sujet étudié et les mettre en œuvre.

Rédiger et présenter des documents professionnels en vue de communication orale ou écrite.

9. Organiser et coordonner les interventions soignantes

Identifier les acteurs intervenant auprès des personnes (santé, social, médico-social, associatif...).

Organiser ses interventions en tenant compte des limites de son champ professionnel et de ses responsabilités, veiller à la continuité des soins en faisant appel à d'autres compétences.

Choisir les outils de transmission de l'information adaptés aux partenaires et aux situations et en assurer la mise en place et l'efficacité.

Coordonner les actions et les soins auprès de la personne soignée avec les différents acteurs de la santé, du social et de l'aide à domicile.

Coopérer au sein d'une équipe pluriprofessionnelle dans un souci d'optimisation de la prise en charge sanitaire et médico-sociale.

Coordonner le traitement des informations apportées par les différents acteurs afin d'assurer la continuité et la sécurité des soins.

Instaurer et maintenir des liaisons avec les acteurs, réseaux et structures intervenant auprès des personnes.

Organiser son travail dans les différents modes d'exercice infirmier, notamment dans le secteur libéral.

10. Informer, former des professionnels et des personnes en formation

Organiser l'accueil et l'information d'un stagiaire et d'un nouvel arrivant professionnel dans le service, la structure ou le cabinet de soins.

Organiser et superviser les activités d'apprentissage des étudiants.

Évaluer les connaissances et les savoir-faire mis en œuvre par les stagiaires en lien avec les objectifs de stage.

Superviser et évaluer les actions des aides-soignants, auxiliaires de puériculture et aides médico-pédagogiques en tenant compte de leur niveau de compétence et des contextes d'intervention dans le cadre de la collaboration.

Transférer son savoir-faire et ses connaissances aux stagiaires et autres professionnels de santé par des conseils, des démonstrations, des explications, et de l'analyse commentée de la pratique.

Animer des séances d'information et des réflexions sur la santé, la prise en charge des personnes et l'organisation des soins auprès d'acteurs de la santé.

Annexe 2

Des exemples d'unités d'enseignement

Sciences humaines, sociales et droit

Unité d'enseignement 1.1.S1 : Psychologie, sociologie, anthropologie
Semestre : 1 ; Compétence : 6 ; ECTS : 3
CM : 40 heures ; **TD :** 15 heures ; **TP :** 20 heures
Pré-requis : Aucun

Objectifs

Caractériser les principaux concepts en psychologie, psychologie sociale, identifier les étapes du développement psychologique, cognitif, psychomoteur de l'homme, expliciter le caractère unique de l'expérience de santé vécue par une personne, identifier les caractéristiques psychologiques pouvant influencer la représentation de la santé et de la maladie chez une personne ou un groupe de personnes, et la participation aux soins.

Éléments de contenu

Les grands domaines de la psychologie : psychologie cognitive, psychopathologie, psychologie sociale, psychologie de l'enfant et du développement, psychophysiologie…

Les concepts de base en psychologie cognitive : traitement de l'information, mémoire, attention, représentation mentale, raisonnement, émotions, théories et principes de la communication (modes, circuits, canaux, réseaux...).

Les concepts de base en psychologie analytique : conscient, pré-conscient et inconscient, moi, ça, surmoi, pulsion, mécanismes de défense, types de relation d'objet, intuition, affects et sentiments, types d'angoisse, attachement, désir, parole, besoin, motivation…

Le développement de la personne et de la personnalité : psychologique, affectif, psychomoteur, cognitif, langagier, psychosocial, l'inné et l'acquis, le normal et le pathologique…

Les concepts en psychologie sociale : l'homme social, le lien social, l'affiliation, l'attachement, la parentalité, la socialisation, l'identité sociale…

Psychologie et santé : approche psychosomatique, schéma et image corporels, qualité de vie, souffrance psychique, mécanismes d'adaptation et de défense, résilience, vulnérabilité…

Recommandations pédagogiques

L'enseignement de cette UE donne à l'étudiant des cadres théoriques et des points de repères qui lui permettent de relier ses propres observations et interrogations à des savoirs organisés. La formation peut prendre appui sur des études de situations, des travaux sur les représentations, les concepts et leurs attributs, des récits de vie, des analyses d'articles, de livres... Les concepts et connaissances seront repris et utilisés dans les unités d'intégration et dans l'ensemble des travaux postérieurs à cet enseignement.

Modalités d'évaluation

Travail écrit à partir d'un texte avec repérage des concepts utilisés par l'auteur.

Critères d'évaluation

Justesse dans le repérage des concepts.

Sciences biologiques, et médicales

Unité d'enseignement 2.7.S4 : Défaillances organiques et processus dégénératifs
Semestre : 4 ; Compétence : 4 ; ECTS : 2
CM : 30 heures ; **TD :** 10 heures ; **TP :** 10 heures
Pré-requis : UE 2.1.S1 Biologie fondamentale ; UE 2.2.S1 Cycles de la vie et grandes fonctions.

Objectifs

Expliquer le mécanisme physio-pathologique de la dégénérescence d'un organe ou de la défaillance d'un appareil.

Décrire les signes, les risques, les complications et les thérapeutiques des pathologies étudiées.

Développer une vision intégrée des soins à donner aux personnes âgées.

Éléments de contenu

Les déséquilibres hydroélectriques ou acido-basiques, altération des structures et fonctions : les mécanismes d'apparition, étude des signes et des paramètres cliniques, impacts, complications des processus pathologiques liés à la dégénérescence ou à la défaillance, les liens entre les processus pathologiques, les problèmes de santé ou les pathologies, et leurs traitements. Les pathologies ou problèmes de santé étudiés au cours de la formation sont listés ci-dessous, d'autres peuvent être ajoutés.

Déficiences des sens : surdité, vue (cataracte, glaucome)…, principales causes et conséquences des déficits auditifs, principales causes et conséquences des déficits visuels, rhumatisme et dégénérescence des articulations, insuffisance rénale, insuffisances cardiaque, artérielle, veineuse, insuffisance pulmonaire, diabète, Alzheimer, principales pathologies neurologiques déficitaires : sclérose en plaques, sclérose latérale amyotrophique, principales atteintes cutanées : escarres, ulcères variqueux, brûlures.

Recommandations pédagogiques

L'anatomie et la physiologie sont mises en lien avec les défaillances organiques et dégénératives qui concernent les appareils étudiés.

Les processus sont expliqués dans leurs mécanismes, leurs impacts, leurs complications, leurs interférences. Les pathologies sont travaillées dans leur ensemble : épidémiologie, physiopathologie, symptomatologie, étiologie, thérapeutiques, complications, évolution, et toujours en lien avec les personnes et populations atteintes. L'enseignement s'appuie sur des exemples et des situations concrètes et les étudiants sont incités à faire des recherches sur les sujets évoqués.

La liste des pathologies obligatoirement étudiées vaut pour la totalité de la formation, certaines pathologies pouvant être abordées dans le cadre d'autres UE.

Les liens avec les règles en matière de prescription sont faits et approfondis dans les UE 2.11. S1, UE 2.11.S.3 et UE 2.11.S5 Pharmacologie et thérapeutiques.

Modalités d'évaluation

Évaluation écrite des connaissances.

Critères d'évaluation

Exactitude des connaissances.

Sciences et techniques, infirmières : fondements et métodes

Unité d'enseignement 3.1.S1 : Raisonnement et démarche clinique infirmière
Semestre : 1 ; Compétence : 1 ;
ECTS : 2
CM : 15 heures ; **TD :** 25 heures ;
TP : 10 heures
Pré-requis : Aucun

Objectifs

Identifier les problèmes réels et potentiels d'une personne ou d'un groupe de personnes dans une situation de santé ou de soins.

Repérer les modèles d'intervention en soins infirmiers.

S'approprier des modes de raisonnement adaptés à l'évaluation des situations de soins.

Éléments de contenu

Exploration des notions de : concept, paradigme, théorie, modèle, courant de pensée…

Les concepts fondateurs de la démarche soignante : homme, santé, maladie, soin, dépendance, autonomie, humanisme…

L'histoire et l'anthropologie des pratiques soignantes et de la médecine (temps, lieux, culture et soins), les théories de soins…

Les modèles cliniques.

Les méthodes de raisonnement cliniques et diagnostiques : le modèle hypothético-déductif, l'hypothèse, l'anticipation…

Les opérations mentales du raisonnement clinique : questionnement, observation, intuition perceptive, induction, déduction, créativité, pensée critique…

Le jugement clinique.

La démarche clinique infirmière : signes et symptômes, risques, réactions humaines physiques et psychologiques, problèmes traités en collaboration, diagnostics infirmiers, suivi et évaluation…

Recommandations pédagogiques

Les connaissances abordées permettent de situer la pratique soignante dans son contexte historique et culturel et de comprendre la démarche intellectuelle de l'étude des situations de santé et de soins vécues par les personnes.

Les formateurs développent des méthodes pédagogiques qui mobilisent les opérations mentales du raisonnement clinique : le questionnement, l'observation, l'induction, la déduction, la pensée critique.

Les hypothèses et le jugement clinique sont travaillés avec les étudiants en les adaptant à différents types de situations cliniques.

Modalités d'évaluation

Travail écrit d'analyse d'une situation clinique réalisé en groupe restreint.

Critères d'évaluation

Pertinence de l'analyse.
Clarté de la présentation.

Sciences et techniques, infirmières : interventions

Unité d'enseignement 4.1.S1 : Soins de confort et de bien-être
Semestre : 1 ; Compétence : 3 ;
ECTS : 2
CM : 6 heures ; **TD :** 34 heures ;
TP : 10 heures
Pré-requis : Aucun

Objectifs

Appréhender les concepts fondamentaux permettant une vision intégrée de la personne lors de la réalisation des soins de proximité.

Identifier le caractère singulier de l'expérience vécue par la personne en situation de dépendance lors de la réalisation de ses soins quotidiens.

Développer une attention au confort et au bien-être de chaque personne.

Réaliser des activités et des soins d'hygiène et de confort adaptés aux besoins et aux souhaits de la (ou des) personne(s) et conformes aux bonnes pratiques.

Éléments de contenu

Concepts de bien-être selon les contextes et les cultures : dignité, pudeur, intimité.
Principes de base et valeurs des soins infirmiers : autonomie, dépendance, secret professionnel…
Besoins fondamentaux et attentes de la personne.
Soins quotidiens de confort et de bien-être.
Hygiène générale.
Équilibre alimentaire.
Prévention des escarres.
Lever et aide à la mobilisation.
Ergonomie dans les soins.
Bonnes pratiques et sécurité dans les soins.

Recommandations pédagogiques

Cette UE correspond aux savoirs enseignés lors de la formation menant au diplôme d'aide-soignant.

Les méthodes pédagogiques sont actives, la liste des soins enseignés de manière obligatoire correspond au rôle défini par l'article du Code de la santé publique : R 4311-5.

Le contenu de cet enseignement correspond à un niveau enseigné lors du premier semestre de formation. Ce contenu sera réactivé durant toute la formation à partir des savoirs enseignés ultérieurement.

Les soins de confort et de bien-être sont réalisés en stage et validés sur le portfolio.

Modalités d'évaluation

Travail écrit ou oral de réflexion à partir d'un témoignage autour des notions de dépendance, intimité, pudeur…

Critères d'évaluation

Compréhension des éléments clés de la situation.
Mobilisation des valeurs et des concepts dans la réflexion.

Intégration des savoirs et posture professionnelle infirmière

Unité d'enseignement 5.1.S1 : Accompagnement de la personne dans la réalisation de ses soins quotidiens
Semestre : 1 ; Compétence : 3 ;
ECTS : 2
CM : 0 heure ; **TD :** 35 heures ;
TP : 15 heures
Pré-requis : UE 2.10.S1 Infectiologie, hygiène ; UE 4.1.S1 Soins de confort et de bien-être.

Objectifs

Apprécier la capacité de la personne à réaliser les activités de la vie quotidienne et l'accompagner dans les soins en favorisant sa participation et celle de son entourage.

Adapter les soins quotidiens aux besoins de la personne, en tenant compte de ses ressources, ses déficiences ou ses handicaps.

Évaluer, anticiper et prévenir les risques liés à la diminution ou la perte de l'autonomie et à l'altération de la mobilité.

Adapter et sécuriser l'environnement de la personne.

Identifier des activités contribuant à mobiliser les ressources de la personne en vue d'améliorer ou de maintenir son état physique et psychique.

Évaluer l'évolution de la personne dans sa capacité à réaliser ses soins.

Éléments de contenu

Étude de situations professionnelles en lien avec les éléments de la compétence et les savoirs développés dans les unités d'enseignement du semestre S1.

Recommandations pédagogiques

Les situations étudiées sont choisies dans le contexte de la pratique professionnelle. Elles sont en lien avec les objectifs attendus de l'UE et correspondent aux savoirs acquis ou susceptibles d'être acquis à ce moment de la formation par l'étudiant.

Le formateur propose des études de situation en présentant les éléments de la situation et son contexte. Il suscite le questionnement chez l'étudiant et guide celui-ci dans la recherche des informations qui lui permettront d'agir dans la situation. Enfin il travaille sur les éléments qui seront transférables dans d'autres situations.

L'étudiant présente également des situations qui mobilisent ses savoirs et lui permettent d'en acquérir de nouveaux. Il propose de mettre en place des actions ou des soins et transpose les éléments de son apprentissage dans d'autres situations évoquées par le formateur.

Lors de cette UE, l'étudiant mesure ce qui lui manque pour acquérir l'ensemble des savoirs et savoir-faire qu'il peut acquérir lors du stage. Le formateur aide à faire des liens dans cette démarche d'analyse.

Modalités d'évaluation

Travail écrit d'analyse d'une situation clinique réalisée en groupe restreint.

Critères d'évaluation

Pertinence dans l'utilisation des connaissances et des concepts.

Adéquation des activités proposées avec les besoins et les souhaits de la personne.

Pertinence dans l'identification des risques et adéquation des mesures de prévention proposées.

Pertinence dans l'argumentation.

Méthodes de travail

Unité d'enseignement 6.1 : Méthodes de travail
Semestre : 1 ; ECTS : 2
CM : 0 heure ; **TD :** 25 heures ;
TP : 25 heures
Pré-requis : Prise de notes ; méthodes de travail apprises jusqu'au baccalauréat dont analyse, synthèse, argumentation.

Objectifs

Utiliser les technologies d'information et de communication.

Utiliser des méthodes pour organiser son travail.

Éléments de contenu

Les méthodes de travail personnel et en groupe.

L'initiation à l'informatique et aux logiciels de base (Word, Excel).

La recherche documentaire : recueil et organisation de l'information, fiche de lecture, recherche sur Internet.

Les documents écrits : compte-rendu, rapport, mémoire, rédaction d'un article professionnel…

Les outils et moyens de communication et de créativité.

Recommandations pédagogiques

Cette UE de méthode permet à l'étudiant de se doter de méthodes personnelles pour organiser son travail au long de sa formation.

Les formateurs partiront des besoins des étudiants. Ceux-ci doivent acquérir les moyens de rechercher ensuite les informations ou les ressources dont ils ont besoin.

Selon les niveaux, des travaux pratiques en bureautique, en expression écrite... seront proposés.

Modalités d'évaluation

Réalisation d'une fiche de lecture en traitement de texte.

Critères d'évaluation

Efficacité du résultat.
Respect de la méthode de fiche de lecture.
Présentation correcte.

Annexe 3

Extrait de l'arrêté

du 31 juillet 2009 relatif au diplôme d'État d'infirmier[1]

Art. 1er

– Le diplôme d'État d'infirmier atteste des compétences professionnelles pour exercer les activités du métier d'infirmier selon :

– les référentiels d'activités et de compétences définis en annexes I et II ;

– les articles R. 4311-1 à R. 4311-15 du Code de la santé publique.

Titre Ier
Accès à la formation

Art. 2. Pour être admis à effectuer les études conduisant au diplôme d'État d'infirmier, les candidats doivent être âgés de dix-sept ans au moins au 31 décembre de l'année des épreuves de sélection.

Art. 3. Des épreuves de sélection sont organisées par chaque institut de formation en soins infirmiers autorisé pour la préparation du diplôme d'État d'infirmier.

Les instituts de formation qui le souhaitent ont la faculté de se regrouper en vue d'organiser en commun les épreuves. Ils doivent, après accord du directeur régional des affaires sanitaires et sociales, informer les candidats au moment de leur inscription du nombre de places offertes par institut. Ce nombre est déterminé selon les conditions prévues par l'article L. 4383-2 du Code de la santé publique.

Art. 4. Peuvent se présenter aux épreuves de sélection :

1° Les titulaires du baccalauréat français ;

2° Les titulaires de l'un des titres énoncés par l'arrêté du 25 août 1969 modifié susvisé, ou d'un titre admis en dispense du baccalauréat français en application du décret n° 81-1221 du 31 décembre 1981 susvisé ;

3° Les titulaires d'un titre homologué au minimum au niveau IV ;

4° Les titulaires du diplôme d'accès aux études universitaires ou les personnes ayant satisfait à un examen spécial d'entrée à l'université ;

5° Les candidats de classe terminale ; leur admission est alors subordonnée à l'obtention du baccalauréat français. Ils doivent adresser une attestation de succès au baccalauréat à la direction de l'institut de formation en soins infirmiers où ils se présentent dans les délais requis par l'institut ;

6° Les titulaires du diplôme d'État d'aide médico-psychologique qui justifient, à la date du début des épreuves, de trois ans d'exercice professionnel ;

7° Les candidats justifiant, à la date du début des épreuves, d'une activité professionnelle ayant donné lieu à cotisation à un régime de protection sociale :

– d'une durée de trois ans pour les personnes issues du secteur sanitaire et médico-social, autres que les titulaires du diplôme d'État d'aide-soignant, d'auxiliaire de puériculture et d'aide médico-psychologique ;

– d'une durée de cinq ans pour les autres candidats.

Ces candidats doivent au préalable avoir été retenus par un jury régional de présélection dans les conditions définies aux articles 5 à 10.

Art. 5. Pour les candidats visés au 7o de l'article 4, le préfet de région réunit annuellement un jury de présélection chargé d'établir la liste des candidats autorisés à se présenter aux épreuves de sélection dans les instituts de formation en soins infirmiers. Il arrête, sur proposition du directeur régional des affaires sanitaires et sociales, la composition du jury de présélection, qui comprend :

1° Le directeur régional des affaires sanitaires et sociales ou son représentant, président ;

2° Le directeur des soins exerçant la fonction de conseiller pédagogique régional ou de conseiller technique régional ;

3° Un directeur d'institut de formation en soins infirmiers ;

4° Un directeur de soins titulaire du diplôme d'État d'infirmier ;

5° Deux infirmiers exerçant des fonctions d'encadrement dans les instituts de formation en soins infirmiers ;

6° Deux infirmiers exerçant des fonctions d'encadrement dans un établissement de santé ou exerçant dans le secteur extrahospitalier.

1. Arrêté du 31 juillet 2009 paru au *Journal officiel* du 7 août 2009.

Art. 6. Les candidats visés au 7° de l'article 4 déposent auprès du directeur régional des affaires sanitaires et sociales de leur lieu de résidence, en vue de l'examen de leur candidature par le jury précité, une demande d'autorisation à se présenter aux épreuves de sélection. Le préfet de région fixe la date limite de dépôt des dossiers de candidature.

Art. 7. La procédure de présélection comprend :

1° Une épreuve sur dossier ;

2° Une épreuve écrite de français.

Art. 8. Le dossier de présélection comprend :

1° Une lettre de candidature exposant les motivations du candidat ;

2° Un document attestant du niveau d'enseignement général atteint ;

3° Les copies des titres et diplômes obtenus ;

4° La liste des emplois successifs exercés avec indication de l'adresse de l'employeur ou des employeurs, la durée pendant laquelle ces emplois ont été occupés, l'appréciation, la notation ou un certificat de travail de l'employeur ou des employeurs ;

5° Les attestations relatives aux cycles de formation professionnelle continue suivis.

Le jury attribue à ce dossier une note sur 20 points.

Art. 9. L'épreuve de français, anonyme, d'une durée de deux heures, consiste en un résumé d'un texte portant sur un sujet d'ordre général ; elle a pour objet d'évaluer les capacités de compréhension et d'expression écrite du candidat. La correction est assurée par des membres du jury de présélection selon une grille établie avant l'épreuve. Le jury attribue à cette épreuve une note sur 20 points.

Art. 10. Les candidats ayant obtenu un nombre de points supérieur ou égal à 20 sur 40 sont inscrits par le jury de présélection sur un procès-verbal. Une note inférieure à 7 sur 20 à l'une des épreuves visées à l'article 7 est éliminatoire. Au vu du procès-verbal, le préfet de région arrête la liste des candidats autorisés par le jury à se présenter aux épreuves de sélection et leur notifie cette autorisation, valable deux ans à compter de sa notification.

Art. 11. Les candidats aux épreuves de sélection déposent dans chacun des instituts de formation en soins infirmiers où ils se présentent :

1° Un dossier d'inscription ;

2° Une copie d'une pièce d'identité ;

3° Une copie de l'attestation de succès au baccalauréat français, ou du titre admis en dispense en application des 2°, 3°, 5° et 6° de l'article 4 ;

4° Pour les candidats visés au 4° de l'article 4, un certificat de scolarité ;

5° Pour les candidats visés au 7° de l'article 4, une copie de l'autorisation prévue à l'article 10 à se présenter à l'épreuve de sélection prévue à l'article 3.

Les candidats titulaires du diplôme d'État d'aide médico-psychologique justifiant de trois ans d'exercice de cette profession déposent, en outre, une copie du diplôme détenu ainsi que les certificats des employeurs attestant de l'exercice professionnel de l'intéressé.

Art. 12. En cas de regroupement des instituts de formation en vue de l'organisation de la sélection, les candidats déposent un seul dossier d'inscription précisant leurs choix par ordre de préférence. Les candidats acquittent le montant des droits d'inscription aux épreuves de sélection, tels que déterminés par l'organisme gestionnaire de l'institut de formation en soins infirmiers.

Art. 13. Les épreuves de sélection sont organisées par l'institut de formation ou le regroupement des instituts dans les conditions définies à l'article 3. Le jury est composé du directeur de l'institut de formation en soins infirmiers, ou des directeurs en cas de regroupement, d'infirmiers cadres de santé formateurs, d'infirmiers cadres de santé exerçant en secteur de soins et de personnes qualifiées. La présidence du jury est assurée par un directeur d'institut. Le président du jury choisit les sujets parmi les questions proposées par les équipes enseignantes de chaque institut de formation en soins infirmiers. Les modalités des épreuves de sélection ainsi que les sujets sont soumis à l'approbation du préfet de région.

Art. 14. Les épreuves de sélection sont au nombre de trois :

1° Deux épreuves d'admissibilité ;

2° Une épreuve d'admission.

Art. 15. Les épreuves d'admissibilité comprennent :

1° Une épreuve écrite, qui consiste en un travail écrit anonyme d'une durée de deux heures, notée sur 20 points. Elle comporte l'étude d'un texte comprenant 3 000 à 6 000 signes, relatif à l'actualité dans le domaine sanitaire et social. Le texte est suivi de trois questions permettant au candidat de présenter le sujet et les principaux éléments du contenu, de situer la problématique dans le contexte, d'en commenter les éléments, notamment chiffrés, et de donner un avis argumenté sur le sujet. Cette épreuve permet d'évaluer les capacités de compréhension, d'analyse, de synthèse, d'argumentation et d'écriture des candidats ;

2° Une épreuve de tests d'aptitude de deux heures notée sur 20 points.

Cette épreuve a pour objet d'évaluer les capacités de raisonnement logique et analogique, d'abstraction, de concentration, de résolution de problème et les aptitudes numériques.

Les deux épreuves d'admissibilité sont écrites et anonymes. Pour être admissible, le candidat doit obtenir un total de points au moins égal à 20 sur 40 aux deux épreuves. Une note inférieure à 8 sur 20 à l'une de ces épreuves est éliminatoire. La correction est organisée par le directeur de l'institut de formation. Il peut faire appel à des personnes qualifiées sur la base d'un cahier des charges, qui comprend notamment des grilles de correction.

Art. 16. Les candidats déclarés admissibles par le jury sont autorisés à se présenter à une épreuve d'admission, qui consiste en un entretien avec trois personnes, membres du jury :

1° Un infirmier cadre de santé exerçant dans un institut de formation en soins infirmiers ;

2° Un infirmier cadre de santé exerçant en secteur de soins ;

3° Une personne extérieure à l'établissement formateur, qualifiée en pédagogie et/ou en psychologie.

Cet entretien, relatif à un thème sanitaire et social, est destiné à apprécier l'aptitude du candidat à suivre la formation, ses motivations et son projet professionnel. L'épreuve, d'une durée de trente minutes au maximum et notée sur 20 points, consiste en un exposé suivi d'une discussion. Pour pouvoir être admis dans un institut de formation en soins infirmiers, les candidats doivent obtenir une note au moins égale à 10 sur 20 à l'entretien.

Art. 17. Les candidats domiciliés dans les départements ou territoires d'outre-mer ou à l'étranger ont la possibilité de subir sur place les épreuves de sélection pour l'institut de formation en soins infirmiers de leur choix. Ils doivent en faire la demande au directeur de l'institut de formation choisi, qui apprécie l'opportunité d'organiser sur place les épreuves :

1° En liaison avec l'autorité territoriale concernée pour les départements ou territoires d'outremer ;

2° Avec l'accord des représentants français dans le pays considéré.

Art. 18. Pour les candidats visés à l'article 17, le sujet de l'épreuve d'admissibilité est identique à celui proposé sur le territoire métropolitain aux candidats de l'institut de formation choisi. L'épreuve d'admissibilité se déroule au même moment que sur le territoire métropolitain.

Art. 19. À l'issue de l'épreuve orale d'admission et au vu des notes obtenues aux trois épreuves de sélection, le président du jury établit une liste de classement. La liste de classement comprend une liste principale et une liste complémentaire. Cette dernière doit permettre de combler les vacances résultant de désistements éventuels. En cas d'égalité de points entre deux ou plusieurs candidats, le rang de classement est déterminé par la note obtenue à l'épreuve écrite puis par celle obtenue à l'entretien. Lorsque cette procédure n'a pas permis de départager les candidats, le candidat le plus âgé sera classé avant les autres.

Art. 20. Lorsque, dans un institut de formation ou un groupe d'instituts de formation en soins infirmiers, la liste complémentaire établie à l'issue des épreuves de sélection n'a pas permis de pourvoir l'ensemble des places offertes, le directeur ou les directeurs des instituts de formation concernés peuvent faire appel à des candidats inscrits sur la liste complémentaire d'autres instituts de formation, restés sans affectation à l'issue de la procédure d'admission dans ceux-ci.

Ces candidats sont admis dans les instituts de formation dans l'ordre d'arrivée de leur demande d'inscription et dans la limite des places disponibles. Parmi les candidatures reçues par un institut, la priorité est accordée à celles émanant de candidats ayant satisfait aux épreuves de sélection dans la région où est situé cet institut.

Art. 21. Les résultats sont affichés au siège de l'institut de formation ou des instituts de formation concernés. Tous les candidats sont personnellement informés de leurs résultats. Si dans les dix jours suivant l'affichage le candidat n'a pas donné son accord écrit, il est présumé avoir renoncé à son admission et sa place est proposée au candidat inscrit en rang utile sur la liste complémentaire. En cas de regroupement d'instituts de formation, les candidats figurant sur la liste principale de leur premier choix sont affectés sur ce choix. Ces candidats ont dix jours pour donner leur accord écrit. Les candidats classés sur la liste complémentaire de leur premier choix et figurant sur la liste principale d'un de leurs autres choix doivent dans un délai de dix jours faire connaître s'ils acceptent leur affectation dans l'institut pour lequel ils sont classés sur la liste principale, ou s'ils souhaitent demeurer, au risque de perdre le bénéfice de toute affectation, sur la liste complémentaire de leur premier choix. Les candidats qui ont accepté leur affectation dans un institut de formation ont un délai de quatre jours ouvrés à compter de leur acceptation pour s'inscrire dans l'institut concerné et acquitter les droits d'inscription. Passé ce délai, les candidats sont réputés avoir renoncé au bénéfice des épreuves de sélection. La liste des candidats affectés dans les instituts de formation en soins infirmiers est transmise aux directeurs régionaux et départementaux des affaires sanitaires et sociales concernés.

Art. 22. Les résultats des épreuves de sélection ne sont valables que pour la rentrée au titre de laquelle elles sont organisées. Une dérogation est accordée de droit en cas de congé de maternité, de rejet du bénéfice de la promotion professionnelle ou sociale, de rejet d'une demande de congé formation, de rejet d'une demande de mise en disponibilité ou pour la garde d'un enfant de moins de quatre ans. En outre, en cas de maladie, d'accident ou, si l'étudiant apporte la preuve de tout autre événement grave lui interdisant d'entreprendre ses études au titre de l'année en cours, un report exceptionnel peut être accordé par le directeur de l'institut de formation. Le directeur d'institut de formation fixe la durée des dérogations lorsqu'elles sont supérieures à un an ou en cas de demande de renouvellement, dans la limite de trois ans. À titre transitoire, les personnes ayant bénéficié d'un report antérieurement à la publication du présent arrêté en conservent le bénéfice pendant la durée pour laquelle ce report avait été octroyé. Toute personne ayant bénéficié d'un report d'admission doit, six mois avant la date de rentrée, confirmer son intention de reprendre sa scolarité à la rentrée suivante. Le report est valable pour l'institut de formation en soins infirmiers dans lequel le candidat avait été précédemment admis.

Art. 23. Les candidats aux épreuves de présélection ou de sélection ou à un examen d'admission présentant un handicap peuvent déposer une demande d'aménagement des épreuves. Ils adressent leur demande à l'un des médecins désignés par la commission des droits et de l'autonomie des personnes handicapées et en informent les instituts de formation. Le directeur de l'institut met en œuvre les mesures d'aménagement préconisées.

Titre II
Dispenses de scolarité

Art. 24. Les titulaires du diplôme d'État d'aide-soignant et du diplôme d'État d'auxiliaire de puériculture justifiant de trois ans d'exercice en équivalent temps plein bénéficient d'une dispense de scolarité, sous réserve d'avoir réussi un examen d'admission, dans les conditions prévues à l'article 25. Ils déposent dans chacun des instituts de formation où ils se présentent un dossier d'inscription comportant :

1° Une copie d'une pièce d'identité ;

2° Une copie de diplôme ;

3° Un ou plusieurs certificats de l'employeur ou des employeurs attestant de l'exercice professionnel de l'intéressé en qualité d'aide-soignant ou d'auxiliaire de puériculture.

Art. 25. L'examen d'admission, d'une durée de deux heures, est organisé par le directeur de l'institut et soumis au même jury de sélection que celui visé à l'article 13.

Il consiste en une analyse écrite de trois situations professionnelles. Chaque situation fait l'objet d'une question. Cet examen permet d'évaluer l'aptitude à poursuivre la formation, notamment les capacités d'écriture, d'analyse, de synthèse et les connaissances numériques. Les candidats doivent obtenir une note au moins égale à 15 sur 30 à cette épreuve. Le nombre total d'aides-soignants ou d'auxiliaires de puériculture admis par cette voie est inclus dans le quota de l'institut de formation et ne peut excéder 20 % de celui-ci.

Art. 26. Les aides-soignants et les auxiliaires de puériculture ayant réussi l'examen d'admission prévu à l'article 24 sont dispensés des unités d'enseignement correspondant à la compétence 3 du référentiel infirmier défini à l'annexe II « Accompagner une personne dans la réalisation de ses soins quotidiens », soit :

UE 2.10.S1 « Infectiologie hygiène » ;

UE 4.1.S1 « Soins de confort et de bien-être » ;

UE 5.1.S1 « Accompagnement dans la réalisation des soins quotidiens ».

Ils sont également dispensés du stage de cinq semaines prévu au premier semestre.

Le temps dégagé par cette dispense de scolarité peut être consacré, après avis du conseil pédagogique, à favoriser l'adaptation de ces étudiants à la poursuite de leurs parcours.

Art. 27. Les titulaires d'un diplôme d'infirmier ou autre titre ou certificat permettant l'exercice de la profession d'infirmier obtenu en dehors d'un État membre de l'Union européenne ou d'un autre État partie à l'accord sur l'Espace économique européen ou de la Principauté d'Andorre ou de la Confédération suisse peuvent bénéficier, sous réserve de réussite à des épreuves de sélection, d'une dispense de scolarité pour l'obtention du diplôme d'État d'infirmier. Ces épreuves sont organisées simultanément à celles des candidats visés à l'article 4 et sont évaluées par le même jury.

Art. 28. Le nombre total de candidats admis dans un institut de formation en soins infirmiers au titre de l'article 27 au cours d'une année donnée s'ajoute au quota d'étudiants de première année attribué à cet institut pour l'année considérée, sans pouvoir excéder 2 % de ce quota. Lorsque l'application de ce pourcentage conduit à un nombre décimal, ce nombre est arrondi au nombre entier supérieur.

Art. 29. Pour se présenter aux épreuves de sélection prévues à l'article 27, les candidats adressent à l'institut de formation en soins infirmiers de leur choix un dossier d'inscription comportant :

1° La photocopie de leur diplôme d'infirmier (l'original sera fourni lors de l'admission en formation) ;

2° Un relevé du programme des études suivies, précisant le nombre d'heures de cours par matière et par année de formation, la durée et le contenu des stages cliniques effectués au cours de la formation ainsi que le dossier d'évaluation continue, le tout délivré et attesté par une autorité compétente du pays qui a délivré le diplôme ;

3° La traduction en français par un traducteur agréé auprès des tribunaux français de l'ensemble des documents prévus aux 1° et 2° ;

4° Un *curriculum vitae* ;

5° Une lettre de motivation.

Les dispositions du 2° ne s'appliquent pas aux candidats bénéficiant de la qualité de réfugié politique.

Art. 30. Les épreuves de sélection sont au nombre de trois :

– une épreuve d'admissibilité ;

– deux épreuves d'admission.

L'épreuve d'admissibilité consiste en une épreuve écrite et anonyme comportant l'étude d'un cas clinique en rapport avec l'exercice professionnel infirmier suivi de cinq questions permettant, en particulier, d'apprécier la maîtrise de la langue française, les connaissances dans le domaine sanitaire et social, les capacités d'analyse et de synthèse et les connaissances numériques. Cette épreuve, d'une durée de deux heures, est notée sur 20 points. Pour être admissible, le candidat doit obtenir à cette épreuve une note au moins égale à 10 sur 20. Les candidats déclarés admissibles par le jury sont autorisés à se présenter aux épreuves d'admission consistant en une épreuve orale et une mise en situation pratique, organisées au cours d'une même séance. L'épreuve orale, d'une durée de trente minutes maximum, consiste en un entretien en langue française avec deux personnes membres du jury :

– un infirmier cadre de santé exerçant dans un institut de formation en soins infirmiers ;

– un infirmier cadre de santé exerçant en secteur de soins.

Cette épreuve permet, à partir de la lecture de son dossier d'inscription, d'apprécier le parcours professionnel du candidat et ses motivations. Elle est notée sur 20 points.

L'épreuve de mise en situation pratique, d'une durée d'une heure, dont quinze minutes de préparation, porte sur la réalisation de deux soins en rapport avec l'exercice professionnel infirmier. Cette épreuve doit permettre aux deux mêmes membres du jury d'apprécier les capacités techniques et gestuelles des candidats. Elle est notée sur 20 points. Pour être admis dans un institut de formation en soins infirmiers, les candidats doivent obtenir un total de points au moins égal à 30 sur 60 aux trois épreuves de sélection.

Art. 31. À l'issue des épreuves d'admission et au vu des notes obtenues aux trois épreuves, le président du jury établit une liste principale et une liste complémentaire. En cas d'égalité de points entre deux ou plusieurs candidats, le candidat le plus âgé est classé avant les autres.

Art. 32. Le directeur de l'institut de formation en soins infirmiers, après avis du conseil pédagogique, est habilité à dispenser les candidats admis en formation de certaines unités d'enseignement et de stages. Cette décision est prise en fonction du niveau de formation initiale d'infirmier des candidats, du résultat à l'examen d'admission prévu à l'article 30 et de leur expérience professionnelle.

Art. 33. Sont autorisées à se présenter au jury du diplôme d'État d'infirmier prévu à l'article 62, dans l'institut de formation en soins infirmiers de leur choix, les sages-femmes remplissant les conditions suivantes :

1° Être titulaire du diplôme d'État français de sage-femme ou d'un diplôme admis pour l'exercice de la profession en France ou autorisées à exercer la profession de sage-femme en France en application des dispositions du Code de la santé publique ;

2° Avoir exercé leur profession depuis au minimum deux ans à la date du dépôt de leur dossier dans un institut de formation en soins infirmiers ;

3° Avoir réalisé et validé un travail écrit et personnel de 15 à 20 pages, soit environ 50 000 signes, centré sur une problématique propre à la profession d'infirmier ;

4° Avoir réalisé un stage à temps complet d'une durée de cinq semaines permettant la validation de l'acquisition des compétences 1 et 4 définies à l'annexe II.

Les modalités du stage sont fixées par le directeur de l'institut de formation. Le conseil pédagogique en est informé.

Art. 34. Sont autorisés à se présenter au jury du diplôme d'État d'infirmier prévu à l'article 62, dans l'institut de formation en soins infirmiers de leur choix, les médecins remplissant les conditions suivantes :

1° Être titulaire d'un diplôme d'État de docteur en médecine ou d'un diplôme, certificat ou autre titre permettant l'exercice de la médecine dans leur pays d'origine ;

2° Avoir réalisé et validé les unités d'enseignement UE 3.1.S1 et UE 3.1.S2 « Raisonnement et démarche clinique infirmière » ;

3° Avoir réalisé un stage à temps complet de soins infirmiers d'une durée de dix semaines permettant la validation des compétences 1, 2, 4 et 9 définies à l'annexe II ;

4° Avoir réalisé et validé un travail écrit et personnel de 15 à 20 pages, soit 50 000 signes environ, centré sur une problématique propre à la profession d'infirmier.

Les modalités d'organisation des unités d'enseignement et du stage sont fixées par le directeur de l'institut de formation en soins infirmiers choisi par le candidat, après avis du conseil pédagogique.

Art. 35. Sont autorisés à se présenter au jury du diplôme d'État d'infirmier prévu à l'article 62, dans l'institut de formation en soins infirmiers de leur choix, les étudiants en médecine remplissant les conditions suivantes :

1° Avoir validé la deuxième année de la deuxième partie du deuxième cycle des études médicales ;

2° Avoir réalisé et validé les unités d'enseignement UE 3.1.S1 et UE 3.1.S2 « Raisonnement et démarche clinique infirmière » ;

3° Avoir réalisé deux stages à temps complet de soins infirmiers d'une durée totale de quinze semaines permettant la validation des compétences 1, 2, 4 et 9 définies à l'annexe II ;

4° Avoir réalisé et validé un travail écrit et personnel de 15 à 20 pages, soit 50 000 signes environ, centré sur une problématique propre à la profession d'infirmier. Les modalités des stages sont fixées par le directeur de l'institut de formation en soins infirmiers choisi par le candidat après avis du conseil pédagogique.

Art. 36. Bénéficient d'une dispense de la première année d'études d'infirmier dans l'institut de formation en soins infirmiers de leur choix les personnes remplissant les conditions suivantes :

1° Être titulaire d'un diplôme d'État de masseur-kinésithérapeute ou d'ergothérapeute ou de pédicure-podologue ou de manipulateur d'électroradiologie médicale ou du diplôme d'assistant hospitalier des hospices civils de Lyon ou, pour les étudiants en médecine, pouvoir justifier de leur admission en deuxième année du deuxième cycle des études médicales ou, pour les étudiants sages-femmes, avoir validé la première année de la première phase ;

2° Avoir passé avec succès une épreuve écrite et anonyme consistant en un multiquestionnaire portant sur chacune des unités d'enseignement de l'année considérée dans l'institut de formation en soins infirmiers de leur choix, chargé de l'organisation de cette épreuve. Pour être admis en deuxième année, les candidats concernés doivent obtenir une note au moins égale à 10 sur 20 à cette épreuve. Le conseil pédagogique en est informé.

Art. 37. Les modalités de classement des candidats, d'affichage des résultats, de validité des résultats et de déroulement des épreuves prévues à l'article 14 sont applicables aux candidats visés par le titre II.

Titre III
Formation et certification

Art. 38. La rentrée scolaire est fixée au premier lundi des mois de septembre et de février de chaque année. L'inscription administrative est annuelle. Le nombre d'inscriptions est limité à six fois sur l'ensemble du parcours de formation, soit deux fois par année. Le directeur de l'institut peut octroyer une ou plusieurs inscriptions supplémentaires après avis du conseil pédagogique. L'inscription pédagogique s'effectue pour chaque unité d'enseignement. Elle est automatique et pour l'ensemble des unités d'enseignement de l'année lorsque l'étudiant s'inscrit pour une année complète de formation.

Art. 39. La durée de la formation est de trois années, soit six semestres de vingt semaines chacun, équivalant à 4 200 heures. La répartition des enseignements est la suivante :

1° La formation théorique de 2 100 heures, sous la forme de cours magistraux (750 heures), travaux dirigés (1 050 heures) et travail personnel guidé (300 heures) ;

2° La formation clinique de 2 100 heures. Le travail personnel complémentaire est estimé à 900 heures environ, soit 300 heures par an. L'ensemble, soit 5 100 heures, constitue la charge de travail de l'étudiant.

Art. 40. Le contenu de la formation est défini aux annexes III, IV, V et VI.

Art. 41. La présence lors des travaux dirigés et des stages est obligatoire. Certains enseignements en cours magistral peuvent l'être également, en fonction du projet pédagogique de l'institut. Toute absence doit être justifiée par un certificat médical ou toute autre preuve attestant de l'impossibilité d'être présent à ces enseignements ou évaluations.

Art. 42. Le diplôme d'État d'infirmier s'obtient par l'obtention des 180 crédits européens correspondant à l'acquisition des dix compétences du référentiel défini à l'annexe II :

1° 120 crédits européens pour les unités d'enseignement, dont les unités d'intégration ;

2° 60 crédits européens pour la formation clinique en stage.

Art. 43. Chaque compétence s'obtient de façon cumulée :

1° Par la validation de la totalité des unités d'enseignement en relation avec la compétence ;

2° Par l'acquisition de l'ensemble des éléments de la compétence évalués lors des stages ;

3° Par la validation des actes, activités et techniques de soins évalués soit en stage, soit en institut de formation.

Art. 44. L'évaluation des connaissances et des compétences est réalisée soit par un contrôle continu et régulier, soit par un examen terminal, soit par ces deux modes de contrôle combinés.

Art. 45. L'organisation des épreuves d'évaluation et de validation est à la charge des instituts. Cette organisation est présentée au conseil pédagogique en début d'année scolaire et les étudiants en sont informés. La nature et les modalités de l'évaluation sont fixées pour chacune des unités d'enseignement dans le référentiel de formation défini à l'annexe V. La validation de chaque semestre s'obtient par l'acquisition de 30 crédits européens.

Art. 46. La validation de plusieurs unités d'enseignement peut être organisée lors d'une même épreuve, les notes correspondant à chaque unité d'enseignement sont alors identifiables. Le nombre de crédits affecté à chaque unité d'enseignement est utilisé comme coefficient pour le calcul des moyennes générales en fin de chaque semestre.

Art. 47. L'acquisition des unités d'enseignement s'opère selon des principes de capitalisation et de compensation. Les unités d'enseignement sont définitivement acquises et capitalisables dès lors que l'étudiant a obtenu la moyenne à chacune d'entre elles, ou par application des modalités de compensation prévues ci-dessous.

Art. 48. La compensation des notes s'opère entre deux unités d'enseignement d'un même semestre, en tenant compte des coefficients attribués aux unités, à condition qu'aucune des notes obtenues par le candidat pour ces unités ne soit inférieure à 9 sur 20. Les unités d'enseignement qui donnent droit à compensation entre elles sont les suivantes :

Au semestre 1, les unités d'enseignement :

1.1.S1 « Psychologie, sociologie, anthropologie » et 1.3.S1 « Législation, éthique, déontologie » ;

2.1.S1 « Biologie fondamentale » et 2.2.S1 « Cycles de la vie et grandes fonctions » ;

2.10.S1 « Infectiologie et hygiène » et 2.11.S1. « Pharmacologie et thérapeutiques ».

Au semestre 2, les unités d'enseignement :

1.1.S2 « Psychologie, sociologie, anthropologie » et 1.2.S2 « Santé publique et économie de la santé » ;

3.1.S2 « Raisonnement et démarche clinique infirmière » et 3.2.S2 « Projet de soins infirmiers ».

Au semestre 3, les unités d'enseignement :

3.2.S3 « Projet de soins infirmiers » et 3.3.S3 « Rôles infirmiers, organisation du travail et interprofessionnalité » ;

4.2.S3 « Soins relationnels » et 4.6.S3 « Soins éducatifs et préventifs ».

Au semestre 4, les unités d'enseignement :

3.4.S4. « Initiation à la démarche de recherche » et 3.5.S4 « Encadrement des professionnels de soins » ;

4.3.S4 « Soins d'urgence » et 4.5.S4 « Soins infirmiers et gestion des risques ».

Au semestre 5, les unités d'enseignement :

4.2.S5 « Soins relationnels » et 4.7.S5 « Soins palliatifs et fin de vie ».

Les autres unités d'enseignement ne donnent jamais lieu à compensation.

Art. 49. Les enseignements semestriels donnent lieu à deux sessions d'examen. La deuxième session concerne les rattrapages des deux semestres précédents, elle se déroule, en fonction de la date de rentrée, au plus tard en septembre ou en février de l'année considérée. Lorsqu'une unité d'enseignement a été présentée aux deux sessions, la deuxième note est retenue. En cas d'absence à une épreuve évaluant les unités d'enseignement, les étudiants sont admis à se représenter à la session suivante. Dans le cas d'une deuxième absence, l'étudiant est considéré comme n'ayant pas validé l'unité.

Art. 50. Le passage de première en deuxième année s'effectue par la validation des semestres 1 et 2, ou par la validation d'un semestre complet, ou encore par la validation de 48 crédits sur 60 répartis sur les deux semestres de formation. Les étudiants qui ne répondent pas à ces critères et qui ont obtenu entre 30 et 47 crédits au cours des semestres 1 et 2 sont admis à redoubler. Ils peuvent suivre quelques unités d'enseignement de l'année supérieure après avis de la commission d'attribution des crédits de formation définie à l'article 59. Les étudiants qui ont acquis moins de 30 crédits européens peuvent être autorisés à redoubler par le directeur de l'institut de formation en soins infirmiers après avis du conseil pédagogique. Les étudiants autorisés à redoubler conservent le bénéfice des crédits acquis.

Art. 51. Le passage de deuxième année en troisième année s'effectue par la validation des semestres 1, 2, 3 et 4 ou par la validation des semestres 1 et 2 et d'un des deux semestres 3 et 4, ou encore par la validation des deux premiers semestres et de 48 à 60 crédits répartis sur les semestres 3 et 4. Les étudiants qui ne répondent pas à ces critères et qui ont obtenu la validation des deux premiers semestres et entre 30 et 47 crédits au cours des semestres 3 et 4 sont admis à redoubler. Ils peuvent suivre quelques unités d'enseignement de l'année supérieure après avis de la commission d'attribution des crédits de formation définie à l'article 55. Les étudiants qui ont validé les semestres 1 et 2 et qui n'ont pas obtenu 30 crédits sur les semestres 3 et 4 peuvent être autorisés à redoubler par le directeur de l'institut de formation en soins infirmiers après avis du conseil pédagogique. Les étudiants autorisés à redoubler conservent le bénéfice des crédits acquis.

Art. 52. Les étudiants admis en année supérieure sans pour autant avoir validé l'ensemble des unités d'enseignement requises à la validation totale d'une année sont autorisés à présenter les unités manquantes au cours de leur année de formation.

Art. 53. En fin de troisième année, les étudiants qui n'ont pas obtenu 180 crédits sont autorisés à se présenter une nouvelle fois pour valider les unités d'enseignement manquantes ou les éléments des compétences en stage manquants. Les modalités de leur reprise sont organisées par l'équipe pédagogique, le conseil pédagogique en est informé.

Art. 54. Lorsque l'étudiant fait le choix de se réorienter, un dispositif spécial de compensation lui permet d'obtenir à divers moments de son parcours un bilan global de ses résultats et la validation correspondant en crédits européens. Le cas échéant, un dispositif de soutien est mis en place.

Art. 55. Le portfolio prévu à l'annexe VI comporte des éléments inscrits par l'étudiant et par les personnes responsables de l'encadrement en stage, tuteur ou maître de stage. À l'issue de chaque stage, les responsables de l'encadrement évaluent les acquisitions des éléments de chacune des compétences sur la base des critères et indicateurs notifiés dans le portfolio. Le formateur de l'institut de formation, référent du suivi pédagogique de l'étudiant, prend connaissance des indications apportées sur le portfolio et propose à la commission d'attribution des crédits de formation définie à l'article 59 la validation du stage. En cas de difficulté, un entretien entre le tuteur ou le maître de stage, le formateur de l'institut de formation et l'étudiant est préconisé. Son contenu est rapporté aux membres de la commission d'attribution des crédits de formation.

Art. 56. Les crédits européens correspondant au stage sont attribués dès lors que l'étudiant remplit les conditions suivantes :

1° Avoir réalisé la totalité du stage, la présence sur chaque stage ne peut être inférieure à 80 % du temps prévu, dans la limite de la franchise autorisée par la réglementation ;

2° Avoir analysé des activités rencontrées en stage et en avoir inscrit les éléments sur le portfolio ;

3° Avoir mis en œuvre et validé les éléments des compétences requises dans une ou plusieurs situations ;

4° Avoir validé la capacité technique de réalisation des actes ou activités liés au stage effectué.

Art. 57. L'acquisition des compétences en situation et l'acquisition des actes, activités et techniques de soins se font progressivement au cours de la formation. Les étapes de l'acquisition minimum sont :

1° En fin de première année, l'acquisition de l'ensemble des éléments de la compétence 3 ;

2° En fin de deuxième année, l'acquisition de la moitié au moins des éléments des compétences 2, 4, 5, 6 et 9 ;

3° Lors du dernier stage, l'acquisition des éléments de l'ensemble des compétences.

L'évaluation des actes, activités et techniques de soins est faite au cours du parcours de stage, ou en institut de formation, le cas échéant.

Art. 58. En cas de non-validation d'un stage, l'étudiant effectue un nouveau stage, dont les modalités sont définies par l'équipe pédagogique.

Art. 59. Les crédits de formation sont attribués par une commission d'attribution des crédits. Elle est mise en place dans les instituts de formation en soins infirmiers, sous la responsabilité du directeur de l'institut, qui la préside. Elle est composée des formateurs référents des étudiants infirmiers, d'un ou de plusieurs représentants de l'enseignement universitaire, et d'un ou de plusieurs représentants des tuteurs de stage. Chaque semestre, excepté le dernier, le formateur responsable du suivi pédagogique présente à la commission d'attribution des crédits les résultats des étudiants afin que celle-ci se prononce sur l'attribution des crédits européens et sur la poursuite du parcours de l'étudiant. Lors du dernier semestre, les résultats sont présentés devant le jury d'attribution du diplôme.

Art. 60. Les étudiants ayant validé les cinq premiers semestres de formation et ayant effectué la totalité des épreuves et des stages prévus pour la validation du semestre 6 sont autorisés à se présenter devant le jury régional d'attribution du diplôme d'État d'infirmier.

Art. 61. Le jury régional se prononce au vu de l'ensemble du dossier de l'étudiant.

Le dossier comporte :

1° La validation de l'ensemble des unités d'enseignement, dont les unités d'intégration ;

2° La validation de l'acquisition de l'ensemble des compétences en situation ;

3° La validation des actes, activités ou techniques réalisés en situation réelle ou simulée.

Art. 62. Le jury régional, nommé par arrêté du préfet de région, sur proposition du directeur régional des affaires sanitaires et sociales, comprend :

1° Le directeur régional des affaires sanitaires et sociales ou son représentant, président ;

2° Le directeur des soins exerçant la fonction de conseiller pédagogique régional ou de conseiller technique régional ;

3° Deux directeurs d'institut de formation en soins infirmiers ;

4° Un directeur de soins titulaire d'un diplôme d'État d'infirmier ;

5° Deux enseignants d'instituts de formation en soins infirmiers ;

6° Deux infirmiers en exercice depuis au moins trois ans et ayant participé à des évaluations en cours de scolarité ;

7° Un médecin participant à la formation des étudiants ;

8° Un enseignant-chercheur participant à la formation.

Si le nombre de candidats le justifie, le préfet de région peut augmenter le nombre de membres du jury.

Art. 63. Le président du jury est responsable de la cohérence et du bon déroulement de l'ensemble du processus, de la validation des unités d'enseignement à la délivrance du diplôme. Il est responsable de l'établissement des procès-verbaux. Le jury délibère souverainement à partir de l'ensemble des résultats obtenus par les candidats et la délivrance du diplôme est prononcée après la délibération du jury. Le procès-verbal de délibération est élaboré sous la responsabilité du président du jury et signé par lui. Après proclamation des résultats, le jury est tenu de communiquer les notes aux étudiants. Les étudiants ont droit, en tant que de besoin et sur leur demande, dans les deux mois suivant la proclamation des résultats, à la communication de leurs résultats et à un entretien pédagogique explicatif.

Art. 64. Les candidats ayant acquis l'ensemble des connaissances et des compétences, soit les 180 crédits européens, sont déclarés reçus au diplôme d'État d'infirmier. La liste des candidats reçus est établie en séance plénière du jury prévu à l'article 62.

Art. 65. Dans le cadre de la mobilité internationale, le diplôme est accompagné de l'annexe descriptive, dite « supplément au diplôme ». Le parcours de formation permet la validation des périodes d'études effectuées à l'étranger. Lorsque le projet a été accepté par les responsables pédagogiques et que l'étudiant a obtenu la validation de sa période d'études par l'établissement étranger, il bénéficie des crédits européens correspondant à cette période d'études sur la base de 30 crédits pour l'ensemble des unités d'enseignement d'un semestre. Lorsqu'un étudiant change d'institut de formation pour poursuivre son cursus dans une même formation, les crédits délivrés dans l'institut d'origine lui sont définitivement acquis. Il valide dans son nouvel institut les crédits manquant à l'obtention de son diplôme.

Art. 66. Les dispositions du présent arrêté sont applicables aux étudiants entrant en première année de formation à compter de la rentrée de septembre 2009. Les étudiants ayant entrepris leurs études avant cette date restent régis par les dispositions antérieures. À titre transitoire, les étudiants qui redoublent ou qui ont interrompu une formation suivie selon le programme défini par l'arrêté du 23 mars 1992 voient leur situation examinée par la commission d'attribution des crédits. Celle-ci formalise des propositions de réintégration qui sont soumises à l'avis conforme du conseil pédagogique.

Art. 67. L'arrêté du 23 mars 1992 modifié relatif aux conditions d'admission dans les instituts de formation en soins infirmiers préparant au diplôme d'État d'infirmier, l'arrêté du 23 mars 1992 modifié relatif au programme des études conduisant au diplôme d'Etat d'infirmier, l'arrêté du 30 mars 1992 relatif aux conditions de fonctionnement des instituts de formation en soins infirmiers, l'arrêté du 6 septembre 2001 modifié relatif à l'évaluation continue des connaissances et des aptitudes acquises au cours des études conduisant au diplôme d'État d'infirmier, l'arrêté du 5 janvier 2004 relatif aux dispenses de scolarité susceptibles d'être accordées aux candidats titulaires d'un diplôme étranger d'infirmier sollicitant l'autorisation d'exercice de la profession en France en vue de la préparation du diplôme français d'État d'infirmier sont abrogés.

Art. 68. Les dispositions du présent arrêté sont applicables en Polynésie française.

Art. 69. La directrice de l'hospitalisation et de l'organisation des soins est chargée de l'exécution du présent arrêté, qui sera publié au *Journal officiel* de la République française.

Réalisation : Les PAOistes
Achevé d'imprimer en août 2015
sur les presses de la SEPEC (France)
Numéro d'impression : 09463150704
Numéro d'éditeur : 2015_0077
Dépôt légal : août 2015

IMPRIM'VERT®

PEFC 10-31-1470 / Certifié PEFC / Ce produit est issu de forêts gérées durablement et de sources contrôlées. / pefc-france.org